Wanderlust Salzkammergut

120 Traumpfade

für Gipfelstürmer und Flachlandentdecker

Wolfgang Heitzmann

GPX-Daten zum Download

www.kompass.de/gpx

Kostenloser Download der GPX-Daten der im Wanderbuch enthaltenen Wandertouren.
Mehr Informationen auf Seite 3.

DER AUTOR

Wolfgang Heitzmann • lernte als Tourismusberater viele Urlaubsregionen intensiv kennen. Heute ist der gebürtige Oberösterreicher in der Verlagsbranche tätig. Neben zahlreichen Beiträgen für die Oberösterreichischen Nachrichten und verschiedene Alpinmagazine publizierte er bisher 90 Bücher. Bei KOMPASS erschienen u. a. mehrere Wanderführer über das Salzkammergut, aber auch über die Schweiz, Bayern, Kärnten, Südtirol, die Dolomiten und die Mittelmeerinsel Mallorca.

VORWORT

„Sie werden Ihren Augen kaum trauen! Gewiss lässt diese kleine Alpenexpedition ewig unauslöschliche Bilder in Ihrer Seele zurück, und herzlich soll es mich noch im Grabe freuen, wenn ich Ihnen, Ihren Freunden und den Freunden des Großen und Erhabenen in der Natur, die sich durch mich zu einer Exkursion auf den Hallstätter Schneeberg verführen ließen, nur den zehnten Teil des Vergnügens verschaffen kann, den mir diese Expedition gewährte. Ich umarme Sie und alle, die nach mir den Dachstein bestiegen, im Geiste!"

Mit so euphorischen Worten beginnt die erste Schilderung einer „Excursion auf den Glätscher am Dachsteine", zu finden im Buch „Reisen durch Ober-Oesterreich in den Jahren 1794, 1795, 1802, 1803, 1804 und 1808". Sein Verfasser, der Wiener Joseph August Schultes (1773–1831) war acht Jahre nach der ersten Ersteigung des Montblancs ins Salzkammergut gekommen. Mit seinem 1809 erschienenen Werk rückte der bergbegeisterte Universitätsprofessor diese Landschaft erstmals ins Interesse der Bildungsbürger. Auch in der Folge waren es vor allem Intellektuelle, Künstler und Adelige, die das Salzkammergut „entdeckten". Hohe Herren wie die Erzherzöge Carl und Johann leiteten seine alpine Erschließung ein, Wissenschafter wie Friedrich Simony erforschten es, Dichter wie Adalbert Stifter verwoben es in ihre Werke, Maler wie Ferdinand Georg Waldmüller bannten es auf Leinwand, Komponisten wie Franz Schubert empfanden es als Inspiration. Und es klingt durchaus nachvollziehbar, was der Dichter Nikolaus Lenau 1831 über eine Tour auf den Traunstein festhielt:

„Welche Aussicht! Ungeheure Abgründe in der Nähe, eine Riesenkette von Bergen in der Ferne und endlose Flächen. Das war einer der schönsten Tage meines Lebens; mit jedem Schritte bergan wuchs mir Freude und Mut."

Wer durch das Salzkammergut wandert, findet also auf Schritt und Tritt die Spuren einer bewegten Geschichte, die nicht nur ins 18. und 19. Jahrhundert, sondern bis zur Zeit der Kelten zurückreicht. Geologisch Interessierte können hier sogar Zeitreisen durch 220 Millionen Jahre unternehmen – so alt ist nämlich das Kalkgestein, das die „salzhaltigen" Berge zwischen Salzburg und dem Almtal aufbaut und in dem die Gletscher der Eiszeiten mehr als 80 große und kleine Seen hinterlassen haben. Auf den folgenden Seiten finden Sie einige der schönsten Wanderungen durch dieses kleine Paradies.

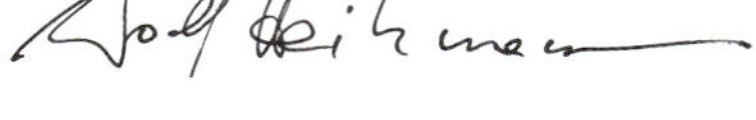

Für Navigationsgeräte und Apps haben wir auf unserer Webseite alle Touren im GPX-Format zum Download bereitgestellt:

www.kompass.de/gpx

Hier findet man alle weiteren Informationen. Einfach das richtige Produkt auf der Seite auswählen, die Daten herunterladen und auf das Zielgerät oder in die gewünschte App importieren.

Mehrwert mit Spaßfaktor: Ob vorab zur Planung, als Sicherheit für unterwegs oder zum Erinnern und Archivieren der gegangenen Tour. Die digitale Wanderroute ist in vielerlei Hinsicht wertvoll. Ein Blick auf die Daten hilft, Neues zu entdecken und liefert Inspirationen für die nächsten Touren. Alle Wandertouren aus diesem Führer stehen im GPX-Format kompakt und genau zur Verfügung.

Was ist ein GPX-Track? GPX ist ein Datenformat für Geodaten. Das Wort GPS steht für Global Positioning System (Globales Positionsbestimmungssystem). Mit einem GPX-Track bekommt man die rote Linie, also den Wanderpfad, als geografische Koordinaten.

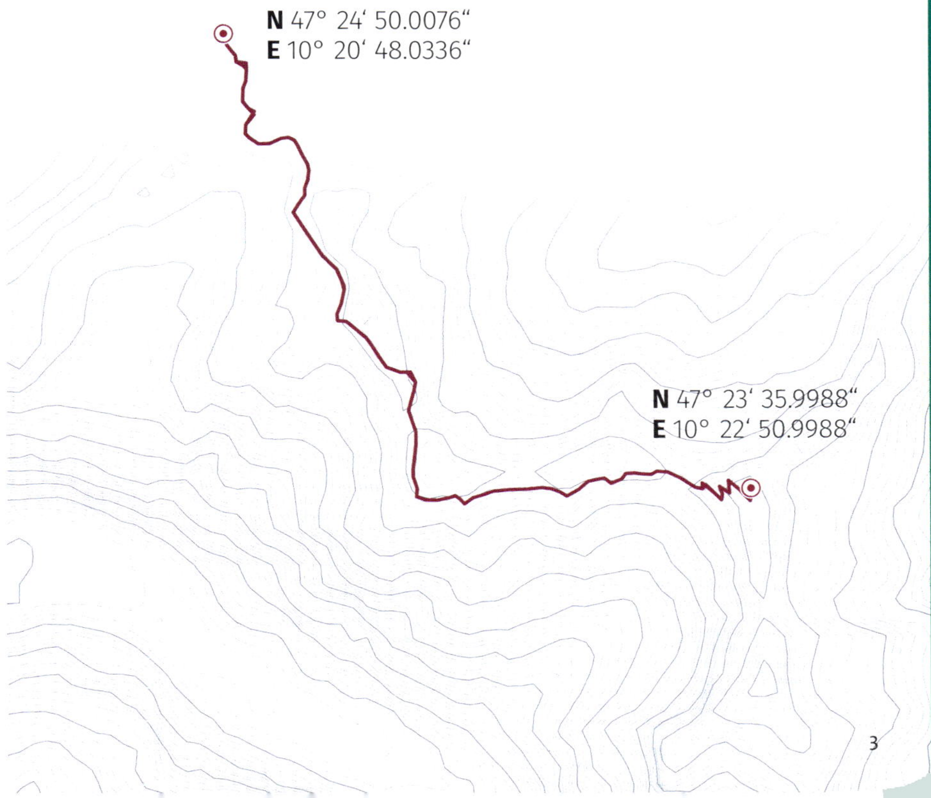

INHALT UND TOURENÜBERSICHT

AUFTAKT

ANHANG

km	h	hm	hm								Karte
4	2:15	100	100	✓	✓						17
11,5	3:30	70	70	✓	✓		✓		✓		17
2,3	2:45	400	400	✓	✓		✓	✓			17
13	4:30	650	650	✓	✓			✓			17
7	3:30	300	300	✓	✓			✓			17
7	2:45	400	400	✓				✓			17
12,8	4:00	250	250	✓	✓		✓				17/18
5,3	4:15	560	560	✓				✓			18
14,3	5:00	580	500	✓	✓		✓				18
7	2:45	250	250	✓	✓		✓				18
10,8	3:30	300	300	✓	✓		✓	✓			18
8,2	3:30	350	350	✓	✓		✓	✓			18
10,5	4:00	500	500	✓				✓			18
13,5	4:00	460	460	✓	✓		✓	✓			18
11	5:00	1000	1000	✓	✓		✓	✓	✓		18
11,7	6:00	1150	1150	✓	✓			✓			18
4,6	2:30	570	570	✓	✓			✓			18
11,4	3:00	100	100	✓	✓						18

12	5:30	950	950	✓	✓		✓	✓			18
7	2:30	50	1250	✓	✓	✓	✓	✓	✓		18
6	2:30	150	550	✓	✓	✓	✓	✓	✓		18
9,1	3:00	250	250	✓	✓		✓		✓		18
10,1	3:30	450	450	✓	✓			✓			18
4	2:30	245	245	✓	✓			✓			18

INHALT UND TOURENÜBERSICHT

km	h	hm	hm	P							Karte
8,2	3:30	120	1060	✓	✓	✓	✓	✓			18
10,5	5:15	900	900	✓			✓	✓	✓		18
9,7	4:00	400	400	✓			✓				18
9,4	3:00	450	450	✓	✓		✓	✓			15
11,8	4:30	700	700	✓	✓		✓	✓			15
8,8	4:30	800	800	✓	✓			✓			18
9,9	4:00	400	400	✓				✓			18
13,3	6:30	1350	1350	✓	✓			✓			20
15	4:00	350	350	✓	✓		✓				18
10,5	6:00	1260	1260	✓	✓			✓			18
14,5	4:45	270	270	✓	✓		✓				20
7,5	4:00	300	1100	✓	✓	✓		✓			20
6,3	2:00	100	100	✓	✓						18
14	4:30	500	500	✓	✓		✓				20
12,6	5:00	700	700	✓			✓				20
10	4:30	1000	1000	✓				✓			18
19	8:00	1450	1450	✓			✓	✓	✓		20

INHALT UND TOURENÜBERSICHT

km	h	hm	hm								Karte
16	8:45	1600	1600	✓			✓	✓	✓		19
17	8:15	1400	1400	✓			✓	✓			18
19	8:00	1500	1500	✓	✓			✓			18
14	5:30	1150	1150	✓				✓			18
12,3	6:00	1150	1150	✓				✓			18
7	5:00	150	1160	✓	✓	✓	✓	✓	✓		18
10	5:00	500	1490	✓	✓	✓	✓	✓	✓		18
13,3	6:00	1050	1050	✓				✓			18
6	3:30	700	700	✓	✓		✓	✓			18
14	4:45	400	400	✓	✓						18
13	4:30	550	550	✓	✓		✓	✓	✓		18
14,3	4:00	400	400	✓			✓	✓			18
15,5	4:00	550	550	✓	✓		✓	✓			18
8,3	2:30	160	560	✓	✓	✓	✓				18
3	1:30	200	200	✓	✓						18
8,8	3:00	500	500	✓			✓	✓			18/19
10,6	4:00	200	700	✓	✓	✓	✓				18
13	6:00	1270	1270	✓			✓	✓	✓		18
11	6:00	1270	1270	✓			✓	✓	✓		18
5,8	4:00	100	1100	✓	✓		✓				19
11,8	4:30	650	650	✓			✓	✓	✓		19
10,6	3:00	100	100	✓	✓						19
21,6	12:00	1900	1900	✓	✓		✓	✓	✓		19
11,5	4:30	780	780	✓	✓		✓	✓	✓		20
8,4	3:00	300	300	✓			✓				20
12,8	6:00	850	850	✓			✓	✓	✓		20
17,4	7:30	1350	1350	✓	✓		✓	✓	✓		20
12,8	7:00	1100	1100	✓			✓	✓	✓		20
10,3	6:00	1200	1200	✓	✓		✓	✓			20

INHALT UND TOURENÜBERSICHT

km	h	hm	hm								Karte
18	6:15	950	950	✓	✓		✓	✓			20
12,7	3:45	240	240	✓	✓		✓				20
10	3:00	50	800	✓	✓	✓	✓	✓	✓		20
5,4	4:00	570	570	✓	✓	✓	✓	✓	✓		20
19,3	8:00	1800	1800	✓	✓	✓	✓	✓	✓		20
19,7	9:00	950	1350	✓	✓				✓		20
22,2	9:00	1250	1250	✓	✓		✓		✓		20
29	13:00	700	1100	✓	✓		✓	✓	✓		20
11	2:45	100	100	✓	✓		✓				20
7,8	2:45	30	350	✓	✓	✓	✓				20
7	2:30	280	280	✓	✓						20
9	4:30	1100	1100	✓	✓	✓	✓	✓			20
27,5	12:30	1880	1880	✓	✓		✓	✓	✓		20
12,7	6:00	850	850				✓	✓	✓		20/31
12,5	3:45	100	100	✓	✓		✓				20
11,9	4:10	150	1550	✓	✓	✓	✓				20
8,5	3:00	100	450	✓	✓	✓	✓	✓	✓		20
6	3:30	300	300	✓	✓	✓	✓	✓	✓		20
15	7:00	650	650	✓	✓	✓	✓	✓	✓		20
12	7:00	1000	1000	✓	✓	✓	✓	✓	✓		20
25	8:30	900	900	✓	✓	✓	✓	✓	✓		20

km	h	hm	hm								Karte
9	3:00	150	50	✓	✓		✓				20
10,9	6:30	1250	1250	✓				✓			20
10,5	5:30	1000	1000	✓			✓	✓			20
12,7	4:30	550	550	✓	✓		✓				20
7	2:00	50	50	✓	✓		✓		✓		20
9,5	3:00	250	250	✓	✓		✓				20
13,5	5:30	700	700	✓	✓						20

INHALT UND TOURENÜBERSICHT

km	h	hm	hm								Karte
5,7	2:30	350	350	✓			✓	✓	✓		20
23,8	9:00	1250	1250	✓	✓		✓	✓	✓		20
7,6	3:30	800	800	✓				✓			20
12,8	4:30	150	150	✓	✓		✓		✓		20
11,2	5:00	1050	1050	✓	✓			✓			20
18,2	6:00	950	950	✓	✓		✓		✓		20
21	10:00	1500	1500	✓	✓		✓	✓	✓		20
17,2	7:00	1050	1050	✓	✓			✓			20
10,5	3:00	100	100	✓	✓		✓				20
15,6	6:00	850	850	✓	✓		✓	✓			20
17,7	6:00	950	950	✓	✓		✓	✓			20
8,3	3:00	150	150	✓	✓		✓				19
14,2	9:30	1520	1520	✓	✓		✓	✓			20
11	3:30	200	250	✓	✓	✓	✓		✓		19
21,3	7:00	600	600	✓	✓	✓	✓	✓	✓		19
14,9	6:00	660	660	✓	✓	✓	✓	✓	✓		19
19,9	5:30	950	950	✓	✓			✓			19
60	20:00	1900	1900	✓	✓		✓	✓	✓		18
20	5:00	50	150	✓	✓	✓	✓	✓	✓		18
45,5	13:00	500	500	✓	✓		✓		✓		20
20	22:00	1600	2200	✓	✓	✓	✓	✓	✓		19
120	40:00	2500	2500	✓	✓	✓	✓	✓	✓		20

LEGENDE UND ALLGEMEINE TOURENHINWEISE

Verkehr

Autobahn	Standseilbahn
Schnellstraße	Seilbahn, Gondelbahn
Hauptstraße / Bundesstraße	Sessellift
Nebenstraße, schmale Nebenstraße	Schifffahrtslinie
Fahrweg, Forstweg / Güterweg	Hafen
Karrenweg	Schiffsanlegestelle
Fußweg, Steig	Personenfähre
Gletscherübergang	Autofähre
Straße in Planung, Straße in Bau	Parkhaus
Tunnel	Parkplatz
Eisenbahn mit Bahnhof / Haltestelle	Bushaltestelle
Eisenbahntunnel	Flughafen
S-Bahn	Flugplatz / Sportflugplatz

Relief und Vegetation

Geröll, Sumpf / Moor	Naturschutzgebiet / Nationalpark / Naturpark
Heide, Sand	
Wald, Kampfwald (Latschen, Krummholz)	Wein, Obst / Hopfen

Sport und Freizeit

Minigolf, Kinderspielplatz	Bootsverleih, Angeln
Trimmpfad / Fitness-parcours, Grillplatz	Hallenbad, Freibad / Badesee
Klettersteig, gesicherter Wegabschnitt	Sportplatz, Sprungschanze
Wildpark, Findling	

Touristische Hinweise

Information, Jugendherberge	Krankenhaus / Notarztstation
Hotel / Gasthof / Restaurant	Aussichtsturm
Schutzhütte / Berggasthof (im Sommer und Winter)	Schöner Ausblick, Rundblick
Schutzhütte / Berggasthof (Sommerbewirtschaftung)	Kirche, Wallfahrtskirche
Jausenstation / Almwirtschaft / Imbissstube	Kapelle, Denkmal
	Burg / Schloss, Ruine
Buschenschenke / Heuriger, Unterstand	Kloster
	Ausgrabungen, ehemalige Festung
Hütte / Biwak (unbewirtschaftet)	Wegkreuz
Campingplatz, Sehenswürdigkeit	Bildstock, Bildbaum
Museum, Museumsbahn	885 Höhenpunkt, Gipfelkreuz

Um Ihnen die Tourenauswahl zu erleichtern, erscheint jede Routenbeschreibung in einer eigenen Farbe:

■ LEICHT

Hier handelt es sich um gut angelegte Wege ohne echte Gefahrenstellen, die auch für „Einsteiger" gut geeignet sind. Das schließt allerdings kräftige Steigungen nicht aus. Die meisten dieser Routen sind ausreichend beschildert und markiert.

■ MITTEL

Diese Wege und Pfade führen schon durch anspruchsvolleres Gelände, können also steil, steinig und nach Regen sehr rutschig sein. Kurze abschüssige und ausgesetzte Passagen erfordern Trittsicherheit und Schwindelfreiheit; einige davon können auch mit Stahlseilen bzw. Leitern gesichert sein.

■ SCHWER

Hier finden Sie lange und anspruchsvolle Bergtouren, die z. T. in hochalpines Gelände führen. Rechnen Sie mit ausgesetzten, gesicherten und – je nach den herrschenden Verhältnissen – gefährlichen Passagen. Gute Kondition, Schwindelfreiheit und alpine Erfahrung werden vorausgesetzt.

Die angegebenen **Gehzeiten** sind nur Richtwerte – manche werden sie problemlos unterbieten, andere lassen sich unterwegs vielleicht mehr Zeit.

Ausrüstung
Für die hier vorgestellten Touren benötigen Sie feste, aber nicht zu schwere Wanderschuhe mit griffiger Gummiprofilsohle sowie wind- und regendichte Kleidung.
Was sonst noch in den Rucksack gehört: Reservewäsche, eine leichte Kopfbedeckung als Sonnenschutz, die entsprechende Verpflegung und vor allem genug Getränke, eine Trillerpfeife fürs alpine Notsignal sowie eine kleine Rucksackapotheke mit federleichter Alu-Rettungsdecke, natürlich das Handy. Hilfreich sind auch Teleskopstöcke. Im Gebirge benötigt man entsprechend wärmere Kleidung, Mütze und Handschuhe – bei einem Wettersturz kann es hier auch mitten im Sommer empfindlich kühl werden. Wer in Almhütten oder Schutzhäusern übernachtet, sollte einen leichten Hüttenschlafsack mitnehmen (Pflicht in Alpenvereinshütten).

Alpines Notsignal
In einer Minute wird sechsmal in regelmäßigen Abständen – also alle zehn Sekunden – ein hörbares oder sichtbares Zeichen (Rufen, Pfeifen, Blinken, Winken) gegeben.

Dazwischen folgt jeweils eine Minute Pause.
Die Antwort kommt mit drei Zeichen pro Minute.

Alpine Notrufnummern:
Europaweit 112
Österreich 140

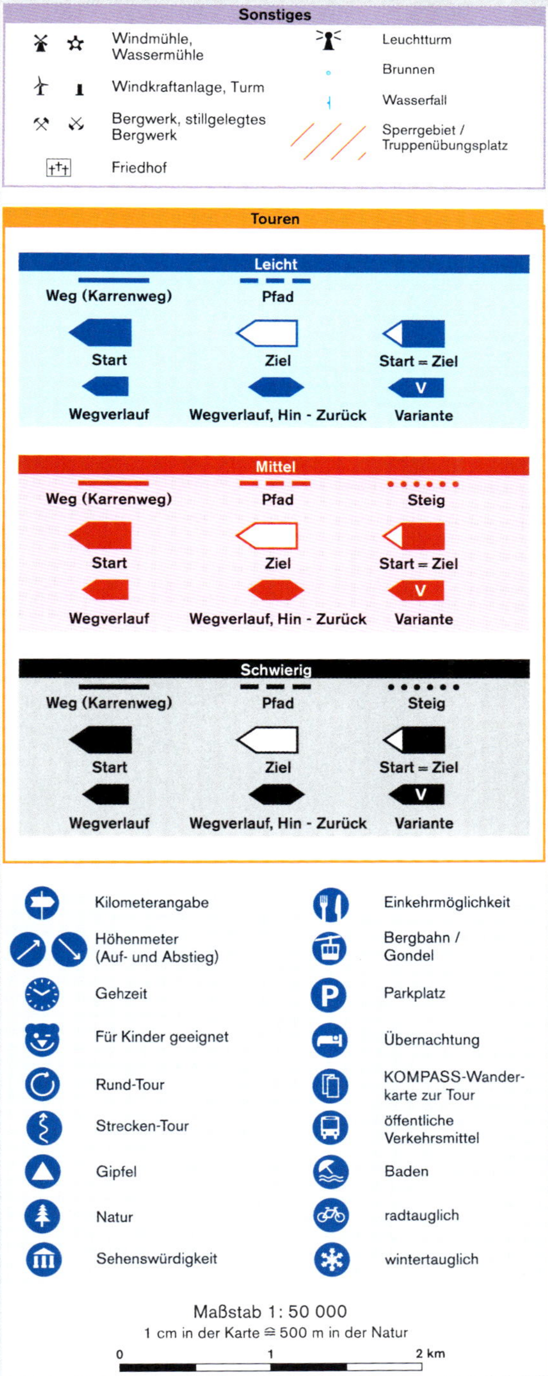

DAS SALZKAMMERGUT – VON DER BERGBAUREGION

Die „Geburt" des Salzkammerguts begann vor mehr als 200 Millionen Jahren – mit der Ablagerung tierischer Überreste im tropischen Tethys-Meer. Das so entstandene Kalkgestein wurde vor etwa 60 Millionen Jahren durch die Urgewalten der Kontinentaldrift nach Norden verschoben und aufgefaltet. Den „letzten Schliff" erhielt dieses Gebirge schließlich während der Eiszeiten. Riesige Gletscherströme frästen tiefe Täler aus und hinterließen nach ihrem letzten Abschmelzen vor etwa 15.000 bis 10.000 Jahren große und kleine Becken, die sich mit Wasser füllten. Etwa 80 Seen findet man heute noch im Salzkammergut. Aber auch sie „leben" nicht ewig: So schwemmte der Zinkenbach bereits mehr als 164 Millionen Kubikmeter Schutt in den Wolfgangsee, dem Geologen noch eine „Lebenserwartung" von 75.000 bis 85.000 Jahren prognostizieren.

Für derlei Erkenntnisse brachten einst wohl nur wenige Bewohner des Salzkammerguts Interesse auf. Das gesamte Gebiet war durch die Jahrhunderte ein geschlossener Wirtschaftsraum, geprägt vom mehr als 4500 Jahre alten Salzbergbau in Hallstatt, Aussee und Ischl – und seit dem Mittelalter fest im Griff der kaiserlichen Hofkammer zu Wien, auf die der Name „Kammergut" zurückgeht. Die Menschen schufteten in den Bergwerksstollen, beim Transport des Salzes oder am Feuer der Sudpfannen, schlägerten das dafür notwendige Holz in entlegenen Wäldern und schwemmten es mit Hilfe von Triftanlagen (kleinen Staumauern) durch die verwinkelten Täler zur Traun hinaus. Die Bauern der Region – und der gesamten Umgebung – mussten den Großteil ihrer Ernte für die Versorgung der Arbeiter mit „Hofkorn" liefern. Freiwillig ging hier kaum jemand in die Berge – höchstens zum Jagen, vielleicht auch zum Wildern oder zum nächtlichen „Angasseln" bei einer Sennerin.

Selbst der Tourismus begann mit einer Schinderei: Im 19. Jahrhundert ließen sich betuchte Herrschaften von Sesselträ-

Vergnügte Wanderer auf der Katrin bei Bad Ischl.

gern auf die Berge schleppen. Immerhin brachte schon ein Tragsessel-Ausflug von Altaussee zur Ruine Pflindsberg den durchschnittlichen Wochenlohn eines Salinenarbeiters ein. Man nahm auch gern die Dienste der ersten Bergführer in Anspruch. Zehn Gulden kostete 1878 eine Zweieinhalbtagetour von Aussee über den Großen Priel nach Hinterstoder – das entsprach etwa einem Tag Vollpension im Hotel.

Die neue Zeit brachte auch neue Verkehrsmittel: Im Jahre 1834 erreichte die Pferdeeisenbahn Gmunden, 1839 lief der erste Raddampfer am Traunsee vom Stapel. Ab 1877 zogen Dampflokomotiven Salz und Sommerfrischler durchs Trauntal und nach Salzburg hinüber. Seit 1893 kämpft sich eine Zahnradbahn auf den Schafberg, den „Österreichischen Rigi". Die erste Seilbahngondel schwebte 1927 Richtung Feuerkogel los und im Jahr darauf erstrahlte die Dachstein-Eishöhle zum ersten Mal im Glanz elektrischer Glühbirnen. Aus der Frühzeit des Tourismus stammt auch jene Infrastruktur, ohne die das Bergwandern nicht denkbar wäre: Die Finanzierung mancher Bergpfade verdanken wir blaublütigen Waidmännern – allen voran Kaiser Franz Joseph (1830–1916), der beinahe jeden Sommer seines Lebens in Ischl verbrachte. Seine Gemahlin Elisabeth wanderte oft und ausgiebig durchs Salzkammergut: 1888 marschierte sie z. B. über das Tote Gebirge – geschlagene zehn Stunden lang, mit Bergführer, Jägern, Hofdame und Leiblakai. Der Bruder des Kaisers, Erzherzog Karl Ludwig, betätigte sich als Protektor des Schutzhüttenbaus: Auf dem Schafberg entstand bereits 1839 eine kleine Schutzhütte; 1878/79 eröffnete man die Simonyhütte auf dem Dachstein und 1882 die Loserhütte über dem Altausseer See. Zwischen den vielen Almen und den hoch gelegenen Unterkunftshäusern, die seither dazugekommen sind, pflegen alpine Vereine heute ein engmaschiges Netz von markierten Wanderwegen. Und weil man hierzulande auf den ältesten gesicherten Klettersteig der Alpen stolz ist, entstanden in den letzten Jahren auch viele neue Eisenwege, darunter ein paar besonders „gesalzene" Sportklettersteige.

Zauber der Gegensätze – vom Dachstein über den Traunsee bis Hallstatt.

Überackern
Burgkirchen
Neukirchen
Mauerkirche
Schwand
Burghausen
Ach
Unt. Weilhartforst
Handen-
berg
Uttendorf
Wanghsn.
Gilgenbg.
Pischelsdf.
Schalchen
Hochburg
St. Georgen
Mattig
454
Weilhartforst
Geretsberg
Gundertshsn.
Pfaffstätt
Tarsdorf
Eggelsbg.
Auerbach
Oster-
miething
Franking
Ibm
Feldkchn.
Abern
Moosdorf
Trimmelkam
Holzhsn.
Palting
Wildshut
Michaelbeuern
Lenga
St.
Georgen
Perwang
Lochen
Lamprechtshsn.
Mattsee
Berndf.
Tannberg
786
Bürmoos
Flachgau
Mattsee
Nußdorf
Seeham
Kostendf.
Ober-
trumer
See
Laufen
OBERNDORF
b. Salzburg
Schleedorf
Obertrum
Wallersee
Haunsberg
835
Leoben-
dorf
Seekirchen
Henndorf
Abtsdorf
Anthering
Saaldorf
Elixhsn.
Eugendf.
Freilassing
Berg-
heim
Wallersee
A1
Hallwang
S. Ausst.
Plainfd.
Straß
S.-N.
S. M.
Kleßheim
Siezenh.
Anger
Ainring
SALZBURG
S./Flughafen
425
12%
Anger
Wals
Ebenau
1
Fais
Aufham
Piding
S.-W.
Bad Reichenhall
Kn. Salzburg
Glasenbach
Hochstaufen
1781
A10
Elsbethen
S.-Süd
Anif
Reichenhall
22
Grödig
Niederalm
Großgmain
470
Puch/Urstein
Pass Hallthum
Puch
Bayer.
694
Gmain
Mrkt.
Schellen-
Oberalm
Krispl
Untersberg
Adnet

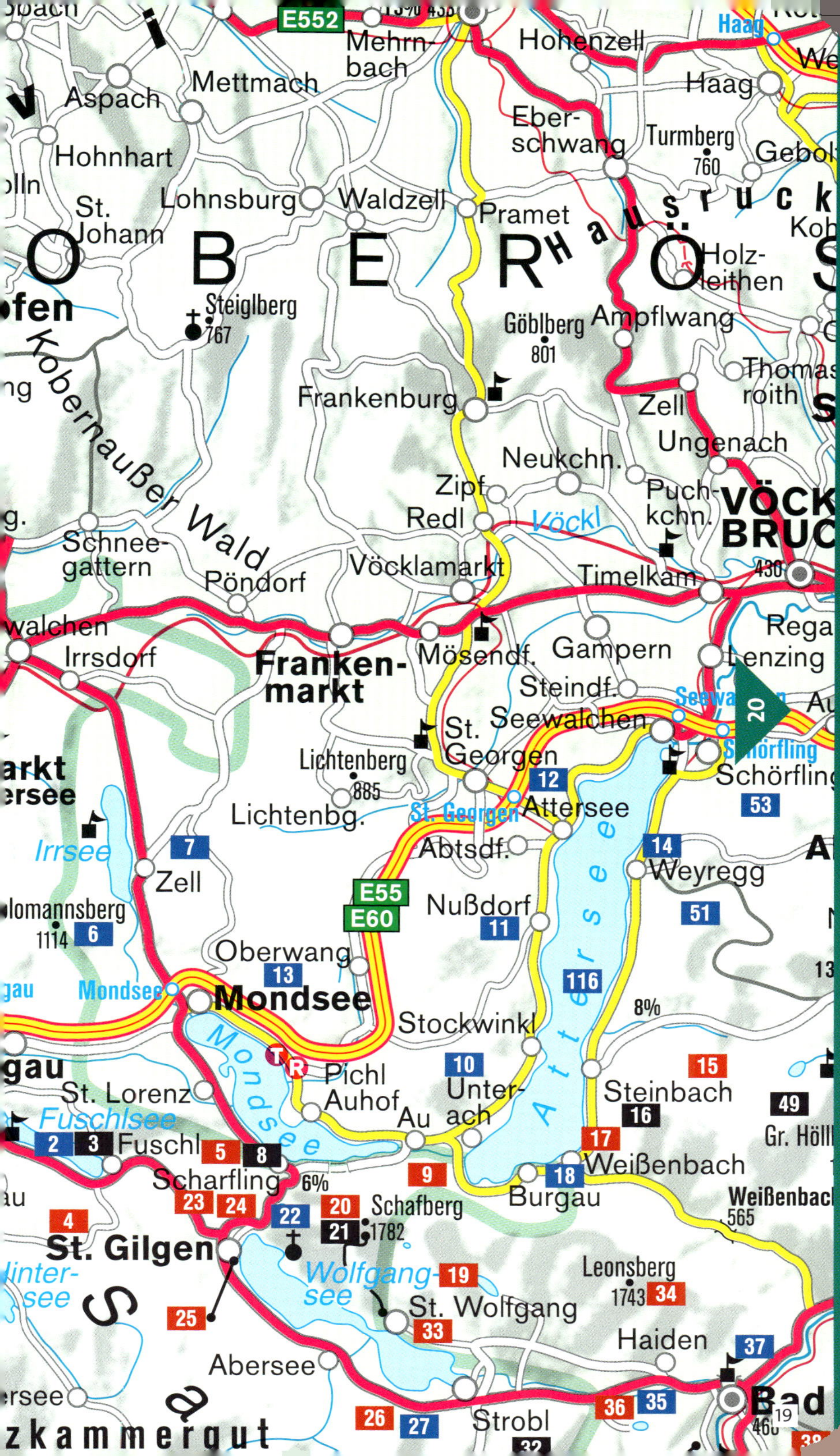

E552
Mehrnbach
Hohenzell
Haag
Aspach
Mettmach
Hohnhart
Eberschwang
Turmberg 760
St. Johann
Lohnsburg
Waldzell
Pramet
Hausruck
O B E R Ö S
Holzleithen
Steiglberg 767
Göblberg 801
Ampflwang
Kobernaußer Wald
Frankenburg
Thomasroith
Zell
Ungenach
Neukchn.
Zipf
Redl
Vöckl
Puchkchn.
VÖCK BRUC
Schneegattern
Pöndorf
Vöcklamarkt
Timelkam
430
Irrsdorf
Frankenmarkt
Mösendf.
Gampern
Lenzing
Steindf.
Seewalchen
20
St. Georgen
Schörfling
Lichtenberg 885
Lichtenbg.
Attersee
12
53
Irrsee
7
Abtsdf.
14
Weyregg
Zell
E55
E60
Nußdorf
11
51
Kolomannsberg 1114
6
Oberwang
13
Mondsee
Mondsee
116
Attersee
8%
Stockwinkl
Pichl
Auhof
10
Unterach
Steinbach
15
St. Lorenz
16
49
Fuschlsee
Au
17
Gr. Höll
2
3
Fuschl
5
8
Weißenbach
Scharfling
6%
9
18
Burgau
23
24
22
20
Schafberg 1782
Weißenbach 565
4
21
St. Gilgen
Wolfgangsee
19
Leonsberg 1743
34
25
St. Wolfgang
33
Haiden
37
Abersee
36
35
Bad
26
27
Strobl
Salzkammergut

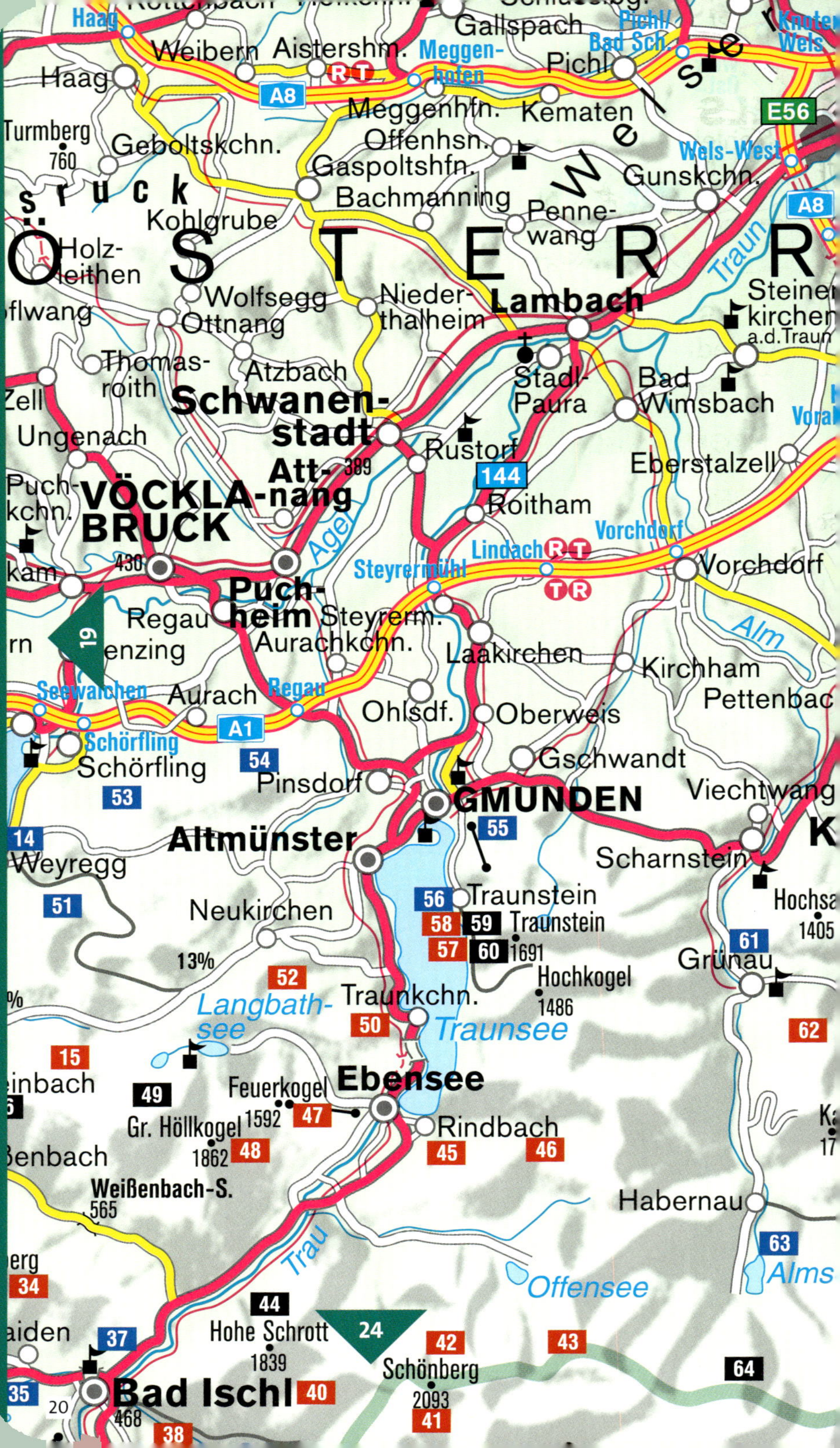
Haag
Weibern
Aistershm.
Gallspach
Pichl/
Bad Sch.
Knoten
Wels
Meggen-
hofen
Haag
A8
Pichl
Meggenhfn.
Kematen
E56
Turmberg
760
Geboltskchn.
Offenhsn.
Wels-West
Gaspoltshfn.
Gunskchn.
Wels
s r u c k
Kohlgrube
Bachmanning
A8
Penne-
wang
Traun
Holz-
leithen
Ö S T E R R
Wolfsegg
Nieder-
thalheim
Lambach
Steiner-
kirchen
a.d.Traun
flwang
Ottnang
Thomas-
roith
Atzbach
Stadl-
Paura
Bad
Wimsbach
Zell
Schwanen-
stadt
Ungenach
Rustorf
Eberstalzell
Att-
nang
389
144
Puch-
kchn.
VÖCKLA-
BRUCK
Roitham
Ager
Vorchdorf
Lindach
Steyrermühl
kam
430
Vorchdorf
Puch-
heim
Regau
Steyrerm.
19
rn
enzing
Aurachkchn.
Laakirchen
Alm
Kirchham
Seewalchen
Aurach
Regau
Ohlsdf.
Pettenbac
Oberweis
A1
Schörfling
Schörfling
54
Gschwandt
Pinsdorf
Viechtwang
53
GMUNDEN
14
Altmünster
55
K
Weyregg
Scharnstein
56
Traunstein
51
Neukirchen
58
59
Traunstein
Hochsa
1405
57
60
1691
61
13%
Hochkogel
Grünau
52
1486
Traunkchn.
Langbath-
see
50
Traunsee
62
15
Ebensee
einbach
49
Feuerkogel
1592
47
Gr. Höllkogel
Rindbach
1862
48
45
46
ßenbach
Weißenbach-S.
565
Habernau
63
Traun
berg
34
Offensee
Alms
44
24
aiden
37
Hohe Schrott
42
43
1839
Schönberg
64
35
Bad Ischl
40
2093
468
38
41

Terminal
trenk
Pucking
Traun
Ansfelden
A25
E552
Knoten A1/A25
Wels-Ost
Weißkirchen
St. V
WELS
Weißkchn.
Niederneukchn.
317
Schleiß-hm.
Allhaming
Allhaming
St. Marien
Hofkchn.
Thalheim
A1
Neuhofen
Weichstetten
E I C H
Kematen
E55
E60
Sipbachzell
Krems
Droißendorf
Dietachdf.
Sattledt
Unterwolfern
15%
Unterrohr
Sierning
STEYR
Kremsmünster
Bad Hall
307
Pichlern
Ried
Garsten
St.
Ried i. Traunkr.
Waldneu-kirchen
Aschach
A9
Adlwang
Steyr
Wartberg
Dambe
Nußbach
Untergrünburg
Steinbach
Lauss
Grünburg
Ternberg
Schlierbach
Enns
Inzersdorf i. Kremstal
Schoberstein
1285
CHDORF a. d. Krems
Leonstein
450
Reichraming
Schneeberg
1244
teinbach
Micheldf.
Molln
Krumme Steyrlin
Frauenstein
Kremsmauer
1504
Ramsau
Klaus
Klaus
Steyrling
O b e r ö s t e r r e i
Hoher Nock
1963
V o r a l p
St. Pankraz
Sengsengeb.
Stögerreith
St. Pankraz
1724
Teichl
Windisch-garsten
Kl. Priel
2136
Roßleithen
Windischgarsten
Gr. Priel
2515
Steyr
Vorderstoder
Rosenau
10%
Roßleithen
Edlbach
Spitzmauer
Hinter-
Gleinkersee
A9

Schönram
Saaldorf
Elixhsn.
Eugendf.
18
Freilassing
Berg-heim
Hallwang
Wallersee
A1
Plainfd.
Straß
S. Ausst
S./N.
S./M.
Anger
Ainring
Kleßheim
SALZBURG
S./Flughafen
Siezenh.
Anger
Aufham
Wals
425
12%
Ebenau
1
Fais
Piding
Bad Reichenhall
S.-W.
Kn. Salzburg
Glasenbach
Elsbethen
Hochstaufen
1781
A10
S.-Süd
Anif
Wiestal stausee
Grödig
Niederalm
Reichenhall
470
Großgmain
Puch/Urstein
Pass Hallthum
Mrkt.
Puch
Bayer.
694
Oberalm
Krispl
Gmain
Schellen-bg.
Adnet
Predigtstuhl
1613
Untersberg
1972
Hallein
HALLEIN
450
Dürrnberg
Bad Vigaun
11%
Bischofswiesen
18%
Kuchl
Berchtesgaden
Kuchl
868
Schönau
10%
15%
E55
Ramsau
Königsee
Hoher Göll
2522
Golling
Golling
Pass
552
Hochkalter
2608
Watzmann
2713
Königs-see
Hagen-
Salzach
Pass Lueg
Nationalpark
Gr. Hundstod
2594
Berchtesgadener
gebirge
Obersee
Alpen
Tenneck
Steinernes Meer
Werfen
Pfarrwerfen
Bischofshofen
Schönfeld Sp.
2651
Saalfelden
Hochkönig
2941
Hinterthal
Filzen-S.
1357
Maria Alm
164
28%
Mitter-berg
164
Bischof
Gerling
Dienten
Wintersperre XII-IV
Mühlbach

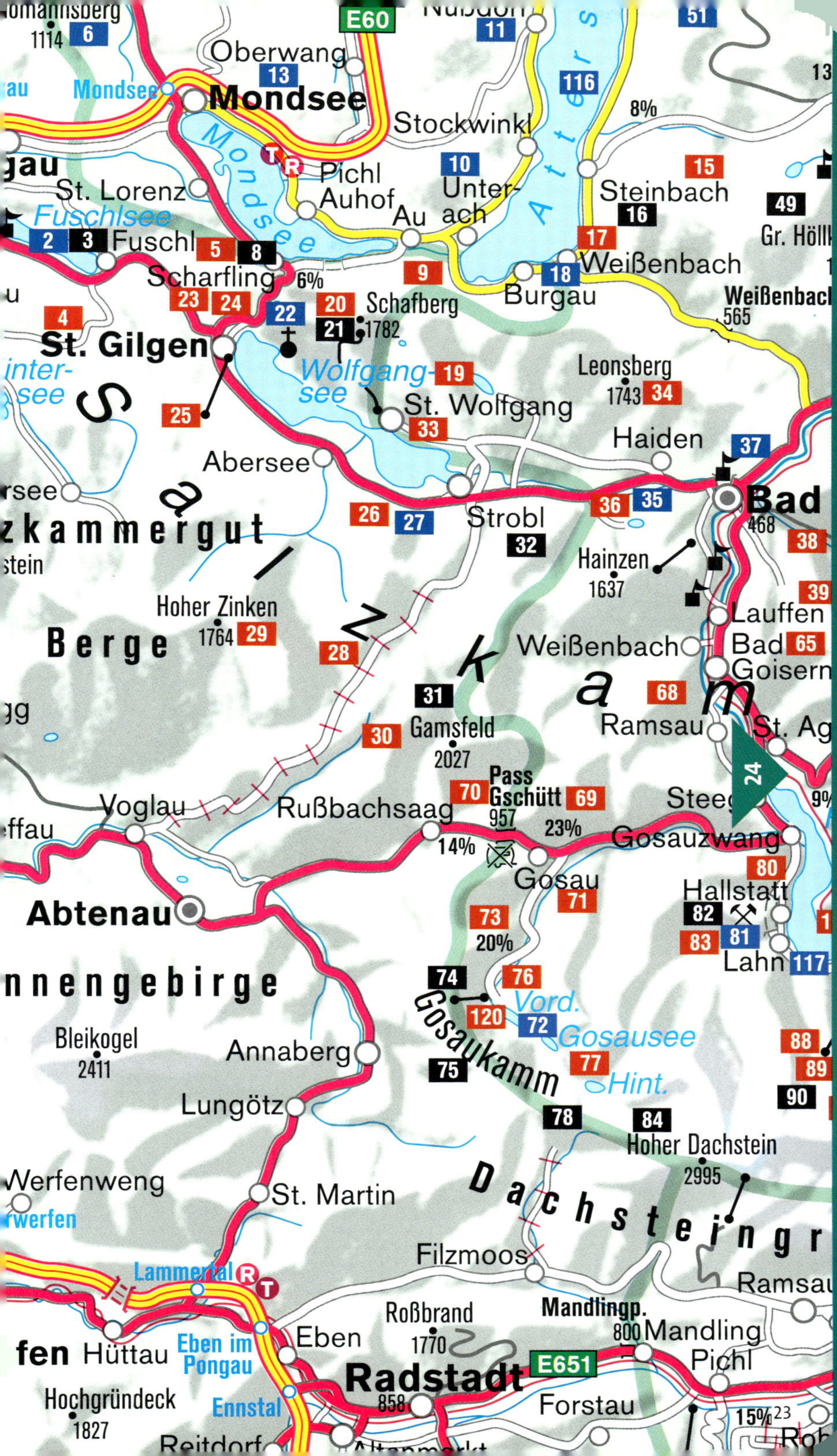

1114
6
E60
11
51
Oberwang
13
Mondsee
Mondsee
116
Stockwinkl
8%
13
Mondsee
Atter
T
R
Pichl
10
15
gau
St. Lorenz
Auhof
Unter-
ach
Steinbach
Fuschlsee
Au
16
49
2
3
Fuschl
5
8
17
Gr. Höll
Scharfling
6%
9
18
Weißenbach
23
24
Burgau
Weißenbac
565
4
22
20
Schafberg
21
1782
St. Gilgen
inter-
see
Wolfgang-
see
19
Leonsberg
1743
34
S
25
St. Wolfgang
33
Haiden
37
Abersee
rsee
a
26
27
Strobl
36
35
Bad
468
zkammergut
32
38
stein
l
Hainzen
1637
39
Hoher Zinken
1764
29
z
Lauffen
Berge
28
Weißenbach
k
Bad
65
Goisern
31
a
68
m
Ramsau
St. Ag
30
Gamsfeld
2027
24
Pass
Gschütt
957
70
69
Steeg
9%
Voglau
Rußbachsaag
23%
ffau
14%
Gosauzwang
80
Gosau
Hallstatt
71
Abtenau
73
82
81
83
20%
Lahn
117
nnengebirge
74
76
Gosaukamm
Vord.
120
72
Gosausee
88
Bleikogel
2411
Annaberg
75
77
89
Hint.
90
Lungötz
78
84
Hoher Dachstein
2995
Werfenweng
Dachsteingr
St. Martin
rwerfen
Filzmoos
Ramsau
Lammertal
R
T
Roßbrand
1770
Mandlingp.
800
Mandling
fen
Hüttau
Eben im
Pongau
Eben
E651
Pichl
Radstadt
858
Hochgründeck
1827
Ennstal
Forstau
15%
23
Reitdorf
Altenmarkt
Rob

Neukirchen
Traunstein
1691
Hochkogel
1486
Langbath-
see
Traunkchn.
Traunsee
Atter
ckwinkl
Unter-
ach
Steinbach
Ebensee
Feuerkogel
1592
Gr. Höllkogel
1862
Rindbach
Weißenbach
Burgau
Weißenbach-S.
565
Trau
Offense
Leonsberg
1743
Wolfgang
Haiden
Hohe Schrott
1839
Schönberg
2093
Strobl
Bad Ischl
468
Hainzen
1637
Totes G
Lauffen
Sandling
1717
Altausseer
See
eißenbach
Bad
Goisern
Kammerg
Ramsau
St. Agatha
Altaussee
nsfeld
027
Pass
Gschütt
957
Pötschenp.
922
Bad Aussee
Steeg
Hallstätter
See
Gru
23%
Gosauzwang
15%
Pichl
Gosau
Hallstatt
Obertraun
Ödensee
Ober
dorf
20%
Lahn
29%
Vord.
Gosausee
saukamm
Hint.
Hoher Dachstein
2995
Kamms
2139
Stoderzinken
2048
Grö
Dachsteingruppe
zmoos
Ramsau
Weißenbach
Pruggern
Mandlingp.
800
Mandling
Kulm
10%
Haus
Aich
tadt
E651
Pichl
Schladming
750
Forstau
15%
Rohrmoos

Micheldf.
Molln
1405
61
62
Frauenstein
Kremsmauer
1504
Klaus
Klaus
Ramsau
Steyrling
Oberöst
Kasberg
1747
Sengsengeb.
Hoher Nock
1963
St. Pankraz
St. Pankraz
Stögerreith
Teichl
63
Almsee
Roßleithen
Windischgarsten
Kl. Priel
2136
Gr. Priel
2515
Steyr
Vorderstoder
64
Roßleithen
Spitzmauer
2446
Hinterstoder
Gleinkersee
A9
E57
birge
t
Heberkas
2285
Warscheneck
2388
Spittal a. Pyhrn
Toplitzsee
10%
Pyhrnpass
945
Salzsteigjoch
1733
114
112
113
115
1955
Pyhrn
6%
Ardning-Admont
Weißenbach
LIEZEN
659
Bad Mitterndorf
Tauplitz
119
110
Wörschach
Enns
Klachau
Pürgg
Steinach
111
Grimming
2351
Lassing
Aigen
E651
Irdning
St. Martin
Gulling
Oppenbe
Donnersbach
Öblarn
Stein
Karlspitz
1848
Hochrettelstein
2220
Großsölk
Plannersee
Donnersbachwald

DIE PLÖTZ

Mühlenromantik am Wasserfall

4 km 2:15 h 100 hm 100 hm 17

START | Ebenau, 630 m (Parkplatz ca. 1 km vor der nördlichen Ortseinfahrt). [GPS: UTM Zone 33 x: 364.016 m y: 5.295.430 m]
CHARAKTER | interessante Wanderung auf problemlosen Wegen und Pfaden, im Bereich der Plötz sind allerdings Trittsicherheit und Schwindelfreiheit notwendig.
EINKEHR | in Ebenau, Gasthof Schroffengut.

Plötzlich: Alte Mühlen und ein Wasserfall

Auf dem Weg von Salzburg ins Salzkammergut lohnt sich ein Abstecher nach Ebenau, wo einst zahlreiche Wasserräder klapperten. Die Mühlen in der Plötz, einer verborgenen Mini-Schlucht mit zauberhaften Badetümpeln, sind liebevoll restauriert worden.

▶ Aufstieg: Wir starten beim **Parkplatz** 01 (Infotafel), folgen dem Asphaltweg zur Siedlung und zweigen nach 50 m links ab (Wegweiser „Naturbad Plötz"). Ein Schotterweg führt zur 1710 erbauten Pertiller-Mühle. Vorbei an der Eder-Mühle kommt man zu einer Wegteilung: Versäumen Sie hier nicht den kurzen Abstecher nach links zum 25 m hohen Wasserfall! Die rechte Route (Wegweiser „Höhenweg zum Watzmannblick") steigt dagegen sehr steil bis zur **Schroffenau-Mühle** 02 an – der bereits um 1540 erwähnte Holzbau steht spektakulär über dem Wasserfall. Dahinter fließt der Rettenbach aus dem Becken von Koppl ab: Hier geht man links über einen Steg (Wegweiser „Watzmannblick") und ersteigt eine bewaldete Anhöhe, von der man links auf einem breiten Weg wieder absteigen könnte. Schöner ist es jedoch, dem geradeaus verlaufenden Pfad zu folgen: Im sanften Auf und Ab – vorbei an einem Kreuz und durch einen kleinen Bacheinschnitt – erreicht man eine Abzweigung, von der sich bei klarem Wetter rechts der steile Abstecher zum Watzmannblick lohnt.

Abstieg: Links führt der Höhenweg nach Ebenau. Vor einer Wiese teilt sich die Route: Geradeaus kommt man in den Ort; wir gehen jedoch nach links und an der Kneippanlage vorbei. Oberhalb einiger Häuser zweigt man links Richtung „Naturbad Plötz, Wasserfall“ ab, steigt von der nächsten Wegteilung geradeaus an und wandert nun rechts („Arnoweg“) abwärts. Nochmals rechts abzweigend gelangt man dann wieder in die Schlucht des Rettenbaches und über einen Steg zur Pertiller-Mühle. Nun rechts zur Schildlauer- und zur Hofbauer-Mühle hinab. Schließlich auf einem Wiesenweg zur Straße, neben der man links auf dem Radstreifen zum **Parkplatz 01** geht.

Hof-Spuren

In der Gemeinde Hof bei Salzburg wurden fünf sehr interessante natur- und kulturhistorische Themenwege angelegt: die Kapellenspur auf alten Prozessionswegen (2,5 h), die Waldspur (1 h) und die Landschaftsspur (2 h) durch den Naturraum südlich des Ortes (1 h), die Gerichtsspur zu historischen Gebäuden und einem verborgenen Wasserfall (1,5 h), die Vogelspur (1 h) sowie die Wasserspur (1,5 h) am Westufer des Fuschlsees unter dem Schlosshotel Fuschl. Eine informative Broschüre gibt's im Tourismusbüro.
Info: www.hofonline.at

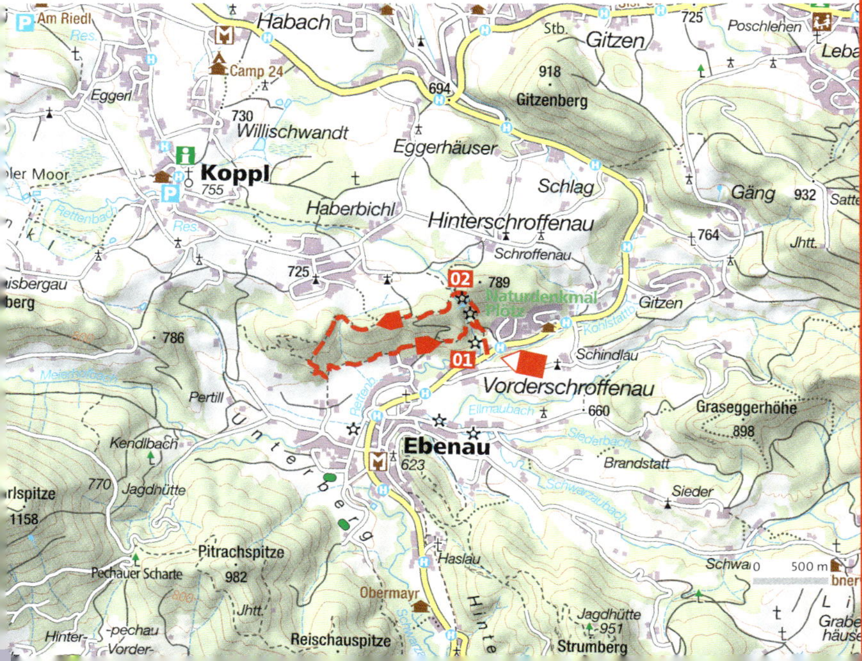

RUND UM DEN FUSCHLSEE

Im Salzburger Salzkammergut

11,5 km | 3:30 h | 70 hm | 70 hm | 17

START | Fuschl am See, 670 m.
[GPS: UTM Zone 33 x: 372.868 m y: 5.295.067 m]
CHARAKTER | einfache, naturkundlich sehr interessante Wanderung auf breiten Wegen und schmalen Pfaden.
EINKEHR | Gasthöfe in Fuschl, Wesenauer, Holzknechtstube, Schlossfischerei, Jausenstation Berger in Hundsmarkt.

„Es lächelt der See, er ladet zum Bade", heißt es schon bei Schillers Wilhelm Tell. Und zum Rundherumgehen, Staunen und zum intensiven Naturerlebnis. Der wunderbare Rundwanderweg um den 5,5 km langen, 800 m breiten und bis zu 65 m tiefen Fuschlsee im Salzburger Land zählt zu den Top-Routen im Salzkammergut!

1. Abschnitt zum Badestrand Hof: Vom Strandbad in **Fuschl** 01 gehen wir zur Kreuzung mit der Dorfstraße. Dort zweigen wir links ab und wandern entlang der Parkanlagen am Seeufer zum Hotel Seewinkel. Danach geht's links auf einem geschotterten Weg zwischen Hecken und Zäunen parallel zum Nordufer des Sees weiter. Nach gut 200 m liegt rechts eine ehemalige Streuwiese, die sich zu einem dichten Schilfröhricht entwickelt hat. Vorbei an einem Aussichtspunkt und einem Holzhaus führt der Weg sanft ansteigend zur Schöffbaumerwiese und dann durch Mischwald zum See hinab. Das Sigmundsbründl spendet rechtsdrehendes Quellwasser, dem sogar Heilkräfte zugesprochen werden. Über die Wiesen des Feldbauernguts, auf denen im Hochsommer mehrere Orchideenarten blühen, erreichen wir wieder den Wald. Dort steigen wir zum höchsten Punkt der Wanderung an. Rechts kurzer Abstecher zur „Waldandacht" und in mäßigem Anstieg zu einer Lichtung mit drei knorrigen Buchen (Holzterrassen zum Rasten).

Wieder zurück zum Hauptweg, auf diesem rechts weiter und gegen den See hinunter (links verbirgt sich einer der schönsten Naturstrände des Fuschlsees). Der Pfad führt durch die steilen Waldhänge über dem Wasser. Etwa 15 Minuten nach der „Waldandacht" errei-

Bodenständige Köstlichkeiten, tolle Badeplätze und Naturerlebnis: Die kleine Ortschaft Hundsmarkt und der herrliche Naturbadestrand der Gemeinde Hof bieten alles!

chen wir eine große Wiese mit einem Wegkreuz. Nach rechts zur Asphaltstraße, auf der man rechts zur nahen Einkehr und zur alten Mühle im Weiler **Hundsmarkt** 02 kommt. Der Seerundweg zieht dagegen links weiter. Nach 200 m biegen wir links auf einen Fahrweg ab, der einem Bach entlangführt. Rechts davon liegen Streuwiesen, die vielen seltenen Pflanzen- und Tierarten Lebensraum bieten. Dann überqueren wir die abfließende Fuschler Ache auf einem Holzsteg und erreichen den **Naturbadestrand der Gemeinde Hof** 03 mit seinem weit in den See hinausragenden Steg, der einen tollen Blick über den ganzen Fuschlsee vermittelt (1:30 h). Die Zufahrtsstraße führt hinauf zum Gasthof Jagdhof, wo sich an der Hauptstraße eine Bushaltestelle befindet.

2. Abschnitt nach Fuschl zurück: Wir gehen am Golfplatz vorbei und überqueren die Zufahrt zum mondänen Hotel **Schloss Fuschl** 04. In der Folge führt der Seerundweg (hier mit Nr. 804 markiert) wieder zum Wasser hinunter. Bei der Anlegestelle neben der Schlossfischerei besteht im Sommer die Möglichkeit, mit der Holzzille nach Fuschl zu fahren. Wer durch den südlichen Uferhang weiterwandert, genießt nun den Schatten von Tannen, Bergahornbäumen und seltenen Eiben. Nach gut 1 km überqueren wir auf einem Holzsteg die tief eingeschnittene Schlucht des Hallbaches. Achtung: Bei Regenfällen kann sich das Bächlein in einen Wildbach verwandeln! Durch den Wald geht's weiter zum Gehöft Fischer mit seinem Badeplatz (kurze Straßenpassage). In der **Wesenau** 05 beginnt ein Güterweg. Durch die Ortschaft kommen wir zur Hauptstraße, der wir links Richtung Fuschl folgen. Kurz darauf links zum Campingplatz und zum Strandbad in **Fuschl** 01.

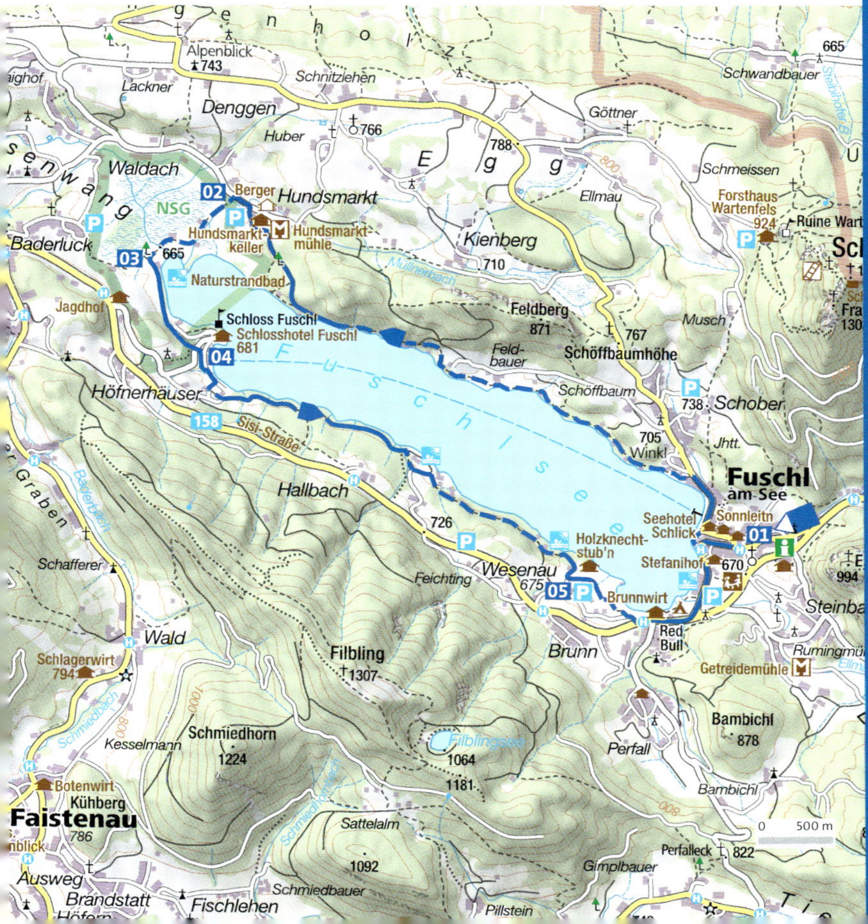

3

SCHOBER • 1328 m

Der „Ritter-Klettersteig“

2,3 km 2:45 h 400 hm 400 hm 17

START | Fuschl am See, 670 m. Zufahrtsmöglichkeit über Egg zum Forsthaus Wartenfels, 924 m.
[GPS: UTM Zone 33 x: 372.868 m y: 5.295.067 m]
CHARAKTER | abwechslungsreiche Bergtour auf einen schroffen Voralpengipfel. Im unteren Bereich Wald- und Wiesenwege; der stellenweise gesicherte Gipfelsteig (A) führt jedoch durch steiles Wald- und Felsgelände.
Nicht bei Schneelage gehen!
EINKEHR | Forsthaus Wartenfels, offene Unterstandshütte am Schober.

Der schroffe Schober, das Fuschler Bergwahrzeichen, ähnelt tatsächlich einem kantigen Heustadel. Schon im oberen Teil seiner gesicherten Anstiegsroute genießt man eine überraschend weite Fernsicht vom Innviertel bis zu den Berchtesgadener Alpen. Der Übergang auf den 1303 m hohen Frauenkopf, auf dem seit 1979 ebenfalls ein Gipfelkreuz steht, verspricht eine genussvolle Zugabe, die schließlich mit dem Studium zweier Speisekarten ausklingt: Die eine präsentiert die g'schmackigen Kletterrouten in der Frauenkopf-Wand, die andere das kulinarische Angebot im gemütlichen Forsthaus Wartenfels.

Aufstieg: Der Weg auf den Schober beginnt im Ortszentrum von **Fuschl 01** und folgt der Dorfstraße in Richtung Fuschlsee, bis man rechts auf die Seestraße einschwenkt. Im Ortsteil Winkl, nach dem Hotel Waldhof am See, zweigt rechts der Wanderweg 10 ab. Er führt durch sanft ansteigende Wiesen und Wälder, vorbei an der Waldhofalm sowie den Bauernhöfen Schober und Musch, zum **Ansitz Wartenfels 02** und dem daneben gelegenen Forsthaus unterhalb der Ruine Wartenfels. Diese erreicht man wahlweise auf einem breiten Weg bzw. einem steilen Abkürzungssteig in 10 bis 20 Min. Das renovierte Gemäuer lässt sich auf Metalltreppen erklimmen. Der beschilderte Pfad auf den **Schober 03** beginnt im Sattel unterhalb der Ruine (nicht links in den Waldhang queren). Er windet sich durch steiles Waldgelände und zwischen einigen Felsgruppen zum Kreuz hinauf (Stahlseile, Eisenstifte und ausgesprengte Stufen).

Abstieg: Die offene Unterstandshütte, zu der man auf Eisenklammern absteigt, weist den Weiterweg: Nach einer Leiter führt der schmale Steig durch die steile Waldflanke (zuletzt kurzer Gegenanstieg) zum **Frauenkopf 04** hinüber. Weiter geht's auf dem felsigen Südgrat hinab, bis der Steig durch den Waldhang und neben einer Schutthalde am Fuße der Felswände zum **Ansitz Wartenfels 02** zurückführt. Zurück nach **Fuschl 01**.

Die Ruine Wartenfels

Um 1300 entstand hoch über dem Fuschlsee eine stolze Burg. Bis 1564 diente sie den Salzburger Erzbischöfen als Verwaltungssitz, aber auch als Bollwerk gegen das damals noch baierische Mondseeland. Dann übersiedelten die Pfleger ins gemütlichere Thalgau – und ließen das Gemäuer verfallen.

Ein „Eisenweg“ hoch über dem Salzburger Flachgau: Auf zum Schober!

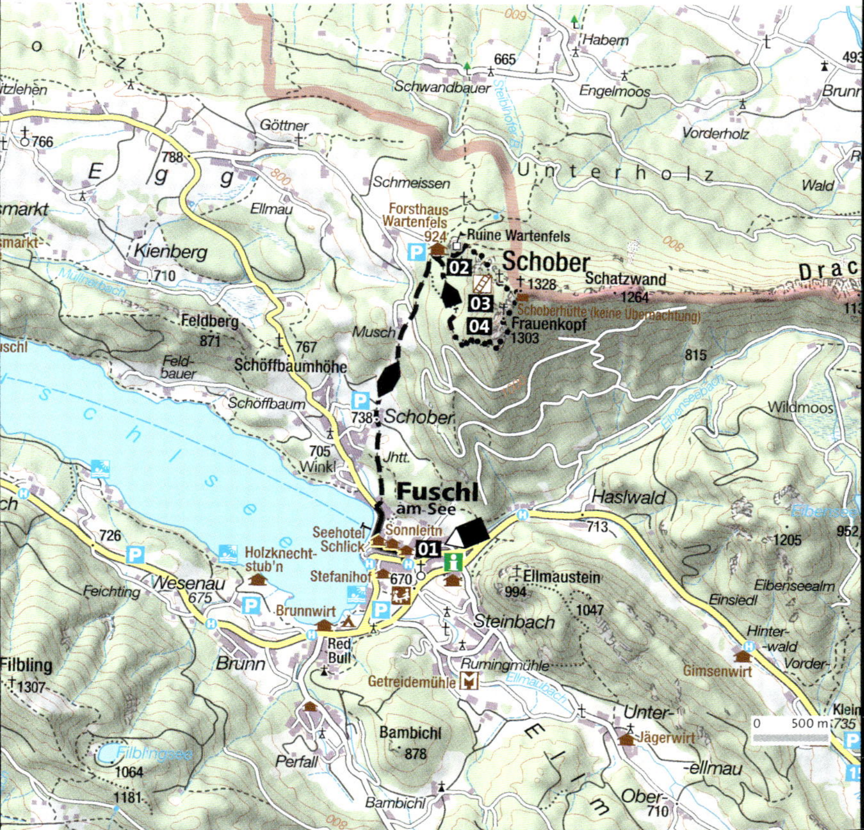

FILBLING • 1307 m

Waldgipfel und Waldsee

13 km | 4:30 h | 650 hm | 650 hm | 17

START | Fuschl am See, 670 m.
[GPS: UTM Zone 33 x: 372.868 m y: 5.295.067 m]
CHARAKTER | einfache Bergwanderung auf schattigen Waldwegen und guten Pfaden.
EINKEHR | Gasthöfe in Fuschl.

Bloß 21 m niedriger als der Schober, aber mit Ausnahme seiner steilen Gipfelwiese vollständig in Wald eingehüllt – das ist der Filbling, die südliche Bergbegrenzung des Fuschlsees.

▶ Aufstieg von **Fuschl** **01** wie bei Tour 2 auf dem Fuschlseerundweg zum Brunnwirt. Bei der dortigen Bushaltestelle wird die Bundesstraße auf dem Fußgängerübergang gequert. Drüben begleiten wir, dem Wegweiser „Oberbrunnweg, Zum Filbling" nach rechts folgend, etwa 800 m lang die Hauptstraße – erst auf einem Asphaltweg zu einer Infohütte, dann auf einem schmalen Kiesweg, der zwei Nebenstraßen in die Siedlung Brunn quert. Bei der Zufahrt zum Gewerbegebiet Filblingstraße links abbiegen („Zum Filbling"), gleich darauf links auf einen unbeschilderten Fahrweg einschwenken und unter der Stromleitung durch zum Waldrand. Dort trifft man auf eine Schotterstraße, auf der man links ansteigt, wobei man stets den Wegweisern „Filbling" folgt. Zwei Linksabzweigungen bleiben unbeachtet, dann erreicht man die Waldmulde mit dem kleinen **Filblingsee** **02**. Das moordunkle Gewässer mit seinem Seerosenschmuck lässt sich in ca. 20 Minuten umrunden. Vom Rastplatz über dem Wasserspiegel folgen wir noch kurz der Forststraße, zweigen dann links auf den Steig ab (Wegweiser „Filbling") und steigen zum Kamm hinauf. Dort nach rechts und auf dem stellenweise mit kleinen Felsen durchsetzten Rücken – zuletzt über dem steilen Wiesenhang auf der Nordostseite – zum Gipfelkreuz auf dem **Filbling** **03**.

Abstieg auf der gleichen Route. Man kann auch auf dem langen, bewaldeten, erst sanft und dann steiler abfallenden Nordwestkamm absteigen (alle Abzweigungen ignorieren). Nach knapp 1 h Gehzeit verlassen wir den Wald. Bei einer Kapelle rechts zu einem Wildgehege und zum Hotel Jagdhof. Rückkehr von dort per Bus – oder zu Fuß auf dem Fuschlsee-Rundweg nach **Fuschl** **01**.

Die Aussicht vom Schober zum Fuschlsee und zum Filbling.

ZUM EIBENSEE • 952 m

Umwege in die Stille

7 km 3:30 h 300 hm 300 hm 17

START | Kleiner-Kapelle an der Bundesstraße zwischen Fuschl und St. Gilgen (700 m südöstlich vom Gimsenwirt), 760 m. Beschränkte Parkmöglichkeit, Bushaltestelle beim Gimsenwirt.
[GPS: UTM Zone 33 x: 375.649 m y: 5.293.931 m]
CHARAKTER | einfache Wanderung auf Forststraßen und stellenweise steilen Pfaden.
EINKEHR | unterwegs keine, Gimsenwirt, Gasthöfe in Fuschl.

Östlich von Fuschl, in den dicht bewaldeten Südabhängen der Drachenwand und unter dem Mariannenkopf, glitzert ein weiteres Wasserauge zwischen den Bäumen: der Eibensee. Gleich nach der Schneeschmelze tummeln sich die Frösche in seinem Schilfbereich, Wildenten schnattern und zwischen versunkenen Baumstämmen huschen kleine Fische hindurch. Wie alle Seen im Salzkammergut ist auch dieser hier eine „Erbschaft" der Eiszeit: Ein kleiner Lokalgletscher hat sein tiefes Becken aus dem Gestein geschürft. Eine zweite Mulde liegt etwas unterhalb des Eibensees – dort ist der einstige See jedoch bereits zu einem Hochmoor verlandet.

Aufstieg: Von der **Kleiner-Kapelle** 01 steigen wir auf dem Wanderweg Nr. 13 b ziemlich steil durch den Waldhang und einen Graben an. Bei der folgenden Abzweigung geradeaus zur Wiese der ehemaligen Eibenseealm hinauf. Dort beginnt eine Forststraße, die wir aber nur kurz verfolgen, um schließlich rechts auf einem Steig zum **Eibensee** 02 hinunterzuwandern (Rastplatz). Rechts dem Ufer entlang, zu einer Forststraße und auf dieser rechts zum **Mariannenkopf** 03 ansteigen. Nach der Linkskurve zweigt rechts ein Abkürzungspfad ab, der auf den felsigen Gipfel führt (Kreuz).

Abstieg über kleine Felsstufen zur nahen Forststraße, der man nach rechts (Wegweiser „Almkogel") in den Saugraben folgt. Bei der Straßenabzweigung unter dem Höllkar rechts in einen Sattel und jenseits im schrägen Abstieg (schöner Blick zum Schafberg) in einen Wiesensattel (Wildwiese). Hier rechts abzweigen und auf dem Waldpfad Nr. 13 zur Wegteilung unterhalb der ehemaligen Eibenseealm hinab. Auf der Zugangsroute gelangt man schließlich zur **Kleiner-Kapelle** 01 zurück.

Variante: Man kann vom Eibensee auch auf der Forststraße mit der Markierung Nr. 13 Richtung Fuschl durch das Wildmoos wandern. Danach geht's durch das schluchtartige Tal des Eibenseebaches nach Haslwald an der Bundesstraße hinab (1 km östlich von Fuschl; per Bus zum Ausgangspunkt zurück).

Die Wanderung auf den Mariannenkopf macht auch Kindern Spaß.

Am Eibensee.

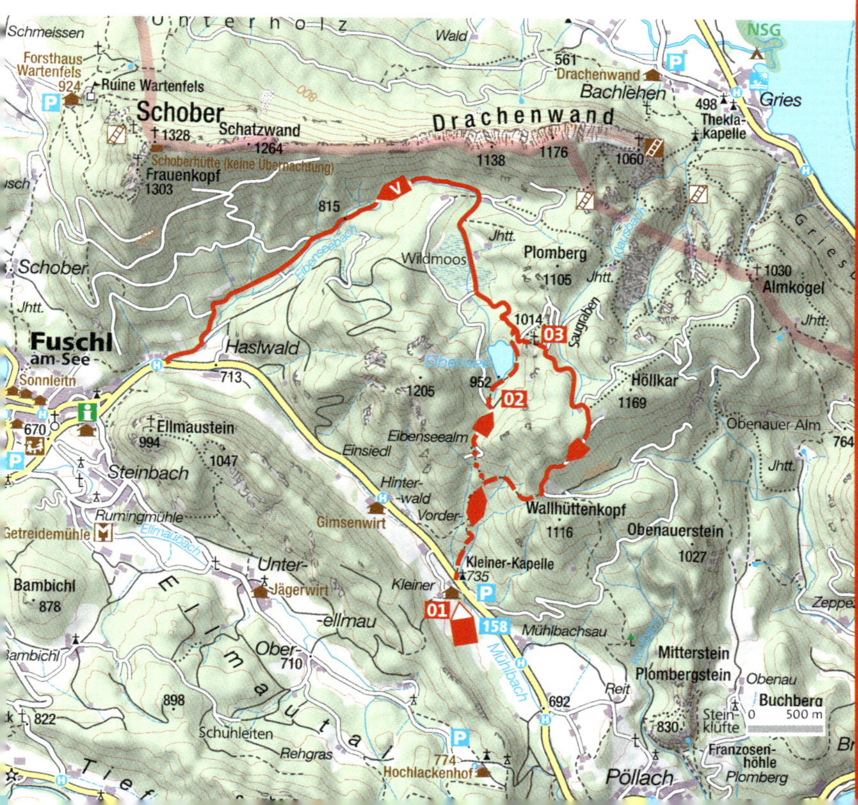
Unterholz
Schmeissen
Wald
Forsthaus Wartenfels
924
Ruine Wartenfels
Schober
1328
Schatzwand
1264
Schoberhütte (keine Übernachtung)
Frauenkopf
1303
Drachenwand
561
Drachenwand
Bachlehen
498
Thekla-Kapelle
Gries
NSG
1138
1176
1060
815
Wildmoos
Jhtt.
Plomberg
1105
1030
Almkogel
Schober
Fuschl
am See
Sonnleitn
Haslwald
713
1014
03
Saugraben
Eibensee
952
02
1205
Höllkar
1169
670
Ellmaustein
994
1047
Steinbach
Eibenseealm
Einsiedl
Obenauer Alm
764
Hinter-
-wald
Vorder-
Wallhüttenkopf
1116
Rumingmühle
Getreidemühle
Gimsenwirt
Obenauerstein
1027
Unter-
Jägerwirt
-ellmau
Kleiner-Kapelle
735
Kleiner
01
158
Mühlbachsau
Bambichl
878
Ober-
710
Ellmautal
Mühlbach
Mitterstein
Plombergstein
Obenau
Reit
692
898
822
Buchberg
0 500 m
Stein-
klüfte
830
Schuhleiten
Rehgras
774
Hochlackenhof
Franzosen-
höhle
Plomberg
Pöllach
Zeppe

KOLOMANSBERG • 1114 m

Zu Österreichs ältester Holzkirche

7 km | 2:45 h | 400 hm | 400 hm | 17

START | Hochsernerhof südwestlich über dem Irrsee, 723 m. Zufahrt von der Bundesstraße 154 zwischen Mondsee und Zell am Moos (3,5 km).
[GPS: UTM Zone 33 x: 372.128 m y: 5.305.041 m]
CHARAKTER | einfache und abwechslungsreiche Wanderung auf stillen Forst- und Wiesenwegen.
EINKEHR | Hochsernerhof.

Der Hochsernerhof ist ein kleines Paradies hoch über dem Mondseeland: herrlich gelegen mit Blick über den Mond- und den Irrsee, eine bodenständige Jausenstation und Mostschänke und ein kinderfreundliches Familien-Ferienquartier. Kein Wunder also, dass uns schon beim Parkplatz die „Kolomandln" empfangen – kleine, bunt bemalte Holzkobolde, die die Kleinen gleich auf den hauseigenen Kinder-Erlebnisweg locken.

▶ Aufstieg: Vom **Hochsernerhof** 01 wandern wir nach dem Wegweiser „Kolomanstaferl, Kolomansberg" auf der Asphaltstraße über die Wiese hinauf. Bei der Abzweigung am Waldrand geradeaus und auf der Schotterstraße in einen Graben. Wo es zum Indianerdorf geht, rechts abbiegen und bei den folgenden Wegteilungen geradeaus in einen Graben. Nach der Bachüberquerung links auf dem schmalen Pfad Nr. 8 durch die Waldhänge empor. Nach einer Forststraßenquerung erreicht man auf dem Höhenrücken das **Kolomanstaferl** 02, einen großen abgestorbenen Baum mit einem Bild des seltsamen Heiligen. Hier links auf den Arnoweg bzw. den Pilgerweg „Via Nova" abzweigen (Wegweiser „Kolomansberg") und in einen Sattel hinab. Dort geradeaus,

Eine seltsame Andachtsstätte für einen seltsamen Heiligen: die hölzerne Kolomanskirche.

über einen weiteren Hügel und an einer Abzweigung vorbei. Aus der nächsten Senke nahe einer Forststraße geht's auf einem sehr steilen Steig zum wenig einladenden Kolomansbründl („Kein Trinkwasser") und zum nahen Kirchlein auf dem **Kolomansberg** **03** hinauf. Aussicht gibt's hier keine, doch unser Wanderziel ist das älteste Gotteshaus Österreichs, das ganz aus Holz besteht. Es geht wohl auf einen uralten Kultplatz zurück, an dem der Heilige einst gerastet haben soll – und es zieht heute noch Wallfahrer an. Den Zauber dieses Platzes kann nicht einmal das benachbarte Militär-Sperrgebiet um die beiden riesigen Radarkugeln zerstören ...

Abstieg: Auf dem steilen Pfad in den Sattel zurück, kurz wieder ansteigen und dann bei der erwähnten Abzweigung rechts abbiegen. Auf einem Waldpfad abwärts, eine Forststraße überqueren und auf der unteren Schotterstraße nach links. Gleich danach biegen wir rechts ab, gehen am Indianerdorf vorbei und erreichen wieder die Wiese über dem **Hochsernerhof** **01**.

Mondsee

Über dem Ufer des wärmsten aller Salzkammergutseen zeigt sich die einstige Mondseer Stiftskirche in barocker Pracht. Das 748 gegründete Kloster wurde zum Kristallisationspunkt der ganzen Region. Die Geschichte des Mondseelandes weist übrigens sehr weit zurück: Seit 1872 fand man am Seeufer so viele Relikte von Pfahlbausiedlungen, dass sich für den Zeitraum zwischen 2800 und 1800 v. Chr. der Begriff „Mondseekultur" etablierte. Eine dieser urzeitlichen Stätten lag am Abfluss der Seeache (Richtung Unterach am Attersee). Wer dort im Gasthof mit dem einprägsamen Namen „See" eingekehrt ist, wird den herrlichen Blick zur Drachenwand bestimmt nicht mehr vergessen (und sich auch gern an die kulinarischen Köstlichkeiten erinnern).
Info: www.oberoesterreich.at/mondsee

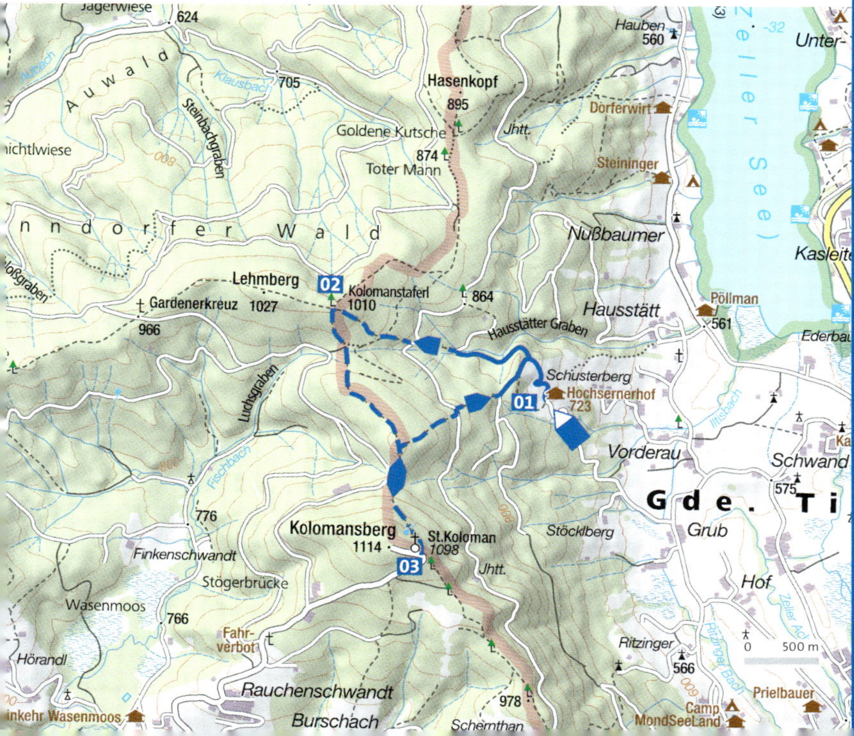

7 TANNEN- UND ALMWIESENWEG

Unbekanntes über dem Irrsee

12,8 km | 4:00 h | 250 hm | 250 hm | 17, 18

START | Zell am Moos, 573 m.
[GPS: UTM Zone 33 x: 374.330 m y: 5.306.760 m]
CHARAKTER | einfache Wald- und Wiesenwanderung über sanfte Höhenzüge.
EINKEHR | in Zell am Moos, Moststandl Zellgraber.

Im sanft gewellten Wald- und Bauernland zwischen Mond- und Irrsee wurden zwei lohnende Rundwege beschildert. Wir stellen Ihnen eine Kombination aus beiden vor.

Aufstieg: Vom Kirchenplatz in **Zell am Moos** 01 wandern wir auf dem Pfarrweg am Kriegerdenkmal vorbei und unter der Umfahrungsstraße durch. Geradeaus nach den Schildern des „Almwiesenweges" auf dem asphaltierten Güterweg nach **Lindau** 02 hinauf. Dort biegen wir rechts ab und folgen nun der Beschilderung des „Tannenweges". Vorbei an einem kleinen Biotop und durch einen Graben gelangt man zum Moststandl Zellgraber. Gerade auf der Asphaltstraße weiter, nach 200 m links abbiegen und über eine weite Kehre aufwärts. Bei der nächsten Abzweigung nach rechts, in den Wald und dort links auf der Forststraße aufwärts. Vom Waldrand (Aussichtsplatz „Auerstadl") auf einem kurvigen Wiesenweg hinab zur Asphaltstraße, der man links zur Kreuzung beim **Neuhäusl** 03 folgt. Rechts lohnt sich der kurze Abstecher zu einem Aussichtsplatz (herrlicher Blick über das Mondseeland).

Rückweg: Wir folgen dem Tannenweg nach links und zweigen nach 250 m links Richtung Wildmoos ab. Weiter zum Ebnatbauern, geradeaus in den Mooswald und in einen Graben hinab. Dort nach links und über einen Waldrücken zu einer Forststraße, die rechts über eine Brücke führt. Nun wandern wir auf einem neu angelegten Weg und auf der wenig befahrenen Straße durch das Vöcklatal zum einstigen Lenzenwirt in der Ortschaft **Harpoint** 04. Links abzweigen, dem Güterweg folgen und bei der Abzweigung geradeaus zur **Lindenkapelle** 05. Wer hier links abbiegt, kommt

Der Schafberg erhebt sich über dem Mondsee.

bald wieder nach Lindau und rechts entlang der Aufstiegsroute nach **Zell am Moos** **01** zurück.

Variante: Länger, aber schöner ist es, von der Kapelle rechts auf dem Feldweg zum Oberlehen und zum Feichten zu wandern. Dort erreichen Sie wieder die Beschilderung des Almwiesenweges, der nach einem kurzen Straßenstück neben dem Wolfbauergraben zum See hinabzieht.

Vor der Bundesstraße links zur Brücke, dort die Fahrbahn überqueren (Vorsicht!) und in die Ramsau. Vorbei am Campingplatz und durch Unterschwand erreicht man die Dorfstraße von **Zell am Moos** **01**.

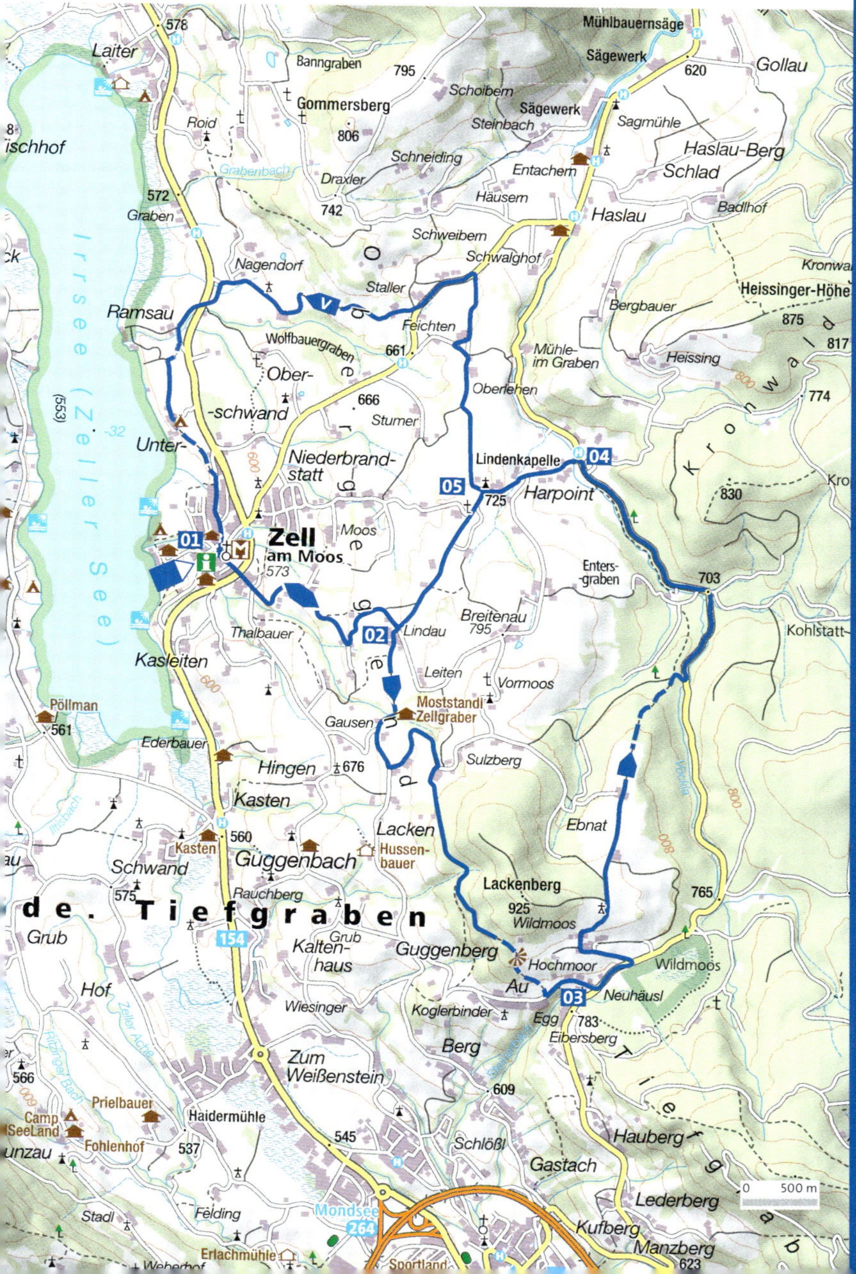

8

DRACHENWAND • 1060 m

Wo der Teufel vom Kurs abkam

5,5 km | 4:15 h | 560 hm | 560 hm | 18

START | Plomberg bei St. Lorenz, 498 m. Zufahrt von Mondsee (6 km).
[GPS: UTM Zone 33 x: 377.866 m y: 5.296.772 m]
CHARAKTER | anspruchsvolle und stellenweise sehr steile Bergtour auf einen beeindruckenden Felskamm. Der steile Waldpfad ist an einigen Passagen ausgesetzt und gesichert (Leitern und Stahlseile, A); er erfordert Trittsicherheit und Schwindelfreiheit. Die Tour auf die Drachenwand wird immer wieder unterschätzt – Nässe oder Schneelage bedeuten hier ein gefährliches Risiko!
EINKEHR | unterwegs keine.

Auf der Drachenwand.

Tektonische Urkräfte haben die Drachenwand vor etwa 60 Millionen Jahren von Süden her über die sanft gewellte Flyschzone geschoben. Heute bäumt sich die lang gezogene Felsmauer fast 700 m hoch über dem Mondsee auf. Übersehen hat sie bis jetzt – so erzählt jedenfalls die Sage – nur der Teufel: Einst holte er sich eine sündhafte Pfarrersköchin, mit der er jedoch vom Flugkurs abkam und in den Berg krachte. Das Loch existiert heute noch und bietet einen verteufelt schönen Tiefblick auf den See.

▶ Aufstieg: Von **Plomberg** **01** nach dem Wegweiser „Theklakapelle“ auf einem markierten Weg zum Waldrand und dann sanft absteigend ins Klausbachtal. Dort mündet der Weg mit der Markierung Nr. 12 ein. Rechts lohnt sich der kurze Abstecher zur **Theklakapelle 02**. Der Pfad zur Drachenwand führt dagegen links neben dem Bach aufwärts. Bald zweigt man rechts in einen Seitengraben ab, wo man mit Hilfe von drei Leitern und Stahlseilen eine Felsbarriere überwindet. In Serpentinen gelangt man durch den weiterhin sehr steilen Waldhang in einen Sattel, hinter dem es wieder 100 m hinabgeht. Aus der so erreichten Klausbachschlucht schlängelt sich der Steig durch lichten Buchenwald auf den felsigen, aber nicht schwer zu begehenden Gipfelgrat. Kurz vor dem Gipfelkreuz auf der **Drachenwand 03**, das nicht auf dem höchsten, aber auf dem aussichtsreichsten Punkt des Massivs steht, klafft das erwähnte Felsloch, durch das man zum See hinabblickt.

Abstieg: auf der gleichen Route.

Der Klettersteig auf die Drachenwand

2008 wurde im Bereich des Drachenwand-Ostgrats ein mittelschwerer, stellenweise recht luftiger und landschaftlich sehr eindrucksvoller Klettersteig (B/C) angelegt. Er beginnt mit der großen und der kleinen Einstiegsleiter und führt durch das Gelände an einen (zeitweise aktiven) Wasserfall. Sein spektakulärstes Highlight bildet eine 20 m lange Hängebrücke (Variante) an einem Pfeiler nach der Franzosenschanze. Höhenunterschied: Zustieg 160 m, Klettersteig 400 m. Stellenweise droht große Steinschlaggefahr, daher nur mit Helm losgehen. Unterwegs besteht keine Fluchtmöglichkeit. Ausgangspunkt: Parkplatz für Bergsteiger beim Gasthof Drachenwand in St. Lorenz, Zugang ca. 30 Min., Klettersteig 2 h, Abstieg 1,5 h. Schnell erreichbar, daher oft sehr gut besucht und immer wieder unterschätzt!

RUNDWANDERUNG ZUR EISENAUER ALM

Almzauber unterm Schafberg

14,3 km | 5:00 h | 580 hm ↗ | 580 hm ↘ | 18

START | Unterach am Attersee, Parkplatz 2 an der westlichen Ortseinfahrt nahe der Brücke über die Seeache, 477 m.
[GPS: UTM Zone 33 x: 386.298 m y: 5.295.348 m]
CHARAKTER | Bergwanderung auf stellenweise steilen Pfaden. Der Abstecher in die Burggrabenklamm ist dzt. gesperrt. Der Weg zur Eisenauer Alm ist nach Schäden wieder begehbar; eine kurze Stelle erfordert Trittsicherheit und Schwindelfreiheit.
EINKEHR | in Unterach, zwei Hütten auf der Eisenauer Alm, Gasthof „See" in Au.

Tief unter den Nordwänden des Schafbergs breitet sich eine Weidehochfläche aus, die man von unten kaum vermuten würde: die Eisenauer Alm. Sie liegt am Ursprung jenes Baches, der die wilde, aber immer wieder gesperrte Burggrabenklamm aus der südlichen Felsumrahmung des Attersees gefräst hat.

▶ Aufstieg: Unser Weg führt vom Parkplatz 2 in **Unterach** **01** (Wegweiser „Burggrabenklamm") auf einer Holzbrücke über die Seeache und rechts zur Straßenbrücke, die unterquert wird. Hinauf zur Attersee-Landesstraße, der man – vorbei am Salzburger Grenzstein – nach Süden folgt. Bald führt ein Steig durch den Waldhang darüber zur 2 km entfernten **Mündung der Burggrabenklamm** **02**. Dort gehen wir zur nahen Wallfahrtsstätte „Maria Klamm", bei der meist viele Kerzen brennen. Von

Die verborgenen Kaskaden über dem Kreuzstein am Mondsee.

dort steigen wir rechts auf dem „Erzherzogin-Valerie-Weg“ (Markierung Nr. 28, Wegweiser „Schwarzensee, Ackeralpe, Eisenau, Schafberg“) durch die steilen Waldhänge empor. Über eine exponierte, aus dem Fels gesprengte Passage oberhalb der Klamm gelangt man in den Talgrund und erreicht die Magdalenenquelle (Unterstandshütte). Oberhalb davon teilt sich der Weg neuerlich: Wir folgen dem rechts abzweigenden „Ackerweg“ (Nr. 26), der durch den

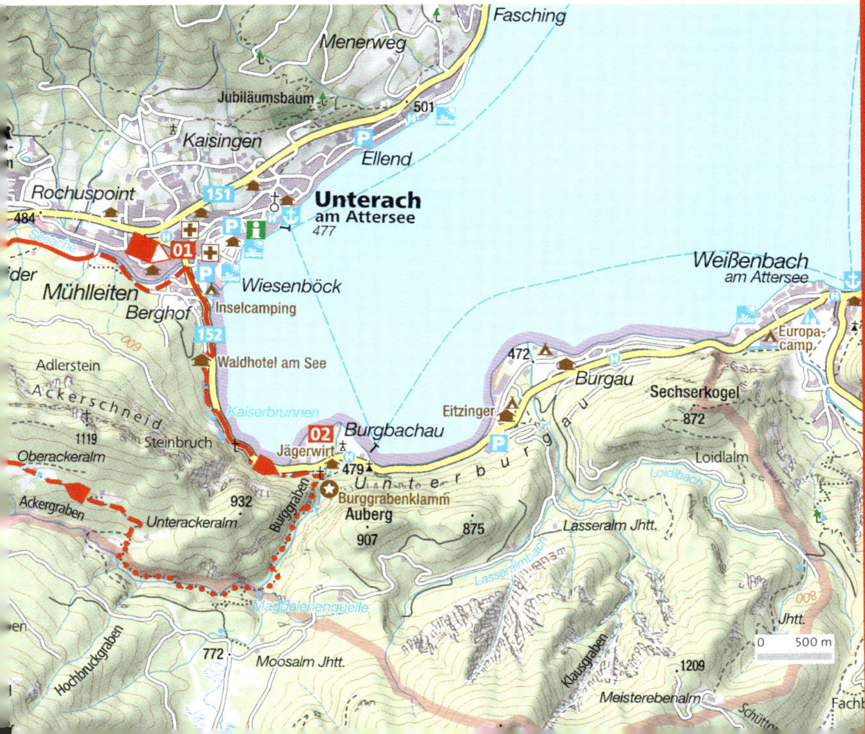

schluchtartigen Ackergraben und dann rechts zur Unter- und zur Oberackeralm unter dem „Senderberg“ der Ackerschneid ansteigt. Wo man die Schotterstraße erreicht, die zur Buchberghütte auf der **Eisenauer Alm** 03 führt, könnte man rechts auf einem steilen Steig (Nr. 17/18) direkt zum Mondsee-Ostufer bzw. nach Unterach absteigen. Wir wandern jedoch zur nahen Alm und genießen die verdiente Rast.

Abstieg: Hinter der Hütte schwenken wir rechts auf den Fahrweg Richtung Scharfling (Nr. 19) ein. Kurz darauf, am Rand der Almwiese, rechts abbiegen und auf einem steilen Karrenweg durch einen felsigen Graben hinab. Nach wenigen Minuten zweigt man rechts auf den Weg Nr. 19 ab, wandert zu einer Forststraße hinunter und biegt von dieser links ab. Gleich darauf beginnt links wieder der markierte Steig, der einen Waldgraben durchquert. Man kommt an einer Jagdhütte vorbei, steigt durch steiles Waldgelände ab und übersetzt einen Bach, der weiter unten einen sehenswerten Wasserfall bildet. Man kann ihn aus der Nähe betrachten, wenn man nach dem letzten Steilabstieg einem rechts abzweigenden Stichweg folgt (Wegweiser). Noch 3 Minuten abwärts, dann mündet kurz oberhalb des **einstigen Hotels Kreuzstein** 04 von links ein Fahrweg ein.

Wir gehen jedoch geradeaus weiter, biegen nach wenigen Schritten rechts ab und folgen nun stets den Wegweisern „Unterach“. Über einen Holzsteg gelangt man in den Wald, durch den man ca. 2 km im Auf und Ab über dem Mondsee dahinwandert – auf schmalen Pfaden, dann wieder auf breiten Wegen. Eine Forststraße, Karrenwege und Gräben werden überquert, bis rechts der erwähnte direkte Steig von der Eisenauer Alm einmündet. Hier kurz links hinunter, gleich danach jedoch wieder rechts Richtung Unterach abbiegen.

Auf dem Dr.-Angelis-Weg gelangt man im dichten Wald, durch eine Siedlung und – sehr romantisch – neben der Seeache zum Ausgangspunkt in **Unterach** 01 zurück.

Einkehrstation am Fuße des Schafbergs.

Die Sommerfrische der Kühe unter dem Schafberg.

Auf den Schafberg

Trittsichere und schwindelfreie Bergwanderer können den Salzkammergut-Aussichtsberg Nr. 1 vom Mondsee aus erklimmen – über seine felsige Nordseite. Man startet am besten in Scharfling und folgt der Straße Richtung Unterach. Auf dem Radweg links neben dem Kienberg-Tunnel zum Ostportal beim Kreuzstein. Dort rechts auf einem Fahrweg hinauf (Wegweiser „Eisenauer Alm"), gleich danach links weiter. Oberhalb des einstigen Hotels Kreuzstein beginnt rechts der steile, beschilderte Steig Nr. 19 – die nebenstehend beschriebene Abstiegsroute, der wir zur Eisenauer Alm hinauf folgen (2 h). Von der Buchberghütte auf der Forststraße kurz südwärts, auf den Schafberg zu. Dann rechts auf dem Steig Nr. 804 über eine bewaldete Kuppe und unter Felsen zur Mulde des Suissensees empor. Davor rechts abzweigen, zu einer Anhöhe und unter den Nordabstürzen weiter – Vorsicht, Felssturzgefahr! Dann links über schmale, aber gesicherte Felsstufen zur Himmelspforte hinauf. Links zur gleichnamigen Hütte und auf den 1782 m hohen Gipfel mit dem Hotel Schafbergspitze (2,5 h).
Abstieg wie bei Tour 20 zur Schafberg-Alpe (45 Min.). Noch 200 m Richtung St. Wolfgang, dann zweigen wir rechts auf den Steig Nr. 17 ab. Er führt durch den bewaldeten Osthang zu einer Forststraße hinab. Auf dieser kurz nach links, rechts auf dem Steig zu einem Waldsattel und zur Scharfling-Straße hinunter. 500 m neben der Fahrbahn bergab, dann links auf eine Schotterstraße abbiegen. Nach 500 m rechts und am verschilften Egelsee vorbei zum Ausgangspunkt (1,5 h).

ZUM EGELSEE • 624 m

Naturwunder über dem Attersee

7 km 2:45 h 250 hm 250 hm 18

START | Unterach am Attersee, 477 m. Rückkehr von Stockwinkl per Schiff oder mit dem Bus.
[GPS: UTM Zone 33 x: 386.866 m y: 5.295.742 m]
CHARAKTER | gemütliche Tageswanderung auf Güter-, Wald- und Wiesenwegen.
EINKEHR | in Unterach und Stockwinkl, Gasthof Druckerhof.

Alljährlich um die Adventszeit liegt der Duft von heißen Maroni in der Luft. An sich stammen die Edelkastanien ja aus dem sonnigen Süden; an einer einzigen Stelle gedeihen sie aber auch nördlich der Alpen bis zur Reife: in Unterach. Wer es nicht glaubt, lese die Schautafeln im Edelkastanienhain oberhalb des Ortes. So mild war das Klima am Attersee jedoch nicht immer. Einst lag hier ein gewaltiger Arm des eiszeitlichen Traungletschers. Der unter strengem Naturschutz stehende Egelsee ist nach seinem Abschmelzen als „Toteisloch" im Moränenschutt entstanden.

Aufstieg: Vom Ortszentrum von **Unterach** 01 gehen wir zum Kirchenplatz und neben dem Friedhof zur Abzweigung beim Kindergarten hinauf. Man folgt dem Wegweiser „Waldlehrpfad, Edelkastanienwald" rechts zur Umfahrungsstraße, die überquert wird. Eine Seitenstraße führt zum Edelkastanienhain hinauf, dann wandern wir auf dem Naturlehrweg rechts durch den Wald auf eine Anhöhe.

Abstieg zu einem kleinen Bach und an einem Haus vorbei zur Bundesstraße, der man nach links über die Brücke folgt. Danach weist die Markierung des Attersee-Westwanderweges links hinauf. Rechts über eine Wiese und neben einem Bach zu einem Güterweg, der links zum Bauernhof Menerweg hinaufleitet. Oberhalb davon wandert man rechts über die Kohlbauerwiese zu einem Forstweg, der links in den Wald zu einer Liftwiese und zum nahen **Panoramagasthof Druckerhof** 02 führt (schöne Sicht zum Höllengebirge). Auf

Klimt am Attersee

Wie andere Künstler hat auch Gustav Klimt (1862–1918) zahlreiche Sommer im Salzkammergut verbracht – genauer gesagt: am Attersee. Von seinen rund 230 heute bekannten Gemälden sind mehr als 50 Landschaftsbilder, von denen der Jugendstilmaler die meisten zwischen dem Höllengebirge und dem Attergau schuf. An seine produktiven Aufenthalte in Litzlberg, Kammer und Weißenbach erinnert ein Themenweg mit originellen Stelen. Einige davon sind beweglich und weisen Ausschnitte auf. Werfen Sie einen Blick hindurch – so ähnlich hat es der Meister auch gemacht, indem er seine Motive mit einem „Sucher" aus Pappe festlegte. Ausgewählte Gemälde und historische Fotografien begleiten Sie auf dieser Zeitreise. Start am besten auf der Promenade von Seewalchen – dann sind die einzelnen Punkte und Routen zwischen Gerlhamer Moor und Unterach frei wählbar. Liebhaber der Musik Gustav Mahlers besuchen bestimmt auch das Komponierhäuschen beim Gasthof Föttinger in Steinbach.
Info: www.klimt-am-attersee.at

Der sagenhafte Leonsberg über dem Egelsee.

Feldwegen geht man über eine Anhöhe zum Bauernhof Holzberg und von dort links auf der Schotterstraße zum **Egelsee** 03. Ein Holzsteg führt rechts zum Wasser, ansonsten darf das Ufergebiet nicht betreten werden.

Abstieg: Vom Nordufer gelangt man über eine Wiese zu einer Straße (Parkplatz) und rechts zum Gehöft Hausmann hinunter. Man geht auf der Straße nun immer weiter bergab, bis man nach einem Graben links auf den Wanderweg Nr. 3 abzweigt. Dieser führt zu einer weiteren Wegteilung, von der wir links zum Urfangbach absteigen. Durch den Waldgraben gelangt man nach **Stockwinkl** 04 hinab.

KRONBERG • 789 m

Wallfahrtshügel und Dachsteinblick

10,8 km 3:30 h 300 hm 300 hm 18

START | Nußdorf am Attersee, 500 m.
[GPS: UTM Zone 33 x: 389.538 m y: 5.304.347 m]
CHARAKTER | gemütliche Wald- und Wiesenwanderung auf Güterwegen und Wanderpfaden.
EINKEHR | zwei Gasthöfe am Weg zum Kronberg, Gasthaus Kronberg, Jausenstation Dachsteinblick.

Zwischen dem Attersee und dem Attergau erstreckt sich ein weites und verwinkeltes Waldgebiet. Man findet dort herrliche Aussichtspunkte – und einsame Bauernhöfe, die sich wie Oasen inmitten des Grüns verbergen.

Aufstieg: Von der Dorfstraße von **Nußdorf** 01 gehen wir durchs Oberdorf oder auf der Badergasse bergwärts – beide Routen treffen ca. 500 m oberhalb des Ortszentrums zusammen. Von dort auf der Straße Richtung Wienerroith (Beschilderung „Attersee-Westwanderweg“). Bei der folgenden Abzweigung nach rechts („Am Hauserbichl“). Wo der Güterweg rechts hinabführt, links auf dem Westwanderweg in die Ortschaft Breitenröth (Gasthof Lindenhof). Auf dem Güterweg weiter, links abzweigend nach Winterleithen und – den Wegweisern zum Kronberg folgend – am Gasthof Buchschachermair vorbei. Am Waldrand links den Asphaltweg hinauf und zur Kronbergstraße, deren obere Kehre auf einem Waldpfad abgekürzt wird. Von der kleinen, 1870 geweihten **Wallfahrtskirche auf dem Kronberg** 02 tut sich ein herrlicher Blick über den Attersee auf. Gleich hinter dem Gasthaus führt der Güterweg Hofer (vorbei am Hotel) auf die Anhöhe des Kronbergs. Auf der anschließenden Forststraße ca. 1,5 km über den flachen Waldrücken, dann links auf einem kurzen Pfad zum **Gehöft Wienerroith** 03.

Abstieg: Von dort führt ein direkter Pfad nach Nußdorf hinunter. Schöner ist es jedoch, dem Wegweiser „Dachsteinblick“ nach Süden zu folgen. Durch den Wald zur Grubwiese und rechts auf der Straße ca. 100 m zum Neuwegstüberl (Jagdhütte) hinauf. Auf der dort abzweigenden Forststraße Richtung „Dachsteinblick“, bis nach 1 km links ein weiterer Waldpfad zum Westwanderweg hinabführt. Auf diesem links zum Pfarrer-Salettl (Holzhütte) und nach **Nußdorf** 01 zurück.

Variante: Man kann auf der Forststraße vom Neuwegstüberl auch geradeaus weitergehen. Bei einer markanten

Wer war Ransonnet?

Unter den Persönlichkeiten, die im 19. Jahrhundert ins Salzkammergut kamen, ist Eugen Freiherr von Ransonnet-Villez (1837–1926) heute kaum mehr bekannt. Der Diplomat, Künstler, Forscher und Abenteurer, der u. a. mit Hilfe einer selbst konstruierten Tauchglocke Unterwasser-Lithogafien aus dem Roten Meer oder dem Indischen Ozean anfertigte, war einer der ersten Sommergäste am Attersee. Im Ort beginnt ein kurzer Rundweg mit sieben Stationen über sein Leben (30 Min.).
Info: www.oberoesterreich.at/nussdorf

Rechtskurve beginnt links ein beschilderter Waldpfad, der durch die steilen Hänge unter dem Reiter Gupf zur Jausenstation Dachsteinblick hinüberzieht. Bei klarem Wetter erblickt man von dort tatsächlich das Dreigestirn Dachstein–Mitterspitz–Torstein. Links auf dem markierten Wiesenweg in den Wald hinab und zum asphaltierten Güterweg, auf dem man links – vorbei am Wieserbauern – ins 2 km entfernte **Nußdorf** **01** hinunterwandert.

Das Höllengebirge ist stets im Blickfeld: Panoramapunkt am Weg nach Wienerroith.

BUCHBERG • 808 m

Wald-Erlebnis und Moor-Spaziergang

8,2 km | 3:30 h | 350 hm | 350 hm | 18

START | Attersee, Bahnhof der Attergau-Lokalbahn, 496 m. Rückfahrt von Palmsdorf auch per Bahn möglich.
[GPS: UTM Zone 33 x: 390540 m y: 5.307.780 m]
CHARAKTER | Halbtagswanderung auf Güterwegen, Forststraßen und stellenweise steilen Waldwegen.
EINKEHR | in Attersee und Palmsdorf.

Ein „Knusperhaus" auf dem Buchberg-Gipfel.

Einsam und frei ragt ein runder Waldhügel aus dem Alpenvorland im Nordwesten des Attersees: der Buchberg. Schon während der Bronzezeit bestand auf seinem Gipfel eine 400 m lange Ringwallanlage; weiter unten befand sich im Mittelalter eine kleine Fliehburg. Wir erforschen auf einer Buchberg-Tour aber auch die Wunder der Natur – sei es auf dem Wald-Erlebnisweg, sei es im Moorgebiet am Mühlbach.

▶ Aufstieg: Von der Abzweigung der Straße nach St. Georgen beim **Bahnhof Attersee** 01 geht man rechts den schmalen Hagerweg hinauf und jen-

Erlebnis Wald

Wozu brauchen wir den Wald? Was wächst hier, was kreucht und fleucht im dunklen Tann? Diese Fragen beantwortet der Wald-Erlebnisweg am Südhang des Buchbergs – aber nicht mit erhobenem Zeigefinger, sondern mit Kletterbaum und Baumhaus, bei einer Schatzsuche auf dem Schlossberg, beim Holzsägen oder beim Verkleiden mit Naturmaterialien ...
Zugang von der Atterseehalle auf dem Waldweg, Rundgang ca. 1 h.
Info: www.oberoesterreich.at/attersee

seits der Kirchenstraße rechts durch die Hofwies unterhalb der Pfarrkirche zur Sportstraße (Parkplatz). Links über den Schlossberg (Wegweiser „Haus Orléans“) und dann auf dem Wanderweg (Stufen) gelangt man zum Wald-Erlebnisweg, dem man nach rechts folgt (Nr. 1). Über eine Holzbrücke und durch einen Graben zu einem Rastplatz mit Brunnen; weiter oben lohnt sich der kurze Abstecher nach links zur Stätte einer längst verschwundenen Burg. Gleich danach biegt man links auf eine Forststraße ab. Kurz darauf schwenkt man rechts auf einen schmalen Waldpfad ein (Schild „Palmsdorf, Buchberggipfel“). Von der folgenden Kreuzung führt der Steig Nr. 2 rechts steil auf den **Buchberg** **02** (unterwegs Tiefblick zum Ort). Auf dem bewaldeten Gipfelplateau steht eine Holzhütte, das „Jagastüberl“.

Abstieg: Sich links haltend wandert man auf dem Waldrücken nach Nordwesten bergab. Unten, bei einer Wiese, schlägt die Ruhe jedoch in Verkehrslärm um. Wir folgen einem asphaltierten Güterweg parallel zur Autobahn ca. 700 m nach links. Neben der Autobahnausfahrt St. Georgen geht’s auf einem Feldweg links nach **Palmsdorf** **03** hinüber. Dort überquert man die Atterseer Straße und die Attergauer Lokalbahn (Bahnstation). Nach dem Gasthaus Seiringer rechts Richtung Nussdorf und nach dem Haflingerhof links (Beschilderung „Mühlbach“) abzweigen. Bald führt ein Schotterweg ins bewaldete Reinthaller Moos (Kalktuff-Flachmoor mit seltenen Pflanzen). Ab dem Reinthaller Haus marschiert man auf Asphalt zu einer Kreuzung, zweigt links ab („Römerweg“) und durchquert einen Campingplatz. Nochmals nach links und nach der Wimroiter Mühle rechts auf einem schmalen Kiesweg zu den Schienen, neben denen man zum **Bahnhof Attersee** **01** zurückkommt.

MONDSEEBERG • 1029 m – HOCHALM

Auf Pilgerwegen zu einer vergessenen Alm

10,5km | 4:00 h | 500 hm | 500 hm | 18

START | Riedelschwandt nordwestlich von Oberwang, 662 m. Zufahrt von Oberwang nach der Beschilderung „Fideler Bauer“ über Roitham (2 km). [GPS: UTM Zone 33 x: 381.387 m y: 5.303.754 m]
CHARAKTER | einsame Bergwanderung auf Forststraßen und Waldwegen.
EINKEHR | unterwegs keine, Gasthof „Fideler Bauer“.

Jahrhundertelang besuchten viele Wallfahrer die Stiftskirche von Mondsee. Wer aus dem oberösterreichischen Zentralraum kam, überschritt dabei den Mondseeberg. Wir folgen den Spuren dieser Pilger auf einer wahrhaft einsamen Rundtour aus dem Attergau, bei der nur zwei Stellen von der Wander-Meditation ablenken: der herrliche Panoramaplatz am Hauberg und die einstige Hochalm des Mondseer Klosters, die bis um 1960 bewirtschaftet wurde – von dort sieht man bis zum Höllengebirge.

Aufstieg: Vom Bauernhof in **Riedelschwandt** 01 wandern wir links auf der Forststraße mit der Beschilderung „Mondsee, Mountainbikeweg Mondseeland“ ins Tal des Ruetzingbachs hinein. Nach ca. 1 km zweigt die Bikeroute links ab – wir gehen jedoch geradeaus neben dem Wasserlauf zur Höllangerstube (Jagdhütte) weiter. Kurz darauf links auf den Alten Mondseeweg abzweigen, über den Bach und auf einem Waldrücken bergauf (Kreuzwegstationen). Nach der Überquerung von zwei Forststraßen erreicht man den Waldsattel mit der **Radstatt-Kapelle** 02.

Hier nach rechts und auf dem Hans-Pabst-Weg (Nr. 2) auf die vollständig bewaldete Anhöhe des Mondseebergs. Weiter über den Rücken, wobei man bald

Eine Wieseninsel im Waldmeer: die Hochalm, dahinter der Mondsee und seine Bergumrahmung.

auf einem Forstweg hinabwandert und bald den Irrsee mit dem Kolomansberg erblickt. Schließlich erreicht man eine quer verlaufende Forststraße. Wer den Mondsee mit seiner Bergumrahmung sehen möchte, muss ihr nach links hinab folgen und auf einem links abzweigenden Waldsteig zur **Hauberg-Wiese** 03 absteigen – der kurze Abstecher lohnt sich. Zur Hochalm geht's dagegen rechts hinauf. Bei der folgenden Abzweigung nach links (Wegweiser „Hochalm"), bis nach ca. 500 m rechts der kurze Zugang zur einsamen Almwiese abzweigt.

Abstieg: Vom unteren Waldrand zieht der Pfad Nr. 3 durch den schattigen Tann zu einem Bauernhof hinab. Auf dem Güterweg zum nahen Ausgangspunkt in **Riedelschwandt** 01 hinunter.

Attergauer Themen

Das Land im Norden des Atter- und Mondsees birgt so manche Überraschung. Am 680 m hohen Koglberg bei St. Georgen im Attergau findet man z. B. einen 2,5 km langen „Kelten.Baum.Weg" mit zahlreichen Erlebnisstationen samt Wohn- und Backofenhaus aus der Keltenzeit. Man kann diese Route auch in eine 5 km lange Rundtour über das Schloss Kogl und seine wunderbare Allee einbinden – und wer dabei hungrig wird, genießt in einem der nahen Gasthöfe eine „Keltenjause".
6 km nordwestlich von St. Georgen liegt Weißenkirchen im Attergau. Dort bildet ein Glasmuseum den Ausgangspunkt für einen 2,5 km langen Lehrpfad ins „gläserne" Freudenthal. Sechs Themenschwerpunkte beleuchten die Geschichte des durchsichtigen Stoffes und die Entwicklung der Freudenthaler Glashütte.
Zwischen den beiden Orten erhebt sich der 885 m hohe Lichtenberg, der den Attergauer Aussichtsturm trägt (Zufahrt zum Berghof Danter, zu Fuß 1–1,5 h).
Info: www.keltenbaumweg.at
www.dasglaesernetal.at

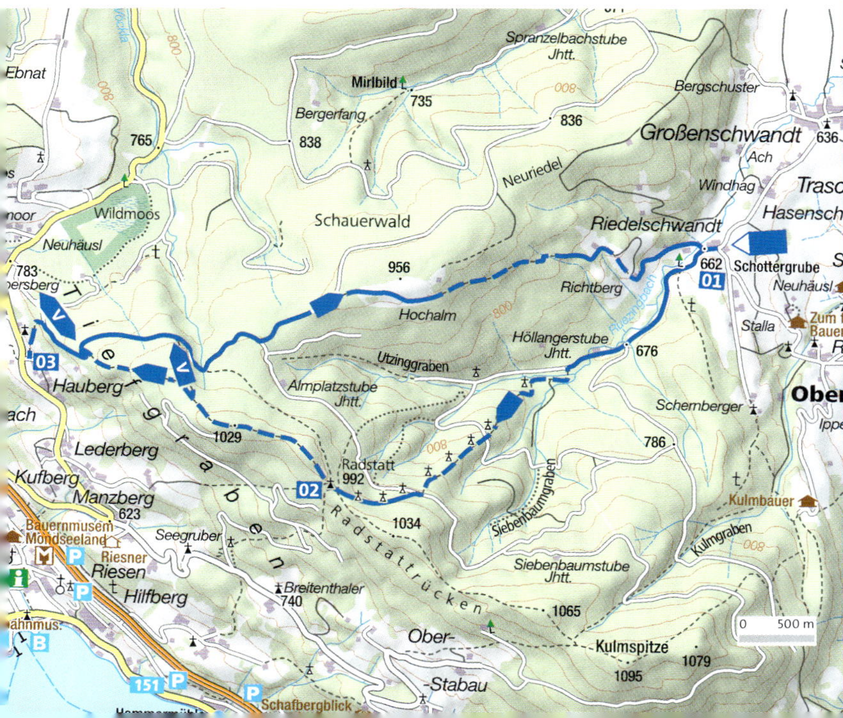

GAHBERG • 864 m – KREUZINGALM

Auf den Weyregger Hausberg

13,5 km | 4:00 h | 460 hm | 460 hm | 18

START | Weyregg am Attersee, 482 m.
[GPS: UTM Zone 33 x: 393.256 m y: 5.306.441 m]
CHARAKTER | gemütliche Bergwanderung auf Güterwegen und stellenweise steilen Wald- und Feldwegen.
EINKEHR | Alpengasthof Kogler am Gahberg, Kreuzingalm, Bachtaverne in Bach.

Die reizvolle Landschaft im Norden des Attersees – und das milde Klima um diese große Wasserfläche – hat schon unsere Vorfahren zum Bleiben motiviert: Spuren von 4000 Jahre alten Pfahlbausiedlungen bei Schörfling und Reste römischer Villen bei Weyregg belegen die Bedeutung dieses uralten Kulturbodens.

Wir wandern auf den beliebten Aussichtsberg, der sich östlich über den beiden Attersee-Orten erhebt. Der Weg auf den Gahberg beginnt bei der Gärtnerei Hemetsberger an der Hauptstraße in **Weyregg** 01. Wir folgen dem Plötzingerweg und biegen beim gleichnamigen Hof links auf den Brandsteig ab („Brandsteig, Gahberg"). Durch Mischwald geht's zur Pension Brandner hinauf. Dort links abzweigen und weiter nach der Markierung mit dem roten Kreuz hinauf. Von einer Abzweigung rechts zur großen Wiese unter dem **Gahberg-Gipfel** 02 und zuletzt auf einem Asphaltweg zum Bauernhof Häuslmann (Wildgehege). Kurz weiter zur Gahberg-Straße, der wir über den flachen Bergrücken des Hintergahbergs folgen – vorbei an der Sternwarte, dem etwas unterhalb gelegenen Alpengasthof Kogler und der mit Holzschindeln vor dem Wetter geschützten Kirche. Wo sich die Straße rechts in den Hang wendet, zweigt man links auf eine Forststraße ab (Schild „Kreuzingalm"). Kurz darauf rechts auf dem Weg Nr. 6 („Kreuzing Alm, Hongar") auf den bewaldeten Taubenkogel. Ca. 1,5 km weiter über den Kamm, bis man rechts über den Weidehang zur **Kreuzingalm** 03 absteigen kann. Abstieg: Auf der Asphaltzufahrt hinab und nach 500 m rechts auf der sanft ansteigenden Gahberg-Straße Richtung Gahberg. Beim Bauernhof Schaffling links auf dem Weg Nr. 7 („Weyregg, Miglberg") über einen Rücken hinunter. Man erreicht einen asphaltierten Güterweg, auf dem man rechts zum Schöberinghof und nach **Miglberg** 04 geht. Auf der dort einmündenden Straße kurz nach links, dann rechts wieder auf dem Weg Nr. 7 in die Ortschaft Bach hinab. Kurz talaus und nach der Brücke über den Weyregger Bach links abzweigen. Zwischen den Häusern Nr. 55 und 70 beginnt ein schmaler Weg, der über Holzstufen auf den Stegbühel führt. Auf dem Fronleichnamsweg gelangt man zur Kirche von **Weyregg** 01.

Laue Sommerabende tauchen den Attersee und den Schafberg in mystisches Licht.

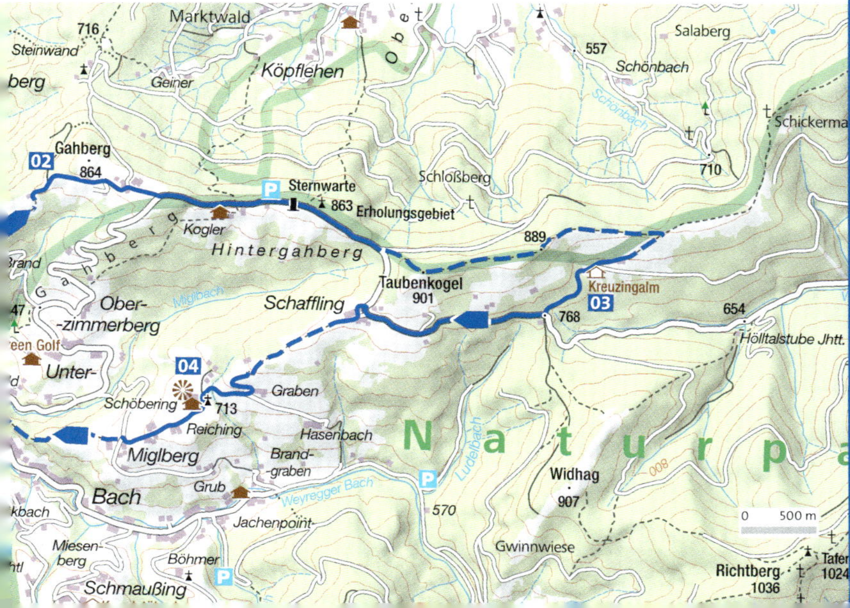

15

ZUM HOCHLECKENHAUS • 1574 m

Auf den „Feldherrnhügel" des Höllengebirges

11 km | 5:00 h | 1000 hm | 1000 hm | 18

START | Gasthof Kienklause an der Großalmstraße, 621 m. Zufahrt von Steinbach am Attersee Richtung Altmünster (4 km). Rückkehr von der Taferlklause eventuell auch per Bus.
[GPS: UTM Zone 33 x: 394.265 m y: 5.300.363 m]
CHARAKTER | beliebte Hüttenwanderung mit steilen An- und Abstiegswegen.
EINKEHR | Gasthof Kienklause, Hochleckenhaus.

Das schroffe Höllengebirge erstreckt sich 17 km weit vom Attersee bis zum Traunsee. Diese unübersehbare, bis zu 1862 m hohe Gebirgshürde zeigt respektable Wandabstürze aus hellem, oft fast senkrecht gefaltetem Wettersteinkalk. Das „Dach" des Höllengebirges bildet allerdings ein 7 km langes, recht hügeliges und von Latschen überwuchertes Hochplateau. In seinem westlichen Bereich errichtete die Alpenvereinssektion Vöcklabruck 1925 das Hochleckenhaus. Diese gemütliche Hütte steht auf einer freien Wiesenkuppe, die an klaren Tagen eine schöne Aussicht verspricht.

▶ Aufstieg: Vom **Gasthof Kienklause** 01 geht's über den Kienbach und auf der Forststraße (Nr. 824) neben dem Zwieselbach empor. Nach einer Linkskurve rechts auf einem Pfad zur oberen Forststraße, der man noch ein Stück aufwärts

Naturwunder Adlerspitzen: Die bizarren Felstürme flankieren den Weg zur Hütte.

folgt. Nach einer Abzweigung rechts zum Scheringstein. Wir steigen nach der Markierung 824 links durch die Waldmulde unter den schroffen Adlerspitzen an. Nach dem „Gatterl" erreicht man das Antoniusbründl. Weiter durch den bewaldeten Bleggagraben zu einer Abzweigung: Links geht's zur Grießalm und zum **Hochleckenhaus** 02 hinauf.

Abstieg auf der gleichen Route. Interessant ist aber auch der Weg Nr. 826, der unter der Materialseilbahn durch zum „Goldenen Gatterl" und durch eine Mulde zum „Jausenstein" hinunterführt. Im felsigen Aurachkar mündet rechts der Pfad Nr. 827 ein. Dort links über Felsstufen ins Schuttfeld hinunter. Oberhalb eines Abbruchs wendet man sich nach rechts und steigt über Felsstufen im Wald ab. Der Pfad zieht am Aurach-Ursprung vorbei. Auf breitem Weg zur Skipiste, rechts auf der Forststraße zu einer Abzweigung und links hinunter. Von der Wegteilung nach der Schottergrube gelangt man geradeaus zum **Taferlklaussee** 03 (Bushaltestelle an der Großalmstraße). Links geht's dagegen zum Ausgangspunkt zurück: Man steigt neben dem Skilift rechts zu einer Forststraße an, wandert am oberen Lift vorbei und kommt auf einem markierten Weg wieder zu einer Forststraße. Rechts absteigend (Markierung Nr. 15) durch den Aurachkarwald und schließlich rechts zum **Gasthof Kienklause** 01.

Variante: Vom Hochleckenhaus lohnt sich der Abstecher auf den Brunnkogel (Nr. 820/829, 1,5 h hin und zurück; siehe auch Tour 49). Vom Hochleckenkogel kann man ins Aurachkar absteigen.

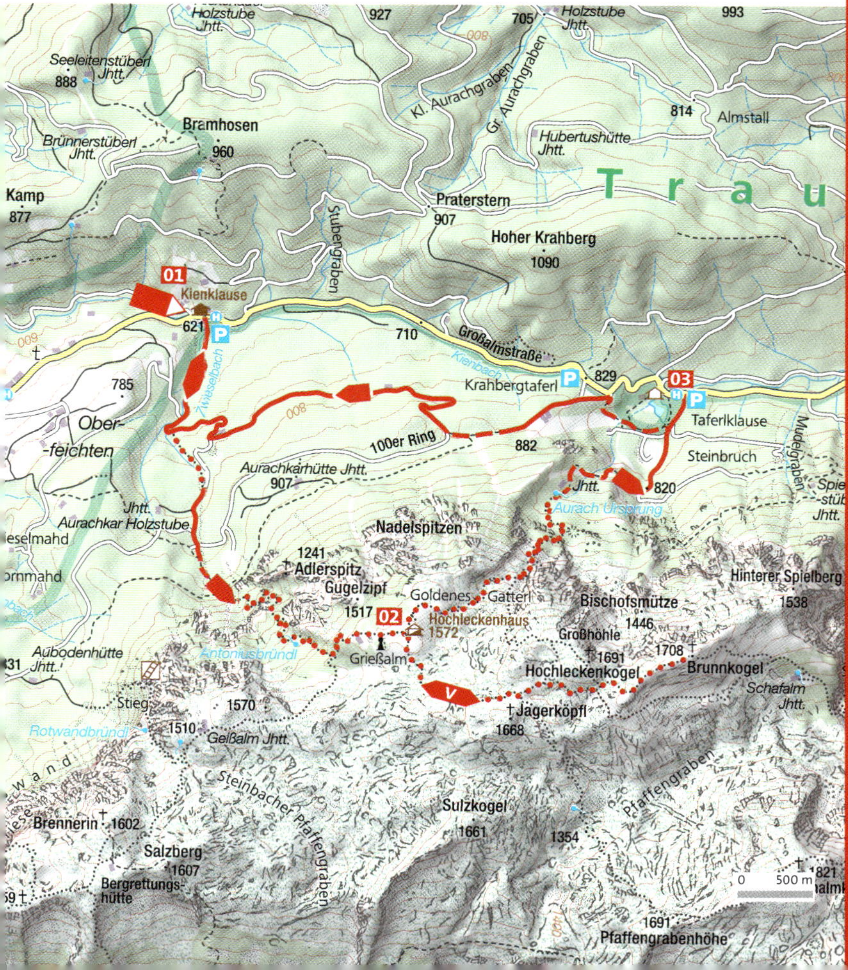

BRENNERIN • 1602 m

Eisenwege im „Wilden Westen“ des Höllengebirges

11,7 km 6:00 h 1150 hm 1150 hm 18

START | Forstamt am Attersee, 470 m (2 km südlich von Steinbach am Attersee). [GPS: UTM Zone 33 x: 391.249 m y: 5.296.460 m]
CHARAKTER | anspruchsvolle Bergtour auf ausgesetzten, aber gut gesicherten Pfaden (B), die Trittsicherheit und Schwindelfreiheit erfordern. Bei Nebel schwierige Orientierung; nicht bei Nässe oder Schneelage gehen!
EINKEHR | unterwegs keine.

Attersee-Panorama in voller Länge – von der Brennerin.

Die einst für Weidezwecke „abgebrannte“ Brennerin ist ein traumhaftes Tourenziel am Westrand der Höllengebirgs-Hochfläche.

Aufstieg: Wir folgen zunächst der Seitenstraße, die rechts am **Forstamt der Forstverwaltung Attergau 01** vorbeiführt (Wegweiser „Brennerin, Valerieweg“, Nr. 6/821). Nach der Abzweigung des Steinbacher Kirchenweges rechts zum alten Forsthaus und auf einem breiten Waldweg aufwärts, bis der Nikoloweg quert. Geradeaus steil weiter, eine Forststraße überqueren und dann links zu einem meist trockenen Graben.
Hier zweigt der Brennerriesensteig (Nr. 821) rechts ab. Er führt in Serpentinen zu einer Felsflanke, die auf einer 20 m hohen Eisenleiter überwunden wird. Zwischen überhängenden Wänden und Felszacken geht's weiter durch die Brennerriese hinauf, bis man das Hochplateau erreicht. Der Pfad schwenkt nach rechts und führt neben einer Mulde auf den flachen Kamm.
Dort quert der Weitwanderweg Nr. 804, auf dem man rechts zum nahen Dachsteinblick kommt. Links geht es dagegen durch schütteren Baumbestand und Latschengassen zur nächsten Abzweigung, von der man links zum Gipfelkreuz der **Brennerin 02** ansteigt.

Abstieg: Auf dem Weg Nr. 804 Richtung Hochleckenhaus in den Steinbacher Pfaffengraben hinab. Am Brunftboden zweigen wir links auf den so genannten Stieg ab. Dieser mit Nr. 822 bezeichnete Pfad führt durch die Latschen bis zum

Der Nikoloweg

Der 5 km lange Nikoloweg (Lehrpfad) führt durch die Schutzwälder am Fuße des Höllengebirges: Von der Schiffsanlegestelle in Steinbach geht's zur Abzweigung der Großalmstraße, der man Richtung Altmünster folgt. Kurz darauf rechts auf den Kirchenweg abzweigen und bei der folgenden Abzweigung links hinauf. Rechts auf den Ernst-Bitterlich-Weg und bald rechts auf die Schotterstraße. Durch einen Graben zu einer Wiese. Von dieser führt der Nikoloweg rechts im sanften Auf und Ab weiter (Geländer, Metalltreppe, Drahtseil) bis zur Nikolokapelle. Dort rechts nach Weißenbach hinab (1,5 h). Rückkehr mit dem Schiff.

Attersee-Klettersteig

Ein langer (1200 Seilmeter), aber nicht zu schwerer Klettersteig (meist B/C, eine Stelle D) führt auf den Mahdlgupf – vorbei an der eindrucksvollen Weißen Wand (ca. 3,5 h). Unterwegs genießt man natürlich einen Prachtblick auf den Attersee.
Zustieg: Vvon Weißenbach auf dem Nikoloweg unter den Felsen entlang, beim Jaga-Woferl-Graben (Tafel C des Schutzwald-Lehrpfades) geht man rechts steil zum Einstieg hinauf (45 Min.). Abstieg: Vom Gipfelkreuz am Mahdlgupf unterhalb der Mahldschneid zum Schoberstein und weiter auf dem gut markierten Weg nach Weißenbach zum Parkplatz (ca. 1,5 h)

Rotwandbründl. Die hier abbrechende Wand wird auf einem künstlich angelegten und etwas ausgesetzten Durchstieg (Stahlseile) schräg nach rechts durchquert, dann schlängelt sich der Weg durch einen steilen Waldhang zu einer Forststraße hinunter. Sie führt zur **Aubo-den-Jagdhütte 03** (Brunnen), bei der wir links abzweigen und nach der Markierung Nr. 6 weitergehen. Nach dem Straßenende überquert man einen Graben und kommt zur Abzweigung des Brennerriesensteigs. Auf diesem zurück zum **Forstamt 01**.

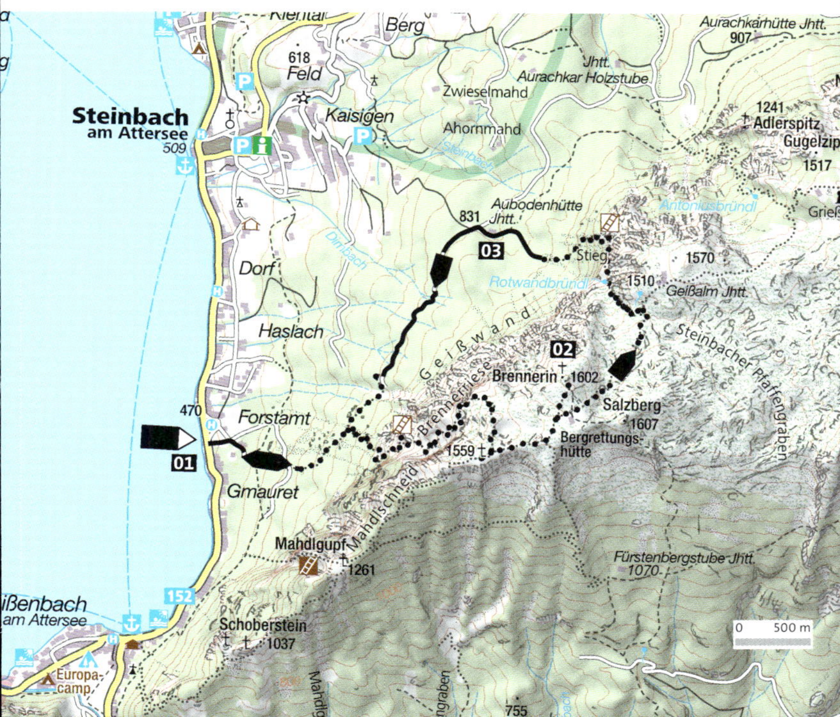

17

GROSSER SCHOBERSTEIN

Ein kleiner, aber feiner Aussichtsgipfel

4,6 km | 2:30 h | 570 hm | 570 hm | 18

START | Weißenbach am Attersee, 478 m.
[GPS: UTM Zone 33 x: 390.804 m y: 5.295.141 m]
CHARAKTER | beliebte Halbtags-Bergwanderung auf einen aussichtsreichen Felsgipfel. Der nicht allzu steil angelegte Weg ist im oberen Teil ausgesetzt und gesichert (A).
EINKEHR | unterwegs keine.

Mit der Mahdlschneid sinkt das Höllengebirge gegen Weißenbach am Attersee ab. Der Begriff bezeichnet einen langen Kamm – auf der Südseite bewaldet, auf der Nordseite felsgepanzert und nicht nach einem Mädchen, sondern nach einer einst von den Bauern gemähten Bergwiese benannt. Bis in den Sattel zwischen den ersten beiden Gipfeln dieses Höhenzuges, dem Großen und dem Kleinen Schoberstein, erlaubt ein weit ausladender, im 19. Jahrhundert für kaiserlichen Jagdbesuch aufgeschichteter Reitsteig ein sorgloses Dahinstapfen, und nach ein paar felsigen Passagen genießt man zuletzt einen wirklich überraschenden Ausblick.

Aufstieg: Zwischen dem Wolterhaus und dem Hotel Post in **Weißenbach** 01 führt eine Treppe zum quer verlaufenden Nikoloweg hinauf.
Wir folgen dem Wegweiser „Schoberstein“ nach rechts. Vor der Nikoloka-

Auf dem Schoberstein lässt sich's trefflich rasten.
Rechts oben ein Blick auf den Haleswiessee.

pelle zweigt der Aufstiegspfad links ab (Wegweiser „Gr. Schoberstein, Dachsteinblick, Hochleckenhaus“): In weiten Serpentinen geht's – vorbei an einigen Rastplätzen und einmal über eine kurze Holzleiter – durch den steilen Waldhang zum Kamm hinauf.
Nach dem obersten Rastplatz unterhalb der Gipfelscharte wird der Steig recht schmal und ausgesetzt: Es geht durch eine Schutthalde und über eine nicht sehr schwierige Felsstufe (Stahlseil) in der Südseite des **Großen Schobersteins** 02 zum Grat hinauf. Zum Gipfelkreuz gelangt man scharf nach links über einige Schrofenstufen. Der Lohn für alle Mühe: ein wirklich traumhafter Blick auf den Attersee und über den Mondsee weiter bis zum Schafberg und zur Drachenwand.

Abstieg auf der gleichen Route.

Der Haleswiessee

Hinter den Waldausläufern des Leonsberges verbirgt sich der Haleswiessee, ein kleines, von seltenen Uferpflanzen umgebenes Karstgewässer. Zugang ab der Fachbergbrücke in Weißenbach nach dem Wegweiser „Haleswiessee, Meistereben“ über den Fachbergsattel mit der einstigen Fachbergalm (2 h, Rückweg 1,5 h).

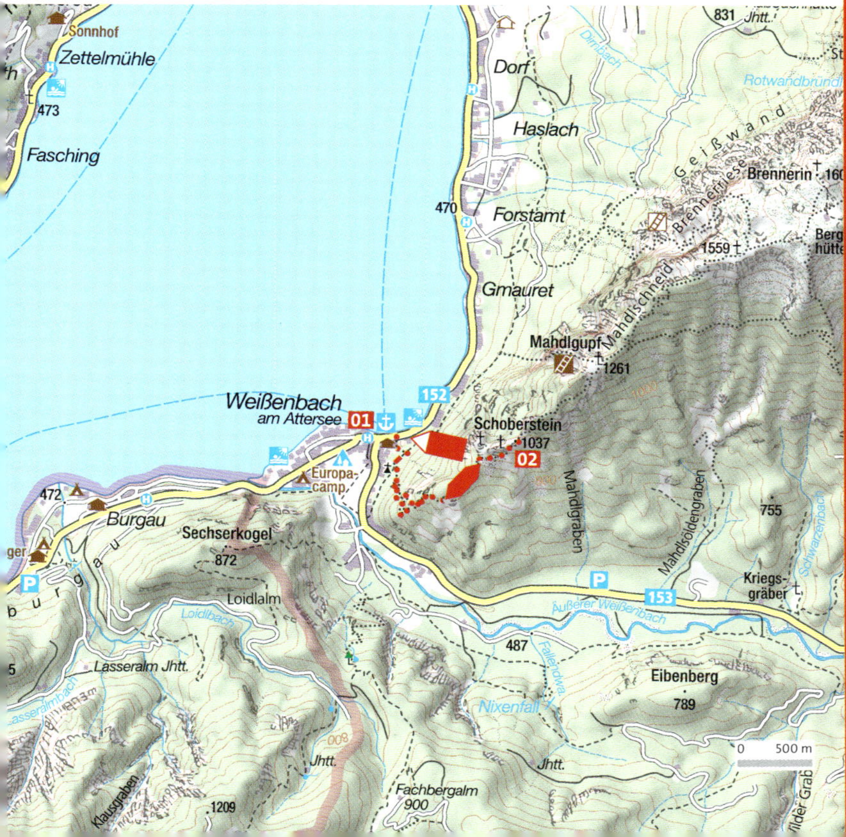

INS WEISSENBACHTAL

Nixenfall und Gimbach-Kaskaden

11,4 km | 3:00 h | 100 hm | 100 hm | 18

START | Weißenbach am Attersee, 478 m.
[GPS: UTM Zone 33 x: 385.848 m y: 5.265.453 m]
CHARAKTER | einfache Wanderung auf Forststraßen und guten Wegen; kurze Passagen auf dem Weg zum Nixenfall und das letzte Stück zum Gimbach-Ursprung erfordern jedoch etwas Trittsicherheit.
EINKEHR | in Weißenbach.

Im Tal des Äußeren Weißenbachs verbergen sich bezaubernde Wasserwunder – und herrliche Schotterbänke, die zum Radeln und Picknicken, in ausgeschilderten Bereichen aber auch zum (hüllenlosen) Sonnenbaden am glasklaren Wasser einladen.

Zugang: Der beste Ausgangspunkt für Wanderungen ins Tal des Äußeren Weißenbachs ist der Parkplatz bei der Fachbergbrücke südlich von **Weißenbach** 01. Wer per Schiff oder Bus anreist, folgt der Straße von der Abzweigung beim Hotel Post Richtung Bad Ischl und biegt nach ca. 150 m rechts zu einer Wiese ab, spaziert neben einem Weidezaun (Bänke) zum Bach und links wieder zur Straße. Wenige Schritte taleinwärts zeigt der Wegweiser „Weißenbachtal" rechts über die Brücke, hinter der ein Parkplatz liegt (Infotafel „Wandergebiet Weißenbachtal"). Wir wandern auf dem links abzweigenden Eibenberg-Rundwanderweg (Radweg R 15) neben dem Äußeren Weißenbach in den Wald, vorbei an einem Steinbruch. Nach 1,5 km folgen wir der Beschilderung „Nixenfall" und erreichen die Abzweigung zum 30 m hohen **Wasserfall** 02. Geht man rechts

durch das Holztor, gelangt man über Stufen und Brücken in den Felskessel am „Fallendwasser“. Die Statue der kleinen Nixe, die hier der Sage nach wohnt, wurde leider beschädigt und entfernt.

Der Hauptweg führt dagegen weiter ins Weißenbachtal hinein, steigt kurz an und quert die steile Flanke des Eibenberges (kurze ausgesetzte Passage). Dann geht's weiter zum Wilden Graben. Nach der Brücke erreicht man eine Forststraße, auf der man rechts (Wegweiser „Eibenberg Süd“) nach Weißenbach zurückwandern könnte. Wir gehen jedoch links zu einer Jagdhütte. Hier scharf rechts auf einen Waldweg abzweigen (kein Wegweiser). Über einen Graben und einen Steg gelangt man zur **Weißenbachstraße** 03 (Bushaltestelle ca. 500 m taleinwärts). Auf der anderen Straßenseite befindet sich ein Parkplatz, von dem man gemäß dem Wegweiser „Gimbach-Kaskaden“ in den Wald hineinwandert. Weiter hinten führt ein Pfad zu einer Stelle, an der man die kleinen **Wasserfälle des Gimbachs** 04 erblickt.
Rückweg auf der gleichen Route.

Variante: Oberhalb der Gimbach-Kaskaden kommt man zur Forststraße hinauf, auf der man links zur Sagstube und von dort rechts ins wilde Tal ansteigt. Nach der zweiten Brücke zweigt links ein schmaler Pfad ab, der bald sehr steil ansteigt und sich schließlich zwischen den Felsen beim Gimbach-Ursprung verliert.

Holz aus der Hölle

Ein Teil des Holzes, das man einst zur Salzversiedung benötigte, bezog man aus den Wäldern um den Attersee. Vor der Wasserscheide im Weißenbachtal hievte man die Stämme mit einem Aufzug empor und ließ sie auf der anderen Seite über „Holzriesen“ zum Mitterweißenbach hinabrutschen. Dort mündet übrigens der Höllbach, dem das Höllengebirge seinen Namen verdankt. Folgt man seinem Lauf (Forststraße, dann steiler Pfad) etwa 1,5 h, dann steht man plötzlich in einem wilden Felskessel: Die Schinderei der Holzknechte muss dort wirklich höllisch gewesen sein…

Die Nixe wurde leider entfernt.

19

VORMAUER • 1450 m

Auf zum Zwergerlschau'n!

12 km | 5:30 h | 950 hm | 950 hm | 18

START | Hotel Bürglstein in Schwarzenbach, 551 m (2,5 km von Strobl Richtung St. Wolfgang).
[GPS: UTM Zone 33 x: 386.542 m y: 5.287.477 m]
CHARAKTER | einfache, aber landschaftlich schöne und abwechslungsreiche Bergwanderung auf breiten Wegen und schmalen, stellenweise auch steilen Pfaden; der felsige Gipfelbereich erfordert Trittsicherheit und Schwindelfreiheit.
EINKEHR | Hotel Bürglstein, Jausenstation Holzerbauer.

Was den Tiefblick zum Wolfgangsee betrifft, schlägt die Vormauer den Schafberg um Längen: Von diesem kleinen Felsköpfl im Südosten des berühmten Gipfels zielt das Auge scheinbar senkrecht auf die Dächer von St. Wolfgang. Dazu wird man beim Aufstieg durch eine Reihe originell gemalter Schilder mit „Zwergensprüchen" unterhalten.

▶ So wandern wir also auf der schmalen Asphaltstraße, die knapp östlich vom In Schwarzenbach nordwärts abzweigt, nach der Beschilderung „St. Wolfgang

Eine Riesenaussicht für Zwergenfreunde: Die gesamte Gamsfeldgruppe tritt über dem Wolfgangsee an.

über Aschau" taleinwärts und am Wurzelschnitzer vorbei. Bei der Kreuzung unter dem Mostbauern Rieger wenden wir uns nach rechts. Gleich darauf zweigen wir links ab und gehen neben dem Tiefenbach aufwärts, bis ein Weg quert. Anschließend rechts zu einer Kapelle. Gleich dahinter zweigen wir links auf den Sommerauweg ab; hier steht auch die erste von mehreren „Zwergentafeln". Der steile Pfad zieht unter dem felsigen Sommeraustein zu einer Wegteilung hinauf. Wir gehen rechts weiter und an der Sommeraualm vorbei in einen bewaldeten Sattel. Dort wenden wir uns nach links und steigen im Waldhang über einem Graben zur Vormaueralm an. Nach links, über die Wiese hinauf und zuletzt über Felsstufen zum Gipfelkreuz des nach Süden abbrechenden **Vormauersteins** 02.

Abstieg: Nach der Gipfelrast gehen wir zur nahen Vormaueralm hinunter. Wer noch Zeit und Lust hat, sollte nun auf dem Weg Nr. 27 nach Norden über einen Wald- und Wiesenrücken zum Sattel vor dem Törlspitz im Schafberg-Massiv gehen – rechts darunter liegt der dunkle Münichsee in einer Mulde.

Unsere Abstiegsroute beginnt beim Kreuz vor den Almhütten der Vormaueralm, beim Wegweiser „St. Wolfgang". Der Vormauerweg führt uns durch einen steilen Waldhang (Brunnen). Bald biegen wir rechts ab und wandern auf den weiten Kehren der Forststraße gegen den Wolfgangsee hinab. Achtung: Schon ziemlich weit unten, in einer Rechtskurve auf 720 m Höhe, zweigen wir links nach der Beschilderung „Aschau, Schwarzenbach" ab. Auf dem kurz ansteigenden Fahrweg über einen Waldsattel zu einer Wegteilung. Hier rechts abbiegen und zur schön gelegenen **Jausenstation Holzerbauer** 03 hinunter. Zuletzt auf der steilen Zufahrtsstraße ins Tal und durch die Aschau – nahe am Mostbauern Rieger vorbei – zum Ausgangspunkt beim **Hotel Bürglstein** 01 zurück.

SCHAFBERG • 1782 m

Mit Volldampf hinauf, per pedes hinunter

7 km 2:30 h 50 hm 1250 hm 18

START | St. Wolfgang, 548 m, Schafbergbahnhof. Auffahrt mit der Zahnradbahn zur Bergstation Schafbergspitze.
[GPS: UTM Zone 33 x: 382.619 m y: 5.292.535 m]
CHARAKTER | landschaftlich sehr schöne, aber lange Bergabwanderung auf guten Wegen, im oberen Bereich auch auf stellenweise steilen und steinigen Pfaden.
EINKEHR | Berghotel Schafbergspitze, Himmelspforthütte.

„... Ihr ... wisst's ... ja ... net ... wia ... schwaa ... dass's ... is ... zum ... Schaf ... berg ... spitz ..." So ächzt die rauchprustende Schafberg-Zahnradbahn seit 1893 allsommerlich über die 5,85 km lange Strecke von St. Wolfgang bis knapp unter die Schafbergspitze hinauf – über zahlreiche Steinbrücken, einen Viadukt und durch zwei Tunnels. Immerhin trennen 1188 Höhenmeter die Tal- von der Bergstation. Bei einer durchschnittlichen Geschwindigkeit von 7 km/h bleibt reichlich Zeit, während der Fahrt die immer prächtiger werdende Aussicht zu genießen. Den berühmten Rundblick über sieben Salzkammergutseen und hunderte Gipfel gibt's aber erst ganz oben, beim 1862 erbauten

Auch die Schafbergbahn rastet gern auf der Schafberg-Alpe.

Gipfelhotel, das direkt an der geländergesicherten Oberkante der Schafberg-Nordwand klebt.

Der Aufstieg zum Berghotel **Schafbergspitze 01**, einem Panoramaplatz der Sonderklasse, ist nur kurz. Daher sollte man auch dem etwas „zur Seite gerückten" Gipfelkreuz und der benachbarten Himmelspforthütte am gleichnamigen Felsspalt einen Besuch abstatten.

Abstieg: Nun geht's wieder zur Bahnstation hinab und weiter auf dem schmalen Pfad Nr. 20, der sich über die große, steile Gipfelwiese hinunterschlängelt. Zwischen Latschen, aber auch über kleine Felsen und viele Stufen erreicht man ihren westlichen Rand – Vorsicht, rechts Felsabbrüche! Über einen Rücken, dann links zur Schienentrasse und über den Bahnübergang zur Einmündung des Purtschellersteigs. Links weiter und nochmals über die Bahn zur (dzt. geschlossenen) **Schafberg-Alpe 02**. Über den Weiderücken nach Westen, vorbei an der Einmündung des Pfades Nr. 17. Auch bei der nächsten Wegteilung am vorderen Rand der Alm geradeaus weiter (Wegweiser „St. Wolfgang") und auf dem breiten Weg Nr. 23 unter dem Aignerriedel herum in den Waldhang hinunter. Unterhalb der Bahntrasse (die man allerdings nie sieht) gelangt man durch das Gebiet der ehemaligen Dorneralm.

Auf einem Fahrweg erreicht man – schon ziemlich weit unten – eine quer verlaufende Forststraße, der man kurz nach rechts folgt. Dann links abzweigen und über die Wiese zum schön gelegenen Aschingerbauern (Jausenstation). Auf der Zufahrtsstraße in den Ortsteil Ried, links über den Bahnübergang und rechts zum **Schafbergbahnhof 03** in St. Wolfgang hinab.

DIE „SCHAFBERG-KLETTERSTEIGE“

Eine Seentour mit Stahlseil-Einlagen

6 km 2:30 h 150 hm 550 hm 18

START | St. Wolfgang, 548 m, Schafbergbahnhof. Auffahrt mit der Zahnradbahn zur Bergstation Schafbergspitze.
[GPS: UTM Zone 33 x: 382.622 m y: 5.292.534 m]
CHARAKTER | anspruchsvolle Bergtour mit zwei ausgesetzten Klettersteig-Einlagen (A). Bei Schneelage gefährlich!
EINKEHR | Berghotel Schafbergspitze, Himmelspfortehütte, Schafberg-Alpe.

Wer dem Trubel auf dem Schafberg entgehen möchte, sollte über die „Mondseeseite“ des Aussichtsberges talwärts wandern. Kaum zu glauben, dass seine wilden Nordabstürze auch einen verhältnismäßig einfachen Durchschlupf freigeben.

▶ Der enge Felsspalt der Himmelspforte zwischen dem **Berghotel Schafbergspitze 01** und der **Himmelspfortehütte 02** bildet dafür einen wahrhaft himmlischen „Einstieg“. Über gesicherte Felsstufen klettern wir in das Kar am Fuße der Felswände hinab und queren rechts fast eben (Vorsicht, Felssturzgefahr!) in den Kessel mit dem Suissensee, der eigentlich aus zwei winzigen Wasseraugen besteht (Unterstandshütte). Rechts auf den Steig Nr. 17 abzweigen und ohne größere Höhenunterschiede zum versteckten Mittersee hinüber. Dann geht's zum **Sattel 03** vor dem waldgesäumten Mönichsee weiter. Dort biegt man rechts auf den schmalen Purtschellersteig ab. Diese ausgesetzte Felsroute erinnert an jenen Salzburger Turnlehrer, der im 19. Jahrhundert als einer der ersten „führerlosen“ Alpinisten sogar afrikanische Fünftausender erstieg. So wild wird's hier nicht, doch nach der Querung des Törlspitz-Südabhangs muss man eine glatte Felsflanke mit Hilfe von Stufen und Stahlseilen überwinden. Nach diesem Anstieg wandern wir über eine Felsrinne und durch die sanfter geneigte Schafberg-Südabdachung zu einem Bahnübergang vor der **Schafberg- Alpe 04**, die wir geradeaus mit wenigen Schritten erreichen (Haltestelle der Schafbergbahn).

Varianten: Man kann vom Sattel oberhalb des Mönichsees links (Nr. 27) zur Vormaueralm und rechts auf dem Vormauerweg nach St. Wolfgang wandern. Auch der Auerriesenweg (Nr. 25) bietet eine gute Abstiegsmöglichkeit.

Reif für die Insel? Das Inselchen im Mittersee bietet einen schönen Rastplatz.

Der Purtschellersteig weist einige ausgesetzte Passagen auf.

22

DER WEG DER WALLFAHRER

Wo Wolfgang seine Hacke warf

9,1 km | 3:00 h | 250 hm | 250 hm | 18

START | St. Gilgen, 545 m. Rückfahrt von St. Wolfgang per Schiff.
[GPS: UTM Zone 33 x: 377.560 m y: 5.291.744 m]
CHARAKTER | romantische Wanderung auf einfachen Wegen – die Abstecher erfordern jedoch Trittsicherheit und Schwindelfreiheit. Vorsicht bei Nässe!
EINKEHR | in St. Gilgen und St. Wolfgang, Gasthof Fürberg.

Hinter der Wand des Falkensteins am Fuße des Schafberges hat, so erzählt es die Legende, der heilige Wolfgang als Einsiedler gelebt. Hier soll er seine Hacke weggeschleudert haben, um den Bauplatz der Kirche von St. Wolfgang zu bestimmen. In 4 km Entfernung landete das Wurfgeschoss, genau dort, wo das heutige Gotteshaus steht. Es entwickelte sich im Mittelalter neben Rom und Santiago de Compostela zu einem der wichtigsten Wallfahrtsziele Europas. Die meisten Pilger kamen über den Falkenstein. Auf dem Weg dorthin findet man Steine, die sie zur Buße für ihre Sünden heraufschleppten, aber auch die Falkensteinkirche, die über einem „Durchkriechstein“ in der Felswand erbaut wurde. Hier glaubte man Sünden oder Leiden abstreifen zu können. Mehrere Schalensteine deutete man als Spuren des Heiligen und des Teufels. All diese Relikte einer „heidnischen“ Glaubenswelt werden auf Tafeln erläutert.

1. Abschnitt: Von der Kirche in **St. Gilgen** 01 geht man über den Streicherplatz und rechts auf der alten Mondseer Straße zum See. Rechts abzweigend (Markierung Nr. 28) in den Ortsteil Brunnwinkel hinab. Dann wandern wir auf der idyllischen, stellenweise aus dem Fels geschlagenen und mit Geländern gesicherten Uferpromenade zum **Gasthof Fürberg** 02.
Weiter dem See entlang, bis sich etwa 200 m nach der Einmündung der Zufahrtsstraße der Weg teilt: Rechts empfiehlt sich der Abstecher auf dem stellenweise schmalen und ausgesetzten Rundweg (Nr. 19) zum Hochzeits- und zum Ochsenkreuz, einer Kapelle auf einer winzigen Felsinsel (zusätzlich etwa 1:00 h Gehzeit). Links beginnt dagegen der breite Kreuzweg Richtung St. Wolfgang, der durch einen steilen Waldgraben zu einer Kapelle mit einem großen Steinhaufen und schließlich zur kleinen **Falkensteinkirche** 03 hinaufführt (Nr. 28). 1:35 h.
Vorbei an zwei weiteren Andachtsstätten geht's noch etwas bergauf zur sogenannten Hackelwurfkapelle, die in einem Sat-

Der glatt geschliffene „Durchkriechstein" in der Falkensteinkirche.

tel steht. Variante 2: Vor der Quellkapelle zweigt rechts ein schmaler und stellenweise recht felsiger, aber ebenfalls bezeichneter Pfad zum hoch über dem See gelegenen „Scheffelblick" ab, der nach dem „Aberseeeblick" die Hackelwurfkapelle und damit wieder den Falkensteinweg erreicht (zusätzlich etwa 45 Minuten Gehzeit). Vorbei an einem Wasserfall und an einem Bildstock geht's zur Ortschaft **Ried** **04** hinunter. Auf der Uferstraße links und dann auf der bergwärts abzweigenden Riedstraße nach **St. Wolfgang** **05**.

ALMKOGEL • 1030 m

Waldwandern zwischen Wolfgangsee und Mondsee

10,1 km | 3:30 h | ↗ 450 hm | ↘ 450 hm | 18

START | Parkplatz beim Krotensee an der Straße von St. Gilgen nach Mondsee, 580 m (gegenüber vom Landgasthof Batzenhäusl).
[GPS: UTM Zone 33 x: 379.067 m y: 5.293.426 m]
CHARAKTER | kurze Bergwanderung auf Güterwegen, Forststraßen und stellenweise steilen Waldpfaden; im Gipfelbereich ist Trittsicherheit notwendig.
EINKEHR | unterwegs keine, Landgasthof Batzenhäusl.

Der Name täuscht: Bewirtschaftete Almen gibt's zwischen dem Mondsee und dem Wolfgangsee keine mehr. Der Almkogel ist mit dichtem Wald bewachsen, nur der Gipfel bietet ein bisschen Felsschmuck. Ersteigt man ihn von Süden, darf man sich auf Überraschungen freuen. Die erste erwartet Sie gleich am Ausgangspunkt: Der tiefgrüne Krotensee unter dem Schloss Hüttenstein zählt mit einem Durchmesser von ca. 250 m zu den schönsten Salzkammergutseen. Interessant ist auch die „zweigeteilte" Aussicht von oben: Vom Gipfelkreuz überblickt man mit einem Schlag den Mondsee und seine Umgebung, während südlich davon ein abgeholzter Hang das Panorama zum Schafberg und zur Osterhorngruppe freigibt.

▶ Beim **Landgasthof Batzenhäusl** 01 zeigt ein Wegweiser die Richtung zum Almkogel an (Markierung Nr. 15). Auf dem flachen, anfangs noch asphaltierten Güterweg wandern wir durch die Schmalnau zum knapp 1 km entfernten Bauernhof Zeppezau. Dahinter geht's durch den bewaldeten Strubbachgraben

Vom Mondsee hinauf

Als einfachere Alternative zur Klettersteig-Tour auf die Drachenwand wird der Almkogel auch von St. Lorenz bei Mondsee gern erstiegen. Der Weg führt vom Gasthof in Plomberg wie bei Tour 8 ins Klausbachtal, dort links und neben dem Bach zu einer Abzweigung: nach links und in vielen Serpentinen durch den steilen, felsdurchsetzten Waldhang hinauf. Durch einen felsigen Graben gelangt man in einen Waldsattel, von dem man links über steile Felsstufen zum Gipfelkreuz auf dem Almkogel ansteigt. Abstieg auf der gleichen Route (Aufstieg ca. 1,5 h, Abstieg 1 h).

Sonnenuntergang über Almkogel und Drachenwand.

Der Gipfelblick vom Almkogel umfasst den Mondsee, den Irrsee und die benachbarte Drachenwand.

ins Gebiet der einstigen Obenauer Alm. Hinter der Jagdhütte rechts auf einem Waldsteig zu einem Sattel hinauf, dort links Richtung Almkogel der Forststraße folgen und kurz darauf links auf den Wanderweg Nr. 16 abzweigen. Durch den Waldhang zu einem Sattel unter dem **Almkogel** 02, über dem eine Forststraße quert. Rechts auf einem Steig auf den felsigen Gipfel.

Abstieg zurück in den Waldsattel und rechts zur Forststraße, die vom Eibensee herüberführt. Wir folgen ihr links hinab, vorbei an einem schönen Aussichtspunkt zum Schafberg. Nach ca. 700 m zweigen wir links auf den markierten Weg Nr. 14 Richtung St. Gilgen/Obenau ab. Er führt durch einen anfangs steinigen Waldgraben hinab, dann rechts in ein Seitental und über eine kleine Anhöhe. Dann steigt man unter dem Obenauerstein ins freie Hochtal der Obenau ab. Am Bauernhof vorbei und auf dem Güterweg Plomberg bis zum unteren Waldrand. Bei einer markanten Rechtskurve links nach der Markierung des Voralpen-Weitwanderweges Nr. 804 abzweigen. Erst auf einem Waldpfad, dann auf einem Wirtschaftsweg unter dem Buchberg zum Buchberghof hinüber.

Kurz auf dem Zufahrtsweg hinunter. Nach einer Kurve zweigt links ein beschilderter Weg ab, der zum **Landgasthof Batzenhäusl** 01 zurückführt.

STEINKLÜFTE – PLOMBERGSTEIN • 830 m

Die steinerne Märchenstadt

4 km 2:30 h 245 hm 245 hm 18

START | St. Gilgen, 545 m.
[GPS: UTM Zone 33 x: 377.451 m y: 5.291.670 m]
CHARAKTER | romantischer Halbtagsausflug in ein felsiges Märchenland; unschwierige, aber teils steile Pfade – Vorsicht bei Nässe!
EINKEHR | unterwegs keine.

„Steinklüfte" – schon der faszinierende Name lockt uns vom Wolfgangsee weg! Die Felswildnis unter dem Plombergstein bildet ein einmaliges Wanderziel: Als am Ende der letzten Eiszeit, also vor etwa 10.000 Jahren, die Gletscher abschmolzen und den herausmodellierten Bergen kein Widerlager mehr boten, lösten sich gewaltige Felsmassen und zerbarsten in der Tiefe. So entstand ein Bergsturz-Chaos sondergleichen, das in der Zwischenzeit bärtige Moose, Gebüsch und skurrile Baumgestalten überwuchert haben. Also: Auf zur „Kalten Kuchl", zum „Franzosenloch" und vor allem zum Durchschlupf durch die 35 m lange, zwischen aalglatten Felsen klaffende „Teufelsschlucht"!

▶ Vom Mozartplatz in **St. Gilgen** 01 geht man auf der Steinklüftestraße zur Umfahrungsstraße hinauf. Auf der drüberen Seite zweigt ein Güterweg zum Bauernhof Plomberg ab, von dem gleich

Die Steinklüfte sind ein Abenteuerspielplatz.

darauf links zwei Waldsteige abbiegen: Gerade hinauf geht's direkt zu den Steinklüften; wir wählen jedoch die untere Route (Nr. 17), die in den tief eingeschnittenen Staffelgraben hinabführt. Bei der folgenden Wegteilung bleiben wir im Talgrund, bis nach etwa 1 km rechts der Steig auf den **Plombergstein** **02** abzweigt („Rundweg", Markierung Nr. 17). Dieser leitet uns – stellenweise über Holzleitern – zu einer weiteren Wegteilung: Rechts geht's zur Holzhütte auf einem Felsvorsprung, von dem man einen überraschenden Tiefblick auf St. Gilgen und über den ganzen Wolfgangsee genießt.

Abstieg: Auf der anderen Seite der Hütte führt der Pfad wieder zur Abzweigung zurück. Nun steigen wir jedoch nach rechts durch die Felsflanke ab. Dem Wandfuß entlang und durch einen „Kriechstein" kommen wir zu den Steinklüften. Unter der überhängenden Wand des Plombergsteins weisen rote Farbpunkte und Wegweiser die Durchschlupfmöglichkeiten. Bei einer Quelle am unteren Ende des Bergsturzes zweigt rechts ein Pfad zum Kohlbach ab; geradeaus gelangt man – die Kehren des Güterweges Plomberg abkürzend – direkt zur Umfahrungsstraße bei **St. Gilgen** **01** hinunter.

Mozart und St. Gilgen

Der Genius selbst war nie dort. Doch Maria Anna Pertl, Mozarts Mutter, wurde 1720 in St. Gilgen geboren, und auch Wolfgangs Großvater war hier zu Hause. Schließlich zog sogar Morzarts Schwester Nannerl nach ihrer Hochzeit ans Wolfgangseeufer. So wurde St. Gilgen zum Mozart-Dorf. Und es gibt oberhalb davon sogar einen Mozartsteig, der natürlich zum Mozartblick führt: Freuen Sie sich auf ein Prachtpanorama über den See bis zum Schafberg!
Vom Mozartplatz geht man die Pfarrgasse hinauf. Die Bundesstraße überqueren, weiter auf der Hochreithstraße und bei der zweiten Abzweigung rechts in den Ortsteil Laim. Links zum Kochgütl und – rechts bleibend – zur Annenquelle. Zuletzt geht's durch den Waldhang zum Mozartblick empor und weiter zum Gasthof Hochlacken im Ellmautal (1 h, Rückweg 1 h). Von dort kann man auch 4 km nach Fuschl weiterwandern und per Bus zurückkehren.

25

ZWÖLFERHORN • 1521 m

Bergab ins Panorama hinein

8,2 km | 3:30 h | 120 hm | 1060 hm | 18

START | St. Gilgen, 545 m, Talstation der Zwölferhorn-Seilbahn. Auffahrt zur Bergstation, 1480 m. Aktuelle Infos unter www.12erhorn.at
[GPS: UTM Zone 33 x: 376.520 m y: 5.289.060 m]
CHARAKTER | landschaftlich sehr schöne Bergab-Wanderung auf Forststraßen sowie stellenweise schmalen und steilen Wegen; der Weißwand-Felsensteig erfordert Schwindelfreiheit und Trittsicherheit (kann umgangen werden).
EINKEHR | Berghof Zwölferhorn, Arnikahütte, Sausteigalm, Lärchenhütte, Bartlhütte, Gasthof Weißwand.

Das Zwölferhorn ist einer der schönsten Aussichtsberge im Salzkammergut. Die bequemste Möglichkeit, das Gipfelpanorama vom Schafberg über den Dachstein bis zu den Berchtesgadener Alpen zu genießen, bietet die Zwölferhorn-Seilbahn: Von der Bergstation gehen wir zunächst auf der Treppe zur Sonnenterrasse und rechts über den Kamm zum nahen Gipfelkreuz hinauf.

▶ Die einfachere, aber etwas längere Route von der **Bergstation** 01 beginnt mit dem familienfreundlichen Panoramaweg, der unterhalb des Gipfels auf breiter Schottertrasse zur Arnikahütte und in einer Schleife zum **Pillstein** 02 hinüberführt. Davor schlängelt sich die Forststraße rechts zur Stubneralm hinunter. Man kann auch schon von der Arnikahütte absteigen, und zwar auf dem

Die Bartlhütte ist auch bei Regenwetter ein lohnendes Ziel.

Die Illingerbergalm

Südlich unter dem Zwölferhorn liegt eine weite Weidemulde – und mittendrin die Weinbachhütte auf der Illingerbergalm (von Brunn bei Gschwandt auf einer geschotterten Mautstraße erreichbar, 4 Euromünzen mitnehmen). Von dieser gastlichen Einkehrstation zieht ein gut beschilderter Alm-Rundweg zum Kreuz auf dem 1355 m hohen Spitzeck hinauf – vorbei an interessanten Infotafeln über die Entstehung dieser Landschaft und ihre mühevolle Pflege durch die Almbauern (3–3,5 h; mit Abstecher auf den Pillstein ca. 1,5 h länger).

schmalen Lichtenegger Steig durch einen wahren „Urwald" – manche Lärchen haben einen Stammumfang von 1,5 m! Auf der Forststraße gelangt man dann zum Parkplatz unterhalb des „Zwölferhorn-Almbalkons" hinab (Schotterstraße von der Tiefbrunnau bei Faistenau). Rechts zur **Bartlhütte** 03 bzw. zur Lärchenhütte hinauf.

Alternative Route: Dorthin führt der kürzere Abstiegsweg (Nr. 1) direkt von der Seilbahnstation über den „Seeblick". Von einem Wiesensattel geht's links zur Sausteigalm hinunter – Geübte können aber auch den kleinen Umweg über den Felskopf des Elferkogels wählen (Nr. 1 A, „Für Geübte!"). Von der Sausteigalm links auf dem Fahrweg weiter.

Zwischen der Lärchen- und der Bartlhütte beginnt ein Wiesensteig Richtung St. Gilgen, der bald in den Weg Nr. 1 einmündet. Auf diesem links zum exponiert gelegenen Gasthof Weißwand hinab.

Zuletzt gibt's wieder zwei Möglichkeiten: Entweder man nützt die Zufahrtsstraße nach St. Gilgen oder man geht rechts in den felsigen Graben und steigt auf einem gesicherten Felssteig talwärts. Auf der Helenen- und der Hochreitstraße zur Seilbahn-Talstation in **St. Gilgen** 04 hinunter.

BLECKWAND • 1541 m

Das Fenster im Berg

10,5 km 5:15 h 900 hm 900 hm 18

START | Bushaltestelle Breitenbacher bzw. Gasthaus Mahdhäusl zwischen Strobl und der Zinkenbach-Halbinsel. Zufahrt bis zum Mahdhäusl.
[GPS: UTM Zone 33 x: 384.634 m y: 5.285.063 m]
CHARAKTER | abwechslungsreiche Bergwanderung auf guten, aber stellenweise steilen und rutschigen Wald- und Almpfaden. Der direkte Abstieg über den Südostgrat zur Schartenalm erfordert Trittsicherheit.
EINKEHR | Gasthof Mahdhäusl, Bleckwandhütte, Illighütte (Niedergadenalm).

Zwischen dem grünen Zwölferhorn und dem felsigen Sparber wölbt sich ein eher unscheinbarer, bis hoch hinauf bewaldeter Voralpenberg empor: die Bleckwand. Ihr Name und ein näheres Hinsehen decken bald ihre raueren Seiten auf: Einige Plaiken – Rutschungen in den schroffen Fels- und Lawinenflanken – durchfurchen ihre Wolfgangseeseite. Warum? Ihre steil nach Südwesten abdachenden Kalkschichten liegen auf der Nordostseite auf unruhigen Flysch- und Mergelschichten – 20 km vom Alpennordrand entfernt tut sich hier also ein „Flyschfenster" auf. Den Gipfel bildet ein kleines, mit Wetterfichten gesprenkeltes Wiesenplateau. An seiner Abbruchkante öffnet sich ein ovales Loch, das einen kuriosen Tiefblick zum Wolfgangsee freigibt. Wenn man die richtige Perspektive erwischt, dann ziehen die spielzeugkleinen Boote zwischen dem Fels dahin ... Das Lärchenkreuz, das zur besseren Sichtbarkeit nicht auf dem höchsten Punkt, sondern unterhalb an der Hangkante steht, wurde 1947 zum Dank für die Heimkehr aus russischer Kriegsgefangenschaft aufgestellt.

St. Wolfgang aus der Höhe: Der Blick von der Bleckwand zum Wolfgangsee ist einmalig schön.

Von der Bushaltestelle Breitenbacher **01** an der Bundesstraße gehen wir zunächst auf der Zufahrtsstraße bergwärts zum Gasthaus Mahdhäusl.

Weiter geht's auf dem Schotterweg (Nr. 34) am Wildgehege vorbei und durch den Graben zu einer Forststraße. Auf dieser rechts zur nächsten Kehre, bei der zwei Wege abzweigen. Wir nehmen den unteren (Nr. 34), von dem kurz darauf links ein Pfad abzweigt. Auf diesem durch den steilen Waldhang hinauf, zwei Forststraßen queren und über eine harmlose Felsstufe. Dann erreicht man den Weg Nr. 31/32, auf dem man links zur Oberen Bleckwandalm und zur nahen **Bleckwandhütte** **02** ansteigt.

Auf dem Gipfelpfad Nr. 876 über den bewaldeten Kamm zum erwähnten Felsloch, zum nordwärts vorgeschobenen Gipfelkreuz und noch 10 Min. weiter nach Osten zum höchsten Punkt der **Bleckwand** **03**.

Für den Abstieg stehen zwei Routen zur Schartenalm zur Auswahl: Die schnellere, aber anspruchsvollere folgt dem luftigen Südostgrat; der etwas einfachere Steig Nr. 31 zieht rechts durch schütteren Wald und über einen steilen Weidehang zur **Wezlerhütte (Niedergadenalm)** **04** hinab. Nach links (Nr. 877), durch ein Gatter und durch den Waldhang zur **Schartenalm** **05** im Sattel unter dem Sparber. Rechts auf der Forststraße talwärts, bis wir den Aufstiegsweg vom Mahdhäusl erreichen.

Kurze Tour: Wer beim Landauer in Zinkenbach von der Bundesstraße abzweigt und auf der Mautstraße zur Niedergadenalm hinauffährt, kann auf dem Weg Nr. 32 zur Bleckwandhütte hinaufwandern. Abstieg auf dem Steig Nr. 31.

RUND UM DEN SPARBER

Des Schafbergs felsiges Gegenstück

9,7 km | 4:00 h | 400 hm | 400 hm | 18

START | Gasthof Kleefeld südlich von Strobl, 690 m. Zufahrt von Strobl über Weißenbach (2,5 km).
[GPS: UTM Zone 33 x: 386.407 m y: 5.284.233 m]
CHARAKTER | einfache und landschaftlich sehr abwechslungsreiche Wanderung auf Forstwegen und Wanderpfaden.
EINKEHR | Gasthof Kleefeld, Gasthof Bergheimat, Gasthof Mahdhäusl.

„Määhäähää!" Ist das eine Begrüßung vor dem Almgasthaus Kleefeld! Mit Genuss lässt sich das Zicklein vor dem Wildgehege den Kopf kraulen – zu sehen sind aber auch Rehe, Damhirsche, Mufflons und Wildschweine. Hungrige und durstige Wanderer zieht's natürlich in die Gaststube oder auf die Terrasse: Der Radler zischt, und die Teller halten, was die Speisekarte verspricht. Zuvor will jedoch die Wanderrunde um den schroffen Sparber absolviert werden.

Man geht vom **Gasthof Kleefeld** 01 auf dem bequemen Weg Nr. 7 beim Wildgehege vorbei nach Süden, stets oberhalb des Strobler Weißenbachtals, aus dem man eine schöne Sicht auf Retten- und Rinnkogel (links) sowie den Braunedlkogel (rechts) genießt. Bevor

Ein Regenbogen kündigte über dem Sparber sieben Tage Regenwetter an – und so kam es dann auch.

sich der Weg nach etwa 3 km ins Tal zum **Gasthof Bergheimat** 02 senkt (kurzer Abstecher), biegen wir bei der Hütte der Langeralm rechts auf den Weg Nr. 19 ab. Stetig ansteigend bis vor die Fellneralm, dann rechts über Almwiesen und durch Wald zum weiten Sattel der **Schartenalm** 03, unserem höchsten Tourenpunkt zwischen der Bleckwand und den Felsflanken des Sparbers. Etwas südlich davon wurden seltsame Felsritzzeichnungen entdeckt, deren Alter unbekannt ist.

Jenseits des Sattels folgen wir der sanft absinkenden Almstraße rechts hinab. Kurz nach einer markanten Linkskehre zweigt rechts der Weg Nr. 877 ab. Auf diesem gelangen wir durch den Wald – eine Wegabzweigung links ignorierend – zum **Gasthaus Mahdhäusl** 04 hinunter.

Von dort rechts zum Holzerbauer und auf dem schönen Wiesenweg Nr. 9 zum Haus Urschlag. Davor nach rechts und auf dem sanft an-, bald aber über eine Liftwiese absteigenden Zäpfensteig (Aussicht zum Wolfgangsee) weiter. Beim ersten Haus in Unterberg bei Weißenbach nach rechts. Nun muss man noch das letzte Stück auf dem Waldweg Nr. 7 zum Ausgangspunkt beim **Gasthof Kleefeld** 01 hinaufwandern.

Der Sparber

Wenn eine Erhebung dem Schafberg die Schau stehlen kann, dann dieser 1502 m hohe Felsberg! Von Osten und Westen gesehen, stechen seine beiden Gipfelzacken wie eine Bischofsmütze in die Luft; aber auch auf den beiden anderen Seiten zeigt er schroffe Felsen, einen steilen Waldmantel und nackte Schrofen. Man steigt vom Almgasthaus Kleefeld steil zur Dürntalalm (Brunnen) hinauf. Am oberen Rand des Weidehanges links (großer Pfeil) auf den Ostkamm und über eine sehr steile Wiesenflanke unter den Gipfelfelsen in eine Scharte (Leiter). Kurzer Abstieg, dann entlang der Leitern und Seile (A) durch die schroffe, aber latschengrüne Westflanke zum Gipfelkreuz (2,5 h, Abstieg 1,5 h).

28

POSTALM – WIESLERHORN • 1603 m

Almglück mit Schafbergblick

9,4 km | 3:00 h | 450 hm | 450 hm | 15

START | Postalm, Parkplatz 3, 1284 m. Zufahrt auf der mautpflichtigen „Alpenrosestraße" von Strobl (12 km), auch Busverbindung. [GPS: UTM Zone 33 x: 382.447 m y: 5.279.933 m]
CHARAKTER | unschwierige Almwanderung auf guten Wegen, auf das Wieslerhorn führt ein steilerer Bergpfad.
EINKEHR | einige Hütten auf der Wiesleralm, Gasthaus Thoralm, Postalmhütte.

Einst gehörte die ganze Postalm dem Ischler Postmeister Franz Koch – daher der seltsame Name. Noch heute wird das 46 km² große Weidegebiet zwischen dem Wolfgangsee und dem Lammertal – nach der Seiseralm in den Dolomiten das zweitgrößte Almplateau Europas – von Strobler und Abtenauer Bauern bewirtschaftet. Sie wurde zwar als Skigebiet erschlossen, doch hat sich zwischen der Mautstraße und vielen Einkehrstationen auch viel Erlebenswertes erhalten – etwa die Wiesen, die der Almrausch im Frühsommer rot färbt, oder die stillen Wälder, die einst das Brennholz für die Salzversiedung lieferten.

Die Postalmkapelle vor der Kulisse von Retten- und Bergwerkskogel.

All das erlebt man schon auf dem 3 km langen „Almblumenweg“ mit seinen 40 beschilderten Stationen, der beim Lienbachhof (Parkplatz 1) beginnt. Fünf weitere Rundwege führen kreuz und quer über die Postalm. Besonders schön ist die Route Nr. 3, die sich mit einem Abstecher auf einen herrlichen Luginsland kombinieren lässt: Das felsige Wieslerhorn – das „Wieselehörndele“, wie es die Einheimischen nennen – gilt als einer der schönsten Aussichtsberge über dem Wolfgangsee.

▶ Dieser Weg beginnt direkt beim **Parkplatz 3** 01 nahe der Postalm-Kapelle. Nach dem Wegweiser „Wiesleralm“ geht's auf der sanft ansteigenden Schotterstraße zur **Wieslerhütte** 02 und weiter zu einer Abzweigung. Hier verlassen wir den Rundweg 3 und gehen geradeaus zur Schafbergblickhütte bzw. zur Erlachhütte; dazwischen lohnt sich der kurze Abstecher über die Seeblickhütte zur „Aussicht“. Dann beginnt der Aufstieg zum **Wieslerhorn** 03. Wir gehen links über den Almrücken zu einem flachen Boden und über den steiler ansteigenden, auf der linken Seite dicht bewaldeten Kamm zum Gipfelkreuz. 1:30 h.

Abstieg: Zurück zum Rundweg 3, dem wir nun nach links folgen. Auf einem schmalen Karrenweg und zuletzt auf Asphalt kommen wir zum Gasthaus Thoralm. Dann wandern wir auf der Schotterstraße in einen Waldgraben – ab der Kehre führt auch ein Pfad neben dem Wieslerbach abwärts. Weiter unten zweigt der Rundweg 3 rechts ab; über eine Brücke und die Weide kommt man zur Postalmhütte hinauf. Von der nahen Postalmkapelle geht's zur Asphaltstraße bzw. zum **Parkplatz 3** 01 zurück.

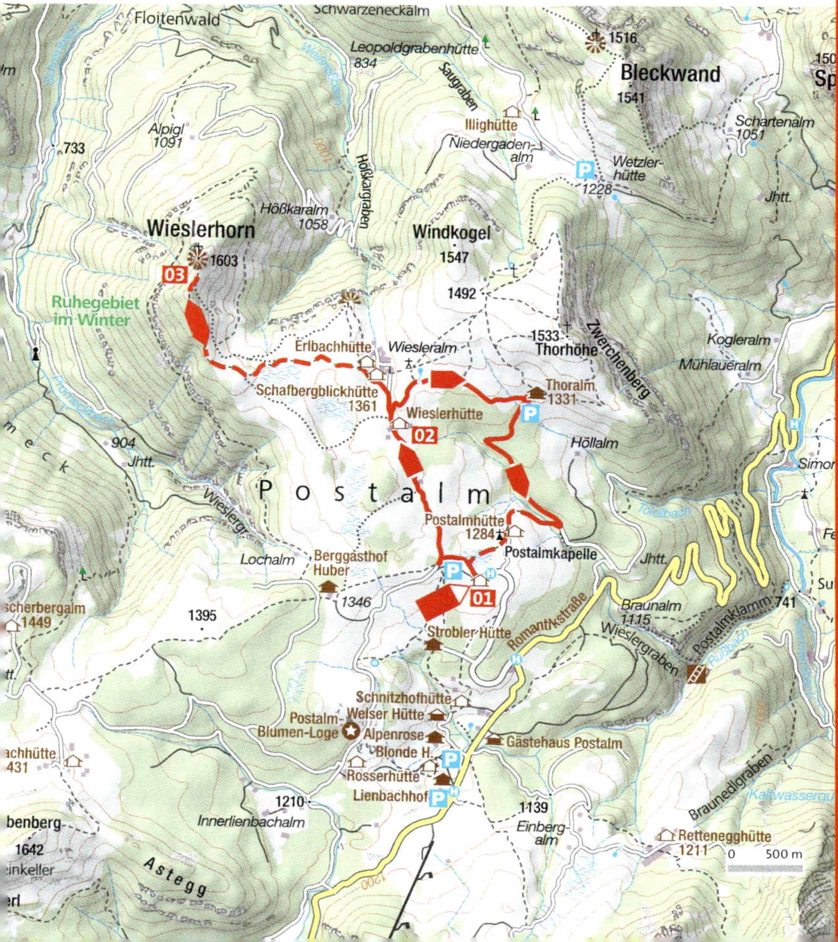

PITSCHENBERG • 1720 m

Höhenflüge über dem Almplateau

11,8 km | 4:30 h | 700 hm | 700 hm | 15

START | Postalm, Parkplatz 3, 1284 m.
[GPS: UTM Zone 33 x: 382.447 m y: 5.279.933 m]
CHARAKTER | Herrliche Alm- und Bergwanderung auf breiten Wegen und – im Gipfelbereich – steilen Pfaden; Vorsicht bei Nebel!
EINKEHR | Hütten auf der Postalm, Pitschenbergalm.

Die Postalm ist nur ein Teil der Osterhorngruppe, wie das ganze Bergland zwischen Salzburg, dem Lammertal und dem Wolfgangsee bezeichnet wird. Wenn wir durch dieses weite Almparadies wandern, bleibt unser Blick zwangsläufig an den seltsamen Bergen der Nachbarschaft hängen: Gleichförmige Pyramiden prägen hier das Bild, bis oben hinauf begrünt und wie Zebras quer gestreift von waagrechten Kalkbänken – man könnte meinen, sie wären allesamt am Reißbrett entworfen worden. Die flache Lagerung dieser „Barmsteinkalke“, die an der Oberfläche da und dort wie Skelette verwittern, gibt auch den weiten Almweiden genug Raum. Wo die Berge – wie etwa in der Pitschenberg-Nordflanke – steiler abbrechen, sind ihre ruhigen Strukturen durch wilde Lawinenrinnen zerfurcht.

▶ Vom **Parkplatz 3** 01 wenden wir uns nach links (Westen) und wandern nach dem Wegweiser „Pitscherberg, Labenberg“ auf dem Rundweg 2 (auch Markierung 840) quer durch die Wiese, unter einem Skilift durch und zu einem Holzhaus. Dahinter geht's durch den Wald und dem Waldrand entlang über einen Rücken in einen breiten **Sattel** 02 hinüber. Der Weg zum Pitschenberg (Nr. 840) zweigt rechts ab und führt durch einen schütter bewaldeten Hang zur

Gemütliche Rast im Angesicht von Retten- und Bergwerkskogel: die Pitschenbergalm.

Labenberg & Osterhorn

Von der Wegteilung unterhalb der Pitschenbergalm kann man auch links zu den Hütten der Labenbergalm gehen; der Pfad auf den 1642 m hohen Labenberg steigt von dort zum steilen Ostkamm an und folgt diesem nach rechts bis zum höchsten Punkt (Aufstieg 1 h, Rückweg 45 Min.).
Wer noch Zeit und Kondition hat, kann die Pitschenberg-Tour aber auch zum Osterhorn ausdehnen: Der Steig Nr. 840 zieht unterhalb des Gipfels in die Lammerein-Senke hinab, von dort geht's steil zum Verbindungskamm zwischen dem Hohen Zinken (1764 m) und dem 1746 m hohen „Namenspatron" der Osterhorngruppe hinauf (jeweils 1–1,2 h, Rückweg 1–1,5 h).

Pitschenbergalm 03 hinauf. Ab hier wandert man über Almwiesen auf eine kleine Hochfläche (Dolinentrichter) und urigen Lärchen. Bald liegt der Gipfelhang frei vor uns. Der schmale Steig führt zu einem Jägeransitz und wendet sich knapp unter dem Gipfel nach links, so dass wir die letzten Meter zum einfachen Kreuz auf dem **Pitschenberg** 04 ansteigen.

Der Abstieg erfolgt auf der gleichen Route.

Das Kreuz auf dem Osterhorn.

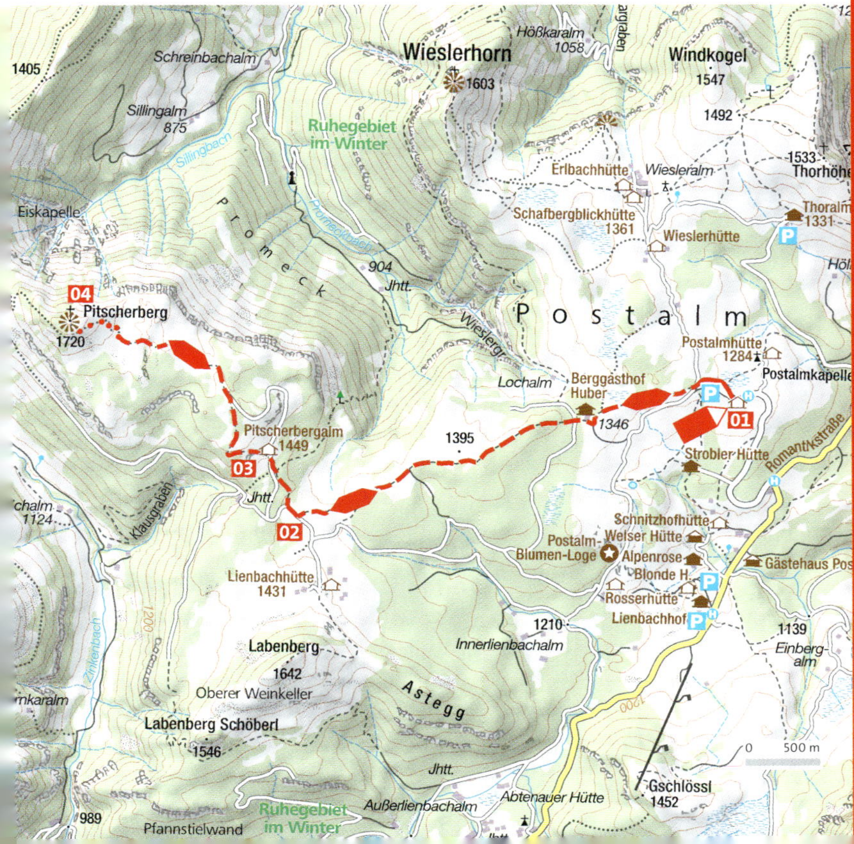

BRAUNEDLKOGEL • 1894 m

Der Höchste über der Postalm

8,8 km | 4:30 h | 800 hm | 800 hm | 18

START | Postalm, Parkplatz 1 beim Lienbachhof, 1160 m.
[GPS: UTM Zone 33 x: 384.475 m y: 5.280.816 m]
CHARAKTER | Lohnende Bergtour auf stellenweise steilen und felsigen Pfaden; Trittsicherheit ist notwendig.
EINKEHR | Gasthöfe und Almhütten im Postalmgebiet.

Im Süden der Einbergalm erhebt sich das höchste, schönste und auch das anspruchsvollste Wanderziel über dem Almplateau. Ein wenig Schweiß muss man beim Aufstieg schon investieren, doch die Aussicht vom Gipfel belohnt Sie für alle Mühen ...

Vom **Parkplatz 1** 01 gehen wir kurz Richtung Strobl bis zur Brücke vor dem Gästehaus und biegen davor rechts auf die Schotterstraße zur Einbergalm ab (Rundweg 1). Dort links zur kleinen **Rettenegghütte** 02, bei der rechts ein markierter Steig beginnt. Er führt über die hölzerne „Europabrücke" in die Sill, das im unteren Bereich bewaldete Kar zwischen dem Braunedlkogel und dem Scharfen – einen treffenderen Namen gäb's nicht für den abweisenden Nachbargipfel! Über Felsbänder und Schrofenrinnen (Stahlseil) gelangt man zu einem Latschenboden. Hier könnte man links einen kurzen Abstecher zum vorderen der beiden Gipfelkreuze auf dem Scharfen einlegen – auf einem unmarkierten Pfad (erdige Felsstufen) ist man schnell dort. Der Braunedl-Weg zieht dagegen rechts am Rand einer Schrofenflanke zum **Gipfelkreuz** 03 hinauf.

Beim Abstieg wandert man kurz auf dem Südkamm Richtung Moosbergriedel, biegt dann aber scharf nach rechts

Der Gipfelpfad fordert Schweiß.

Bergglück am Braunedl: Auf dem Gipfel pfeift der Wind.

auf einen schmalen Steig ab. Durch die Latschenflanke und über einen kleinen Kamm gelangt man in einen kurzen Waldgraben, der über einer Schottergrube ausläuft. Hier erreicht man das Kreuz im Almsattel unterhalb des Gschlössls, wendet sich nach rechts und marschiert auf der Almstraße Richtung Einbergalm hinab. Nach einer Wegteilung in der Nähe einer Skiliftstation zweigt links der Pfad Nr. 879 ab, der zum **Parkplatz 1 01** hinunterführt.

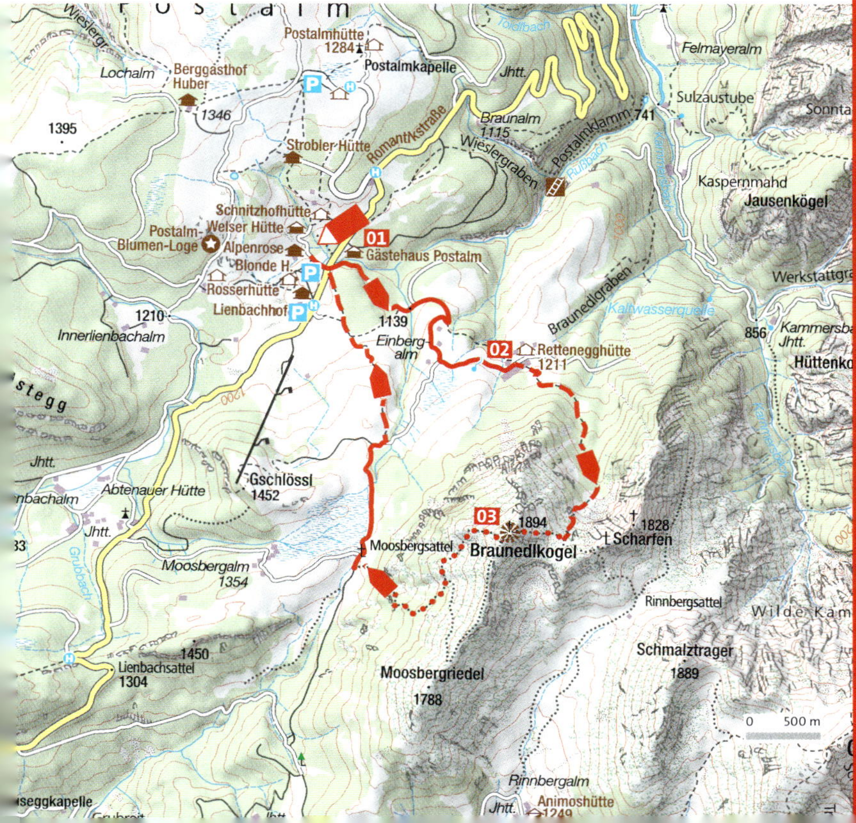

RINNKOGEL • 1823 m

Der einsame Riese

9,9 km | 6:00 h | 1100 hm ↗ | 1100 hm ↘ | 18

START | Simonhütte im Weißenbachtal bei Strobl. Anfahrt mit dem Bus von Strobl Richtung Postalm bis zur Haltestelle Simonhütte, mit dem Auto auf der Postalm-Mautstraße bis zur ersten Rechtskehre, dort links Parkplatz (bis zur Simonhütte ermäßigte Maut).
[GPS: UTM Zone 33 x: 382.233 m y: 5.278.808 m]
CHARAKTER | anspruchsvolle Bergtour. Der Steig ist steil, stellenweise felsig und im oberen Teil ausgesetzt; er weist gesicherte Passagen (A) und kurze ungesicherte Stellen im Schwierigkeitsgrad 1 auf. Trittsicherheit und Schwindelfreiheit sind für die Begehung Voraussetzung. Bei Nebel oder Schneelage nicht ratsam!
EINKEHR | unterwegs keine.

Nur wenige Kilometer liegen zwischen dem Wolfgangsee und den schroffen, dunklen Felsen, die das Strobler Weißenbachtal zusammendrücken. Die wildesten davon gehören zum Rinnkogel, einem wahren Charakterkopf von einem Berg im Norden der Gamsfeldgruppe. Er trägt einen „sprechenden" Namen. Die wilden Schluchten und Gräben, die seine Abhänge zum schrofigen Faltenwurf gestalten, lassen keinen Zweifel daran: Wenn hier Gewittergüsse niedergehen, dann verwandelt sich selbst die trockenste Rinne rasch in einen rasenden Wildbach. Das Gestein, das dabei zu Tal geschwemmt wird, lagert sich in

Der Anstieg auf den Rinnkogel verläuft über den rechten Grat.
Im Hintergrund der Braunedlkogel.

Die Postalmklamm

Der Felsschlund des Rußbachs ist ein Hotspot für Freunde rassiger Sportklettersteige. Von der Rußbachbrücke im Strobler Weißenbachtal (Zugang auf dem Weg zum Rinnkogel ca. 1 km nach Süden) führt ein sehr schwieriger „Eisenweg" durch die Klamm (C/D) – über fünf Seilbrücken, von denen sich eine als filigraner „Hangel-Übergang" erweist. Nach dem Aufstieg neben dem Wieslergraben-Wasserfall folgt die Schlusspassage durch die leicht überhängende Gamsleckenwand. Gesamthöhe 300 m, Zugang 25 Min., Klettersteig ca. 3 h, Ausstieg nahe der Schnitzhofalm (Postalmgebiet). Vorsicht, viele rutschige Stellen! Abstieg auf dem Wanderweg Nr. 879 nahe der Mautstraße, 1–1,5 h.

ausgebleichten Schotterhalden ab – so kam der Weißenbach zu seinem Namen.

▶ Von der **Simonhütte 01** wandern wir auf der Forststraße 15 Min. taleinwärts, unter der Stromleitung durch und über den Weißenbach zur Sulzaustube (Jagdhütte und Brunnen).

Gleich danach zweigen wir links ab und wandern auf dem Steig Nr. 889 durch den Buchenwald und – eine Forststraße querend – zum Fuß der Wände hinauf. Rechts gelangen wir zu einer wilden Schlucht, die überquert wird, dann durch steilen Wald und über eine seilgesicherte Stelle bis zu einem Sattel. Auf etwa 1330 m Höhe führt rechts ein Jagdsteig zu einer Quelle. Der Rinnkogel-Steig führt nun über eine Steilstufe zu einer Felsgruppe (zwei Höhlen) und durch ein mit Lärchen bewachsenes Kar (Sonntagtrieb) zu einer Schuttrinne. Über ihren linken Begrenzungsrücken steigt man auf einen Latschenrücken, dann geht's durch eine felsige Rinne (Eisenstifte, Stahlseile) zum Gipfelgrat hinauf. Links und rechts der Schneide – zwei Passagen sind ebenfalls seilgesichert und mit Trittstiften versehen – und zuletzt auf dem Latschenkamm zum **Gipfelkreuz 02**. Die Aussicht vom Rinnkogel ist fantastisch!

Der Abstieg erfolgt auf der gleichen Route.

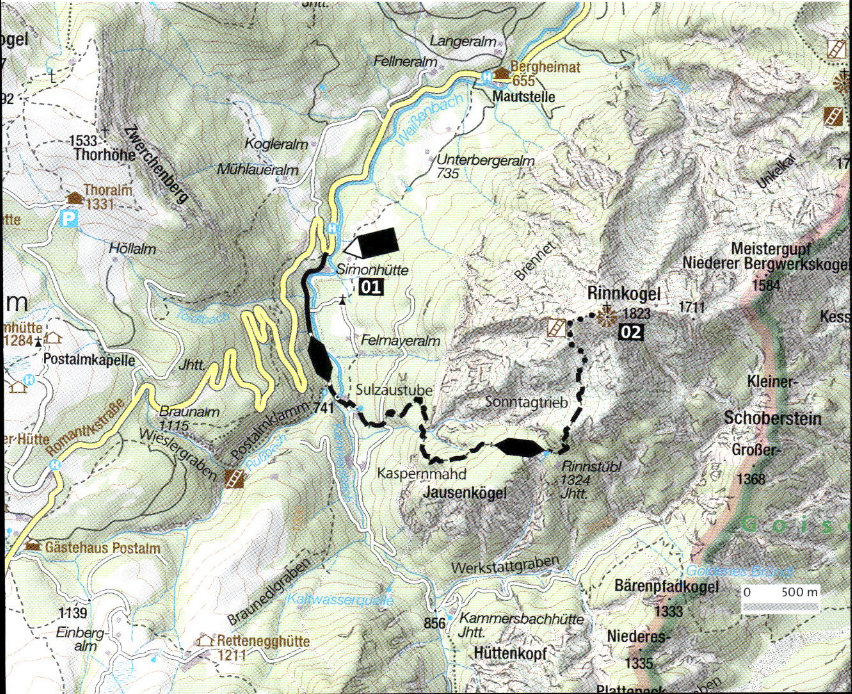

BERGWERKSKOGEL • 1781 m
RETTENKOGEL • 1780 m

Bergzwillinge mit Eisenverbindung

13,3 km | 6:30 h | 1350 hm | 1350 hm | 20

START | Gasthof zur Wacht, 507 m (zwischen Bad Ischl und Strobl).
[GPS: UTM Zone 33 x: 391.134 m y: 5.285.193 m]
CHARAKTER | anspruchsvolle und stellenweise gesicherte Gratüberschreitung (A/B, eine Stelle C) mit ungesicherten Kletterstellen im Schwierigkeitsgrad 1. Nicht bei Nebel oder Schneelage gehen!
EINKEHR | unterwegs keine, Gasthof zur Wacht.

Der Felsklotz des Rettenkogels beherrscht das Tal zwischen Bad Ischl und dem Wolfgangsee. Er lenkt die Blicke auch vom dahinter aufragenden und nicht weniger wilden Bergwerkskogel ab – und doch bieten die beiden Bergzwillinge eine traumhafte Überschreitung. Allerdings: Beim Gratübergang wartet der 30 m hohe Gipfelblock des Rettenkogels mit einer senkrechten Schlüsselstelle auf und auch am Bergwerkskogel testen einige gesicherte Passagen den kaltblütigen Blick nach unten.

Vom **Gasthof zur Wacht** **01** geht man auf der Straße neben dem Schöffaubach taleinwärts, vorbei an der Siedlung

Ho ruck: die Schlüsselstelle am Rettenkogel.

Ramsau. Dahinter weist die Markierung Nr. 891 rechts über eine Brücke und kurz danach links weiter ins Tal zur Schöffaualm. Von der folgenden Abzweigung führt der Weg Nr. 893 links in einen steilen Waldgraben und hinauf zur einsamen Laufenbergalm. Über den rechten Hang geht's auf einen latschenbewachsenen Kamm. Auf knapp 1600 m Höhe erreichen wir ein Felsfenster. Der Grat wird luftig, man steigt kurz ins felsige „Klamml" ab und quert ausgesetzte, aber gesicherte Platten. Dann steigt man zwischen Latschen (Sicherungen) wieder zum Grat an und erklimmt diesen mit Hilfe von Stahlseilen bis zum Gipfel des **Bergwerkskogels 02**.

Übergang: Kurz zurück zur Aufschrift „Rettenkogel" und von dort links über den Verbindungskamm. Nach den ersten Felsköpfen klettert man entlang von Stahlseilen rechts unter einem Überhang durch und erreicht dann zwischen Latschen die Senke unter dem fast senkrechten, aber gut gesicherten Gipfelaufbau des **Rettenkogels 03**.

Der Abstieg folgt der Markierung Nr. 891 durch eine steile, grasige Rinne und dann links durch einen Felshang (Stahlseile) zu einer Latschenkuppe, unter der sich das letzte gesicherte Wandl befindet. Dann zieht der Pfad durch einen abschüssigen Waldhang zu einer Abzweigung hinab: rechts zur Sonntagkaralm und auf dem alten Almweg zur Ramsaualm und in die Schöffau hinab. Zuletzt wandert man wieder zum **Gasthof zur Wacht 01** hinaus.

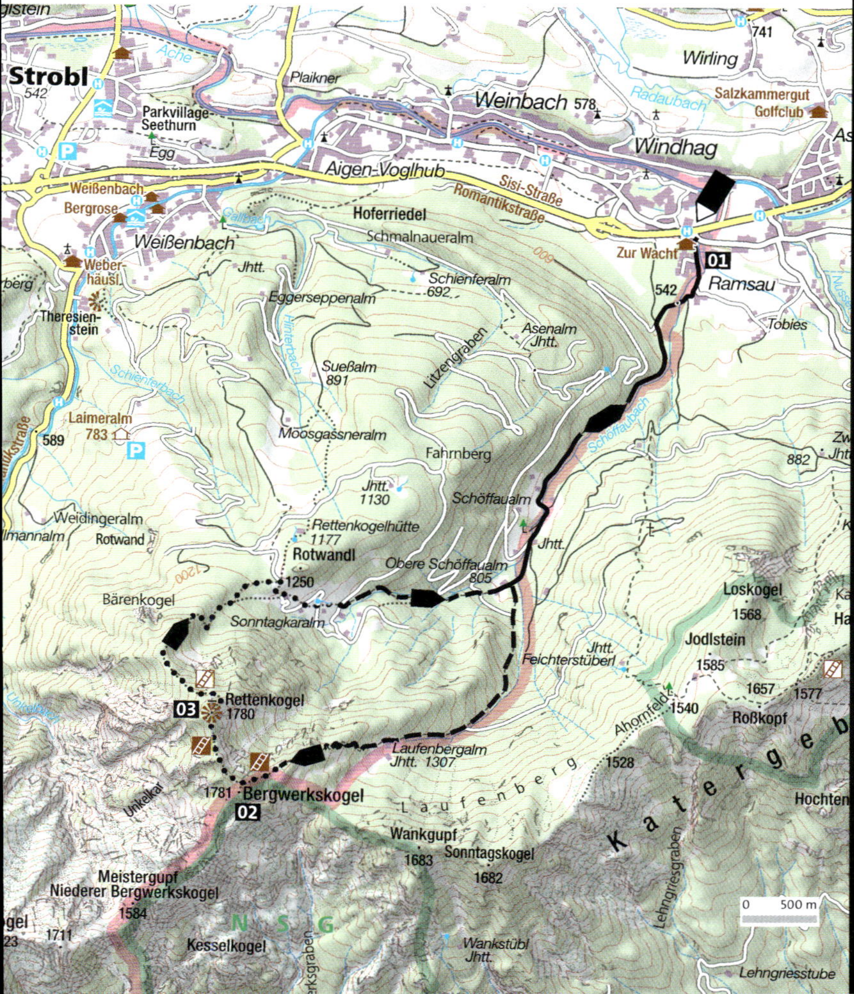

ZUM SCHWARZENSEE • 716 m

Stufenweg und Seeumrundung

15 km 4:00 h 350 hm 350 hm 18

START | Strobl, 542 m.
[GPS: UTM Zone 33 x: 386.181 m y: 5.286.165 m]
CHARAKTER | Der Wirersteig ist schmal und ausgesetzt, aber mit einem Drahtseilgeländer abgesichert (Steinschlaggefahr). Rund um den Schwarzensee führt ein problemloser Weg bzw. eine Asphaltstraße.
EINKEHR | in Strobl, Alpenrestaurant Zur Lore und Almstadel am Schwarzensee, Jausenstation Holzerbauer, Gasthof Bürglstein.

Diese Tour verspricht unterschiedlichste Landschaftseindrücke – und gleich zwei See-Erlebnisse.

Von der Kirche in **Strobl** 01 gehen wir auf der Bürglstraße zur Klausbrücke. Davor führen rechts Stufen zum schmalen Achenweg, auf dem wir den Fluss bis zur nächsten Brücke begleiten. Auf der Straße links über den Fluss und kurz darauf rechts nach **Mönichsreith** 02 abzweigen (Wegweiser „Rußbach"). Gleich nach der Brücke über den Schwarzenbach biegen wir wieder links ab und wandern auf dem Schotterweg (Markierung Nr. 29) zur Hauptstraße, die überquert wird. Geradeaus (Wegweiser „Wirersteig, Schwarzensee") ins

Vorsicht – der Wirersteig ist gut abgesichert, aber steil und ausgesetzt!

Tal hinein und an der Grabenmühle vorbei. Vor dem Kraftwerk beginnt der **Wirersteig 03**, der über lange, aber gut mit Geländern gesicherte Eisentreppen durch den steilen Schluchthang hinaufzieht. Gegenüber einem Wasserfall steigt man quer durch eine Felsflanke ab, dann führt ein breiter Weg zum Alpenrestaurant Zur Lore am **Schwarzensee 04**. Dieses Gewässer lässt sich auf einem breiten Schotterweg und der asphaltierten Ostuferstraße umrunden.

Abstieg: Beim Gasthof Almstadel finden Sie den Wegweiser „St. Wolfgang über Sattel". Von dort auf dem Sattelweg (Nr. 28) auf der anderen Seite des Schwarzenbaches wieder retourwandern. Nach kurzem Anstieg erreicht man einen Bach und eine Wiese, gleich darauf wird der Sattel hinter dem Strubeck überschritten. Im Abstieg kommt man an einer Kapelle vorbei; zwei Abzweigungen bleiben unbeachtet. Nach dem Tiefenbach folgt man dem Wegweiser Richtung St. Wolfgang zur **Jausenstation Holzerbauer 05**.

Von dort geht's auf der Schotterstraße zum Aschauerhof hinunter. Dort nach links und dem Bach entlang bis zur Hauptstraße. Rechts bis zum Gasthof Bürglstein und am Sportplatz vorbei, bis links der Zugang zum Bürglstein-Panoramaweg abzweigt. Dieser führt rechts zum See, kurz über eine steile Anhöhe und dann auf Holzstegen durch die felsige Uferflanke. Schließlich gelangt man durch ein Tor wieder zur Achenbrücke, über die man rechts nach **Strobl 01** geht.

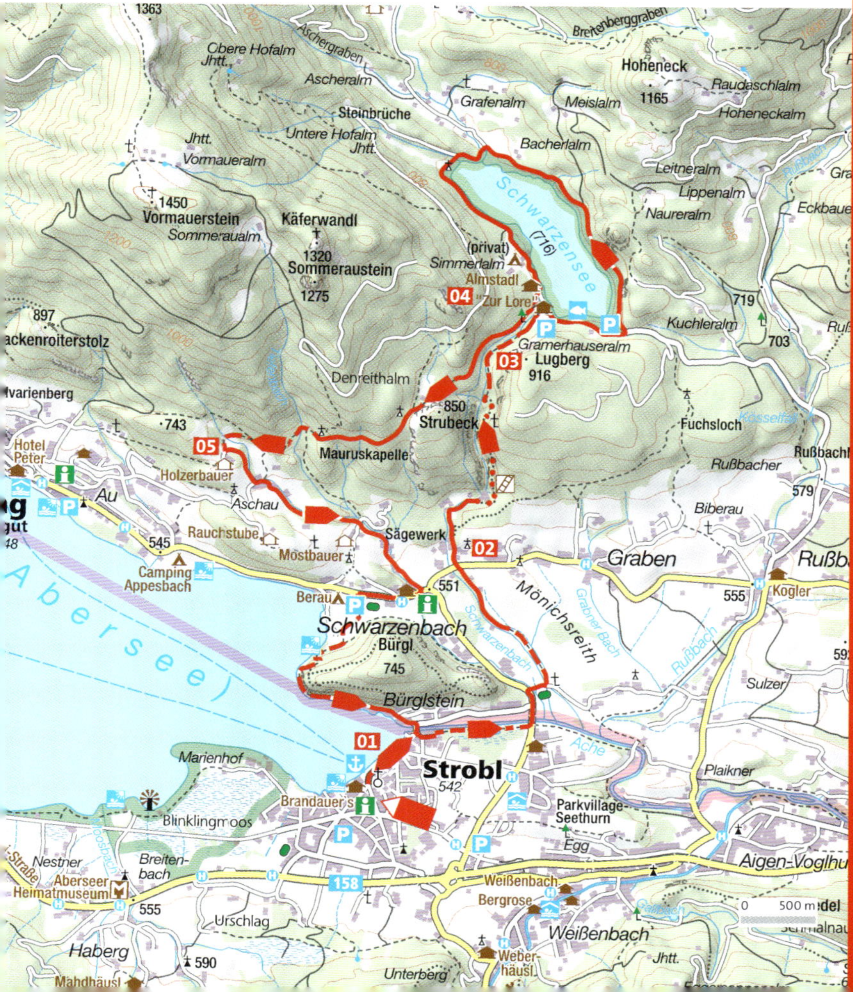

LEONSBERG • 1745 m

Im Reich des Zimnitzgeistes

10,5 km 6:00 h 1260 hm 1260 hm 18

START | Pfandl, 493 m, 3 km westlich von Bad Ischl. Anfahrt ab Bad Ischl mit dem Stadtbus; mit dem Auto von der Kirche in Pfandl durch den Ort bis zur Abzweigung des Steiges Nr. 814 hinter dem Friedhof.
[GPS: UTM Zone 33 x: 394.107 m y: 5.285.964 m]
CHARAKTER | lange Bergtour über einen weit ausladenden Voralpenberg. Die Waldsteige im unteren Bereich sind stellenweise steil, steinig und bei Nässe recht rutschig, die Gratüberschreitung bietet abgesehen von zwei kurzen gesicherten Passagen keine besonderen Hindernisse – trittsicher und schwindelfrei muss man aber doch sein.
EINKEHR | unterwegs keine.

Der Leonsberg ist ein sagenhaftes Massiv. Für die Ischler ist es die Zimnitz – dieser Name kommt aus dem Slawischen und hat etwas mit Kälte oder Schnee zu tun. Tatsächlich ist es in der Zimnitzwildnis, dem engen Winkel am Fuße des Massivs, meistens recht kühl, und die Trefferwand schmückt sich allwinterlich mit Eis. Dahinter haust nach der Überzeugung der Einheimischen der bärtige Zimnitzgeist, eine Art Salzkammergut-Rübezahl. Das Schlüsselloch zu seinem Reich ist noch heute zu sehen und (Madonnenfigur).

Wir gehen in **Pfandl** 01 hinter der Kirche auf der Zimnitzstraße zum Friedhof und ins bewaldete Tal hinein. Bei der Abzweigung des Steiges Nr. 814 geradeaus auf der Straße weiter. Nach einer Brücke über den Zimnitzbach (Parkplatz) auf dem Forstweg mit der Markierung Nr. 816 zur Trefferwand, durch den schluchtartigen Graben zur Mündung der Weiten Zimnitz und rechts in die **Enge Zimnitz** 02. Im Talschluss (Wasserfall) beginnt ein steiler Serpentinensteig, der über einen mit Buchen bestandenen Rücken in den Sattel zwischen Gspranggupf und Leonsberg hinaufzieht. Auf dem Kamm links zur ehemaligen **Schüttalm** 03 (Jagdhütte, danach Quelle). Dann steigen wir auf dem Latschengrat, über eine 3 m hohe Leiter und durch eine seilgesicherte Felsstufe („Geißhörndl") zum **Gipfelkreuz** 04 an.

Abstieg auf der freien Zimnitzschneid (Südwestgrat) über den Mitterzinken bis zum **Gartenzinken** 05, dann links auf einem stark abfallenden Latschenkamm zum Walkerskogel hinunter. Zuletzt steigt man neben einem Felsabbruch, später auf einem Waldrücken zu einem Wasserreservoir ab. Weiter zum Ausgangspunkt im Tal bei **Pfandl** 01.

Die Kienbachklamm

Vom Gasthaus Branntweinhäusl in Rußbach gelangt man zu einer Wildbachverbauung, hinter der sich eine schwierig begehbare Schlucht öffnet. Rund um die Halbhöhle der „Kienkira" findet man uralte Felsritzzeichnungen – Kreuze und Kreise, „Himmelsleitern" und „Mühlespiele", Tierfiguren und Jahreszahlen (1 h hin und retour, absolute Trittsicherheit erforderlich).

Die Zimnitzschneid über dem Wolfgangseetal.

ZUM NUSSENSEE • 604 m

Die große Bad Ischler Kur-Runde

14,5 km | 4:45 h | 270 hm | 270 hm | 20

START | Bad Ischl, 469 m, Schröpferplatz im Stadtzentrum (eventuell Rückkehr per Bus).
[GPS: UTM Zone 33 x: 396.591 m y: 5.285.048 m]
CHARAKTER | einfache Wanderung auf Straßen und guten Wegen.
EINKEHR | Gasthöfe in Bad Ischl, Ahorn und Lindau.

Der 750 m lange, 22 m tiefe und im Sommer bis zu 25 Grad warme Nussensee zählt seit Kaisers Zeiten zu den beliebtesten Ausflugszielen um Bad Ischl. Für eine Annäherung per pedes stehen mehrere Wege zur Auswahl. Einer der schönsten ist jener vom Ischler Ortsteil Kaltenbach.

▶ Vom Schröpferplatz im Zentrum von **Bad Ischl** **01** folgen wir der Esplanade traunaufwärts, schwenken links in die Hasner-Allee ein und marschieren schließlich auf der Kaltenbachstraße durch den gleichnamigen Ortsteil **Kaltenbach** **02** Richtung Kartrin-Seilbahn. Bei der Einmündung des Lauffner Waldweges nach rechts und gleich danach links auf dem beschilderten Wanderweg zur Ruine Wildenstein hinauf (ein weiterer Zugang beginnt hinter der Seilbahnstation, beim schön eingefassten Rudolfsbrunnen).

Oberhalb des gotischen Gemäuers erreicht man eine Forststraße, den „Römerweg". Rechts weiter zu einem Waldsattel und an einem Bildstock vorbei. Bei der Einmündung der Lindaustraße links dem Wegweiser „Nussensee" folgen und durch das idyllische Wiesental zwischen der Katrin und dem kleinen Katereck-Hügel. Nach gut 600 m wieder links abbiegen. 400 m weiter beginnt der Asphaltbelag. Auf dem Hohlweg zu einer Holzhütte, bei der man unter der Hochspannungsleitung links abzweigt (Beschilderung „Nussensee") und die von links einmündende Zufahrt überquert. Nun geht's auf der Forststraße

Nur Frühaufsteher erleben den Nussensee so – Gemütliche rasten später an seinem Ufer.

zur nächsten Abzweigung. Rechts auf dem beschilderten Waldweg über eine Anhöhe zum **Nussensee** **03**, den man auf einem Wanderweg umrunden kann. Schließlich wandern wir auf dem Fahrweg neben dem Nussenseebach zu den ersten Häusern der Ortschaft **Lindau** **04** (Bushaltestelle an der nahen Bundesstraße). Von rechts gehen wir auf der asphaltierten Lindaustraße zum Grabnerwirt. 10 Minuten später links abzweigen und in einen Graben, in dem man links zur Ischler Ache bei **Pfandl** **05** geht. Vor der Straße erreicht man den Elisabeth-Waldweg, auf dem man – wahlweise links durch den Wald im Norden des Kalvarienberges oder südlich davon über die Ahorn-Felder und die Leschetizkyhöhe – zur doppeltürmigen Kalvarienbergkirche wandert. Von dort gelangt man über eine Treppe ins Stadtgebiet von **Bad Ischl** **01** zurück.

KATRIN • 1542 m – HAINZEN • 1638 m

Auf den Ischler Hausberg

7,5 km | 4:00 h | 300 hm | 1100 hm | 20

START | Bad Ischl, 469 m, Talstation der Katrin-Seilbahn (beschilderte Zufahrt in den Ortsteil Kaltenbach). Auffahrt zur Bergstation, 1413 m. Rückfahrt vom Gasthof zur Wacht per Bus nach Bad Ischl.
[GPS: UTM Zone 33 x: 393.706 m y: 5.282.367 m]
CHARAKTER | alpine Bergwanderung auf guten Steigen. Die kurze, aber recht luftige Klettersteig-Einlage (A) kann umgangen werden. Nicht bei Schnee gehen!
EINKEHR | Katrinalm und Restaurant bei der Katrin-Bergstation.

Den beliebtesten Ischler Hausberg ziert ein großes Stahlkreuz, das einst Kaiser Franz Joseph zu Ehren errichtet wurde und heute dem daneben aufgestellten Sender trotzt. Ansonsten ist das Katergebirge, wie der Gebirgszug zwischen Bad Ischl, Bad Goisern und dem Wolfgangsee heißt, recht ursprünglich geblieben. Es bietet traumhafte Ausblicke ins Tal, zum Höllengebirge und zum alles beherrschenden Dachstein.

Hinter der **Bergstation der Katrin-Seilbahn** 01 steigen wir rechts auf einem Kehrensteig (Nr. 895) durch steile Latschenhänge und flacheres Dolinengelände an. Rechts zum **Katrin-Gipfelkreuz** 02.

Wieder kurz zurück und rechts auf einem schmaleren Steig auf den Elfer- oder Katererkogel (Kreuz) hinauf. Nun auf dem steinigen Pfad Nr. 895 westwärts über die hügelige Hochfläche zum kleinen Kreuz auf dem **Hainzen** 03. Wer hier umkehrt, gelangt auch auf dem etwas exponierten „Südweg" (Nr. 898) zur **Seilbahnstation** 01 zurück.

Variante: Wer die Überschreitung des Katergebirges plant, wandert dagegen westwärts (Markierung Nr. 894) und

Kaiserkreuz & Kommunikationstechnik: Gipfelblick vom Traunstein (links) bis zum Schönberg (rechts).

gelangt im Auf und Ab zu einer Wegteilung: Der linke Steig führt im kurzen Abstieg zur Gratschneide, die mit Stahlseilen gesichert wurde („schwarze“ Tour, Tiefblick ins Weißenbachtal), der rechte Pfad umgeht dieses kurze Klettersteig-Hindernis. Aus dem so erreichten Steinalpentörl steigt man über erdige Felsstufen auf den Roßkopf, den höchsten Punkt der Ahornfeldalm.

Wir wandern nun zur nahen Almhütte hinab. Weiter geht's bergab – durch die darunter gelegene Wiesenmulde und – vorbei an einem Baum mit Kruzifix – in den steilen Waldhang. Nach drei Forststraßenquerungen mündet unser Pfad in einen flacheren Karrenweg, der neben einem Graben in die Ramsau führt. Auf der Straße zum nahen Gasthof Zur Wacht an der Bundesstraße Bad Ischl – Salzburg (Bushaltestelle).

Katrin-Klettersteig

Ein 300 m langer Klettersteig zieht hoch über Bad Ischl zur Katrin empor – entlang einer Kante (B/C). Ausstieg beim großen Gipfelkreuz. Zustieg: Von der Bergstation der Katrin-Seilbahn nach Osten hinunter und links über die einstige Skipiste absteigen. Beim ersten steilen Hang zweigt die Route links zwischen Latschen und kleinen Föhren ab. Im Wald auf- und absteigend zum Einstieg. Beim Aufstieg fasziniert der Blick auf Traunsee, Wolfgangsee, Nussensee, Schwarzensee und – gute Sicht vorausgesetzt – Fuschlsee; beim Abstieg sieht man auch den Hallstätter See mit dem Dachstein. Alles in allem gut 2 h.

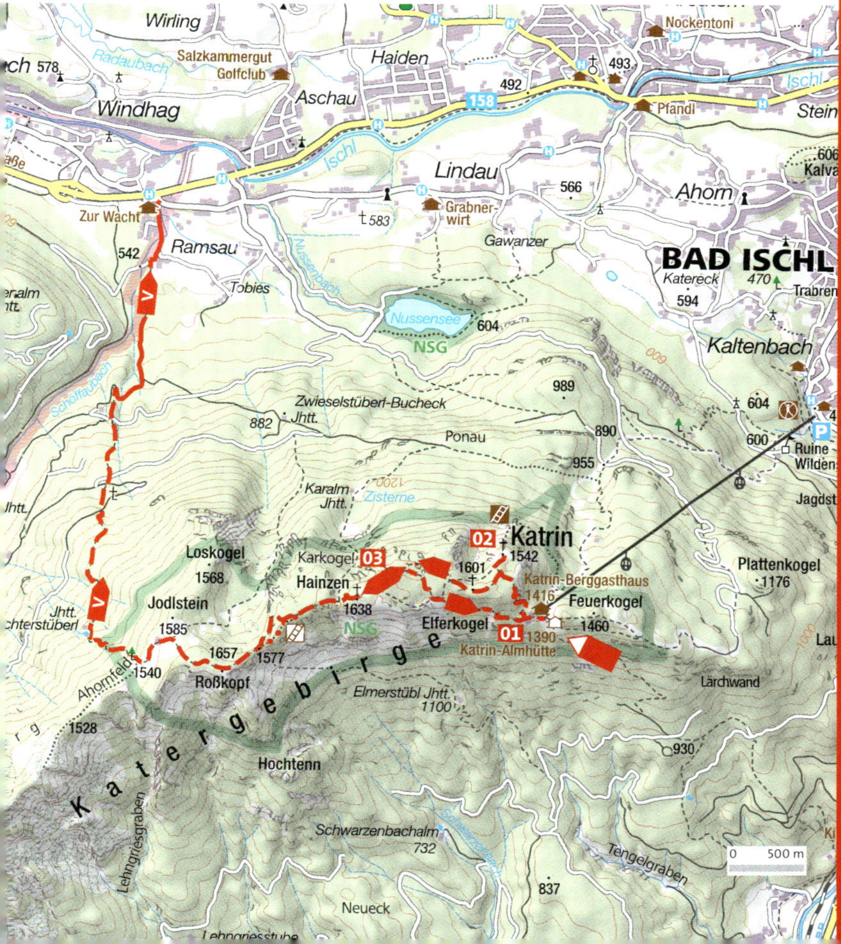

RUND UM DEN JAINZENBERG

Ein stiller Weg durch ein verstecktes Tal

6,3 km 2:00 h 100 hm 100 hm 18

START | Bad Ischl, 469 m, nordöstliche Stadteinfahrt (aus Richtung Gmunden). [GPS: UTM Zone 33 x: 396.979 m y: 5.285.267 m]
CHARAKTER | einfache Rundwanderung auf Straßen und Schotterwegen.
EINKEHR | unterwegs keine, Gasthöfe und Cafés in Bad Ischl.

Ischler Wanderfreunde haben's gut: Die Kurstadt besitzt gleich mehrere Mini-Hausberge – bewaldete Hügel, die die Eiszeitgletscher einst wegzuhobeln „vergessen" haben. Neben dem 599 m hohen Siriuskogel im Süden, der die 1885 erbaute Kaiser-Franz-Josephs-Warte trägt, ist es vor allem der 834 m hohe, dicht bewaldete Jainzenberg, der selbst flüchtigen Reisenden sofort auffällt. Er war der „Zauberberg" der Kaiserin Elisabeth, die ihn oft und gern schon im Morgengrauen erstieg und ihn sogar in Gedichten verewigte.

▶ Am Beginn seiner Umrundung müssen wir Verkehrsrummel ertragen: Wir gehen von der nordöstlichen Stadteinfahrt von **Bad Ischl** **01** (Richtung Gmunden) auf der Brücke über die Ischler Ache und folgen dem Gehsteig talauswärts. Zwischen der Brücke der Umfahrungsstraße und dem Kreuzstein, einem großen Felsen mitten in der Traun, überqueren wir die Fahrbahn. Auf der drüberen Seite gehen wir unter der Umfahrungsstraße Nord durch und schwenken auf die schmale, noch ein Stück parallel zur Hauptstraße verlaufende Asphaltstraße ein. Sie führt, kurz ansteigend, links in die kleine Ortschaft **Roith** **02** hinauf – dort herrscht wieder ländliche Stille. Weiter neben dem Jainzenbach, an einem Bauernhof vorbei und auf der Schotterstraße durch den Wald. Ein Denkmal vermeldet, dass hier Kronprinz Rudolf seinen ersten Hirsch erlegte. Im sanften Anstieg erreicht man

Die berühmte Ischler Kaiservilla.

den weiten **Wiesensattel** 03 im Norden des Jainzenberges (Marienkapelle).

Hier links bergab und bald darauf links auf die Jainzendorfstraße einschwenken. Wir wandern vorbei am Sophien-Doppelblick (man sieht von diesem Punkt, der nach Kaiser Franz Josephs Mutter benannt ist, ins Trauntal und bis zu den Spitzen des Dachsteins), ins „Kaiserdörfl" und zur Brücke über die Ischl. Dort geradeaus auf einem Weg neben dem Park der Kaiservilla weiter und über den Rechensteg zur Schützenbühel-Gasse, die uns zum Kreuzplatz im **Ischler Stadtzentrum** 01 leitet.

Abenteuer am Siriuskogel.

Auf Sisis Spuren

Direkt am Fuße des Jainzenberges steht die schönbrunnergelbe Kaiservilla von Bad Ischl – der langjährige Sommersitz des Kaiserpaares. Kaiserin Elisabeth wanderte direkt von dort auf den Jainzenberg. Man kann ihren Spuren folgen, indem man nahe dem Sophien-Doppelblick auf einen steingesäumten Weg abzweigt, der bergwärts in den Mischwald führt. Gleich darauf nochmals nach rechts und im sanften Anstieg in die Südwestseite des Jainzenberges. Dort nach links und in steileren, einst befestigten Serpentinen durch den felsigen Hang hinauf. Nach etwa 45 Min. stehen wir bei der Gipfelpyramide. Knapp darunter tut sich ein herrliches Panorama bis zum Dachstein auf.
Abstieg entweder auf der gleichen Route oder – etwas schwieriger – auf einem alten, ebenfalls stellenweise aufgemauerten Steig über den Nordostrücken, der sich oberhalb des Jainzentals nach links hinabwendet. Beide Routen treffen kurz vor der Jainzendorfstraße wieder zusammen (30 bzw. 45 Min.).

RETTENBACHWILDNIS – HOISENRADALM

Kleine Schlucht, große Aussicht

14 km | 4:30 h | 500 hm | 500 hm | 20

START | Bad Ischl, 469 m.
[GPS: UTM Zone 33 x: 397.008 m y: 5.285.165 m]
CHARAKTER | unschwierige Wald- und Almwanderung mit zwei kurzen exponierten Stellen.
EINKEHR | Gasthaus Rettenbachmühle, Hoisenradalm.

Das liebenswerte Kurstädtchen bietet nicht nur Kultstätten nostalgischer Kaiserverehrung, sondern auch eine zauberhafte Umgebung voller landschaftlicher Besonderheiten. Eine davon ist die Rettenbachwildnis – kein Urwald, sondern eine kleine Schlucht. Von einer schwingenden Holzbrücke schaut man dem rumorenden Wildwasser zu, das in gut 10.000 Jahren seltsame Kolke aus dem Kalkstein gewaschen hat. Auch der Weiterweg zur Hoisenradalm verheißt Überraschungen.

▶ Wir gehen vom **Bad Ischler Bahnhof** **01** der Bahnhofstraße entlang, überqueren rechts die Traun und die Bahnlinie auf der Steinfeldbrücke, dann folgen wir der Steinfeldstraße in den Ortsteil Rettenbach. Nach der Brücke rechts abzweigen, durch die Siedlung und die **Hubhanslau** **02** (Karstquelle) zum ehemaligen Gasthaus Rettenbachmühle in der Ortschaft Hinterstein. Auf der Straße taleinwärts, bis rechts ein beschilderter Pfad in die Rettenbachwildnis abzweigt. Jenseits des Steges über die Schlucht zu einem quer verlaufenden Weg hinauf. Auf diesem nach links, in langer Querung durch die steilen Waldhänge oberhalb des Rettenbaches aufwärts und an zwei Abzweigungen vorbei – dazwischen

Kaiserschmarren, Lamas und Indianerzelte: Der Hoisenrad-Wirt bringt allerhand unter einen Hut.

klafft oben in den Felsen die Höhle der Gamsöfen. Nach der zweiten Wegteilung durchschreiten wir einen kurzen Tunnel und queren dann die Felsflanke des Wasserlochs (Tiefblick zum Grabenbach). Schließlich wendet sich der Weg rechts hinauf, führt über zwei Forststraßen und erreicht die Wiesen der Gschwendtalm. Auf der Forststraße nach rechts und bei der folgenden Abzweigung rechts zur **Hoisenradalm** 03 hinab.

Nach der Rast in oder vor der gemütlichen Hütte (neben der Lamas grasen) geht's auf dem Wanderweg Nr. 242 über die Wiese und durch Wald und dann links abzweigend ins Gebiet der Niederradalm hinab. Auf der Forststraße nach links, dann wieder auf dem Pfad zur Einmündung des Kaiser-Jubiläumssteigs, dem wir über den lang gestreckten Hubkogel zum „Jubiläumshütterl" folgen. Absteigend zur Engelswand (lohnender Abstecher) und oberhalb eines Steinbruchs vorbei nach Reiterndorf.

Entweder auf der Straße oder – schöner – die Rosenkranzgasse überschreitend zum Knappenweg und über die Stufen von „Sterzens Abendsitz", dann über die Umfahrungsstraße und auf dem Dr.-Sterz-Weg ins **Bad Ischler Stadtzentrum** 01.

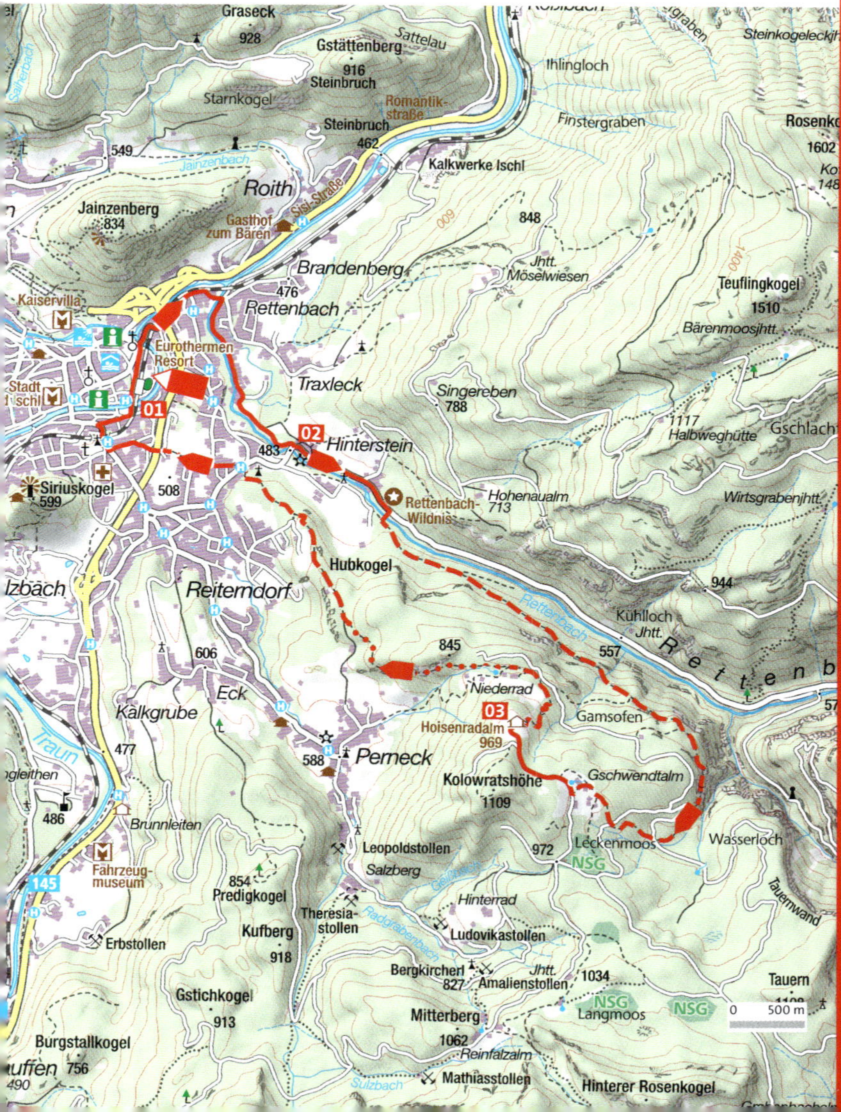

ZUR HÜTTENECKALM • 1240 m

1000 Stufen durchs Ischler Salzrevier

12,6 km 5:00 h 700 hm 700 hm 20

START | Perneck südöstlich von Bad Ischl, 588 m. Zufahrt vom Stadtzentrum über Reiterndorf (4 km).
[GPS: UTM Zone 33 x: 398.385 m y: 5.28.2651 m]
CHARAKTER | unschwierige Wald- und Almwanderung auf Forststraßen, breiten Wegen und schmalen Steigen.
EINKEHR | Hütteneckalm.

Für geologisch Interessierte ist das Gebiet zwischen Bad Ischl und Bad Goisern eine Fundgrube. Nahe der Hütteneckalm erhebt sich hier z. B. die Zwerchwand, die am 15. Oktober 1978 rund 60.000 m³ Gestein in die Tiefe schickte; 1983 donnerten noch größere Gesteinsbrocken herunter. Schuld daran ist wohl nicht zuletzt der weiche Untergrund, das tonreiche „Haselgebirge", in dem sich auch reiche Salzlager befinden. Das Ischler Salzbergwerk nutzt sie seit dem 16. Jahrhundert ohne Unterbrechung. Gleich neben dem Bergsturzchaos unter der Zwerchwand erwartet Sie eine Idylle, die schon die Maler der Romantik und auch Kaiserin Elisabeth begeistert hat: die gastliche Hütteneckalm mit ihrem berühmten Dachsteinblick. Aus dem wieder errichteten Salettl (Aussichtspavillon) lässt sich das Panorama vom Hohen Sarstein über den Dachstein bis zum Plassen auf ganz besondere Weise genießen.

▶ Wir gehen in **Perneck** **01** auf der Straße nach Süden in den Radgraben zum Ischler Salzbergwerk. Danach steiler durch den Graben hinauf, vorbei an einem kleinen Wasserfall. Ca. 1 km nach dem Bergwerk zweigen wir rechts ab (Wegweiser „Hütteneckalm") und gehen zur nahen **Bergkirche** **02** aus dem 17. Jahrhundert, die auf einer stillen Waldlichtung steht. Weiter oben queren wir eine Forststraße, dann geht's auf

Die kleine Kirche bildet einen Blickfang zwischen dem Ischler Bergwerksrevier und der Reinfalzalm.

den „1000 Stufen“ zu einer Hütte empor. Bald danach erreichen wir einen weiteren Fahrweg und die Reinfalzalm. Wir folgen der Forststraße nur einige Schritte nach links, biegen dann rechts ab und wandern auf dem Steig Nr. 242 durch einen bewaldeten, stellenweise recht feuchten Graben in den Sattel zwischen dem Hinteren Rosenkogel und der Zwerchwand hinauf. Dort überqueren wir wieder eine Forststraße, gehen nach der Beschilderung „Hütteneck“ durch ein kleines Moor und dann auf einem Steig am Rand der Almwiesen zu einer Anhöhe unterhalb der Zwerchwand hinauf. Mit einem Schlag sieht man zum Dachstein! Auf dem breiten Weg links zur nahen **Hütteneckalm** 03 hinüber.

Zurück zum Sattel, nun aber geradeaus ins Bergsturzgelände südlich der Zwerchwand hinein. Bald wandern wir auf einem schmalen Pfad zwischen den großen Felsblöcken und am kleinen, mit einem Kreuz geschmückten „Matterhörndl“ vorbei, über eine kurze Leiter hinauf und bald auf einem Fahrweg Richtung Roßmoosalm hinab. Bei der obersten Hütte – kurz nach einer Straßeneinmündung – biegen wir nicht links auf den markierten Weg zum Berghof Predigstuhl ab, sondern gehen geradeaus auf der Forststraße weiter. Unter dem Großen Rosenkogel gelangen wir zum „Törl“, dem Sattel unter dem Predigstuhl, in dem die Fahrbahn nach links abbiegt. Von dort gehen wir rechts auf dem Steig Nr. 243 ins bewaldete Sulzbachtal hinab. Einen Fahrweg querend und durch romantisch überwachsenes Felssturzgelände erreichen wir die untere Forststraße. Entweder weiter auf dem Steig, der direkt zum Salzbergwerk hinabführt, oder links auf der sanft abfallenden Straße durch die Waldhänge unter dem Kufberg, bis sie der Weg Nr. 243 rechts, Richtung Bad Ischl, verlässt. An zwei Abzweigungen vorbei geht's in die Ortschaft Eck. Von dort marschieren wir rechts auf der Straße ins Sulzbachtal und noch 500 m taleinwärts zum Ausgangspunkt in **Perneck** 01 zurück.

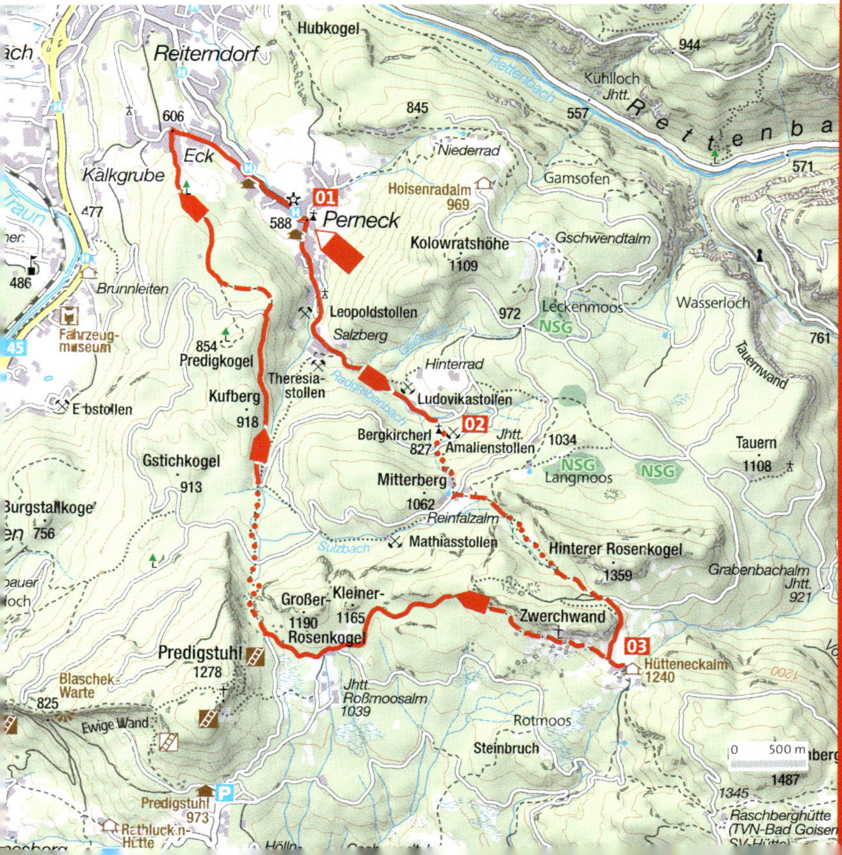

GAMSKOGEL • 1628 m

Klein, aber keck!

10 km 4:30 h 1000 hm 1000 hm 18

START | Rettenbachalm, 636 m. Zufahrt von Bad Ischl durch das Rettenbachtal (zuletzt Schotterstraße, 9 km).
[GPS: UTM Zone 33 x: 403.253 m y: 5.282.871 m]
CHARAKTER | einsame und stellenweise recht steile Bergwanderung auf einen kleinen, aber feinen Felsgipfel.
EINKEHR | unterwegs keine, Rettenbachalm.

Zwischen der Hohen Schrott und dem Schönberg liegt eines der vielen „Niemandsländer" des Toten Gebirges: die unübersichtlich-hügelige, von Latschen überwucherte Hochebene um die Langwand, die mit dem 1690 m hohen Predigkogel (nicht zu verwechseln mit dem Predigstuhl bei Bad Goisern) ihren Kulminationspunkt erreicht. Wanderer und Bergsteiger sieht der aber kaum, denn erstens wird er ebenfalls vom zähen Grünzeug beherrscht, und zweitens strahlt der etwas niedrigere, aber felsige und mit einem Kreuz geschmückte Gamskogel in seiner Südflanke weit mehr Attraktivität aus. Zugegeben, der Weg dorthin ist lang und steil, aber er führt auch zu den weltentlegenen Wurzerhütten und zur lieblich gelegenen Schön- oder Hinteralm.

Von der **Rettenbachalm** 01 gehen wir kurz taleinwärts Richtung Blaa Alm, bis wir links auf die Forststraße zum alten Jagdhaus abbiegen (Markierung Nr. 222). Dahinter zweigen wir auf einen Pfad ab, der in sehr steilen Serpentinen durch den Wald hinaufführt und die Straße mehrmals überquert (Blick zum Wasserfall des Jaglingbaches). Schließlich lässt die Steilheit nach und wir gelangen über eine Wiese und durch den Moorwald auf der flach gewölbten Wurzerhöhe zu den Wurzerhütten. Von einer Straßenkehre rechts weiter, durch den Wald zum Jagdhaus empor und rechts auf der Straße zur

Der Blick vom Predigkogel zum Schönberg.

Der Gamskogel über den Wurzerhütten.

nahen **Hinteralm** 02. Hinter den Hütten beginnt ein schmaler Pfad (Nr. 223), der quer durch einen steilen Grashang und durch schütteren Wald zu einem Sattel hinaufzieht. Von dort rechts in wenigen Schritten zum Gipfelkreuz auf dem felsigen **Gamskogel** 03 (links gelangt man – ohne Markierung – auf den etwas höheren, aber verwachsenen Predigkogel).

Der Abstieg erfolgt auf der gleichen Route.

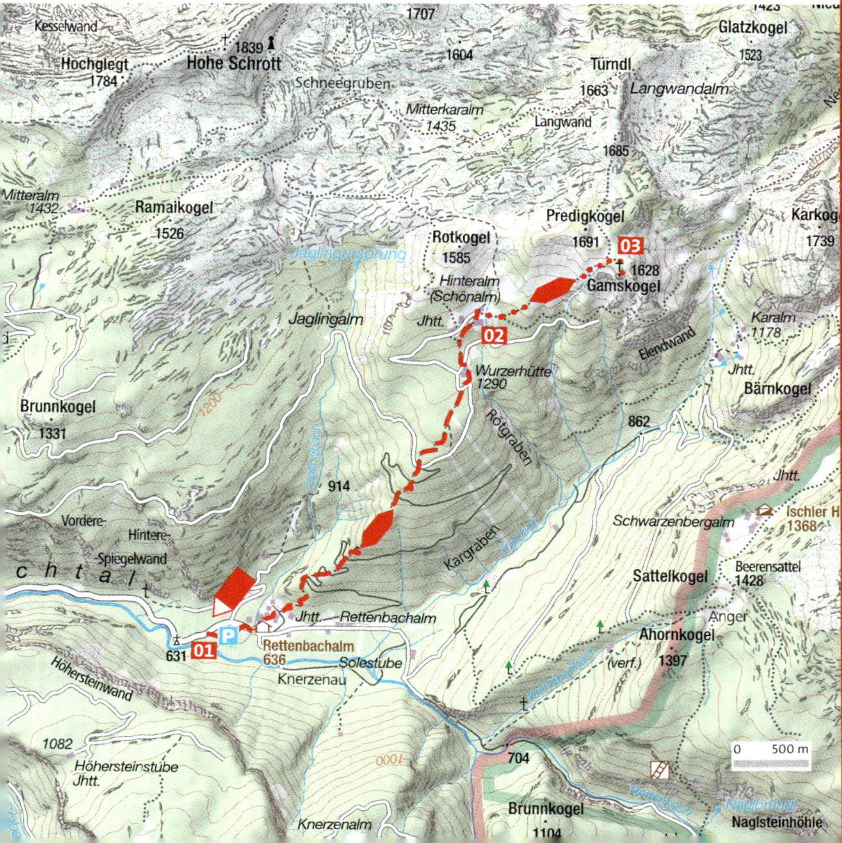

41

SCHÖNBERG • 2093 m

Schöner Berg, wilder Kogel

19 km 8:00 h 1450 hm 1450 hm 20

START | Rettenbachalm, 636 m; Zufahrt von Bad Ischl durch das Rettenbachtal (9 km)
[GPS: UTM Zone 33 x: 403.635 m y: 5.282.866 m]
CHARAKTER | Hochalpine Zweitagestour auf weitgehend unschwierigen, aber rauen Bergpfaden; der Gipfelbereich wird bei Nebel gefährlich.
EINKEHR | Rettenbachalm, Ischler Hütte

Der „Igel“

Wer von der Rettenbachalm etwa 3 km auf dem breiten Weg Richtung Blaa Alm geht, erreicht nach einer Triftanlage (Tunnel) und einer schluchtartigen Talenge einen breiten Boden am Fuße der Loser-Felswände. Dort führt der versteckte Nagelsteg über den Rettenbach. Er bildet den Beginn des gleichnamigen Steiges, der sich ausgesetzt durch eine Felsflanke emporwindet (Sicherungen, Schwindelfreiheit ist dort notwendig!) und dann zum Beerensattel hinaufführt. Davor markieren Steine mit roten Punkten die Abzweigung eines kurzen Pfades, der zum sogenannten Igel führt. Dort hielten sich 1944/45 Widerstandskämpfer gegen das Naziregime versteckt (Gedenktafel, ca. 3:30 h bis zur Ischler Hütte).

Der westlichste Zweitausender des Toten Gebirges wird seit jeher als Wander- und Aussichtsgipfel geschätzt. Den Ischlern zeigt er seine runde Gipfelhaube, die an die Form einer „Schölln“ – einer Kuhglocke – erinnert. Den Ebenseern zeigt er dagegen die (Fels-)Zähne, also heißt er auf der Nordseite „Wildenkogel“.

▶ Wir wandern von der **Rettenbachalm** 01 auf der Forststraße Richtung Blaa Alm taleinwärts. Bei der Solestube am östlichen Ende des Almbodens biegen wir nach der Markierung 211 links ab und gehen kurz ins weite Karbachtal hinein. Dann schwenken wir rechts auf den markierten Pfad ab, der über einen recht steilen Waldrücken zum grasigen Anger hinter dem kleinen Ahornkogel hinaufzieht. Über den Beerensattel gelangt man zum Weideboden der Schwarzenbergalm, an deren oberem Ende die **Ischler Hütte** 02 steht.

Von dort schlendern wir zunächst durch schütteren Almwald zur nächsten Wegteilung, nehmen dort den linken Weg Nr. 211 und wandern unter den Wänden des Schönberg-Nordwestgrats zum Sattel am **Möselhorn** **03** hinauf. Dort mündet der ebenfalls sehr schöne Weg von der Offensee-Zufahrtsstraße über das Hochkogelhaus ein. Wir biegen rechts ab und steigen über den Kamm (Markierung 227) auf. Der Tiefblick zu den Rauen Kögeln ist eindrucksvoll, die jähen Nordabstürze mahnen zur Vorsicht! Ohne große Probleme erreichen wir das Gipfelkreuz auf dem **Schönberg** **04**; der höchste Punkt liegt auf der benachbarten Kuppe und ist über eine kurze gesicherte Passage erreichbar.

Der Abstieg erfolgt auf dem Pfad Nr. 226 durch die grasige Südwestflanke zum kleinen Altarkögerl; von dort windet sich der Pfad durch das unübersichtliche Karstgelände unter dem Feuchter Kogel zur Schwarzenbergalm. Auf dem Weg Nr. 211 zur **Rettenbachalm** **01** zurück.

Der Schönberg durchs „Loserfenster".

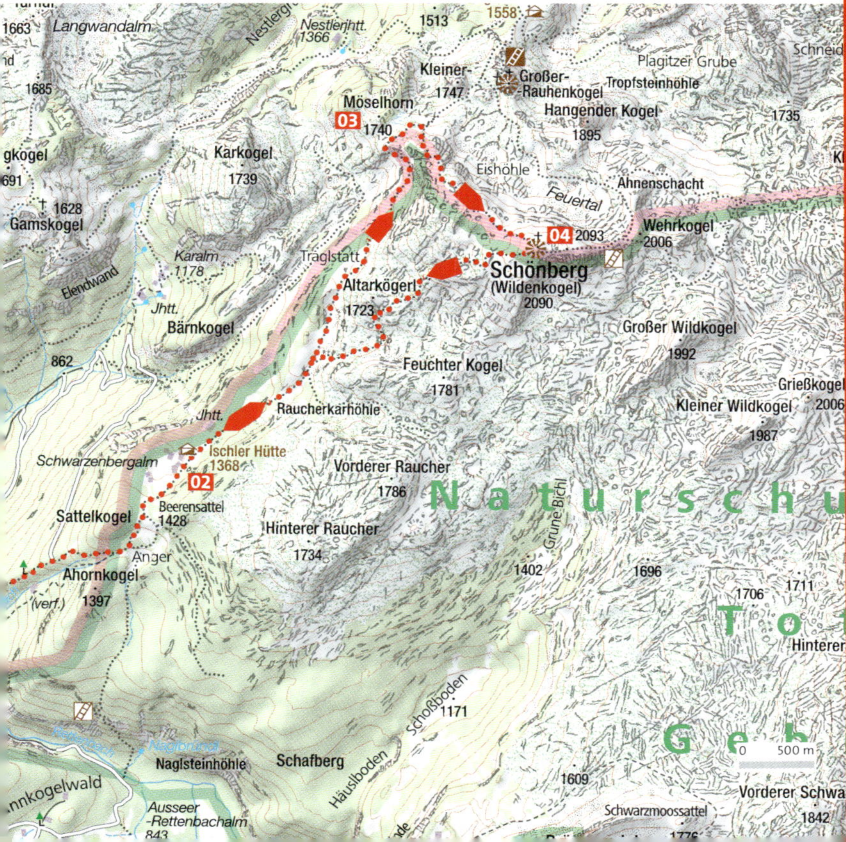

SCHÖNBERG (WILDENKOGEL) • 2093 m

Durch die Felswildnis der Nordseite

16 km | 8:45 h | 1600 hm | 1600 hm | 18

START | Gimbachtal südlich des Offenseetals, 520 m. Zufahrt von Ebensee Richtung Bad Ischl, bei der Saline zum Offensee abbiegen und nach 2,5 km rechts zum Kraftwerk und über den Offenseebach; nach weiteren 2 km erreicht man den Parkplatz Schwarzenbach.
[GPS: UTM Zone 32 x: 407.515 m y: 5.289.508 m]
CHARAKTER | hochalpine Bergtour auf einen felsigen Aussichtsgipfel.
Die Pfade sind stellenweise steil und kurz auch ausgesetzt, nicht bei Nebel oder Schneelage gehen!
EINKEHR | Mittereckerstüberl, Hochkogelhaus.

Auch die Nordseite des Schönbergs garantiert ein unvergessliches Bergerlebnis. Den optischen Aufputz bieten hier die zu Recht so benannten Rauen Kögel, aber auch die respektable Hochkogel-Nordwand.

▶ Von der Abzweigung beim Schwarzenbachstüberl im **Gimbachtal** 01 gehen wir auf der linken Forststraße dem Schwarzenbach entlang und an einer Wasserableitung für das Offensee-Kraftwerk vorbei. Auf einem alten Holzbringungsweg erreichen wir nach 45 Min. das gastliche **Mittereckerstüberl** 02. Wieder auf der Straße zur Felsformation der Teufelskirche, bei der rechts der Steig Nr. 211 abzweigt. Wir steigen in vielen Serpentinen durch den stetig steiler werdenden Waldhang an – vorbei am Eiblbründl und über kurze Holzleitern. Von der Waldgrenze durch das felsdurchsetzte Kar unter dem Hochkogel, dem Hangenden Kogel und dem Grünberg zum **Hochkogelhaus** 03 hinauf.

Raue Kalkklippen prägen die Szenerie im Norden des Wildenkogels.

Weiter geht's nach der Markierung Nr. 211, dem Vorderen Rauen Kogel entgegen. Durch seine Westabhänge erreichen wir die Abzweigung im **Sattel unter dem Hinteren Rauen Kogel** **04**. Geradeaus Richtung Ischler Hütte und zum Möslhorn hinauf. Kurz davor erreichen wir eine weitere Wegteilung: nach links und nach der Markierung Nr. 227 über den Kammsteig zum **Schönberg** **05** hinauf. Der Tiefblick nach Norden zu den Rauen Kögeln ist eindrucksvoll, doch die jähen Nordabstürze mahnen zur Vorsicht! Bald stehen wir vor dem Gipfelkreuz; der höchste Punkt liegt auf der benachbarten, über einen kurzen gesicherten Grat erreichbaren Gipfelkuppe.

Abstieg entweder auf der gleichen Route oder – interessanter, aber anspruchsvoller – über den ausgesetzten, mit Stahlseilen gesicherten Nordostgrat Richtung Rinnerkogel. Beim benachbarten Wehrkogel zweigt links ein Steig ab, auf dem wir ins einsame Feuertal unter den Schönberg-Nordabstürzen absteigen. Vorbei an der Feuertal-Eishöhle zum **Sattel** **04** zwischen den beiden Rauen Kögeln, von dem man rechts wieder zum **Hochkogelhaus** **03** kommt. Weiterer Abstieg wie Aufstieg.

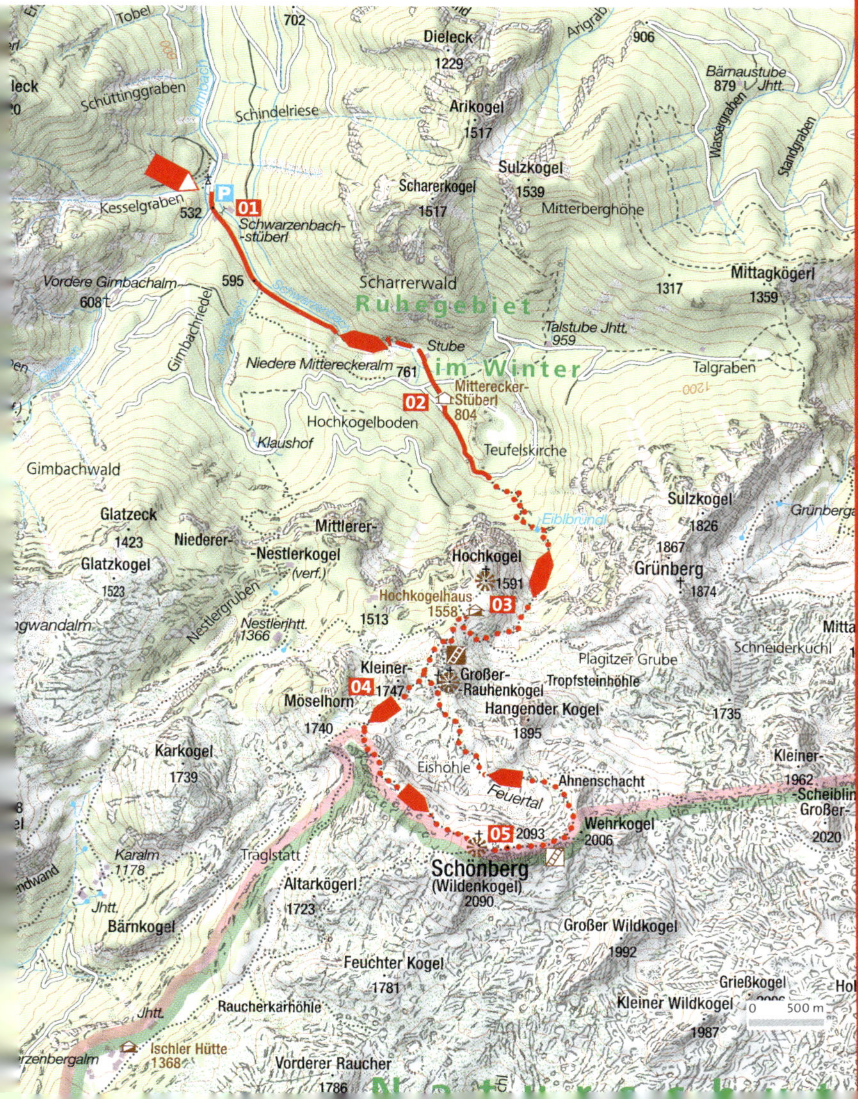

43

RINNERKOGEL • 2012 m

Die Wüste um den Wildensee

17 km | 8:15 h | 1400 hm | 1400 hm | 19

START | Offensee, 656 m; Zufahrt von Ebensee (12 km). [GPS: UTM Zone 33 x: 413.506 m y: 5.289.900 m]
CHARAKTER | Anspruchsvolle Bergtour mit ausgesetzten und gesicherten Stellen; nicht bei Nebel oder Schneelage gehen.
EINKEHR | Jausenstation Seeau am Offensee, Rinnerhütte.

Der einsame Wildensee am Fuße des imponierenden Rinnerkogels.

Hoch über dem Offensee zeigt sich das Tote Gebirge von seiner lebendigsten Seite: Lärchen und Zirben zaubern eine wahre Parkatmosphäre, Bergwasser gurgelt durch eine Miniaturschlucht zwischen Enzian und Almrausch und zuletzt glitzert der weltentlegene Wildensee in der Sonne. Stundenlang könnte man durch dieses kleine Paradies flanieren, doch schließlich wartet ja auch die Einkehr in einer gemütlichen Berghütte. Wer all das aus der Vogelschau betrachten und auch die Karstöde im Toten Gebirge erleben möchte, ersteige den felsigen Rinnerkogel – die Fernsicht vom Gipfel lohnt den vergossenen Schweiß auf jeden Fall.

▶ Vom **Parkplatz am Offensee** **01** gehen wir auf der Forststraße dem Ostufer entlang. Stets der Markierung 212 und den Wegweisern Richtung „Rinnerhütte" folgend gelangt man zum Moosbründl im Talschluss der Seeau. Bald wird der Pfad steiler und windet sich über unzählige Serpentinen und Stufen durch den Steilhang neben der Wasserfallwand empor. Über eine Alutreppe auf den Rinnerboden (Quelle), dann durch eine Schutthalde und ein sanft ansteigendes Hochtal zur **Rinnerhütte** **02**.

Weiter neben dem Bach, bis sich der Weg teilt. Geradeaus gelangt man zu einem felsigen Sattel, hinter dem die Mulde mit dem **Wildensee** **03** liegt.

Im Sattel zweigt rechts der Weg 231 Richtung Rinnerkogel ab.Er trifft bald auf jenen Pfad, der direkt vom Rinnerboden heraufführt und auf dem wir links zur Roßkogelgrube ansteigen. In steilen Serpentinen und zwischen Latschen und Dolinen weiter zum Rinnersattel, dort rechts abbiegen und über den steinigen Westhang zum **Gipfelkreuz** **04**.

Der **Abstieg** zum **Offensee** **01** erfolgt auf der gleichen Route.

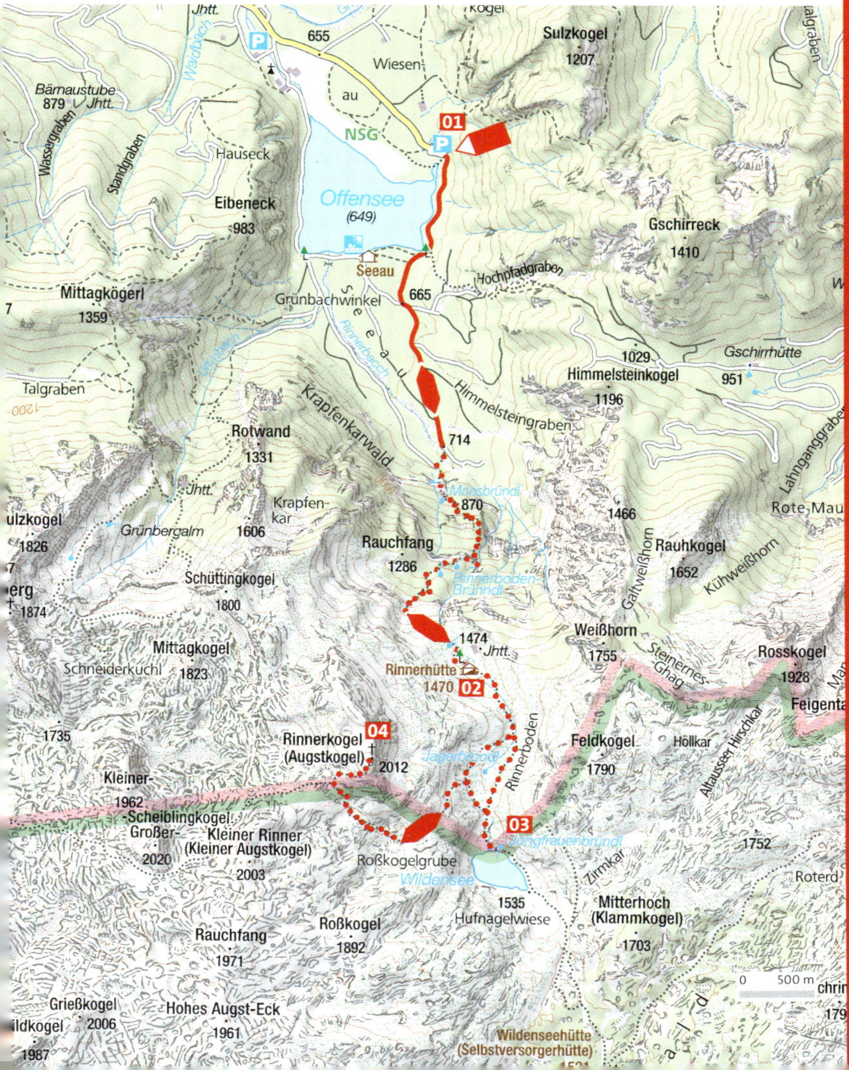

HOHE SCHROTT • 1839 m

Ein Laufsteg – 1400 m über der Traun

19 km 8:00 h 1500 hm 1500 hm 18

START | Bahnstation Steinkogl im Trauntal zwischen Ebensee und Langwies, 450 m; Rückfahrt von Bad Ischl per Bahn.
[GPS: UTM Zone 33 x: 405.685 m y: 5.293.456 m]
CHARAKTER | Sehr lange, aber landschaftlich einmalig schöne Tagestour. Die Gratüberschreitung ist stellenweise ausgesetzt und weist eine senkrechte, aber gut gesicherte Kletterpassage auf, die Trittsicherheit und Schwindelfreiheit erfordert. Nicht bei Nebel oder Schneelage gehen.
EINKEHR | Unterwegs keine.

Der schroffe Höhenzug der Hohen Schrott begrenzt das Tote Gebirge im Westen. Die Eckpunkte dieses Massivs, der Petergupf und das Hochglegt, sind nicht schwer erreichbar – die komplette Überschreitung erfordert jedoch nicht nur gute Kondition, sondern auch einen kühlen Blick in die Tiefe des Trauntals. Der lange Marsch über den felsigen Laufsteg verschenkt aber auch einen prachtvollen Blick zum Hohen Dachstein.

Der Gratweg über Bergwerks- und Mittagkogel

Von der **Bahnstation 01** gehen wir nicht zum Bahnübergang, sondern in der entgegengesetzten Richtung neben den Schienen bis zur folgenden Abzweigung. Dort links abbiegen, auf der Brücke über die Hauptstraße und auf dem geraden Forstweg bis zur Offensee-Straße.

Auf dieser taleinwärts bis zur zweiten Abzweigung, dort rechts zum Offensee-Kraftwerk und nach der Markierung 210 über den Frauenweißenbach. Nach links (taleinwärts) und kurz darauf rechts aufwärts. Nach zwei Kehren links abbiegen; bald danach beginnt rechts der markierte Bergpfad zur **Brombergalm 02** (Brunnen). Über den Latschenhang auf den **Petergupf 03** und auf dem den Kamm über den Bannkogel.

Weiter geht's in die Scharte vor dem schroffen Bergwerkkogel. Nun rechts auf ausgesetzten Felsbändern unter einem schroffen Felsüberhang („Nagern") durch und links über senkrechte, aber sehr gut gestufte und mit Stahlseilen gesicherte Wandstufen auf den Gipfel des **Bergwerkskogels 04**. Auf oder neben dem luftigen Grat in die Scharte vor dem Mittagkogel. Nach links absteigen und auf einem breiten Grasband quer durch die Felsflanke, bis man rechts über einen kleinen Kamin den Südhang des Berges erreicht. Über diesen wieder zum Grat und – vorbei am Schrottloch – zum Gipfelkreuz der **Hohen Schrott 05**.

Abstieg weiter über den felsigen Grat in eine Senke und rechts aufs benachbarte **Hochglegt 06**. Am Rand der breiten Gipfelabdachung durch Latschengassen und zwischen Wetterbäumen zur Kotalm hinab. Es folgt der Abstieg durch steile Wälder und Schläge. Drei Forststraßen überqueren und durch die Möselwiese in den Bad Ischler Ortsteil Rettenbach hinunter. Über den Bach und auf der Steinfeldstraße nach **Bad Ischl 07**.

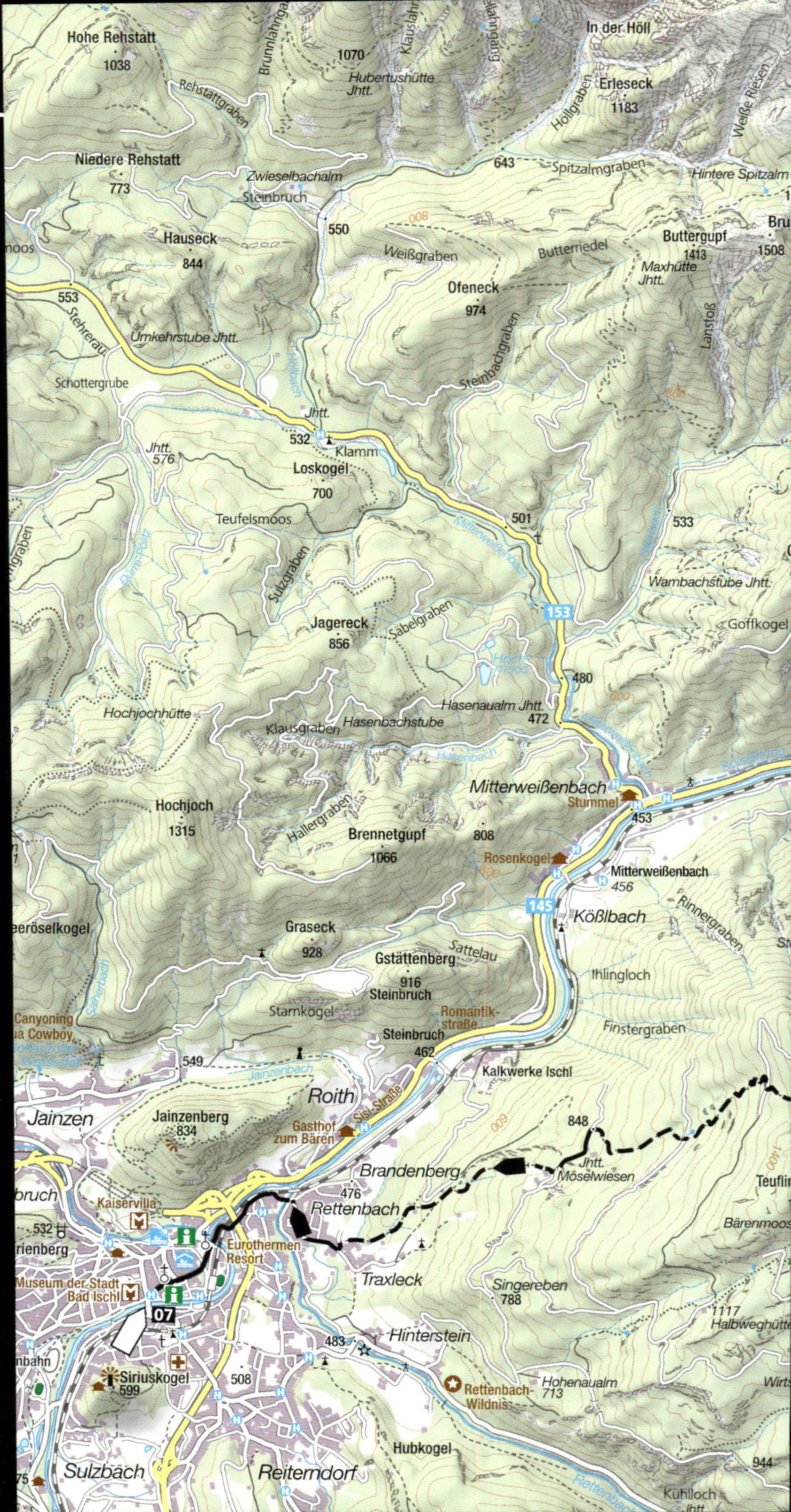

Hohe Rehstatt
1038
Brunnlahngraben
1070
Klauslahn
In der Höll
Hubertushütte
Jhtt.
Rehstattgraben
Erleseck
1183
Höllgraben
Weiße Riesen
Niedere Rehstatt
773
Zwieselbachalm
643
Spitzalmgraben
Hintere Spitzalm
Steinbruch
550
008
Buttergupf
1413
1508
Hauseck
844
Weißgraben
Butterriedel
Maxhütte
Jhtt.
553
Ofeneck
974
Lanstoß
Stehrerau
Umkehrstube Jhtt.
Steinbachgraben
Schottergrube
Jhtt.
532
Klamm
Jhtt.
576
Loskogel
700
Teufelsmoos
501
533
Dürre Pöllitz
Sulzgraben
Mitterweißenbach
Wambachstube Jhtt.
153
Goffkogel
Jagereck
856
Säbelgraben
480
Hochjochhütte
Hasenaualm Jhtt.
472
Klausgraben
Hasenbachstube
Hasenbach
Mitterweißenbach
Stummer
453
Hochjoch
1315
Hallergraben
Brennetgupf
1066
808
Rosenkogel
Mitterweißenbach
456
145
Kößlbach
Rinnergraben
Graseck
928
Sattelau
Gstättenberg
916
Ihlingloch
Steinbruch
Starnkogel
Romantikstraße
Finstergraben
Steinbruch
462
Canyoning
Cowboy
549
Jainzenbach
Kalkwerke Ischl
Roith
Sisi-Straße
Jainzen
Jainzenberg
834
Gasthof
zum Bären
009
848
Brandenberg
Jhtt.
Möselwiesen
476
Kaiservilla
Rettenbach
Bärenmoos
532
Eurothermen
Resort
Traxleck
Museum der Stadt
Bad Ischl
Singereben
788
07
1117
Halbweghütte
Hinterstein
483
Siriuskogel
599
508
Rettenbach-
Wildnis
Hohenaualm
713
Hubkogel
944
Sulzbach
Reiterndorf
Rettenbach
Kühlloch
Jhtt.

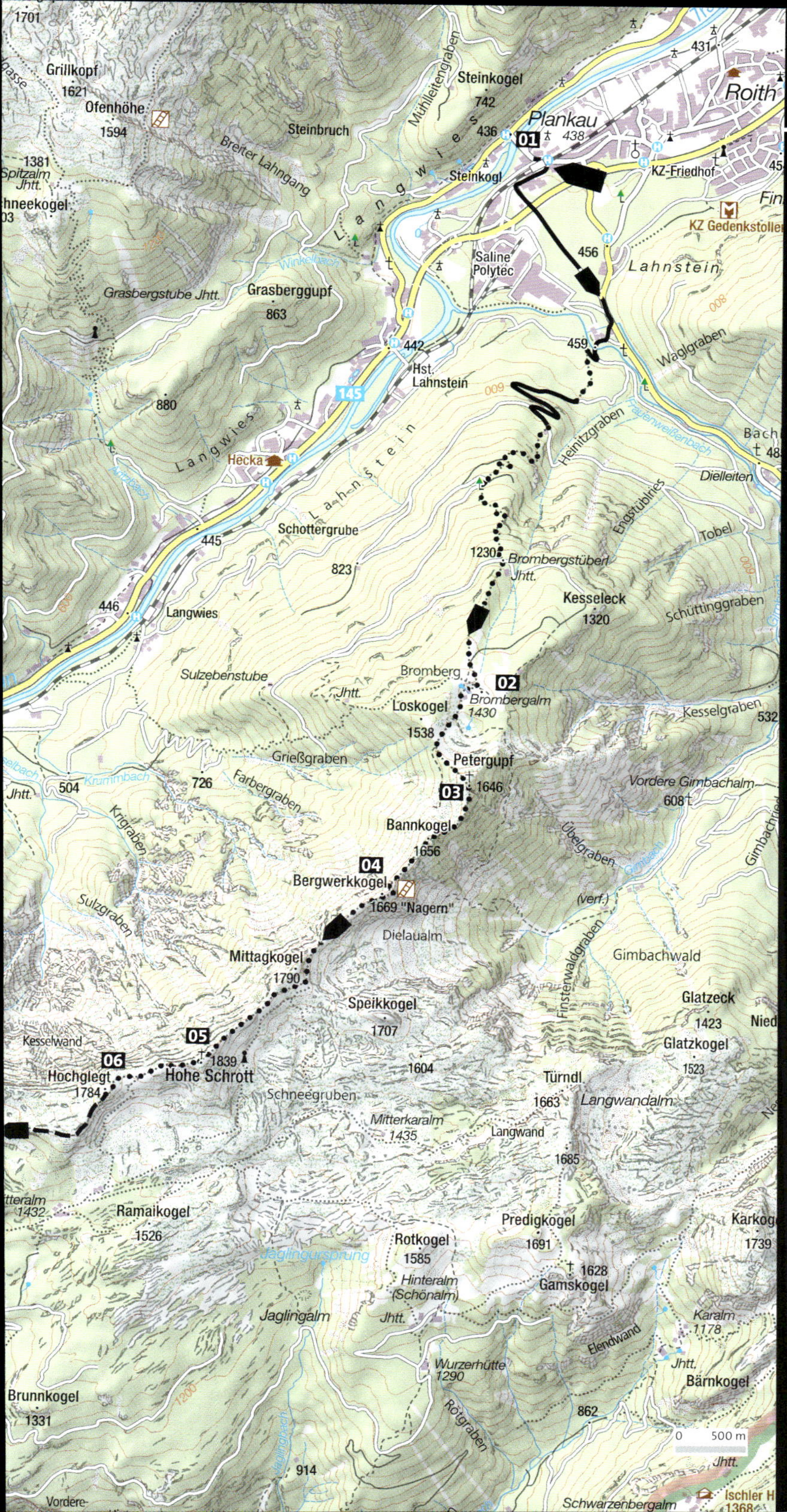
1701
Grillkopf
1621
Ofenhöhe
1594
Steinbruch
Mühlleitengraben
Steinkogel
742
Langwies
436
01
Plankau
438
Roith
431
1381
Spitzalm
Jhtt.
Breiter Lahngang
Steinkogl
KZ-Friedhof
KZ Gedenkstollen
Grasbergstube Jhtt.
Grasberggupf
863
Winkelbach
Saline
Polytec
456
Lahnstein
459
442
Hst.
Lahnstein
145
009
Waglgraben
880
Langwies
Hecka
Lahnstein
Heintzgraben
Frauenweißenbach
Bach
Dielleiten
Schottergrube
Engstüblries
Tobel
445
823
1230
Brombergstüberl
Jhtt.
446
Langwies
Kesseleck
1320
Schüttinggraben
Sulzebenstube
Bromberg
02
Brombergalm
1430
Jhtt.
Loskogel
1538
Kesselgraben
532
Grießgraben
Petergupf
Krummbach
504
726
Farbergraben
03
1646
Vordere Gimbachalm
608
Jhtt.
Krigraben
Bannkogel
1656
Übelgraben
Gimbach
04
Bergwerkkogel
1669 "Nagern"
(verf.)
Sulzgraben
Dielaualm
Finsterwaldgraben
Gimbachwald
Mittagkogel
1790
Speikkogel
1707
Glatzeck
1423
Glatzkogel
1523
05
Kesselwand
06
1839
Hochglegt
1784
Hohe Schrott
1604
Türndl
Schneegruben
1663
Langwandalm
Mitterkaralm
1435
Langwand
1685
1432
Ramaikogel
1526
Predigkogel
1691
Karkogel
1739
Rotkogel
1585
Jaglingursprung
Hinteralm
(Schönalm)
1628
Gamskogel
Jaglingalm
Jhtt.
Karalm
1178
Elendwand
Wurzerhütte
1290
Jhtt.
Bärnkogel
Brunnkogel
1331
Rotgraben
862
0 500 m
Jhtt.
914
Vordere-
Schwarzenbergalm
Ischler H
1368

EIBENBERG • 1598 m

Ein stiller Berg mit Schneid

14 km 5:30 h 1150 hm 1150 hm 18

START | Rindbach bei Ebensee, 447 m.
[GPS: UTM Zone 33 x: 409.922 m y: 5.295.147 m]
CHARAKTER | eindrucksvolle Bergwanderung auf steilen und nicht überall gut markierten Pfaden; der Gipfelbereich ist stellenweise ausgesetzt (Trittsicherheit und Schwindelfreiheit notwendig).
EINKEHR | unterwegs keine, Jausenstation Rindbachmühle.

Ein Gipfel für Individualisten: Seine wenig bekannten Waldanstiege enden auf einem 2 km langen Grat, der einen fantastischen Tiefblick zum Offensee bietet – und darüber zeigen sich die gesamten Nordabstürze des Toten Gebirges.

▶ Wir starten entweder beim **Parkplatz** 01 für die Besucher der Gassel-Tropfsteinhöhle oder gegenüber der Rindbachmühle. Ein kurzes Stück taleinwärts zeigt ein Wegweiser rechts die Abzweigung zum Eibenberg an. Der schmale Waldpfad zieht zur Kehre einer Forststraße hinauf, danach geht's durch steileres und unübersichtliches Gelände aufwärts. Nach etwa 50 Min. Gehzeit biegt man rechts ab (Steinmännchen beachten!) und steigt durch einen Schlag an. Nach der Überquerung einer Forststraße geht man direkt neben dem Bach zu einer weiteren Straße, die links zur nahen Eibenbergstube (Jagdhütte) führt. Dann führt der Weg durch eine Waldmulde bis zum Ende der Forststraße (Wegweiser). Wir folgen nun einem Hohlweg im Rechtsbogen zu einer Abzweigung, bleiben auf der rechten Trasse und erreichen den schütter bewaldeten Kessel unterhalb des Gschlifs. Hier geht's links durch den sehr steilen und felsigen Waldhang zu einer Holzknechthütte hinauf, dann gelangt man über kleine Lichtungen zur Kante der Eibenbergschneid. Wir folgen dem Kamm nach links. Von rechts mündet ein Pfad aus dem Offenseetal ein, dann erreicht man über einen

Der „schneidige" Eibenberg mit seiner steilen Südseite – gesehen vom Kamm der Hohen Schrott.

Vorgipfel und einen Wiesenrücken die Stange auf dem **Eibenberg-Gipfel 02**.

Abstieg auf der gleichen Route. Man kann aber auch weiter über die Eibenbergschneid gehen (Wegweiser „Finkerleiten“) und über den Waldgrat am **Gschlif 03** in eine Mulde absteigen. Die oberste Kehre einer Forststraße wird auf einem Waldweg abgekürzt, dann folgt man ihr zu einer Abzweigung hinunter. Nach rechts und flach um den Halsergupf herum, vor der Eibenbergstube links hinab und bei der folgenden Wegteilung nochmals links – so erreicht man den Aufstiegsweg im Waltersgraben.

Variante: Ein Pfad führt aus dem Offenseetal durch die Südseite der Eibenbergschneid. Er beginnt kurz vor einer Brücke, ca. 2 km westlich des Offensees, und schlängelt sich durch steiles, von Rinnen zerfurchtes Waldgelände zur einstigen Hiaslalm (Jagdhütte) empor. Der weitere Zickzack-Steig bis zur Einmündung in den Gratweg ist noch anspruchsvoller.

Ebensee

„Arbeit und Wirtschaft“ ist das Motto des Ebenseer Themenweges (Gehzeit ca. 2 h). Er beginnt beim Rathaus und führt in einer Schleife zu den traditionellen Industriestandorten des alten Salinenortes. Am Fuße des Eibenberges erreicht man schließlich die Gedenkstätte beim früheren KZ-Nebenlager „Zement“. Dort erfährt man, wie eng die Wirtschaft und die Vernichtung von Menschen durch Arbeit während des NS-Regimes miteinander verknüpft waren.
Info: www.oberoesterreich.at/ebensee

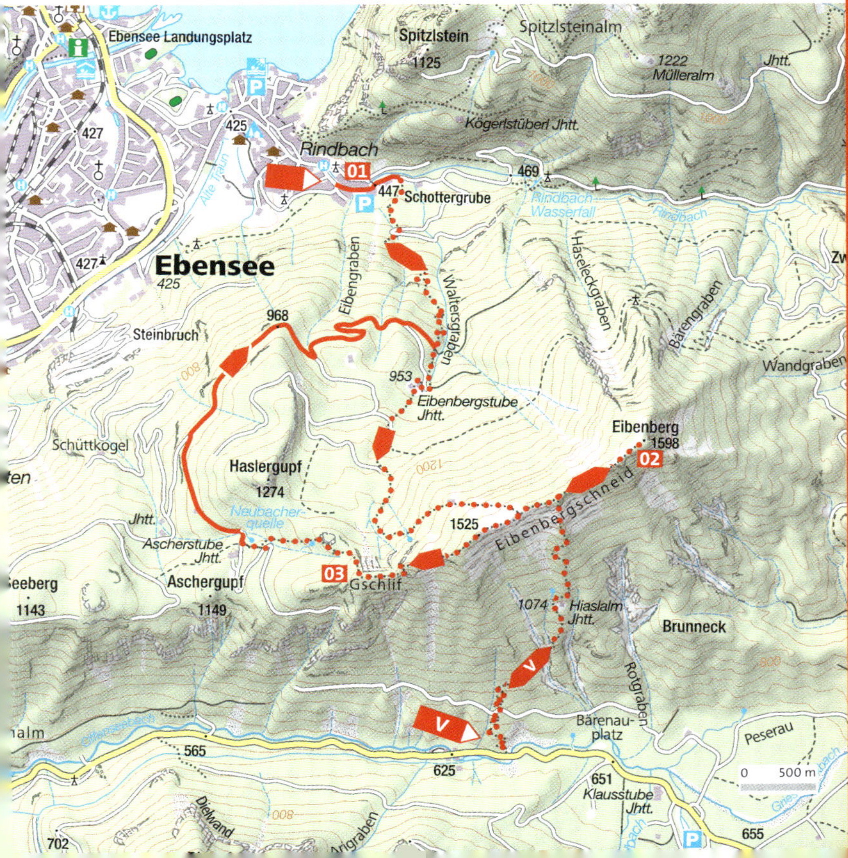

ERLAKOGEL • 1575 m

Audienz bei der „Schlafenden Griechin“

12,3 km | 6:00 h | 1150 hm | 1150 hm | 18

START | Ebensee, Ortszentrum oder Ortsteil Rindbach, 425 m.
[GPS: UTM Zone 33 x: 408.291 m y: 5.296.224 m]
CHARAKTER | Anspruchsvolle Bergwanderung auf einen markanten Felsgipfel, der ganz oben Schwindelfreiheit und Trittsicherheit erfordert.
EINKEHR | Unterwegs keine, Gasthöfe in Ebensee und Rindbach.

Die Gasselhöhle

Der Gasselkogel bei Ebensee birgt ein besonderes Wanderziel. Auf 1225 m Seehöhe findet man eine der schönsten Tropfsteinhöhlen Österreichs. Die Gesamtlänge der Gasselhöhle beträgt mehr als 1300 m, ihre größte Tiefe 104 m. Ihr vorderer Bereich kann im Zuge von Führungen gefahrlos auf Stiegen und betonierten Wegen begangen werden. Die elektrische Beleuchtung bringt die außergewöhnliche Pracht der Tropfsteingebilde eindrucksvoll zur Geltung. Drinnen herrscht meist eine Temperatur um 6,5 °C, man sollte also warme Kleidung dabeihaben. Aufwärmen kann man sich anschließend in der Schutzhütte vor dem Höhleneingang. Führungen: Anfang Mai bis Mitte September an Samstagen, Sonn- und Feiertagen von 9 bis 16 Uhr, Tel. +43(0)7616/7118. Zugang von Rindbach bei Ebensee auf der Forststraße und einem markierten Wanderweg (2:30 h).
www.oberoesterreich.at/ebensee

Das markante Profil des Erlakogels – die „Schlafende Griechin“ – beherrscht den südlichen Bereich des Traunsees. Unter dem geschmackvollen Gipfelkreuz freut man sich über eine weite Fernsicht, die den Dachstein und sogar die Berchtesgadener Berge miteinschließt.

▶ Wer mit dem Zug anreist, startet bei der **Bahnhaltestelle Ebensee-Landungssteg** 01, geht über den Bahnübergang und rechts über die Traunbrücke, dann zur Rindbachstraße hinab und auf dieser unter der Umfahrungsstraße durch. Nach der Brücke über die Alte Traun links Richtung Badeplatz und bei der nächsten Abzweigung nach rechts, bis links ein Steg über den **Rindbach** 02 führt. Drüben zeigt ein Wegweiser taleinwärts zum Erlakogel. Bei der nächsten Brücke links abbiegen und zwischen Häusern zu einem Gletscherschliff.

Dort beginnt der Pfad Nr. 421, der zu einem Sendemasten und zu einer schrägen Felswand hinaufführt (Gedenktafel). Weiter durch den Waldhang bis zu einer quer verlaufenden Forststraße (Quelle). Oberhalb davon befindet sich die Spitzelsteinalm. Vom oberen Wiesensattel zieht der markierte Weg nach rechts, kürzt dabei die Kehren der Forststraße ab und schlängelt sich zu einem felsigen Waldkamm hinauf. Über eine Lichtung (Blick zum Gipfel) gelangt man zu einigen Dolinen im Wald. Zuletzt kraxelt man links über etwas ausgesetzte, aber gut gangbare Felsbänder zum eigenwillig gestalteten **Gipfelkreuz** 03.

Der Abstieg folgt der Aufstiegsroute.

Wolkenwatte unter dem Erlakogel.

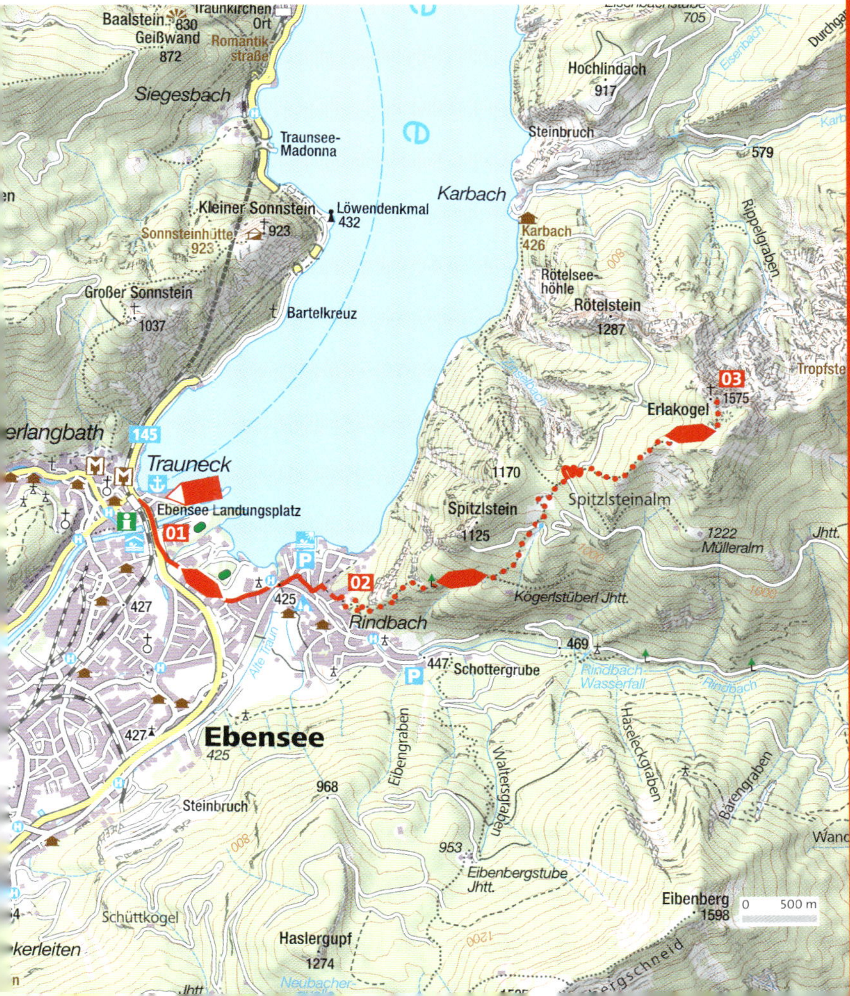

47

FEUERKOGEL – ALBERFELDKOGEL • 1707 m

Flanieren am Feuerkogel

7 km | 5:00 h | 150 hm | 1160 hm | 18

START | Ebensee, 443 m, Talstation der Feuerkogel-Seilbahn im Langbathtal. Auffahrt zur Bergstation, 1592 m.
[GPS: UTM Zone 33 x: 404.331 m y: 5.296.581 m]
CHARAKTER | zwei alpine Halbtagsausflüge oder zusammen ein gemütlicher Wandertag auf stellenweise steinigen Wegen.
EINKEHR | einige Berggasthöfe am Feuerkogel, Naturfreundehaus, Kranabethsattelalm.

Mit dem fast 1600 m hohen Feuerkogel bricht das Höllengebirge im Osten über dem Trauntal ab. Schon seit 1927 führt von Ebensee eine Seilbahn auf diese aussichtsreiche Anhöhe; mit der Zeit entstanden über der bis heute bewirtschafteten Kranabethsattelalm einige Herbergen und Skilifte. Von dort führen einige Pfade in die naturbelassene, verkarstete und von Latschen überwucherte Umgebung, die auch zwei Aussichtspunkte erschließen: Der Alberfeldkogel stürzt mit einer respektablen Nordwand gegen das Langbathtal ab und der etwas weniger spektakuläre Helmesgupf lugt über die schutterfüllten Lawinengassen südlich des Feuerkogels.

▶ Von der Seilbahn-Bergstation auf dem **Feuerkogel** 01 schlendern wir auf dem breiten, zunächst sogar noch asphaltierten Wanderweg Nr. 835 nach Westen, vorbei an Gasthöfen, Liftanlagen und dem Hüttendorf. Vom Heumahdgupf-Skilift durchquert man den Hang, steigt hinter dem Berg rechts in einem Sattel an und gelangt links zur

Der Feuerkogel, eine große Schauwarte.

HTL-Wels-Klettersteig

Es ist ein wahrer Genuss-Klettersteig, der da ganz in der Nähe der Feuerkogel-Seilbahn angelegt wurde. Er führt über die Nordostkante des Alberfeldkogels, hinauf in die eindrucksvolle Plateaulandschaft des Höllengebirges. Unterwegs genießt man nicht nur viele Passagen mittlerer Ferrata-Schwierigkeit (C, meist aber nur B), sondern auch den Blick zum Gletschereis des Dachsteins und natürlich zum Traunsee. Ein Tipp durchaus für Klettersteig-Neulinge!
Einstieg: Von der Bergstation der Feuerkogel-Seilbahn marschiert man wie links beschrieben nach Westen Richtung Alberfeldkogel, wobei man den Heumahdgupf links umgeht. Im Sattel vor dem Alberfeldkogel rechts abzweigen (Infotafel) und steil über grasige Schrofen im Zickzack hinunter zum Einstieg des Nordostpfeilers. Vorsicht hier bei Nässe und vor allem bei Altschnee – Absturzgefahr! Gesamt 2,5 h.

gemauerten Aussichtskanzel unter dem großen Europakreuz des **Alberfeldkogels** 02. Geht man vom Heumahdgupf-Skilift auf dem unteren Pfad Nr. 820 weiter, erreicht man die Gasselhöhe zwischen dem Heumahdgupf und dem Steinkogel. Hier überqueren wir den Weitwanderweg Nr. 804, behalten die eingeschlagene Richtung bei und wandern nach der Markierung Nr. 837 südwärts zu einer Abzweigung: links auf den **Helmeskogel** 03 (Helmesgupf; auch hier gibt es eine Aussichtskanzel, dazu ein Kreuz der Vorchdorfer Naturfreunde).

Abstieg: Zurück wandert man jeweils auf der gleichen Route.

Verlängerung: Wer nach Ebensee absteigen möchte, steuert das Naturfreundehaus an und folgt dann dem „Edelweiß-Europa-Weg“ (Markierung Nr. 804/820), vorbei an der Eselsrast und der Sag. Teils neben der Skipiste, teils durch den Wald geht’s talwärts. Im Sattel bei der einstigen Gsollstube nach links und zum Berghaus, von dem man links über die Katzenwoferlklause zur Seilbahnstation oder rechts ins Ortszentrum gelangt.

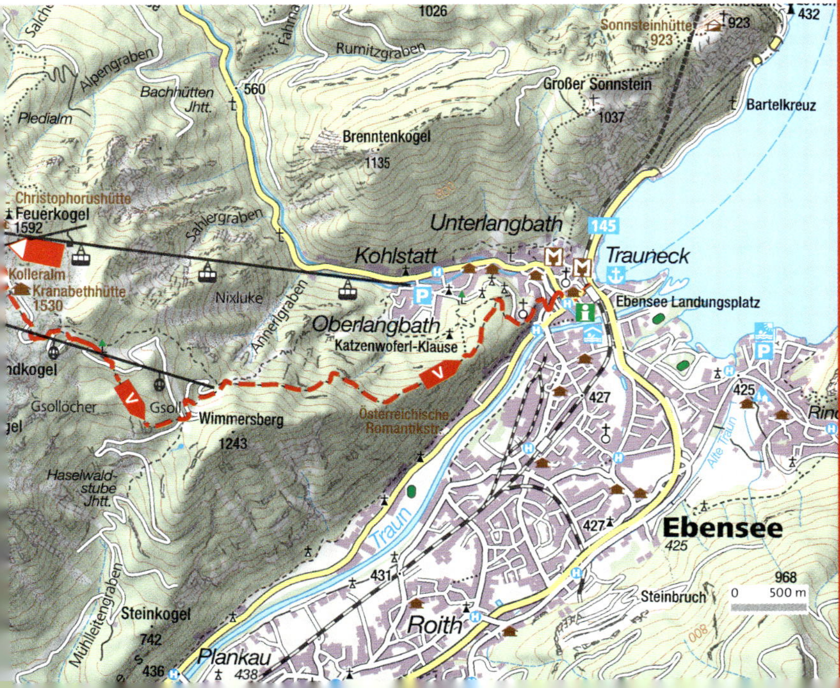

GROSSER HÖLLKOGEL • 1862 m

Himmlische Wege durchs Höllengebirge

10 km 5:00 h 500 hm 1490 hm 18

START | Ebensee, 443 m, Talstation der Feuerkogel-Seilbahn; Zufahrt Richtung Langbathsee; Auffahrt zur Bergstation, 1592 m. [GPS: UTM Zone 33 x: 404.331 m y: 5.296.581 m]
CHARAKTER | Hochalpine Bergwanderung auf stellenweise steinigen Bergpfaden. Bei Nebel oder Schnee ist die Orientierung schwierig – nur bei sicherem Wetter losgehen.
EINKEHR | Gasthöfe und Hotels am Feuerkogel, Rieder Hütte.

Wäre da nicht die Höhenangabe in der Karte, könnte man ein spannendes Quiz veranstalten: Welcher der ungezählten Latschenhügel rund um die Rieder Hütte ist der höchste? Mit freiem Auge ist die „Höhen-Hitparade" jedenfalls kaum auszumachen, denn all die Kuppen auf der verkarsteten Hochfläche des Höllengebirges schauen ähnlich aus: schrofig, knochentrocken und von geheimnisvollen Latschenteppichen überwuchert. Charakter zeigen sie erst von unten – viele von ihnen brechen mit steilen Wänden gegen das Langbathtal oder den südlichen Talkessel der „Höll" ab.

Vom **Feuerkogel** 01 marschieren wir auf breitem Weg westwärts und an den Liften vorbei zur Gasselhöhe unterhalb des Heumahdgupfs. Ab hier folgen wir dem Steig Nr. 804 (Haasweg) hinüber ins **Edltal** 02. Unter dem Alberfeldkogel (der auch „mitgenommen" werden kann) und den Abhängen des **Gamskogels** 03 steigen wir durch eine enge Felsgasse höher und queren die weiten Karsthänge oberhalb des Großen Totengrabens, wobei wir eine kurze gesicherte Stelle passieren.

Knapp unterhalb des **Totengrabengupfs** 04 (kann rasch erstiegen werden) teilt sich die Route: Rechts geht's zwischen einigen Kuppen direkt zur nahen **Rieder Hütte** 05 hinüber, links steigt man in die **Höllkogelgrube** 06 ab – von dort erreicht man über einen steilen Hang das Gipfelkreuz auf dem **Großen Höllkogel** 07. Aber auch von der Rieder

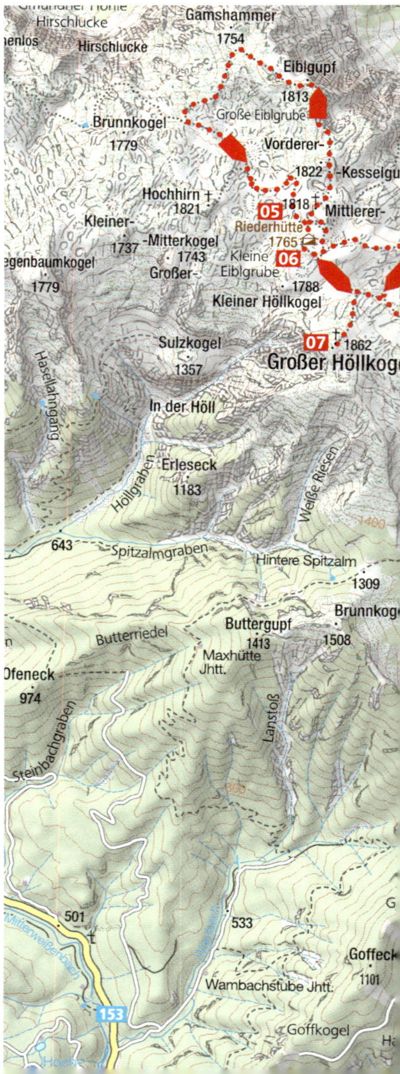

Hütte führt ein markierter Weg in die Höllkogelgrube hinunter. Sehr lohnend ist auch der Abstecher von der Rieder Hütte zum Eiblgupf, der einen tollen Tiefblick zum Vorderen Langbathsee bietet.

„Baumskulptur" auf der Hochfläche.

Zurück zum **Feuerkogel** 01 geht's auf der beschriebenen Route. Man kann ab der Höllkogelgrube aber auch den Pfad 830 wählen, der durch das steile Kar der Haselwaldgasse zur einstigen Vorderen Spitzalm (Jagdhütte) hinabzieht. Dort mündet links der historische „Kaiserweg" (Nr. 837) ein, der hoch über dem Trauntal zum Feuerkogel hinüberzieht (wobei eine kurze gesicherte Abstiegspassage zu meistern ist). Der Pfad Nr. 831 schlängelt sich dagegen in unzähligen Serpentinen nach Langwies hinunter. Dort nach rechts und auf dem Soleleitungsweg ca. 1,5 km Richtung Bad Ischl, dann links über die Traunbrücke zur Bahnstation.

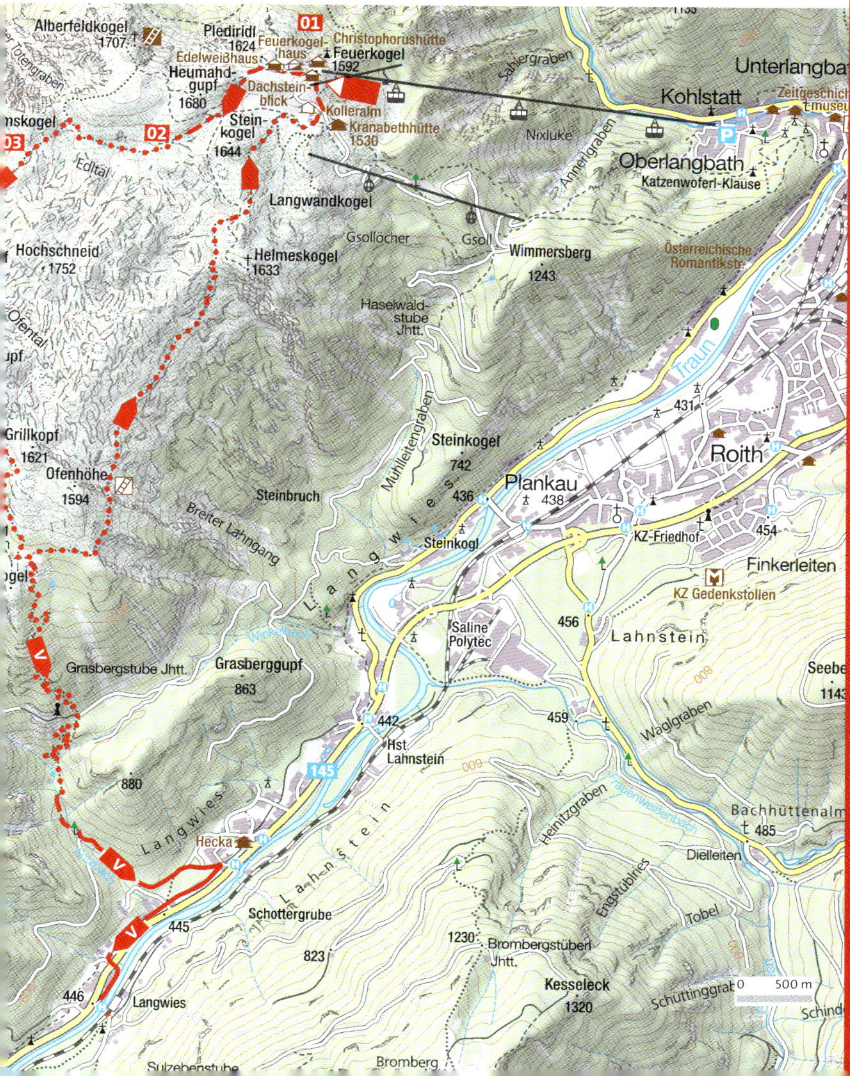

49

BRUNNKOGEL • 1708 m

Luftig über den Langbathseen

13,3 km 6:00 h 1050 hm 1050 hm 18

START | Parkplatz am Vorderen Langbathsee, 664 m (etwa 8 km westlich von Ebensee).
[GPS: UTM Zone 33 x: 401.911 m y: 5.298.818 m]
CHARAKTER | Anspruchsvolle Bergtour auf einem ausgesetzten, aber gut gesicherten Pfad, der Trittsicherheit und Schwindelfreiheit erfordert. Nicht bei Nebel oder Schneelage gehen.
EINKEHR | Langbathsee-Stüberl, Gasthof „In der Kreh", Gasthöfe und Cafés in Ebensee.

Der Brunnkogel über dem Langbathsee; links unten der Blick in der Gegenrichtung.

Unglaublich, welche entlegenen Gebiete einst als Almweiden genutzt wurden. Zur Schafalm unter dem Brunnkogel hat man sogar einen exponierten Viehsteig heraufgebaut – die Serpentinen wurden direkt aus dem 400 m hohen Felssockel der „Schaflucken" herausgeschlagen.

▶ Am **Vorderen Langbathsee** **01** wandern wir wahlweise rechts oder links dem Ufer entlang und dann zum **Hinteren Langbathsee** **02**.

An seinem Südufer zweigt der mit Nr. 828 markierte Schafluckensteig ab. Er zieht im dichten Wald zum Wandfuß hinauf. Oberhalb eines Holzgatters beginnen dann die Sicherungen: Über eine Schrofenrampe gelangt man zu einem künstlich verbreiterten Felsband, danach geht's in steilen Serpentinen und auf einem weiteren Band zu den Ostabstürzen des Spielberges hinauf. Durch eine Waldmulde und eine schutterfüllte Rinne erreicht man die obere, etwas weniger exponierte Wandstufe (Sicherungen). Oberhalb davon durch den Wald und an der verfallenen Schafalm (Jagdhütte) vorbei. Bei einem Steinmann zweigt man rechts ab und steigt durch die breite Wiesenflanke zum Grat und kurz zum 14 m hohen Gipfelkreuz auf dem **Brunnkogel** **03** an.

Abstieg auf der gleichen Route. Vom Gipfel könnte man übrigens in 1:00 h zum Hochleckenhaus wandern.

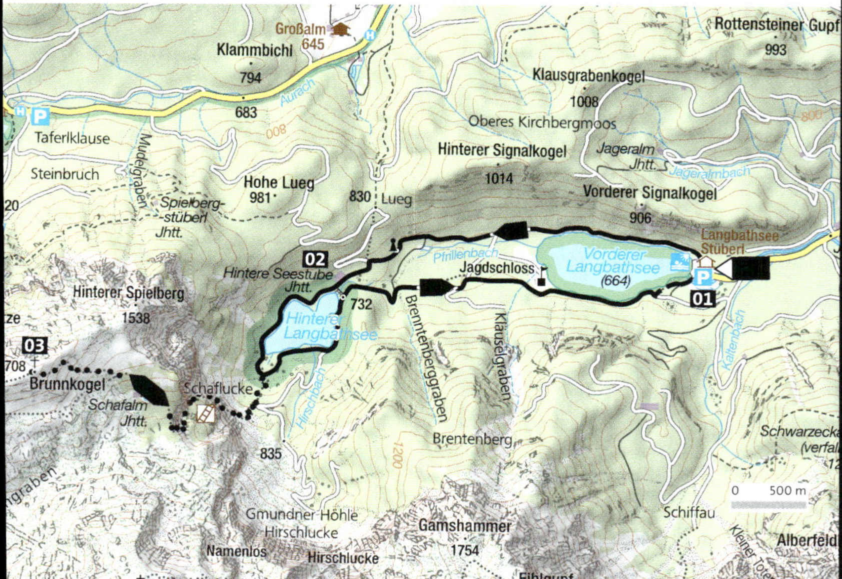

KLEINER UND GROSSER SONNSTEIN • 1037 m

Die Kultstätte auf dem Kalkklotz

6 km | 4:00 h | 700 hm | 700 hm | 18

START | Traunkirchen, 433 m; zurück von Ebensee per Bahn oder Schiff. [GPS: UTM Zone 33 x: 409.410 m y: 5.299.766 m]
CHARAKTER | Auf schmalen und stellenweise steilen Pfaden über zwei kleine Felsgipfel, die ganz oben Schwindelfreiheit und Trittsicherheit erfordern.
EINKEHR | in Traunkirchen und Ebensee, Sonnsteinhütte.

Traunkirchen

Die berühmteste Sehenswürdigkeit von Traunkirchen ist die wunderbare Fischerkanzel in der einstigen, schon um 1020 gegründeten Klosterkirche. Sie wurde 1753 von einem unbekannten Künstler geschnitzt und stellt das Wunder des reichen Fischfangs dar. Sie ist nur eine von 15 Stationen der „Via Historica", des beschilderten Ortsrundweges (1:00 – 2:00 h). Info: www.oberoesterreich.at/traunkirchen

In der Gegend um den Traunsee hielten sich schon in grauer Vorzeit Menschen auf. Über dem Kalvarienberg fand man Felsritzzeichnungen; Grabungen bei der 1614 erbauten Johanniskapelle brachten bronzezeitliche Tonscherben ans Licht. Die höchstgelegene Kultstätte war möglicherweise der Traunkirchner Sonnstein, auf dem vor der Errichtung des geschnitzten Gipfelkreuzes ein steinerner „Göttersitz" existiert haben soll. Göttlich ist jedenfalls die Rundsicht von diesem exponierten Zacken, der aus diesem Grund zu den beliebtesten Wanderzielen im Salzkammergut zählt.

Hat man die Überschreitung nach Ebensee vor, muss man zunächst von **Traunkirchen** 01 gut 1 km neben der Bundesstraße zum „Einstieg" vor dem ersten Tunnel gehen (man kann auch oberhalb der Bahnstation auf dem „Höhensteig" herüberwandern). Wer nur auf den Kleinen (oder Traunkirchner) Sonnstein will, kann hier parken. Eine Treppe (Wegweiser, Markierung 13) führt über die Betonwand, dann geht's an den Häusern von Siegesbach vorbei in den Schindelgraben. Auf einen Waldrücken und in den Eisgraben, dann schlängelt sich der Weg in vielen Serpentinen (und über ungezählte Wurzeln) zum Sattel zwischen den beiden Gipfeln („Ludleben"). Auf der links abzweigenden Route gelangt man über abgetretene Felsstufen zur nahen Sonnsteinhütte und auf den **Kleinen Sonnstein** 02 (Vorsicht, Steilabstürze). 1:45 h. Folgt man dagegen dem rechts weiterführenden Weg, kommt man zu einem Sender und zu einem Wildzaun, der überstiegen wird. Schließlich erklimmt man die 15 m hohe, gut gestufte Felsflanke (Stahlseile) zum **Großen oder Ebenseer Sonnstein** 03. 1:00 h.

Nachdem wir jenseits über harmlose Felsstufen gekraxelt sind, wandern wir nach der Markierung 13 durch den steilen Waldhang und zuletzt über eine Stiege nach **Ebensee** 04 hinunter. An der Pfarrkirche vorbei ins Ortszentrum und links zur Bahnhaltestelle Ebensee-Landungsplatz.

Hoch über dem Traunsee „hüpft“ man vom Kleinen zum Großen Sonnstein.

TAFERLKLAUSSEE – LANGBATHSEEN

Verträumtes Wasser, vertikale Wände

14 km | 4:45 h | 400 hm | 400 hm | 18

START | Am unteren Parkplatz beim Taferlklaussee, 790 m. Zufahrt auf der Großalmstraße von Altmünster (11 km) oder Steinbach am Attersee (7 km). [GPS: UTM Zone 33 x: 397.438 m y: 5.299.836 m]
CHARAKTER | gemütliche Waldwanderung auf Forststraßen und guten Wegen.
EINKEHR | Langbathsee-Stüberl, Jausenstation am Taferlklaussee.

Die beiden Langbathseen am Fuße des Höllengebirges gehören zu den meistbesuchten Ausflugszielen im Salzkammergut. Eine 8 km lange Straße führt zum Ostufer des Vorderen Langbathsees, der immerhin etwas mehr als 1 km lang ist. An seinem Westende leuchtet das einstige kaiserliche Jagdschloss und noch 1,5 km weiter glitzert der Hintere Langbathsee. Wir nähern uns diesem kleinen Paradies für Wanderer, Jogger und Mountainbiker von einer eher ungewöhnlichen Seite – und einem weiteren Wasser-Wunder: Der etwa 300 m breite Aurachsee ist hinter Moränenwällen des eiszeitlichen Aurachgletschers entstanden; im 18. Jahrhundert baute man hier auch eine kleine Klause für die Holztrift.

▶ Natürlich umrunden wir den waldgesäumten **Taferlklaussee** 01 unter dem felsigen Hochleckenkogel erst einmal. Dann folgen wir der Forststraße mit der

Ein Wasser-Wunder mit grüner Umrahmung: der Vordere Langbathsee gegen das Höllengebirge.

Markierung Nr. 826, die vom unteren Parkplatz Richtung Hochleckenhaus führt. Wir zweigen gleich bei der nächsten Wegteilung links ab und bleiben dieser sanft ansteigenden Trasse bis zum meist trockenen Mudelgraben treu – dann geht's gemäß der Beschilderung zum Langbathsee auf einem steilen Bergpfad weiter. Unter dem Hinteren Spielberg wird der Steig wieder flacher, quert alte Blockhalden mit bemoosten Steinen und führt über den Waldsattel hinter der Hohen Lueg. Dann erreichen wir eine Forststraße, von der wir aber bald wieder rechts abzweigen. Nach dem Überstieg über einen Wildzaun zieht eine weitere Forststraße mit einer S-Kurve zum **Lueg-Sattel** **02** hinab. Dort rechts abbiegen und auf dem Schotterweg ins Tal zwischen den beiden Langbathseen hinunter. Rechts gelangt man zum näheren **Hinteren Langbathsee** **03**, der sich auf einem Weg umrunden lässt; links lässt sich dagegen die Forststraßen-Umrundung des wesentlich größeren **Vorderen Langbathsees** **04** „anhängen".

Rückweg zum **Taferlklaussee** **01** auf der gleichen Route.

Variante: Vor der Tour zeigt ein Blick auf den Fahrplan, ob man vom Lueg-Sattel auch auf dem Weg Nr. 828 zum Gasthof Großalm absteigen und per Bus zum Ausgangspunkt zurückfahren kann.

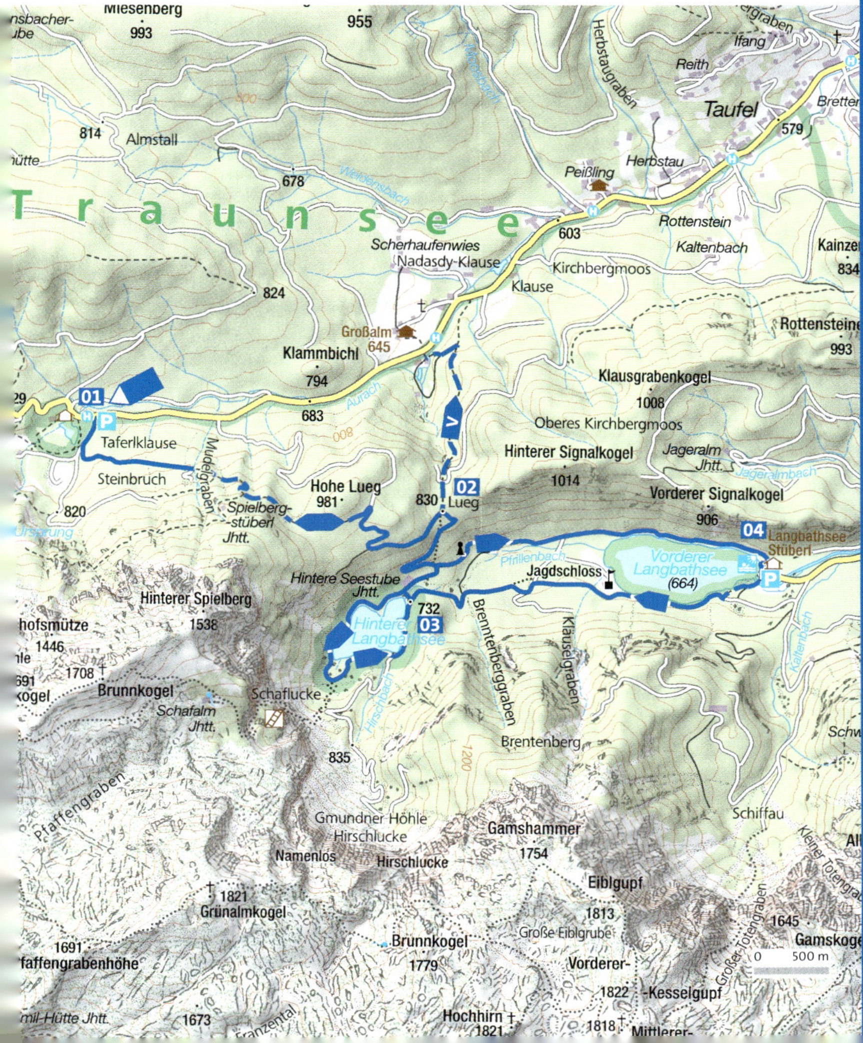

HOCHSTEINALM – LÄRLKOGEL • 1072 m

Der lange Weg über Windlegern

13 km · 4:30 h · 550 hm · 550 hm · 18

START | Neukirchen bei Altmünster, 566 m. Man kann die Tour abkürzen, indem man beim Gasthof Windlegern startet, 816 m (asphaltierte Zufahrt von der Viechtau an der Straße Traunkirchen – Neukirchen, 10 bzw. 8 km).
[GPS: UTM Zone 33 x: 403.516 m y: 5.303.199 m]
CHARAKTER | einfache Waldwanderung auf Forststraßen und stellenweise steilen Wanderwegen. Der felsige Lärlstein erfordert Trittsicherheit und Schwindelfreiheit (eine „rote" Tour).
EINKEHR | Gasthof Windlegern, Hochsteinalm.

Alle Wege führen zur Hochsteinalm – das suggeriert jedenfalls der Wegweiser vor der beliebten Einkehrstätte, der alle möglichen Zielpunkte zwischen Alaska und dem Haus-WC anzeigt. Kinder freuen sich dort oben über einen Streichelzoo, Erwachsene über den Ausblick vom nahen Lärlstein, der rasch erklommen ist. Der kürzeste Weg zur Hochsteinalm führt von Traunkirchen herauf, und zwar vom Parkplatz am Ende des Güterweges Mühlbachberg. Der längste dagegen beginnt in Neukirchen. Er weist mit dem Gasthof Windlegern eine attraktive Raststation auf, die auch der Ausgangspunkt für eine kürzere Hochsteinalm-Tour sein könnte.

▶ Wir gehen von der Kirche in **Neukirchen** 01 – gegenüber der Bäckerei – nach dem Wegweiser des Rundweges 2 (Tannensymbol) links steil zum Kreuzweg mit seinen steinernen Stationen, dem wir zum Kalvarienberg hinauf folgen. Weiter durch Wiesen aufwärts, dann nach der Markierung rechts abzweigen und über einen Bach in den Wald. Wir steigen westlich um den Kollmannsberg herum an, queren eine Forststraße und gelangen zur asphaltierten Windlegern-Straße. Auf dieser nach rechts, dann zweigt man aber gleich wieder rechts auf einen Waldweg ab, der über eine kleine Anhöhe (Blick zum Höllengebirge) zum noch 1 km entfernten **Gasthof Windlegern** 02 führt. Von dort geht's nun nach Süden, zu einer Kapelle geradeaus und in den Wald hinein. Ein stellenweise ausgewaschener Karrenweg zieht links durch den Hang empor, bis man oben eine Forststraße erreicht. Auf dieser links im sanften Auf und Ab – die Rechtsabzweigung in die „Kreh" ignorierend – in die 1,5 km entfernte Erzgrube. Dort zweigen wir zur **Hochsteinalm** 03 ab.

Nach der Einkehr folgen wir dem beschilderten Weg zum **Lärlkogel 04**, der die Forststraße überquert. Jenseits kommen wir über eine Anhöhe und durch eine Mulde zu den Gipfelfelsen – wer die überraschend weite Aussicht vom Gipfelkreuz genießen möchte, muss einen kurzen, aber scharfen Grat überschreiten.

Abstieg: Zurück zur Forststraße und auf dieser rechts zurück zum **Gasthof Windlegern 02**. Von dort links auf dem Wanderweg Nr. 2 zu einem Ferienhaus auf einem Wiesensattel. Dahinter folgt rechts der Abstieg durch den bewaldeten Steilhang (weiße Punkte) zu einer Forststraße, der man nach rechts folgt. Erst eben, dann sanft ansteigend weiter. Nach ca. 500 m kann man links auf einem Weg nach **Neukirchen 01** hinunterwandern – oder geradeaus zum Anstiegsweg über den Kalvarienberg weitergehen.

Auf dem Lärlkogel.

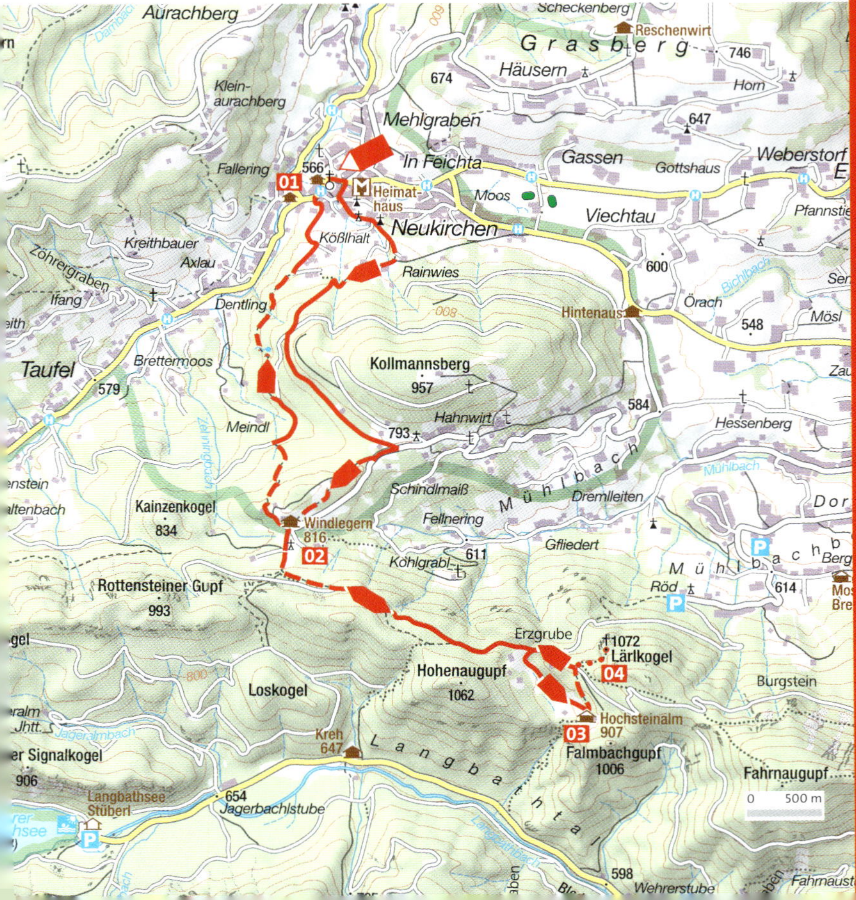

KREUZINGALM UND ALPENBERG • 973 m

Eine Höhenwanderung im Wald

14,3 km | 4:00 h | 400 hm | 400 hm | 18

START | Gahberg, 863 m, Parkmöglichkeit zwischen der Sternwarte und der Gahbergkapelle; asphaltierte Zufahrtsstraße von Weyregg am Attersee. [GPS: UTM Zone 33 x: 396.047 m y: 5.307.555 m]
CHARAKTER | einfache Wanderung auf Waldwegen.
EINKEHR | Kreuzingalm, Almgasthof Schwarz.

Der Gahberg ist der unumstrittene „Hausberg“ von Weyregg am Attersee, nicht zuletzt dank der Ausflugsstraße, die sich auf seinen Rücken emporwindet. Dieser lädt dann zu einer langen Wanderung nach Osten ein. Dabei geht's zwar meist durch dichte Waldbestände, die den Blick ins Alpenvorland und zum Höllengebirge verhüllen, aber unterwegs und am Umkehrpunkt locken urige Einkehrstationen, die nicht nur zwischenzeitliche Aussicht, sondern vor allem auch kräftige Stärkung versprechen.

▶ Zwischen dem kleinen Parkplatz und der kleinen **Gahbergkapelle** 01 zweigen Sie auf den beschilderten Wanderweg zur Kreuzingalm ab. Er führt ostwärts im Auf und Ab über den dicht bewaldeten Kamm zu einer Abzweigung, von der sich rechts der kurze Abstecher zur

Frühlingsenzian auf der Alm.

Ausblick vom Almgasthof Schwarz ins Alpenvorland.

ebenso gastlichen wie aussichtsreichen **Kreuzingalm** 02 lohnt. Der Kammweg führt oberhalb der Almwiesen zur Schickermahd und weiter über den welligen Höhenrücken. 3 km nach der Kreuzingalm überschreiten Sie den vollständig bewaldeten **Alpenberg** 03 und erreichen nach einem kurzen Abstieg eine Gabelung, bei der ein Marienbild an einen Bombenangriff im Jahr 1945 erinnert. Geradeaus gelangen Sie (Beschilderung „Hongar") über den Kamm weiter bis zum **Almgasthof Schwarz** 04. Gehzeit ca. 2:00 h

Rückkehr auf derselben Route.

54

HONGAR • 943 m

Die Sonnenseite der nördlichsten Berge

15,5 km | 4:00 h | 550 hm | 550 hm | 18

START | Pinsdorf bei Gmunden, 493 m.
[GPS: UTM Zone 33 x: 407.972 m y: 5.309.409 m]
CHARAKTER | einfache Wanderung auf breiten Wegen und guten Pfaden.
EINKEHR | unterwegs keine, eventuell Gasthof Schwarz.

Als nördliche Vorhut der großen Salzkammergutberge zieht ein rund 800 bis 900 m hoher, fast vollständig bewaldeter Rücken vom Attersee bis zum Traunsee hinüber. Sein östlicher Eckpunkt, der auch per Auto erreichbare Kronberg, wird als Ausflugsziel sehr geschätzt. Und die große Wiese am westlich benachbarten Hongar bietet eine weite Aussicht nach Süden – vom Traunstein bis zum Höllengebirge. Dort bringen 30 Rinder und ein paar Rösser zwischen Mai und September Leben auf die Hongarmannalm, die einst das ganze Jahr über bewohnt war.

Von der Bahnstation in **Pinsdorf** **01** geht man entlang der Aurachtalstraße etwa 500 m in die Ortschaft Innergrub-Kufhaus, wo eine Tafel rechts den „Wanderweg Kronberg“ anzeigt. Auf der Kufhausstraße gelangt man zur Aurach hinunter, biegt dort rechts ab und übersetzt den Bach bald darauf bei einem weiteren Wegweiser. Danach rechts, an einem Haus vorbei und links den schmalen Weg hinauf (Wegweiser „Kronberg, Hongar, Brandnerberg“). Über eine Wiese und durch den Wald kommt man rasch höher, bis man unter dem **Kronberg** **02** eine Abzweigung

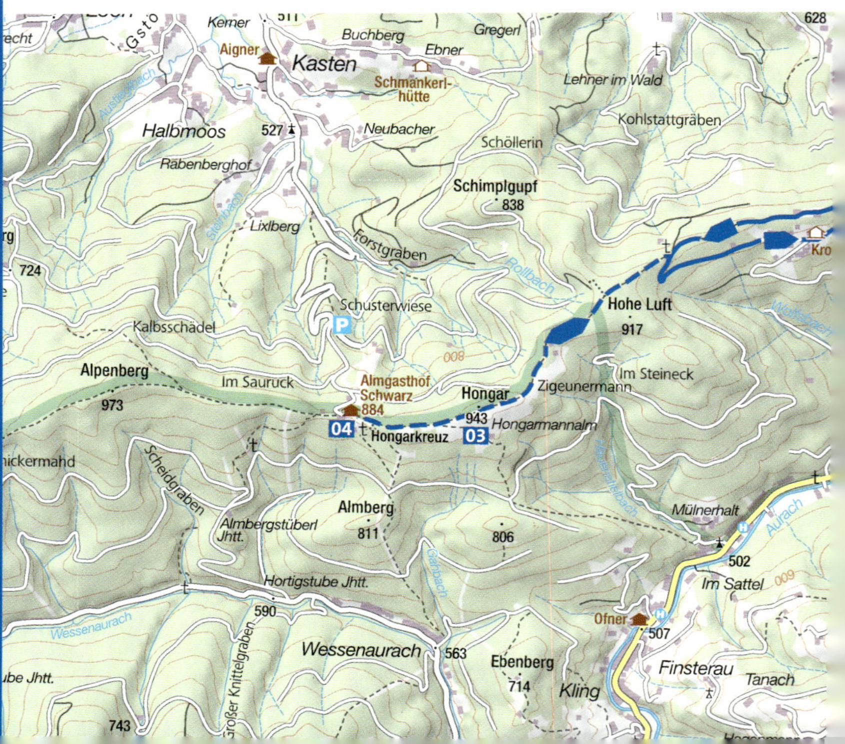

Der Traunstein dominiert die Landschaft um den Traunsee.

erreicht: Links zieht ein Fahrweg zur ehemaligen Jausenstation Kronberg hinüber – wir gehen jedoch geradeaus über den Waldrücken, vorbei an einigen Wochenendhäusern, einem Holzstadel und einem Holzkreuz. Im Bereich der „Hohen Luft“ mündet ein Weg aus Aurach ein. Nach einem weiteren Stadel durchquert man einen Sattel („Zigeunermann“) und steigt über die Wiese neben dem Waldrand zum Rastplatz auf dem **Hongar** **03** an. Wer will, hängt noch den kurzen, aber lohnenden Abstieg zum **Alpengasthof Schwarz** **04** an.

Rückweg: auf der gleichen Route zurück bis zum Holzkreuz. Hier rechts abzweigen und auf der Forststraße zur ehemaligen Jausenstation Kronberg. Geht man dort geradeaus Richtung Pinsdorf weiter, erreicht man bald wieder den Aufstiegsweg, auf dem man schließlich wieder nach **Pinsdorf** **01** hinunterwandert.

GRÜNBERG – LAUDACHSEE

Ein sagenhafter Waldlehrpfad

8,3 km | 2:30 h | 160 hm | 560 hm | 18

START | Die Bergstation der Grünberg-Seilbahn, 890 m; Auffahrt von Gmunden; von der Ramsau bzw. vom Hois'n Wirt per Schiff nach Gmunden zurück. [GPS: UTM Zone 33 x: 411.776 m y: 5.305.680 m]
CHARAKTER | Einfache Wanderung auf Forststraßen und Waldpfaden; der Abstieg ist stellenweise steil und rutschig.
EINKEHR | Grünbergalm, Ramsauer Alm am Laudachsee, die Gasthöfe Hois'n Wirt und Ramsau am Traunsee.

Gmunden

So manche bodenständige Stärkung wird in Oberösterreich auf grüngeflammten Tellern serviert. Gmundner Keramik war bereits im 19. Jahrhundert der Exportschlager der „Hauptstadt" des Salzkammerguts – sogar die Glocken im Rathausturm bestehen daraus. Der Kammerhof (Stadtmuseum) war lange Zeit das „Navigationszentrum" der ganzen Region, deren Salzbergwerke direkt der Wiener Hofkammer unterstellt waren. Vor der Altstadt um die gotisch-barocke Pfarrkirche, die einen prachtvollen Schwanthaler-Altar birgt, promeniert man auf der Esplanade dem Traunseeufer entlang – mit Blick zum gegenüber aufragenden Traunstein und zum berühmten Seeschloss Ort. Wer länger „stadtwandern" möchte, begehe den mit Schautafeln bestückten historischen Altstadtweg „Geschichten von der Geschichte". Infos unter: www.traunsee.at

Ein echter „Wander-Klassiker" mit Seilbahn-Auftakt: Die Großen freuen sich über die Aussicht bis zum Dachstein, die Kleinen über die geschnitzten Sagenfiguren und das Planschen im idyllischen Laudachsee. Unten gibt's vielleicht frischen Traunseefisch im Traditionsgasthof Hois'n Wirt oder einen eisig-süßen „Ramsauer Spitz", bevor man dann mit dem Schiff über den Traunsee nach Gmunden zurückschaukelt. Mehr Freuden sind an einem einzigen Tag kaum möglich!

Von der **Bergstation der Grünberg-Seilbahn** **01** wandern wir zunächst zum nahen Turm des Baumwipfelpfades und auf dem breiten, sanft abfallenden Waldlehrpfad in einen Sattel, wo sich die Route teilt: Der linke Weg führt übers Hochgschirr, rechts geht's durch seinen Südosthang. Beide Routen treffen bald wieder zusammen. Weiter zur Forststraßen-Kreuzung im **Radmoos** **02**.
Der Waldlehrweg führt nach der Beschilderung „Laudachsee" zum Siebenbründl und über eine kleine Anhöhe zur **Ramsaueralm** **03**, die über dem Laudachsee liegt.

Retour zum **Radmoos** **02**. Dort nach links abzweigen (Wegweiser „Gmunden, Traunsee Ostufer") und kurz darauf zu einer weiteren Wegteilung: links auf dem markierten Wanderweg zu einem Waldrücken hinab (man kann auch auf der Forststraße gehen). Vom Dürrenberg links auf dem kurvigen Karrenweg in den geologisch sehr unruhigen Gschliefgraben hinunter.
Zuletzt wandern wir entweder rechts auf dem „Almweg" zum Gasthof Ramsau oder links über eine Brücke zu einem breiten Weg, auf dem man rechts zum **Gasthof Hois'n Wirt** **04** gelangt. Vor den beiden Gasthöfen befindet sich eine Schiffsanlegestelle.

Der Katzenstein über dem Laudachsee.

DURCH DIE KALTENBACHWILDNIS

Naturwunder unter dem Traunstein

3 km 1:30 h 200 hm 200 hm 18

START | Gasthof Hois'n Wirt an der Traunsteinstraße, 440 m (5 km südlich von Gmunden).
[GPS: UTM Zone 33 x: 411.164 m y: 5.303.814 m]
CHARAKTER | Halbtagsausflug auf gut angelegten und abgesicherten Wegen. Gut mit einem Schiffsausflug zu verbinden!
EINKEHR | Gasthof Hois'n Wirt.

Dieses altbekannte Ausflugsziel am Fuße des Traunsteins erweist sich als romantische und wild zerklüftete Mini-Schlucht. Über ihrem Ausgang erhebt sich der schroffe Beilstein, auch Adlerhorst genannt. Einst galt er als unbezwingbar, heute ist er ein Klettergarten. 1902 wurde ein Weg durch den steinernen Irrgarten

Der Traunstein erhebt sich über dem Traunsee und seinem Inselschloss Ort. Am Fuße des Berges verbirgt sich die Kaltenbachwildnis.

angelegt, auf ihm gelangt man zu so seltsamen Felsformationen wie der „Nadel“, der „Überraschung“ oder dem „Diabolo“. Auch eine Teufelswand fehlt nicht – sie ist immerhin 300 m hoch. An seiner höchsten Stelle verschenkt der Weg durch die Kaltenbachwildnis einen traumhaften Ausblick zum Traunsee.

Vom **Gasthof Hois’n Wirt** **01** folgen wir zunächst der Traunsteinstraße neben dem Ufer des Traunsees etwa 600 m nach Süden, bis links der Hans-Hernler-Steig abzweigt. In Serpentinen steigen wir durch den Waldhang an; eine Forststraße wird überschritten. Bei der folgenden Abzweigung gehen wir geradeaus nach dem Wegweiser „Kaltenbachwildnis“ weiter. In Kehren zu einem Sattel mit einer kleinen **Hütte** **02** hinauf (kurzer Abstecher zu einer Bank mit Traunsee-Blick).

Abstieg: Auf Stufen (Seilgeländer) in die Schlucht hinunter (rechts führt ein versteckter Pfad zum Wasserfall). Unterhalb der „Nadel“ führt der Weg über eine Betonbrücke und durch einen kleinen Tunnel. Nach einem Schutzdach geht’s unter dem Beilstein vorbei (Steinschlaggefahr). Dann erreicht man bald eine Forststraße, auf der man links hinabgeht. In der nächsten Kurve zweigen wir rechts auf einen stellenweise sogar asphaltierten Wanderweg ab, der zur Abzweigung Richtung Grünberg und links zum **Gasthof Hois’n Wirt** **01** hinunterführt.

KLEINER SCHÖNBERG • 895 m

Des Traunsteins kleiner Bruder

8,8 km | 3:00 h | 500 hm | 500 hm | 18, 19

START | Parkplatz am Ende der Traunsteinstraße, 430 m (6 km südlich von Gmunden, 1 km von der Schiffstation beim Gasthof Hois'n Wirt entfernt). Achtung: Im Sommer ist die Straße manchmal wegen Überlastung schon weiter vorne gesperrt – frühzeitig oder mit dem Rad kommen! [GPS: UTM Zone 33 x: 411.455 m y: 5.302.791 m]
CHARAKTER | Forststraßenwanderung mit gesichertem Gipfelfinale, wahlweise über eine sehr steile Abkürzung.
EINKEHR | Eventuell in der Mairalm.

Im Süden des Traunsteins mündet das tief eingeschnittene Lainautal mit einer 70 m hohen Steilstufe über dem Traunsee – hier rauscht während der Schneeschmelze oder nach starken Regenfällen ein Wasserfall. In diesem Graben bestand einst eine Holzriese, eine Art Rutschbahn für den Transport von Baumstämmen; später wurde diese Konstruktion durch eine Seilbahn ersetzt. Jenseits des Lainautals erhebt sich der unscheinbare Kleine Schönberg. Er stand immer im Schatten seines „großen Bruders", doch seit die Naturfreunde zwei Zustiege zu seinem exponierten Gipfelkreuz markiert haben, erfreuen sich immer mehr Bergsteiger an dem überraschenden Tiefblick zum Traunsee. Das luftige Vergnügen will allerdings verdient sein: Beim Aufstieg durch die Nordflanke könnte man, wie es im Salzkammergut so schön heißt, „das Gras im Stehen fressen", und die finale Wegpassage darf als Test für die Klettersteige gegenüber angesehen werden.

▶ Vom **Parkplatz** 01 geht man auf der Forststraße Richtung Mairalm (oder auf dem Weg zur keider gersperrten Jausenstation Moaristidl und dann am Seeufer entlang) und durch zwei Tunnels unter dem Traunstein. Auf der Brücke über die **Schlucht des Lainaubachs** 02 und durch das Tal hinauf. Gemütliche wandern auf der Straße am Fuße des Traunsteins bis zur Abzweigung vor der noch ca. 15 Min. entfernten Mairalm, zweigen dort

Traum-Traunseeblick vom Kleinen Schönberg.

Der Miesweg

Ein bisschen Magenkribbeln verspricht der Miesweg. Er führt knapp über dem See durch die westseitigen Uferwände des Traunsteins. Auf ausgehauenen Felsstufen und soliden, mit Seilgeländern gesicherten Holzstegen erlebt man hier eine vertikale Landschaft, die im Sommer fast an die Steilküsten des Mittelmeeres erinnert. Der Miesweg zweigt vor dem ersten Tunnel auf dem Weg zur Mairalm rechts ab. Unter der meist trockenen Mündungsstufe des Lainaubachs quert man das Bachbett – ist der Wasserfall „in Betrieb", heißt es umkehren oder Schuhe ausziehen und drüberwaten. In Serpentinen gelangt man hinauf zur Forststraße, auf der man links durch die beiden Tunnels zum Ausgangspunkt zurückkehrt (1,5 h).

Die Sicht vom Miesweg zu den Sonnsteinen.

rechts ab und gelangen im sanften Anstieg in den Sattel zwischen Schönberg und Jochkogel („Ranzen"). Von dort geht's rechts auf Pfadspuren über den Waldrücken, an einem Wildzaun vorbei und in eine Senke hinab. Nach kurzem Anstieg weicht man einzelnen Felstürmen in der rechten Flanke aus (Stahlseile) und klettert zum exponierten **Gipfelkreuz** **03**. Eine Abkürzung ermöglicht jener markierte Pfad, der ca. 250 m nach der Lainaubrücke bei einem Wegweiser rechts von der Forststraße abzweigt. Er führt durch Mischwald zu einer Lichtung und dann durch eine enorm steile Flanke und eine Rinne zwischen Felsen auf den Schönberg-Rücken hinauf.

Auch für den **Abstieg** wählt man zwischen diesen beiden Möglichkeiten.

RUND UM DEN TRAUNSTEIN

Audienz beim „Wächter des Salzkammerguts“

10,6 km | 4:00 h | 200 hm | 700 hm | 18

START | Gmunden, 440 m, Talstation der Grünberg-Seilbahn im Ortsteil Weyer. Auffahrt zur Bergstation, 984 m. Vom Gasthof Ramsau bzw. vom Gasthof Hois'n Wirt per Schiff nach Gmunden zurück.
[GPS: UTM Zone 33 x: 411.776 m y: 5.305.680 m]
CHARAKTER | Sehr beliebte Bergwanderung auf Forststraßen und Wanderwegen, eine steile, gesicherte Passage erfordert Trittsicherheit und Schwindelfreiheit (A).
EINKEHR | Gasthof Ramsau oder Hois'n Wirt, Ramsauer Alm, Mairalm.

An klaren Tagen zeigt sich der Traunstein weit ins Alpenvorland hinaus. Noch imposanter erscheint er natürlich aus der Nähe. Die Umrundung des gewaltigen Berges zählt zu den beliebtesten Touren weit und breit, bietet sie doch drei gastronomische Zwischenstopps, einen davon am Laudachsee, und sogar ein wenig Klettersteig-Feeling.

Wir wandern wie bei Tour 55 vom **Grünberg** 01 übers **Radmoos** 02 zum **Laudachsee** 03. Weiter geht's auf dem Gassnersteig (Nr. 410) nach Süden. Unter den Traunstein-Hängen erwarten uns steile Serpentinen und exponierte Passagen, die mit einer Leiter und Stahlseilen entschärft wurden. So erreicht man die **Hohe Scharte** 04. Jenseits in Kehren durch den steilen Waldhang ins Lainautal und rechts zur **Mairalm** 05 hinab. Dieses wald- und wildreiche Gebiet schätzte schon Kaiser Maximilian als Jagdrevier. Zuletzt wandern wir auf der Forststraße zum Traunsee.

Durch die Tunnels oder – etwas länger, aber wesentlich schöner – links auf dem Miesweg (siehe Kasten bei Tour 57) zur leider gesperrten **Jausenstation Moaristidl** 06. Auf dem Wanderweg weiter zum **Parkplatz** 07 am Ende der Traunsteinstraße. Auf dieser wandert man noch ca. 1 km zum Gasthof Hois'n Wirt, von dem man mit dem Schiff nach Gmunden zurückfährt.

Der Traunstein aus der wenig bekannten Perspektive vom Katzenstein.

Variante: Man kann auch beim oberen Parkplatz des Gasthofs Hois'n Wirt starten und rechts dem Wanderweg Richtung „Kaltenbachwildnis“ folgen. Im Gschliefgraben links abzweigen (Wegweiser „Laudachsee, Radmoos“) und über zwei Brücken zur Einmündung des Weges, der vom Gasthof Ramsau heraufzieht. Nun geht es auf dem steilen Weg zum Dürrenberg hinauf. Auf der Forststraße bzw. auf dem links daneben verlaufenden Wanderweg erreicht man eine weitere Forststraße, auf der man rechts zur Kreuzung in der Waldsenke des Radmoos geht.

Der Katzenstein

Wer den Gassnersteig schafft, meistert auch den Abstecher von der Hohen Scharte zum 1349 m hohen Katzenstein. Der stellenweise exponierte, an einer Stelle gesicherte Anstieg führt durch die Südseite und an einem Felsfenster vorbei. Der Blick zum Laudachsee und zum Traunstein ist überwältigend (1,5 h hin und retour).

TRAUNSTEIN • 1691 m

Der felsige Torwart des Salzkammerguts

13 km 6:00 h 1270 hm 1270 hm 18

START | Parkplatz am Ende der Traunsteinstraße von Gmunden, 430 m [GPS: UTM Zone 33 x: 411.455 m y: 5.302.791 m]
CHARAKTER | Anspruchsvolle Bergtour auf einem ausgesetzten, aber gut gesicherten Weg. Schwindelfreiheit und Trittsicherheit sind notwendig; nicht bei Nässe und Schneelage gehen.
EINKEHR | Mairalm, Traunsteinhaus, Gmundner Hütte

Der weithin sichtbare Felsklotz über dem Traunsee hat schon früh die Menschen angezogen. In seinen steilen Flanken gingen die Kaiser Maximilian und Franz Joseph dem Waidwerk nach. Im 19. Jahrhundert wagten sich die ersten Touristen auf seinen Gipfel, unter ihnen auch der Dichter Nikolaus Lenau. Wie dem Reiseschriftsteller Joseph August Schultes, dem es bei einer Ersteigung „grün und gelb vor den Augen“ wurde, ergeht es noch heute manchen Bergsteigern. Selbst der leichteste der drei markierten Anstiege ist ausgesetzt und gesichert. Dafür genießt man oben einen fantastischen Rundblick – und obendrein den Luxus von gleich zwei renovierten und vorzüglich bewirtschafteten Hütten.

Vom **Parkplatz 01** geht man entweder auf der asphaltierten Forststraße oder rechts auf dem schmalen Weg zur Jausenstation Moaristidl und dem Seeufer entlang nach Süden. Beide Routen vereinigen sich vor dem ersten der beiden ansteigenden Tunnels durch die Traunstein-Westwand, durch die man zur Brücke über den Lainaubach gelangt (eine lohnende Alternative wäre der Miesweg). Wir gehen auf der Schotterstraße durch das Tal hinauf und geradeaus an einer Abzweigung vorbei. Kurz danach erreicht man den Rastplatz beim „Kaisertisch“. Folgt man der Straße weiter, erreicht man nach wenigen Minuten die **Mairalm 02**.

Der Mairalmsteig (Nr. 412) zweigt beim Kaisertisch links ab, führt über das meist trockene Bachbett und quert eine Rinne, dann schlängelt er sich über steile Waldhänge aufwärts. Weiter oben wird die Sicht frei und man erreicht in einer Schuttrinne das „Bründl“, die einzige Quelle am Traunstein. Linkshaltend kommt man in sehr steiles Felsgelände; die ausgesetzten Passagen bei der „Kette“ sind jedoch gut gesichert. So erreicht man den Rand des welligen

Klettersteig-Abenteuer Traunstein

Für Ferrata-Fans ist der Traunstein eine Top-Adresse: „Einsteiger“ sollten zunächst den relativ einfachen Hans-Hernler-Steig versuchen – er schlängelt sich vom Parkplatz am Ende der Traunsteinstraße erst Richtung Kaltenbachwildnis und dann durch felsiges Gelände zur Gmundner Hütte hinauf. Im oberen Bereich zweigt rechts der sehr schwierige Sportklettersteig ab, der direkt durch die senkrechten Felswände zur Hüttenterrasse führt (nur mit kompletter Klettersteig-Ausrüstung!). Folgt man dagegen der Forststraße ins Lainautal, erreicht man nach dem Tunnel den Einstieg des Naturfreundesteiges, der in mittlerer Schwierigkeit und traumhafter Routenführung zum Traunsteinhaus emporzieht (jeweils ca. 3:00 – 4:00 h). In jedem Fall winken tolle Tiefblicke zum See!

Der Traunstein – ein oberösterreichischer Alpinmythos.

Gipfelplateaus. Links führt ein lohnender Abstecher in wenigen Minuten zum **Traunsteinhaus 03** auf dem Traunkirchnerkogel, rechts geht's zur **Gmundner Hütte 04** auf dem Fahnenkogel und weiter zum großen **Gipfelkreuz 05** des Traunsteins.

Der Abstieg erfolgt auf der gleichen Route bis zum **Parkplatz 01**.

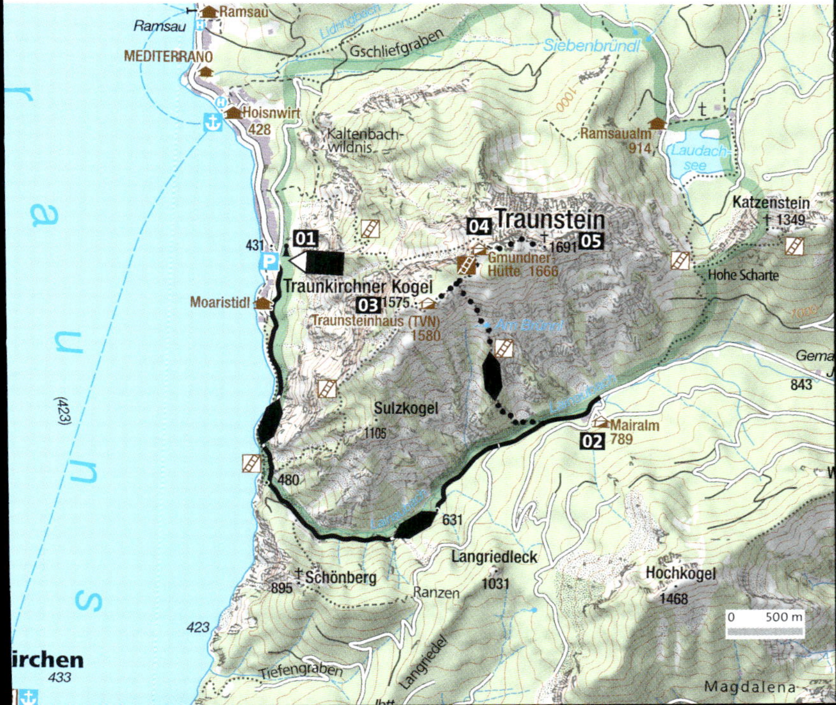

TRAUNSTEIN – DIE KLETTERSTEIGE

Überschreitung auf Eisenwegen

11 km 6:00 h 1270 hm 1270 hm 18

START | Parkplatz am Ende der Traunsteinstraße, 430 m (siehe Tour 57).
[GPS: UTM Zone 33 x: 411.455 m y: 5.302.791 m]
CHARAKTER | landschaftlich großartige Klettersteig-Überschreitung (A/B), bei der auch kurze ungesicherte Stellen im 1. Schwierigkeitsgrad zu überwinden sind. Einige Passagen weisen abgespecktes Gestein auf. Für weniger Geübte empfiehlt sich eine Klettersteig-Grundausrüstung. Keinesfalls bei Nässe oder Schneelage gehen – es passieren immer wieder Unfälle.
EINKEHR | Traunsteinhaus, Gmundner Hütte.

Die Klettersteig-Überschreitung des Traunsteins zählt zu den eindrucksvollsten Alpin-Abenteuern, die das Salzkammergut bietet. Der im unteren Bereich neu trassierte Naturfreundesteig führt vom Seeufer weg in eine bizarre Berglandschaft; der etwas leichtere Hans-Hernler-Steig bietet beim Abstieg traumhafte Tiefblicke.

▶ Wie bei Tour 57 geht man vom **Parkplatz 01** zur **Brücke über den Lainaubach 02**. Direkt davor zweigt der Naturfreundesteig links ab. Gleich zu Beginn sind steile Felspassagen zu überwinden (Stahlseile, Trittklammern), dann steigt man im Zickzack (zahlreiche Stufen) durch einen Waldhang in die Scharte beim wilden Sulzkogelturm hinauf. Nach links, über eine 8 m hohe Leiter und unter einem Überhang zu einer glatten Felsflanke, die auf künstlichen Tritten überwunden wird. Durch urigen Wald wandert man zum „Überstieg“ und zu einem Grat (zwei gesicherte Passagen), von dem man nach der Scherertafel links durch Schutt zu den Gipfelfelsen des Traunkirchner Ko-

Ziemlich tief unten liegt Traunkirchen.

Traunsee-Klettersteig

Neuerdings bietet auch der Traunstein einen sehr luftigen Sportklettersteig. Er zweigt auf etwa 1500 m – am Fuße der Gipfelwand – rechts vom Hans-Hernler-Steig ab und endet 150 m weiter oben direkt auf der Terrasse der Gmundner Hütte. Der Klettersteig ist zwar nur relativ kurz, aber sehr schwierig (C/D) und hält einige Kraft raubende Passagen bereit – etwa gleich den Einstiegs-Aufschwung, ein überhängendes Wandl oder einen glatten Pfeiler (über dem man dann auf einem Latschenband rasten kann). Dazu kommt der lange Zustieg vom Hois'n (2–2,5 h). Für die Begehung des Traunsee-Klettersteigs veranschlagt man ca. 45 Min., Abstieg am besten auf dem Naturfreundesteig (2 h).

gels quert. Vom Bösen Eck klettert man durch eine Rinne zu einer Scharte und links durch ein Felstor, hinter dem man nach kurzem Abstieg zwischen Latschen zum **Traunsteinhaus** **03** auf dem Traunkirchner Kogel ansteigt. Weiter über das Gipfelplateau zur **Gmundner Hütte** **04** und zum **Gipfelkreuz** **05**.

Abstieg: Bei der **Gmundner Hütte** **04** zweigt man auf den Hans-Hernler-Steig (Nr. 416) ab, der entlang von Sicherungen in den steilen Käshofergraben hinabführt. Die folgende Querung nach links ist durch eine Leiter unterbrochen, dann steigt man über eine Schulter und durch eine kurze Schlucht ab („Überstieg"; Stahlstifte und -seile). Über eine Scharte gelangt man in den steilen Brandgraben. Rechts davon über gesicherte Felsstufen abwärts, bis man links zur Hohen Rast quert. Hinunter in den Wald und zum „Dachsteinblick", dann über drei Leitern zu einem kleinen Kamm (Sicherungen). In Kehren (Holzbrücken) zu einer Abzweigung: geradeaus hinab zu einer Forststraße, auf der man links zum **Parkplatz** **01** gelangt.

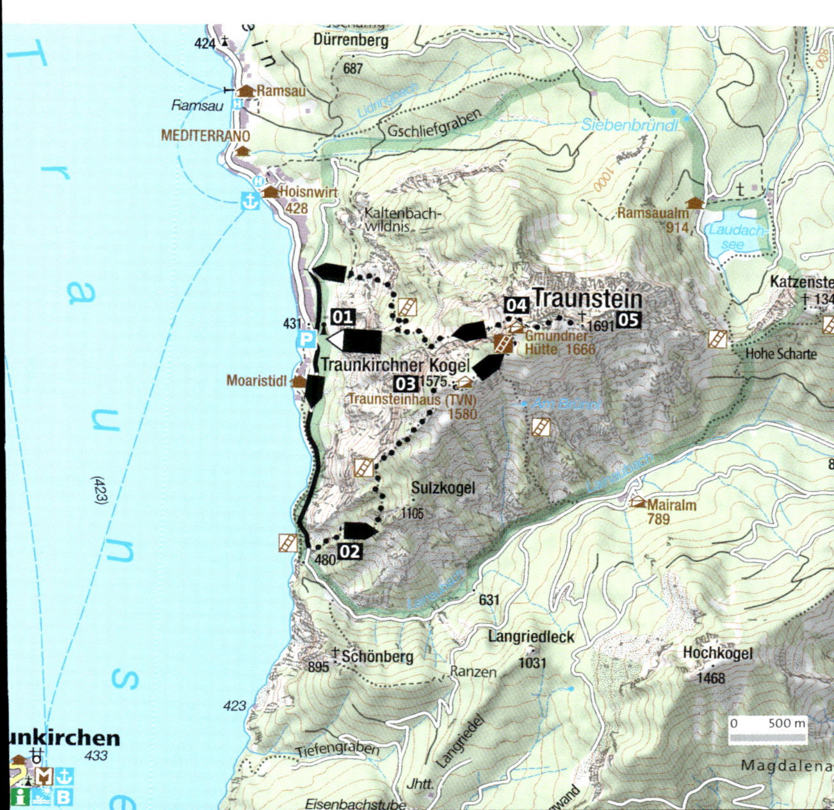

DER GLANKERLWEG

Naturerlebnisse der besonderen Art

5,7 km | 4:00 h | 100 hm | 100 hm | 19

START | Grünau im Almtal, 528 m, Erlebnisfreibad.
[GPS: UTM Zone 33 x: 421.930 m y: 5.300.754 m]
CHARAKTER | vergnügliche Talwanderung auf Güter- und Wanderwegen, Länge ca. 5 km, auch mit Kinderwagen befahrbar.
EINKEHR | unterwegs keine, Gasthöfe in Grünau.

Gemma glankerln! Auf dem Glankerlweg gingen die Knechte einst auf Arbeitssuche von Hof zu Hof. Heute geht Groß und Klein glankerln, um einen spielerischen Zugang zur herrlichen Landschaft des Almtals zu finden.

Von der Infotafel hinter dem **Grünauer Erlebnisfreibad** **01** folgen wir dem historischen Weg der Flößer neben dem grünen Almfluss Richtung Scharnstein. Bald stoppen die Kids bei der ersten von insgesamt zehn Erlebnisstationen: Hier können sie Brücken bauen. Vorbei am Duftplatzerl, an dem man viele Kräuter mit ihren verschiedenen Gerüchen kennen lernt, kommt man zum Barfußweg. Hier heißt es natürlich: Schuhe ausziehen und die diverse Bodenbeläge ausprobieren. Nach der Station „Bäume begreifen" – wer hat schon einmal verschiedene Baumarten mit geschlossenen Augen kennen gelernt? – erreichen wir eine Wehranlage. Gleich darauf geht's links über die Redlmühlbrücke und weiter zum Andrebauern. In einer kurzen Runde gelangen wir – vorbei an einem Streichelzoo – zum einladenden Jausenplatzerl beim **Grabenbauernhof** **02**.

2. Abschnitt: wieder ca. 250 m zum Flößerweg zurück und am linken (westlichen) Almufer Richtung Grünau. Als Nächstes treffen wir auf die „Insel der guten Gedanken": Für jeden guten

Die alte Klause im Vorderen Rinnbachtal.

Sensen und Klausen

Ein „Essmeister“ leitet seine Berufsbezeichnung nicht von übermäßigem Appetit, sondern von seiner Arbeitsstätte her. Aber was ist eine Esse? Wie breit ist ein Breithammer? Und warum setzt man das Almtal im Nahen Osten bis heute mit dem Begriff „Sense“ gleich? Diese und viele andere Fragen werden im Geyerhammer in Scharnstein auf höchst vergnügliche Weise beantwortet. Das liebevoll ausgestaltete Sensenschmiedemuseum ist auch Ausgangspunkt für den 2,5 km langen „Sensenweg“, der die Entwicklung des Ortes von den Hammerherren bis zur Industrie veranschaulicht (Gehzeit 1,5 h). Die Verlängerung der Tour über die Ruine Scharnstein lohnt sich sehr (zusätzlich 1,5 h).
Info: www.oberoesterreich.at/scharnstein
Das Holz für die Schmieden kam aus den waldreichen Seitengräben des Almtals. Im Vorderen Rinnbachtal, das 1 km südlich von Grünau einmündet, kann man heute noch eine steinerne Triftklause sehen. Hinter solchen Konstruktionen staute man Wasser, das man von Zeit zu Zeit abließ, um damit die geschlägerten Holzstämme hinauszuschwemmen (Zugang auf der Forststraße ca. 1,5 h, Rückweg 1 h).

Wunsch wird hier ein Stein gesetzt, bis kleine Türme als sichtbares Zeichen für das Gute im Leben entstehen.

Weiter geht's in den „Wald der vielen Gesichter“, in dem die Bäume mit Augen, Nase und Mund geschmückt werden. Schließlich ist ein kostbares Geheimnis zu lüften – welches, wird hier natürlich nicht verraten, sonst wär's ja keines mehr… Zuletzt erreichen wir den „Wald der Geräusche“, in dem es, wenn man ganz genau horcht, gar nicht so leise zugeht. Sehen, hören, spüren und riechen – der Grünauer Glankerlweg birgt viele Überraschungen für alle Sinne. Fad wird hier also niemandem. Das Begleitheft „Sepp geht glankerln“, das von Station zu Station weiterleitet, ist samt Buntstiften im Tourismusbüro Grünau, im Erlebnisfreibad oder bei den Almtaler Bauern erhältlich.

KASBERG • 1747 m

Eine Aussichtsloge vor dem Toten Gebirge

11,8 km | 4:30 h | 650 hm | 650 hm | 19

START | Hochberghaus, 1132 m; Zufahrt von Grünau im Almtal ins Tal des Grünaubachs bis zur Enzenbachmühle und dann rechts auf der Mautstraße. [GPS: UTM Zone 33 x: 424.529 m y: 5.298.608 m]
CHARAKTER | Einfache Bergwanderung auf Forststraßen und einem gut markierten Pfad; eine kurze ausgesetzte und gesicherte Stelle erfordert Trittsicherheit und Schwindelfreiheit. Bei Nebel im Gipfelbereich schwierige Orientierung.
EINKEHR | Hochberghaus, Kasbergalm-Hütte, Sepp-Huber-Hütte.

Kasberg – das klingt nach würzigem Brotbelag. Doch der Name hat nichts mit Käse zu tun und auch nichts mit einer Kaser (Almhütte). Er leitet sich von einer althochdeutschen Wortwurzel her, die so viel wie „Kar" bedeutet. Und auch geologisch ist das Massiv ein Unikum. Die Gutensteiner Kalke des Gipfelbereichs lagern auf jüngeren Dolomitschichten, sie wurden also im Zuge der Alpenauffaltung „überschoben". Aber deswegen steigt kaum jemand auf den Kasberg – alle kommen sie wegen der herrlichen Aussicht vom Gipfel, die vor allem durch den ungehinderten Panoramablick auf die gegenüber aufragenden Nordwände des Toten Gebirges bestechen.

So wandern wir also voller Vorfreude vom **Hochberghaus** 01 auf der Forststraße über eine bewaldete Anhöhe zur **Seilbahnstation** 02 unter dem Jagerspitz. Weiter geht's im Bereich der Skipiste und der Seilbahn zur Kasbergalmhütte und der Sepp-Huber-Hütte – auf dem alten Pfad Nr. 431 kann man eine Straßenkehre abkürzen und den mit Lawinenverbauungen gesicherten Benn Nock ins Skigebiet um die **Sepp-Huber-Hütte** 03 überschreiten.

Dann folgen wir dem Weg Nr. 431 weiter südwärts durch den Weidehang in den hinteren Bereich des Kars, wo er sich nach links wendet. Die kurze ausgesetzte Stelle in einer Scharte über steilen Südabbrüchen lässt sich mit Hilfe von Stahlseilen leicht überlisten. Dann wandert man über einen breiten Latschenrücken in eine weitere Mulde. Immer weiter wird die Sicht; im Westen erblickt man bereits den Traunstein. Schließlich steigen wir rechts über den Hang zum **Gipfelkreuz** 04 empor.

Abstieg auf der gleichen Route zum **Hochberghaus** 01.

Das Tal der Vögel

Als der Nobelpreisträger Konrad Lorenz 1973 von Deutschland nach Österreich zurückkehrte, fand er im weitgehend naturbelassenen Almtal den geeigneten Platz für seine später so berühmt gewordenen Forschungen am Verhalten der Graugänse. Nach seinem Tod wurden hier auch Kolkraben und Waldrappen zu Studienobjekten. Der Cumberland- Wildpark ist eine wichtigte Heimstatt für Tiere, die vom Aussterben bedroht sind; Waldrapp und Urwildpferde finden hier Hege und Pflege. Einer der Cumberland-Mönchsgeier kreist mittlerweile schon über der Mittelmeerinsel Mallorca, ein hier geborener Bartgeier konnte in den Alpen ausgesetzt werden.

Info: www.oberoesterreich.at/gruenau

Der Kasberg ist eine Panoramaloge vor den Nordabstürzen des Toten Gebirges.

DIE ALMSEE-RUNDE

Romantik im Osten des Salzkammerguts

10,6 km | 3:00 h | 100 hm | 100 hm | 19

START | Parkplatz am Ende der Almtaler Landesstraße am Südufer des Almsees, 589 m.
[GPS: UTM Zone 33 x: 421.248 m y: 5.288.701 m]
CHARAKTER | einfache Wanderung auf Forststraßen und schmalen Pfaden, ein steiler Anstieg.
EINKEHR | Gasthof Seehaus und Gasthof Deutsches Haus am Almsee.

Der viel besuchte Almsee liegt direkt unter den Nordwänden des Toten Gebirges. Die gewaltigen Schuttmassen, die an seinem flachen Südufer abgelagert sind, stammen aus dem Kolmkar und dem gewaltigen Talschlund „In der Röll" – ein wahrhaft „sprechender" Name, vor allem bei Unwettern! Am Ende der Straße durchs Almtal finden wir dort das Seehaus, das 1652 von den Mönchen des Benediktinerstifts Kremsmünster als Meierhof errichtet wurde, und das benachbarte Deutsche Haus – zwei einladende Gasthöfe, die auch Ausgangspunkt für eine Wanderrunde um den Almsee sind.

1. Abschnitt: Hinter dem Deutschen Haus am **Almsee-Südufer** **01** beginnt der Voralpen-Weitwanderweg Nr. 404 Richtung Offensee/Ebensee mit einem kurzen, aber sehr steilen Waldanstieg. Oben auf dem Rücken erreicht man eine Forststraße, bei der die Weitwan-

Der Almsee vor der gewaltigen Felskulisse der „Almtaler Sonnenuhr".

derweg-Schilder nach links weisen. Wir gehen jedoch rechts und gelangen im sanften Abstieg zu einer Abzweigung. Hier nach links und bei den folgenden Wegteilungen stets bergab bis zum Weißeneggbach. Kurz talaus, dann links über eine Brücke und wieder rechts abzweigen. Nun geht's neben dem rauschenden Bach hinaus. So erreichen wir die Landesstraße beim **Jagdhaus Schwarzenbrunn** **02** (Bushaltestelle).
2. Abschnitt: Rechts über die Weißeneggbach-Brücke, dann links zur Wehranlage, die den Almsee aufstaut. Drüben stoßen wir wieder auf den Voralpen-Weitwanderweg 404, der vom Gasthof Jagersimmerl herüberführt (lohnender Abstecher). Wir folgen ihm nach rechts und gehen dem hier noch recht schmalen Almsee entlang. Nach etwa 1 km wird die Wasserfläche breiter. Bald dominiert die gesamte Nordwandflucht des Toten Gebirges das Blickfeld: Neuner-, Zehner-, Elfer- und Zwölferkogel – die steinerne „Sonnenuhr" der Almtaler Bauern. Im Wasser machen da und dort aufsteigende Luftbläschen auf unterirdische Quellen aufmerksam.

Die Ödseen

Vom Gasthof Jagersimmerl – 1,5 km nördlich des Almsees – führt eine 6 km lange Straße zum Almtalerhaus, die vom Frühsommer bis zum Beginn der Jagdsaison Mitte September befahren werden darf. Vom Schutzhaus führt eine sehr lohnende Rundwanderung um den Großen und den Kleinen Ödsee (rund 1,5 h). Über dem Talschluss der Hetzau steht die Schermberg-Nordwand – mit 1300 m Höhe eine der größten Felsfluchten der Alpen. Rechts davon ereignete sich am Ende der letzten Eiszeit ein gigantischer Bergsturz. Die Abbruchmassen donnerten über 12 km ins Almtal hinaus und stauten auch den Almsee auf.

Vorbei an der Fischerhütte gelangt man in den Auwald am Südufer. Rechts haltend geht's über zwei Stege bis zum **Almsee-Südufer** **01** hinüber.

DIE „ALMTALER SONNENUHR“

Klettersteige über der Röll

21,6 km | 12:00 h | 1900 hm | 1900 hm | 19

START | Almsee, 589 m, Seehaus am Südufer.
[GPS: UTM Zone 33 x: 421.492 m y: 5.288.364 m]
CHARAKTER | Hochalpine Bergtour mit mehreren ausgesetzten, aber gut gesicherten Felspassagen. Trittsicherheit und Schwindelfreiheit sind notwendig; nicht bei Nebel oder Schneelage gehen.
EINKEHR | Am Almsee, Pühringerhütte.

Die Erschließungsgeschichte der Berge verzeichnet nicht nur Adelige und Alpinhelden: Im Toten Gebirge verewigt sie auch den Welser Finanzbeamten Sepp Huber, der am Beginn des 20. Jahrhunderts, als das Tote Gebirge noch ein hermetisch abgeschlossenes Jagdgebiet war, den Bergsteigern die nordseitigen Zustiegswege freistritt und mit Eisen sicherte. Gute Kondition und sicheres Wetter braucht man aber nach wie vor, um vom Almsee zur gewaltigen und wüstenhaft öden Hochfläche des riesigen Gebirgsstocks hinaufzukraxeln. Die gewaltigen Kalkgipfel zwischen dem Rotgschirr und dem Woising, die den Almtaler Bauern einst als natürlicher Sonnen-Chronometer dienten, sollten Sie jedenfalls erst dann anpeilen, wenn der letzte Schnee der ersten Blütenpracht Platz gemacht hat.

Der Klettersteig zur Grießkarscharte.

Unsere Tour beginnt auf der Forststraße, die vom **Seehaus** **01** am Almsee-Südufer in den tief eingeschnittenen Felskessel **„In der Röll“** **02** führt. Woher dieser seltsame Name kommt? Bei Unwettern kracht hier das Geröll, das die Felsschluchten rundum in Massen ausspucken. Bald zweigen wir links auf den Sepp-Huber-Steig (Markierung Nr. 214) ab. Mit Hilfe von Stahlseilen und Leitern überwindet man die Felsstufen des stellenweise bewaldeten Ahornkars. Oben auf dem **Röllsattel** **03** liegt das Karstplateau wie mit einem Paukenschlag vor uns. Am Fuße des tafelbergartigen Rotgschirrs, das sich ebenfalls auf einem gesicherten Steig ersteigen lässt, überqueren Sie es bis zum Ausseer Weg (Nr. 201), der rechts zur **Pühringerhütte** **04** zieht. Eine anspruchsvolle Abstiegsmöglichkeit bietet sich über die urweltliche Grießkarscharte an: Dazu wandern wir auf dem Weg Nr. 201 Richtung Ausseerland, vorbei am Elmsee und in die **Elmgrube** **05**. Dort zweigen wir rechts ab, steigen zum **Abblasbühel** **06** an und folgen dahinter, auf der „Wiesen“, dem rechts abbiegenden Pfad Nr. 213 in die Steinöde. In der Urlandschaft der **Grießkarscharte** **07**, zwischen dem Elfer- und dem Zwölferkogel, erwarten Sie riesige Felsplatten und Schnee bis in den Sommer hinein. Dahinter heißt es mit Hilfe von Stahlseilen und über eine Leiter in die haltlose Tiefe zu turnen – der Eindruck dieser steilen Felslandschaft ist überwältigend. Es folgt ein langer Steilabstieg in die **Röll** **02**, dann geht's auf der bereits bekannten Forststraße eben zum **Seehaus** **01** am Almsee hinaus.

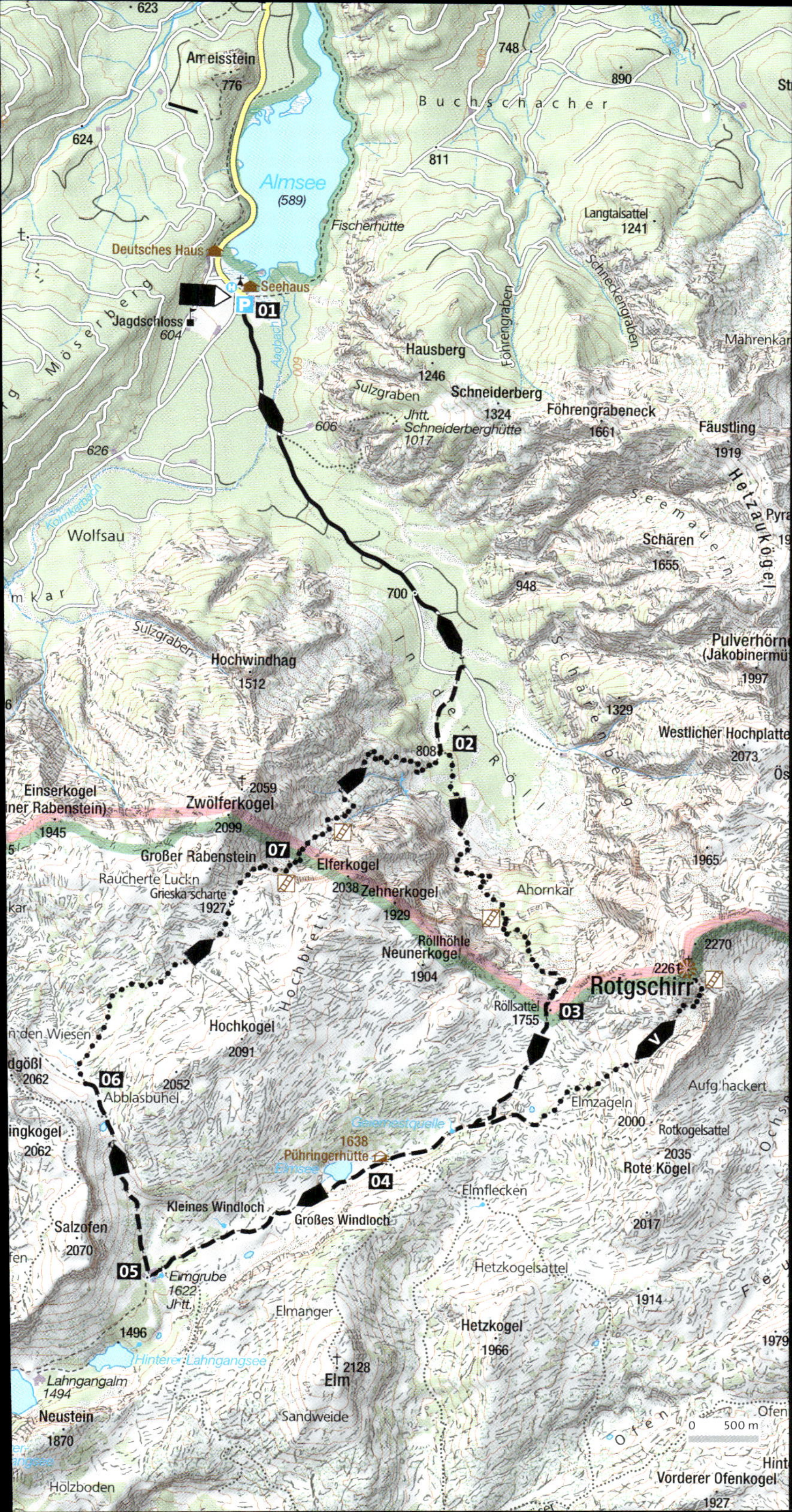
623
Ameisstein
776
748
890
Buchschacher
624
811
Almsee
(589)
Langtalsattel
1241
Fischerhütte
Deutsches Haus
Seehaus
01
Jagdschloss
604
Möserberg
Hausberg
1246
Föhrengraben
Schneckengraben
Mährenkar
Sulzgraben
Schneiderberg
1324
Föhrengrabeneck
1661
Jhtt.
Schneiderberghütte
1017
606
Fäustling
1919
626
Seemauern
Hetzaukögel
Wolfsau
Schären
1655
948
700
Sulzgraben
Hochwindhag
1512
Pulverhörndl
(Jakobinermütze)
1997
In der Röll
Schärenberg
1329
Westlicher Hochplatte
2073
808
02
Einserkogel
2059
Zwölferkogel
1945
2099
Großer Rabenstein
07
Elferkogel
1965
Raucherte Luckn
Grieskarscharte
1927
2038
Zehnerkogel
Ahornkar
1929
Röllhöhle
Neunerkogel
1904
2270
2261
Rotgschirr
Röllsattel
1755
03
Hochkogel
2091
Hochbrett
2062
06
2052
Abblasbühel
Aufg'hackert
Elmzageln
2000
Rotkogelsattel
2035
Rote Kögel
1638
Pühringerhütte
Elmsee
04
Elmflecken
2062
Kleines Windloch
Großes Windloch
Salzofen
2070
2017
05
Elmgrube
1622
Jhtt.
Hetzkogelsattel
1914
Elmanger
Hetzkogel
1966
1496
Hinterer Lahngangsee
2128
Elm
1979
Lahngangalm
1494
Neustein
1870
Sandweide
0
500 m
Hölzboden
Vorderer Ofenkogel
1927

PREDIGSTUHL • 1278 m

Von ewigen Wänden und berstenden Bergen

11,5 km | 4:30 h | 780 hm | 780 hm | 20

START | Bad Goisern (502 m), Bahnhof.
[GPS: UTM Zone 33 x: 395.900 m y: 5.277.258 m]
CHARAKTER | Abwechslungsreiche Tagestour auf kleine Waldberge, die jedoch mit sehr felsigen Szenerien überraschen. Der Gipfelanstieg auf den Predigstuhl erfordert Trittsicherheit und Schwindelfreiheit (nicht bei Nässe gehen).
EINKEHR | Berghof Predigstuhl.

Im Talbecken nördlich des Hallstätter Sees haben die Goiserer Urväter jene bezaubernde Kulturlandschaft geschaffen, die den Reiseschriftsteller Benedikt Pillwein schon anno 1828 zu hymnischer Begeisterung trieb: „Keine Gegend kann schöner und für den Mahler an abwechslungsreichen Scenen reichhaltiger seyn". Ihren besonderen Reiz verdankt diese Landschaft nicht zuletzt den spektakulären Felswänden der Ewigen Wand und der atemberaubend glatten Gipfelmauer des Predigstuhls (den die Einheimischen ohne „t" schreiben) im Nordosten des Ortes. Nicht von der Erosion, sondern von einem Sprengtrupp der Bundesforste stammt dagegen die Trasse des „Goiserer Höhenweges", die mitten durch die Ewige Wand zieht. Da fallen die jüngeren Erschließungen schon weitaus weniger auf: 1990 hat der Goiserer Bergführer Heli Putz eine kurze, aber ziemlich ausgesetzte Übungs-Ferrata in der Ewigen Wand geschaffen und 1996 bohrte er mit Gerhard Gangl den großartig angelegten „Leadership-Klettersteig" durch die schroffen Wände des Predigstuhls.

Die Ewige Wand ist eines
der spektakulärsten Wanderziele.

▶ Vom **Bahnhof Bad Goisern** 01 gehen wir ins Ortszentrum und auf der Marktstraße links Richtung Bad Ischl und dann neben der Hauptstraße kurz zum Hotel Lindwurm. Gegenüber zweigen wir auf die Straße in den Ortsteil **Posern** 02 ab (Mühlgraben). Von dort wandern wir rechts zur urigen **Rathluck'n-Hütte** 03 hinauf. Hier scharf nach links abbiegen und auf flacher Trasse zum „Goiserer Höhenweg". Bei den beiden folgenden Abzweigungen gehen wir stets geradeaus weiter, bis wir die himmelhohen Felsabbrüche der Ewigen Wand erreichen. Diese werden nun auf dem ausgesprengten Höhenweg (zwei Tunnels) durchquert – ein wahrer Gang zwischen Himmel und Erde! Wo man die bewaldete Oberkante erreicht, scharf nach rechts und auf dem schmalen Steig Nr. 245 oberhalb der Wand aufwärts, vorbei an der Blaschek-Warte.

Nach einem kurzen Abstieg (Stahlseil) zur Abzweigung des Radsteiges (der über eine gesicherte Stelle direkt vom Berghof Predigstuhl heraufzieht). Hier biegen wir links ab und gelangen durch

Das Gipfelkreuz auf dem Predigstuhl erglänzt vor dem Dachsteinpanorama.

ein bewaldetes Hochtal zum steilen Gipfelaufbau des **Predigstuhls 04**. Rechts über feuchte, aber mit kurzen Leitern und Stahlseilen gesicherte Felsstufen auf den recht exponierten Gipfel. Der Blick zum gegenüber aufragenden Dachsteinmassiv ist fantastisch!

Wieder zurück und nach rechts. Auf einem Holzsteg über eine Felskluft und in Serpentinen durch den sehr steilen und mit Felsblöcken übersäten Osthang hinab – vorbei an der Abzweigung zum „Leadership-Klettersteig". Unten auf der Forststraße gehen wir nach rechts zum Berghof Predigstuhl hinab. Noch ein Stück unterhalb des Predigstuhls abwärts, dann links auf den Karrenweg einschwenken und in weiten Kehren nach Posern hinunter. Schließlich wandern wir zurück bis zum **Bahnhof Bad Goisern 01**.

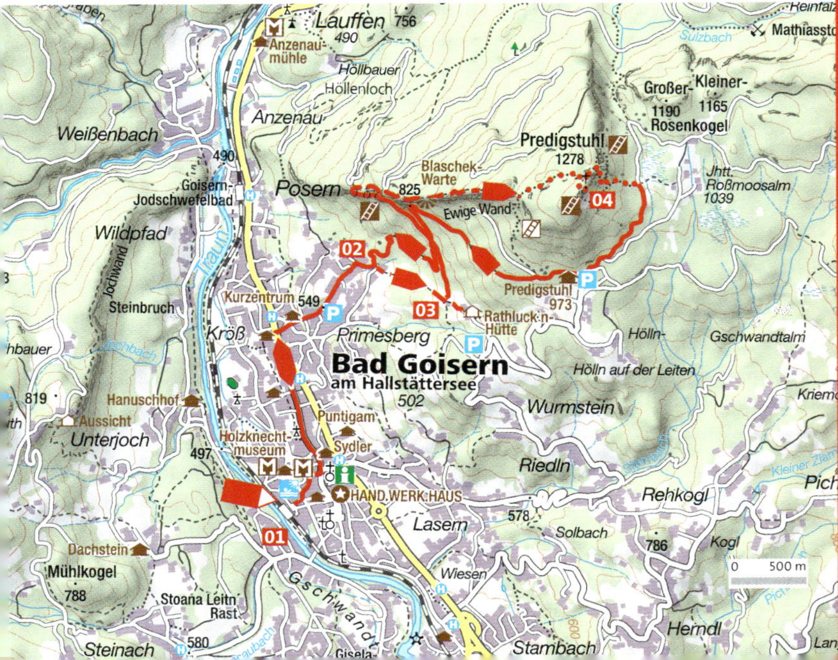

HÜTTENECKALM • 1240 m

Bergglück im Biedermeier

8,4 km | 3:00 h | 300 hm | 300 hm | 20

START | Berghof Predigstuhl, 973 m (beschilderte Zufahrt „Panorama Nova" von Bad Goisern über Wurmstein, 6 km).
[GPS: UTM Zone 33 x: 397.837 m y: 5.278.829 m]
CHARAKTER | Einfache, aber landschaftlich sehr eindrucksvolle Almwanderung auf breiten Wegen und schmalen Pfaden mit zwei kurzen Steilpassagen.
EINKEHR | Berghof Predigstuhl, Hütteneckalm.

Für geologisch Interessierte ist die Wanderung rund um die Zwerchwand eine Fundgrube. Der kleine Felsrücken zwischen Bad Ischl und Bad Goisern schickte am 15. Oktober 1978 rund 60.000 m³ Gestein in die Tiefe. Seither ist der südseitige Steilabbruch nicht mehr zur Ruhe gekommen; 1983 donnerten schließlich noch größere Gesteinsbrocken herunter. Gleich neben dem Bergsturzchaos, in dem sogar ein Mini-Matterhorn mit Gipfelkreuz zum Kraxeln lockt, erwartet Sie eine Idylle, die schon die Maler der Romantik und auch die berggängige Kaiserin Elisabeth begeistert hat: die gastliche Hütteneckalm mit ihrem berühmten Dachsteinblick. Aus dem wieder errichteten Salettl (Aussichtspavillon) lässt sich das Panorama vom Hohen Sarstein über den Gletscherzauber bis zum schroffen Plassen auf besondere Weise genießen.

Wir gehen vom Parkplatz zum nahen **Berghof Predigstuhl 01** hinauf. Rechts daran vorbei, kurz durch den Wald aufwärts und dann auf der markierten Forststraße rechts weiter. Nach gut 200 m rechts abzweigen und auf dem sanft ansteigenden Forstweg zur Roßmoosalm. Am oberen Rand der Wiese erreichen wir eine weitere Forststraße, auf der wir nach rechts gehen. Nach der obersten Hütte links und durch eine Waldmulde aufwärts, bis wir links zum „Stiegl" abzweigen. Auf einem schmalen, steilen und nur spärlich markierten Pfad zu den zerklüfteten Felsen und einer kleinen Scharte hinauf. Dahinter nach rechts, quer durch den schütter bewaldeten Hang und dann auf einem Karrenweg (Vorsicht, rechts und links tiefe Klüfte!) zu einer Forststraße, auf der man über eine Kuppe in den Graben gelangt. Rechts ansteigend in die Senke am Fuße des Hohen Rosenkogels, von der rechts ein neu angelegter Weg durch den Wald und über die große Almwiese zum breiten Sattel unterhalb der Zwerchwand hinaufzieht. Rechts zur nahen **Hütteneckalm 02**.

Zurück zum Sattel, nun aber gerade auf dem breiten Weg ins Bergsturzgelände auf der Südseite der Zwerchwand. Bald auf schmalem Pfad zwischen den Felsblöcken und am kreuzgeschmückten „Matterhörndl" vorbei, über eine kurze Leiter hinauf und auf dem Forstweg zur Roßmoosalm zurück. Auf dem Zugangsweg gelangen wir zum **Ausgangspunkt 01** zurück.

Kaiserin Elisabeths Salettl auf dem Hütteneck.

SANDLING • 1717 m

Wandernde Täler, stürzende Berge

12,8 km 6:00 h 850 hm 850 hm 20

START | Parkplatz Panorama Nova in Pichlern, 1000 m, oberhalb von Bad Goisern; Zufahrt von St. Agatha Richtung Halleralm (6 km).
[GPS: UTM Zone 33 x: 400.311 m y: 5.278.066 m]
CHARAKTER | anspruchsvolle Bergtour auf guten Bergpfaden und mit einem sehr steilen, gesicherten Gipfelaufstieg (A/B).
EINKEHR | Raschberghütte, Lambacher Hütte, eventuell Halleralm.

In geradezu apokalyptischem Ausmaß zeigt der Sandling, ein südwestlicher Vorposten des Toten Gebirges, die Ruhelosigkeit unserer Erde: Zuletzt stürzte in der Nacht vom 12. auf den 13. September 1920 ein Teil seiner gesamten Westwand in die Tiefe, wobei unvorstellbare 6 bis 9 Millionen m³ Gestein in Bewegung kamen. Riesige Geröllfelder, haushohe Felsklötze mitten auf dem Almboden und die unübersehbaren Spuren einer Erdmure, die fast 4 km durch das Tal des Michlhallbachs „wanderte", geben ein anschauliches Bild dieser Naturkatastrophe. Schuld daran haben vermutlich auch die Bergwerksstollen, die man schon im Mittelalter ins Gesteinsfundament trieb.

Aufstieg: Vom **Parkplatz** **01** gehen wir auf der Forststraße Richtung Lambacher Hütte (Nr. 248) bzw. auf dem Abkürzungsweg zur Kreuzung unterhalb der Raschberghütte hinauf. Hier nach

Ein Gipfel zerfällt: die Sandling-Westwand mit dem Bergsturzfeld von 1920.

rechts in ein bewaldetes Hochtal, über eine Senke und durch den linken Hang einer riesigen Mulde zur **Lambacher Hütte 02**. Dann geht's steil zur Vorderen Sandlingalm hinunter. Hier links abbiegen und über die Wiese, bis bei der großen Schutthalde unterhalb der Sandling-Westwand rechts der Steig Nr. 250 abzweigt. Dieser führt über ausgesetzte Felsstufen und durch steile Latschengassen (Stahlseile und Eisenklammern) auf das breite Gipfeldach. Rechts zum Kreuz auf dem **Sandling 03**.

Abstieg: Wieder zur Wegteilung hinab, nun jedoch geradeaus nach der Markierung Nr. 251 weiter. Über zwei Felsstufen (Drahtseile) hinab und über den schütter bewaldeten Nordrücken zum Wanderweg Nr. 201, auf dem wir links durch den Waldhang bis zur Vorderen Sandlingalm hinüberqueren. Nun gibt der Steig Nr. 250 die Abstiegsrichtung nach Süden vor: Durch das steile, deutlich von Erdbewegungen gegliederte Tal des Michlhallbachs steigen wir bis in Sichtweite des „Unsinnigen Kira" (70 m hoher Felsturm) ab. Dort rechts abzweigen, über den Bach und zu einer Forststraße hinab. Auf dieser nach rechts, bis wir rechts auf den markierten Waldsteig zur ehemaligen **Oberleislingalm 04** abzweigen. Unterhalb der Leislingwand gehen wir zur asphaltierten Zufahrtsstraße und auf dieser rechts über die Flohwiesen zum **Parkplatz 01** hinauf.

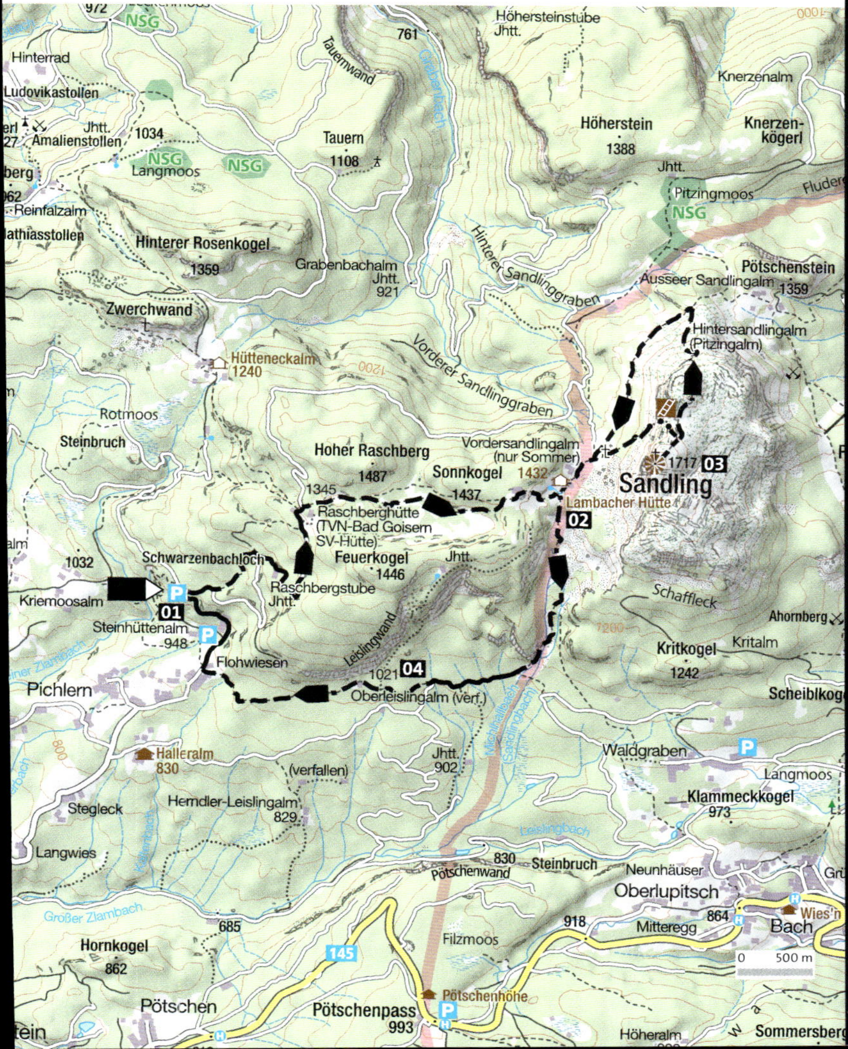

HOHER KALMBERG • 1833 m

Besuch beim Kalmberg-Indianer

17,4 km | 7:30 h | 1350 hm | 1350 hm | 20

START | Bad Goisern, 500 m.
[GPS: UTM Zone 33 x: 395.802 m y: 5.277.219 m]
CHARAKTER | lange, aber bis auf eine kurze ausgesetzte Passage nicht schwierige Bergwanderung auf guten Wegen und Steigen.
EINKEHR | Goiserer Hütte.

Das mächtige Kalmberg-Massiv schiebt sich wie ein Keil zwischen den Hallstätter See und das Gosautal. Die Goiserer Zustiege ziehen sich zwar ein wenig in die Länge, doch sie enden schließlich bei der Goiserer Hütte. Hier gibt's ein Bratl, das auch einen längeren Aufstieg rechtfertigen würde. Der Clou kommt aber ganz am Schluss: Der Gipfel zeigt sich als verwitterter Indianerkopf, der sinnend über das Goiserer Becken blickt.

Aufstieg: Vom Gemeindeamt in **Bad Goisern** 01 gehen wir auf der Hauptstraße nach Süden und rechts zur evangelischen Kirche. Über den Bahnübergang und die Traunbrücke, danach rechts und stets nach der Markierung Nr. 880/810 weiter: zum Ramsauer Bach, links durch den Bachgraben und vor der Ortschaft **Steinach** 02 links zum Parkplatz für die Besucher der Goiserer Hütte. Auf der Forststraße durch das Schüttbachtal (nicht links zum Niederen Kalmberg abzweigen), zur Trockentannalm und auf dem Wanderweg in den Kesselgraben. Vorbei an der Materialseilbahn, der Waldmann-Poidl-Rast (Hütte) und nahe der Unteren Schartenalm nach rechts. Über einen steilen Rücken aufwärts und von der Dichtlerinquelle unter dem Sonnenwendkogel zu einem Sattel hinauf – knapp darüber steht die **Goiserer Hütte** 03. Links beginnt der Gipfelsteig Nr. 888 – wir folgen ihm nach Süden, durchqueren den Hang vor der Kalmoskirche (Höhle) und ersteigen den **Hohen Kalmberg** 04 über einen Latschenkamm.

Abstieg zum Sattel vor der **Goiserer Hütte** 03, von dem links zwei Wege wegführen. Wir wählen den Pfad Nr. 884 Richtung Hochmuth, der westlich des Sonnenwendkogels und über die vordere Wiese der Schartenalm (Paul-Preuß-Hütte) in eine Waldmulde zieht. Danach steigen wir über einen bewachsenen Kamm zur Pramesbergerrast ab. Es folgt eine felsige und ausgesetzte Passage, dann wandern wir über den Waldrücken bis zur Einmündung eines

Über die Kalmberge

Das schroffe Kalmberg-Massiv – auch Ramsauer Gebirge genannt – bietet nicht nur „brave" Wanderwege. Eine lange und luftige Klettersteig-Überschreitung (B) beginnt gleich oberhalb der Ramsau, wo der Weg Nr. 888 links absteigt. Durch den steiler werdenden Buchenwald und in vielen Kehren erreicht man eine Schlucht (Stahlseil) und bald darauf die Tiefe Scharte. Rechts durch Latschenrinnen auf den Brenntenkogel und aus dem folgenden Törl zwischen den Latschen auf eine felsige Graterhebung. Nun über südseitige, seilgesicherte Felsstufen und auf dem steilen Grat zum Niederen Kalmberg (1827 m) hinauf. Der Abstieg in den Kalmbergsattel und der Aufstieg zum Hohen Kalmberg sind nicht mehr schwierig (5 h).

Karrenweges. Rechts hinunter und auf der Straße scharf links zum Bauernhof Hochmuth. Auf dem markierten Weg (Hochspannungsleitung) nach Obermuth und auf der Zufahrtsstraße kurz weiter, bis wir rechts auf dem Wanderweg A 14 nach Unterjoch absteigen (geradeaus lohnender Abstecher zur Jochwand-Aussicht). Hinunter zur Rassingmühle, nach rechts und über die Traunbrücke nach **Bad Goisern** 01 zurück.

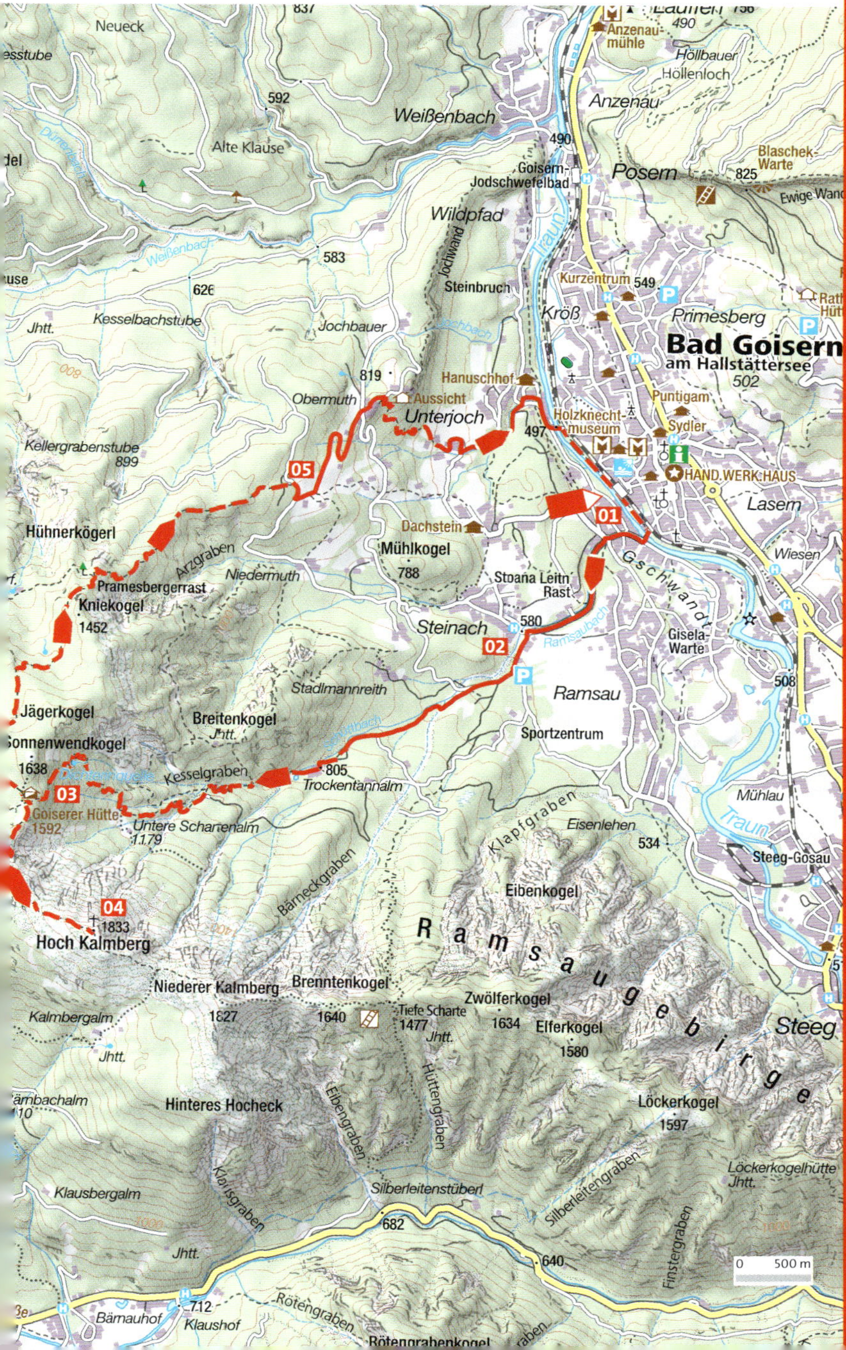

HOHER KALMBERG • 1833 m

Von Gosau zur Goiserer Hütte

12,8 km | 7:00 h | 1100 hm | 1100 hm | 20

START |Gosau, Parkplatz im Ortsteil Ramsau, 760 m (ca. 700 m vor Gosau-Vordertal bei der alten Dorfschmiede – gegenüber der Kfz-Werkstätte – bergwärts bis zum Schranken).
[GPS: UTM Zone 33 x: 390.290 m y: 5.271.690 m]
CHARAKTER | landschaftlich sehr lohnende Bergwanderung auf einen herrlichen Aussichtsgipfel; gute, aber stellenweise steile Wege und Pfade.
EINKEHR | Iglmoosalm, Goiserer Hütte.

Der felsige „Gipfel-Indianer".

Nach Süden hin zeigt sich das Kalmberg-Massiv von seiner sanften, wald- und latschengrünen Seite, hinter der sich das stille Waldrevier um die Wiesalm verbirgt. Der Zustieg von Gosau zur Goiserer Hütte ist nicht schwierig und beschenkt Sie schon auf der Iglmoosalm mit einem ersten Prachtblick zum Zackengewirr des Gosaukamms. Dann verschluckt Sie wieder der dunkle Tann – aber was für einer: Flechtenbärtige Riesenfichten, bemooste Felsblöcke und überraschende Lichtungen prägen die Mulden unterhalb der Goiserer Hütte. Schließlich liegt ein Panorama vom Traunstein bis zum Tennengebirge frei vor uns.

Aufstieg: Vom Parkplatz oberhalb der **Ramsau** 01 wandern wir auf der Forststraße wenige Minuten nach links, bis ein Pfad abzweigt, auf dem wir über dem Kreuzgraben den markierten Waldweg Nr. 880 erreichen. Dieser führt rechts durch dichten Wald zu einer

Die Gosau

Eine Landschaft zum Verlieben: Mitten im Wald, harmonisch eingefügt zwischen dem Dachsteinmassiv und dem vielgezackten Gosaukamm, liegt der Ort Gosau. Leicht war das Leben im Hochtal der „Gosach" nie: Man lebte mehr schlecht als recht von der Landwirtschaft, verdingte sich beim Salzbergbau oder als Holzknecht – oder suchte wirtschaftliche Nischen, etwa mit der Herstellung von Wetz- und Schleifsteinen. Auf dem beschilderten Themenweg „Wildnis & Bauernland", der rund um den Ort führt, erfährt man viel über dieses Gewerbe (Start beim Tourismusbüro, ca. 2 h).
Info: www.oberoesterreich.at/gosau

Die Goiserer Hütte.

weiteren Forststraße, der wir wenige Schritte nach links folgen. Von einer Kurve rechts wieder auf dem Wanderweg zu einer Forststraßen-Abzweigung, von der wir nach dem Wegweiser zur nahen **Iglmoosalm** 02 gelangen. Nun steigt unser Pfad wieder steil durch den Wald an und kürzt zwei Straßenkehren ab; dann folgen wir der Forststraße in ein Hochtal hinein. Bald verlassen wir ihre Trasse nach rechts und marschieren auf dem alten Almweg durch urigen Wald zur Schartenalm und in einen kleinen Sattel hinauf. Links gelangt man mit wenigen Schritten zur **Goiserer Hütte** 03. Rechts vom Sattel zieht dagegen der Pfad Nr. 888 zum **Hohen Kalmberg** 04 empor (siehe Tour 68).

Abstieg auf der gleichen Route.

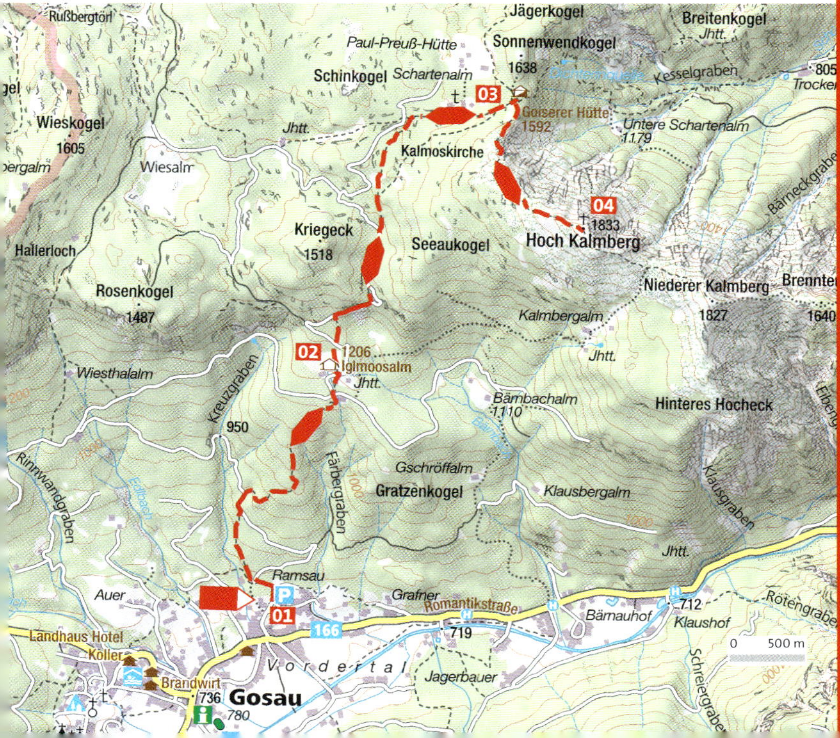

GAMSFELD • 2027 m

Ein alpiner Abstecher ins Salzburger Land

10,3 km | 6:00 h | 1200 hm | 1200 hm | 20

START | Rußbach am Pass Gschütt, 813 m (6 km westlich von Gosau), Parkplatz am Eingang ins Rinnbachtal.
[GPS: UTM Zone 33 x: 384.581 m y: 5.272.648 m]
CHARAKTER | beliebte Bergwanderung auf Forststraßen und stellenweise steilen Pfaden, im Gipfelbereich sind Trittsicherheit und Schwindelfreiheit erforderlich.
EINKEHR | Angerkaralm.

Der einzige „Zweitausender", der die Voralpen des Salzburger Landes überragt, erweist sich als Aussichtsgipfel der Sonderklasse. Neben dem fulminanten Dachstein-Panorama erblickt man, wenn man sich unter seinem Gipfelkreuz nach Norden wendet, sogar den Wolfgangsee, der zwischen dem Sparber und der Bleckwand durchleuchtet. Von Südwesten gesehen zeigt sich das Gamsfeld als breiter Grashöcker – hier führt auch der einfachste Weg hinauf. Auf den anderen Seiten hat die Erosion deutlichere Spuren hinterlassen – in Form von tiefen Karen, wuchtigen Felspfeilern, schräggebankten Wänden und atemberaubenden Dolomitflanken, an denen das Wasser langsam, aber unerbittlich nagt.

▶ Aufstieg: Vom **Parkplatz** 01 im Rinnbachtal wandert man auf der Straße Richtung Rinnbergalm. Bei der nahen Abzweigung rechts nach dem Schild „Traunwandalm" (Markierung Nr. 875) hinauf. Nach einer Kurve links auf den Weg Nr. 203 abbiegen. Bald wandert man durch die Waldhänge über dem Rinnbachtal aufwärts. Nach gut 1 km schwenken wir rechts auf den Steig Nr. 202 ein, der in einen Seitengraben und dann steiler – zuletzt eine Forststraße abkürzend – zur **Angerkaralm** 02 emporzieht.

Links der Schmalztrager, rechts das Gamsfeld – und darunter die Traunwandalm

Blumen & Schnecken

Die 1200 m hoch gelegene Schneckenwand im Süden des Gamsfelds gilt als eine der bedeutendsten Fossilienfundstätten des Lammertals. Man erreicht sie auf dem Weg Nr. 209 über den Sonnenhof/Fallnegg (1 h, Abstieg 45 Min.). Die nötige Energie holt man sich am besten auf dem Jungbrunnen-Wanderweg. Dieser mit 30 Stationen ausgestattete Themenweg führt vom Gemeindeamt Rußbach ins Tal des Rinnbachs hinein, zieht dann oberhalb davon zum Berggasthof „Zum Hias" und folgt schließlich der Zufahrtsstraße zum Ausgangspunkt zurück (2 h). Unterwegs findet man mehrere Brunnen und – je nach der Jahreszeit – bis zu 200 wild wachsende Blumen, Heilkräuter und Orchideen.
Info: www.russbach.at

Weiter aufwärts ins Kar zwischen dem steilen Schmalztrager und einem felsigen Ausläufer des Gamsfeld-Massivs. Weiter oben halten wir uns nach rechts und steigen durch einen Steilhang zu einer schmalen Scharte auf. Dahinter rechts an einer grünen Senke vorbei und auf einen Vorgipfel (Wegteilung). Links über den Gipfelgrat zum Kreuz auf dem **Gamsfeld** 03 hinauf.

Der schnellste Abstieg führt von der erwähnten Wegteilung auf dem Vorgipfel auf dem Weg Nr. 201 zwischen felsdurchsetztem Steilrasen und Latschen nach Süden.
Auf etwa 1680 m Höhe quert man nach links, steigt vorsichtig auf brüchigen Schrofen ab und wandert dann zwischen Felsblöcken, Latschen und Fichten bis zur wunderschön gelegenen **Traunwandalm** 04 hinab.
Zuletzt geht's auf dem alten Almweg über die Wiese und im Wald neben dem Traunwaldbach zum **Parkplatz** 01 hinunter.

PLANKENSTEINALM – HOHE SCHEIBE • 1659 m

Auf den Spuren der Schleifsteinmacher

18 km | 6:15 h | 950 hm | 950 hm | 20

START | Gosau-Mittertal, 745 m.
[GPS: UTM Zone 33 x: 388.815 m y: 5.269.359 m]
CHARAKTER | bis zur Plankensteinalm eine lange, aber gemütliche Bergwanderung auf Forststraßen und stellenweise steilen Waldwegen; im Bereich der Hohen Scheibe stellenweise weglos. Vorsicht bei Nebel!
EINKEHR | Leutgebhütte.

Die Plankensteinalm liegt auf einem weit geschwungenen Waldsattel zwischen dem zentralen Dachsteinmassiv und dem nordwestlich vorgelagerten Plassen. Der Weg dorthin führt durch endlose Wälder, die natur- und kulturgeschichtliche Besonderheiten bergen: uralte Sandsteinbrüche, in denen heute noch Sandstein-Schleifsteine hergestellt werden, und das zauberhafte Löckenmoos, ein Latschenhochmoor mit einem winzigen Seelein mittendrin.

Aufstieg: Von der Brücke in **Gosau-Mittertal** 01 wandern wir hinab zum Gosaubach und jenseits zur Häusergruppe auf der östlichen Talseite. Wo der Lainbach sein steiles Waldtal verlässt, übersetzen wir ihn auf einer Brücke nach links, folgen dem anschließenden Ziehweg (Markierung Nr. 511) ein Stück aufwärts und zweigen – der Markierung folgend – bald auf einen steilen Waldsteig ab, der ziemlich gerade zur **Schäferalm** 02 hinaufzieht. Hier überqueren wir eine Forststraße und steigen etwas sanfter zur Schüttmannalm hinauf.

Von dort ist es nicht mehr weit zu den historischen **Schleifsteinhütten** 03, hinter denen der alte Steinbruch liegt. Wer

Ein Wanderziel für Romantiker: der Löckensee in seinem Latschenhochmoor vor dem Gosaukamm.

nun schon absteigen möchte, geht auf dem Weg Nr. 644 weiter – er führt steil nach Gosau-Hintertal hinunter. Richtung Plankenstein zweigen wir bei den Schleifsteinhütten jedoch scharf nach links ab. Nach der Markierung Nr. 644 wandern wir durch die Ostseite des Löckenmoosberges.

Dort zweigt ein mit der Hinweistafel „Löckensee“ beschilderter Pfad zum **Oberen Löckenmoos** 04 ab – ein lohnender Abstecher, den man keinesfalls auslassen sollte! Von der **Vorderen Grubenalm** 05 folgt unsere Route nun der flachen Forststraße nach links, bis wir rechts auf einem Pfad über das Schnittlamoos zur **Plankensteinalm** 06 ansteigen. In ihrem hinteren (östlichen) Bereich zweigt links ein Steig ab, der durch buckligen Almwald führt und uns schließlich in die weglosen Südhänge der **Hohen Scheibe** 07 (Plankensteinhöhe) entlässt.

Abstieg auf der Aufstiegsroute, wobei man sich bei den **Schleifsteinhütten** 03 für eine der beiden Wegvarianten ins Tal entscheiden muss.

Variante: Man kann von der Plankensteinalm auch kurz auf der Forststraße und dann links auf dem beschilderten „Flugweg“ absteigen. Er quert eine Forststraße und führt dann in den tiefen eingeschnittenen Brielgraben hinab. Durch diesen rechts auf einer weiteren Forststraße, die sich knapp vor der Einmündung ins Gosautal teilt. Kurz nach links, dann rechts auf dem Waldweg Nr. 640 zum Gosaubach und nach Gosau-Vordertal (Bushaltestelle).

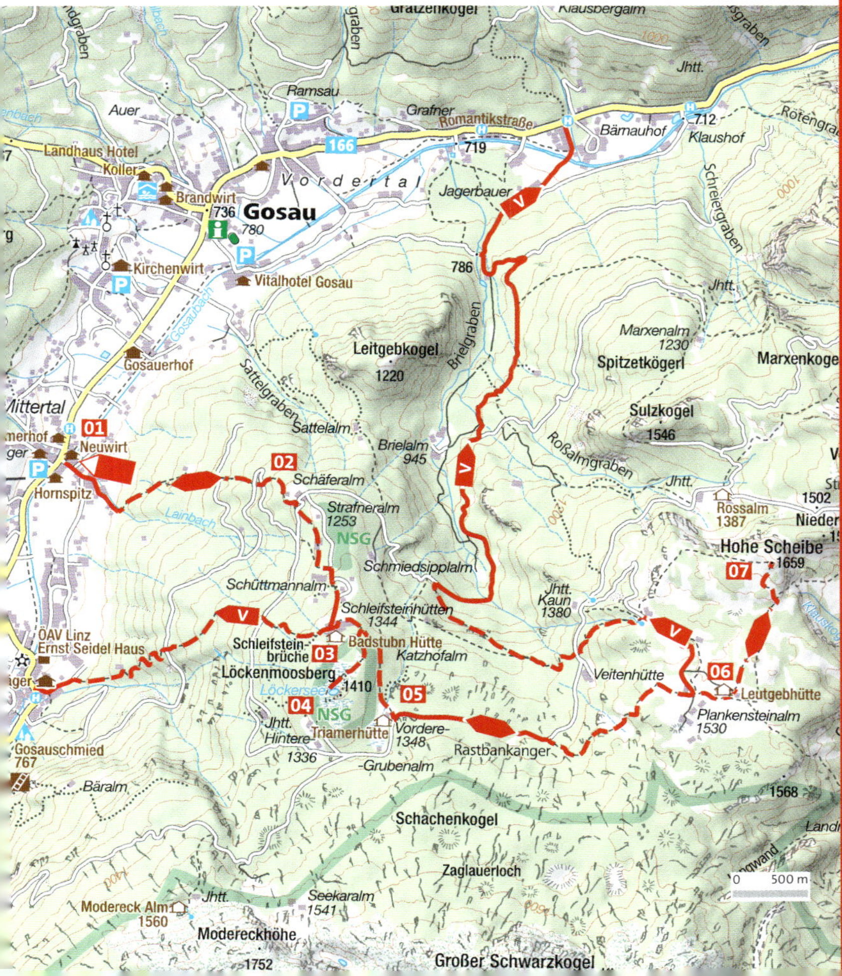

DIE GOSAUSEEN

„WaSerleben“ unter dem Dachstein

12,7 km | 3:45 h | 240 hm | 240 hm | 20

START | Gasthof am Vorderen Gosausee, 937 m (Zufahrt von Gosau-Vordertal 7 km, auch Busverbindung).
[GPS: UTM Zone 33 x: 386.870 m y: 5.265.568 m]
CHARAKTER | einfache, landschaftlich sehr eindrucksvolle und daher überaus beliebte Talwanderung auf breiten Wegen. Rund um den Vorderen Gosausee mit interessanten Themenweg-Stationen ausgestattet.
EINKEHR | Gasthof am Vorderen Gosausee, Seeklausalm, Holzmeisteralm, Hohe Holzmeisteralm (Hintere Gosauseealm).

Ein Klassiker unter den Postkartenmotiven: der Vordere Gosausee vor der eisglänzenden Kulisse des Dachsteingebirges, rechts flankiert von den spitzen Zinnen des Gosaukammes. Die beliebte Umwanderung des Vorderen Gosausees ist nun, nach der Installation der interessanten „Wasser-Wunder“ des Themenweges „WaSerleben“, noch attraktiver geworden. Auf dem Abstecher

Der berühmte Blick vom Vorderen Gosausee zum Hohen Dachstein.

Ruhe über dem Rummel

Die 1157 m hoch gelegene Ebenalm (oder Goiserer Ebenalm) würde man kaum in den steilen Waldhängen über dem Vorderen Gosausee vermuten. Sie ist ein „Geheimtipp" für alle, die dem Ausflugstrubel entfliehen möchten. Gut 600 m nach dem Gasthof Gosausee zweigt vom Weg über dem nördlichen Ufer links eine Forststraße ab, der wir bis zur dritten Kehre folgen. Dort scharf rechts zu einer Wildfütterung, auf einem steilen Waldpfad durch das Bärental hinauf. Weiter oben nicht links dem Karrenweg folgen, sondern rechts auf dem Steig zur Almhütte (1 h). Rückmarsch eventuell auf der Forststraße – oder auf dem markierten Weg durch den Waldgraben der „Großen Klamm" zum Gosauschmied in Gosau-Hintertal (Bushaltestelle).

zum Hinteren Gosausee erlebt man schließlich eine wildromantische Hochgebirgslandschaft, die im Salzkammergut ihresgleichen sucht.

▶ Wir wandern auf dem breiten Themenweg dem **Vorderen Gosausee** 01 entlang, vorbei an Stationen wie „Meer im Stein", „Wasserlauschen" oder „Archimedische Spirale". Von der Einmündung des schmaleren Süduferweges geht's auf dem Forstweg weiter taleinwärts, vorbei an der **Holzmeisteralm** 02 und der nur periodisch gefüllten **Gosaulacke** 03. Unterhalb des etwas verborgenen Launigg-Wasserfalls steigt die Route zum Luegbichl an. Durch einen Waldgraben zum Hinteren Gosausee. Bei der Wegteilung an seinem Südufer links zur **Hohen Holzmeisteralm** 04.

Rückweg auf der gleichen Route – zuletzt aber links auf dem Themenweg, der dem Südufer des Vorderen Gosausees folgt und an der Seeklausalm vorbeiführt.

ZWIESELALMHÖHE • 1587 m

Herrlicher Herrenweg

10 km | 3:00 h | 50 hm | 800 hm | 20

START | Talstation der Gosaukamm-Seilbahn (Vorderer Gosausee), 937 m. Zufahrt von Gosau mit dem Bus. Auffahrt zur Bergstation, 1485 m (zu Fuß 1:30 h). [GPS: UTM Zone 33 x: 389.742 m y: 5.270.943 m]
CHARAKTER | Einfache Bergwanderung auf problemlosen, aber stellenweise schmalen und steilen Pfaden, kurz auch auf der Forststraße.
EINKEHR | Gablonzer Hütte, Breiningalm, Sonnenalm, Zwieselalm, Edtalm.

Zu Fuß oder in der Seilbahn – das ist die Frage, wenn man den Gosaukamm aus der Nähe betrachten möchte. Dieses Mal erliegen wir der Versuchung der Gondeln, denn auch der weitere Weg steht ganz in der Tradition der Bequemlichkeit längst vergangener Zeiten: Auf dem Herrenweg ließen sich einst betuchte Gäste– es waren natürlich auch Damen dabei – im Tragsessel auf die Zwieselalm hieven.

Von der **Seilbahn-Bergstation** 01 wandern wir auf dem breiten Weg zur **Gablonzer Hütte** 02. Von dort rechts Richtung Gosau, unter dem Skilift durch und zu einer Abzweigung; geradeaus, gleich darauf links abbiegen und vorbei an der Sonnenalm auf die aussichtsreiche Zwieselalmhöhe (Liftstationen). Jenseits wieder bergab und rechts steil zur **Zwieselalmhütte** 03.

Kurz davor nach rechts abbiegen, durch Wald bergab und am vorderen Ende einer Wiese links abzweigen und auf dem steilen Waldweg Nr. 622 zur Einmündung des Herrenweges (Markierung Nr. 611), der direkt von der Gablonzer Hütte herabführt. Auf diesem links zum nahen Edtalmgatterl. Der Herrenweg überquert die Skipiste und zweigt dann wieder in einem schattigen Waldweg ein. Diesen folgen wir bis zu Forststraße, der wir ca, 100 m nach der Falmberghütte folgen und dann wieder links auf einen Waldpfad einbiegen. Kurz nach der folgenden Wegteilung zweigt der Herrenweg links ab, zieht flach durch das **Skigebiet** 04 unter dem Hornspitz und

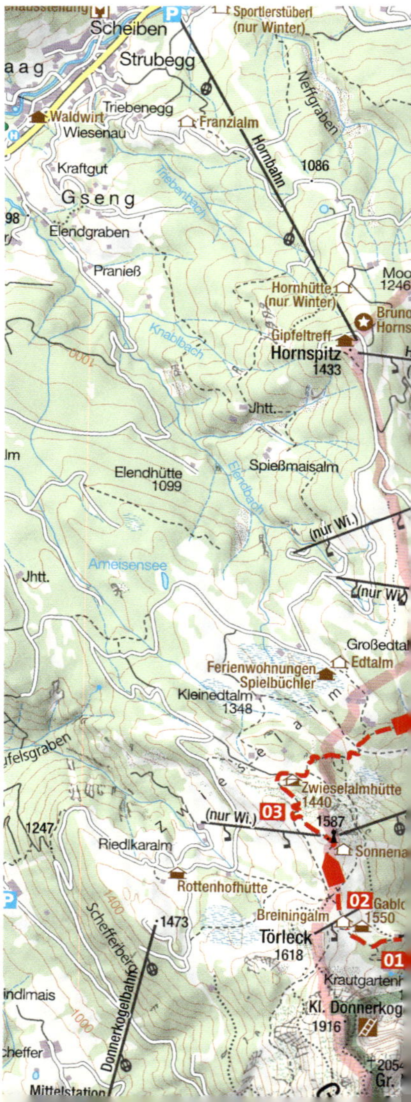

erreicht danach wieder die Forststraße, auf der wir weiter durch das Alm- und Waldgelände abwärtsgehen.

Die beschilderte Abzweigung nach Gosau-Mittertal bleibt unbeachtet, doch nach dem Vorderen Glaselbach biegen auch wir nach rechts ab und wandern zum wunderschön gelegenen Kalvarienberg von Gosau hinunter. Rechts über die Treppe ereichen wir die Dorfstraße, die links ins Ortszentrum von **Gosau-Vordertal** 05 führt. Nach dem Friedhof spazieren wir rechts zur Schule und zur Hauptstraße hinab – dort befindet sich die Bushaltestelle.

Gosau mit seinem Zackenkamm.

GROSSER DONNERKOGEL • 2054 m

Gipfelschau vom Gosaukamm

5,4 km 4:00 h 570 hm 570 hm 20

START | Bergstation der Gosaukamm-Seilbahn, 1485 m (Zufahrt zur Talstation siehe Tour 71).
[GPS: UTM Zone 33 x: 385.897 m y: 5.265.442 m]
CHARAKTER | hochalpine Halbtagsbergtour auf einen schroffen Gipfelzacken; felsige, stellenweise ausgesetzte Steige über etwas unangenehmes Gestein – bei Schnee und Vereisung gefährlich!
EINKEHR | Gablonzer Hütte, Breiningalm.

Der Gosaukamm, „dem Herrgott sein Klettergarten", wie er einmal genannt worden ist, begrenzt das freundliche Gosautal im Süden. Von der Zwieselalm bis zur 2459 m hohen Bischofsmütze reiht sich hier ein schroffer Felszacken an den nächsten; zwischen den zerschründeten Wänden quellen Unmengen von Schutt heraus. Der ganze Kamm entstand vor etwa 200 Millionen Jahren als Riff im flachen, warmen Tethysmeer – versteinerte Korallen und seine Form erinnern trotz der gewaltigen Auffaltungskräfte und der stetig nagenden Erosion noch heute daran.

Kein Wunder also, dass das steinerne Märchenschloss über den Gosauseen die Bergsteiger und Kletterer mit aller Macht anzieht. Schwindelfreie Wanderer peilen am besten den Großen Donnerkogel, den nördlichsten der hohen Gosaukamm-Gipfel, an. Der Gipfelsteig ist nicht besonders schwierig, doch der haltlose Tiefblick über die kahle Westflanke ins Annaberger Bauernland bringt das Herz schon zum Klopfen. Der oberste Grat gibt schließlich auch die Vogelschau zum Vorderen Gosausee und zum Dachstein frei. Wer den Donnerkogel ohne Zittern und Zagen schafft, kann die Tour sogar bis zur Stuhlalm verlängern.

▶ Aufstieg: Wie bei Tour 71 von der **Seilbahn-Bergstation** 01 zur **Gablonzer Hütte** 02. Dort zweigen wir links auf den Weg Nr. 611/601 A Richtung Stuhlalm ab. Er führt an der Breiningalm vorbei und unter dem Törleck (Sender) in den Oberen Törlecksattel am Fuße des Kleinen Donnerkogels hinauf. Durch eine Mulde hinab

Auf dem Großen Donnerkogel..

Intersport-Klettersteig

Bei seiner Eröffnung (2002) war er höchst umstritten – weil er über eine Kletterroute von Paul Preuß führte und überdies Jagdreviere tangierte. Also wurde der sehr schwierige Donnerkogel-Klettersteig (C/D) stellenweise neu trassiert. Nun hat er eine Länge von 1250 m. Vom Törlecksattel links zum Einstieg hinab, dann folgen vier recht unterschiedliche Abschnitte: 1) über die anstrengende Kaiser-Verschneidung – die erste Schlüsselstelle – und die Enzianwand auf den Ziehkogelgrat, 2) durch erdiges Latschengelände, 3) ein ausgesetzter Aufschwung aufs Donnermandl und in eine Scharte hinab (zweite Schlüsselstelle, kann umgangen werden), 4) steil über den Nordwestgrat auf den Gipfel (3 h). Zwischen den Abschnitten bestehen Notabstiege.

in den Unteren Törlecksattel, wo man links zum Großen Donnerkogel abzweigt. Der steile, schmale und stellenweise ausgesetzte Gipfelsteig Nr. 628 zieht zu einer Felsnase hinauf, quert ein Karrenfeld und den grasigen Westhang bis zu einer grünen Schulter und windet sich schließlich nach links zum **Gipfelkreuz 03**.

Abstieg auf der gleichen Route.

Variante: Auf dem Hengstfeld unterhalb des Donnerkogel-Gipfels zweigt rechts der stellenweise ausgesetzte und stahlseilgesicherte Steig Nr. 631 ab, der über die Gaißriesenscharte auf den 2008 m hohen Steinriesenkogel führt. Über den felsigen Grat und durch die Gipfelflanke des Strichkogels (2034 m, stellenweise im 1. Schwierigkeitsgrad) zur Kleinen Weitscharte, von dort über sehr steiles Rasen- und Schrofengelände ins Tiefenkar und über einen Waldrücken zur Stuhlalm hinab. Zurück auf dem Weg Nr. 601 A, der durch Wald und über felsige Grashänge zum Törlecksattel ansteigt.

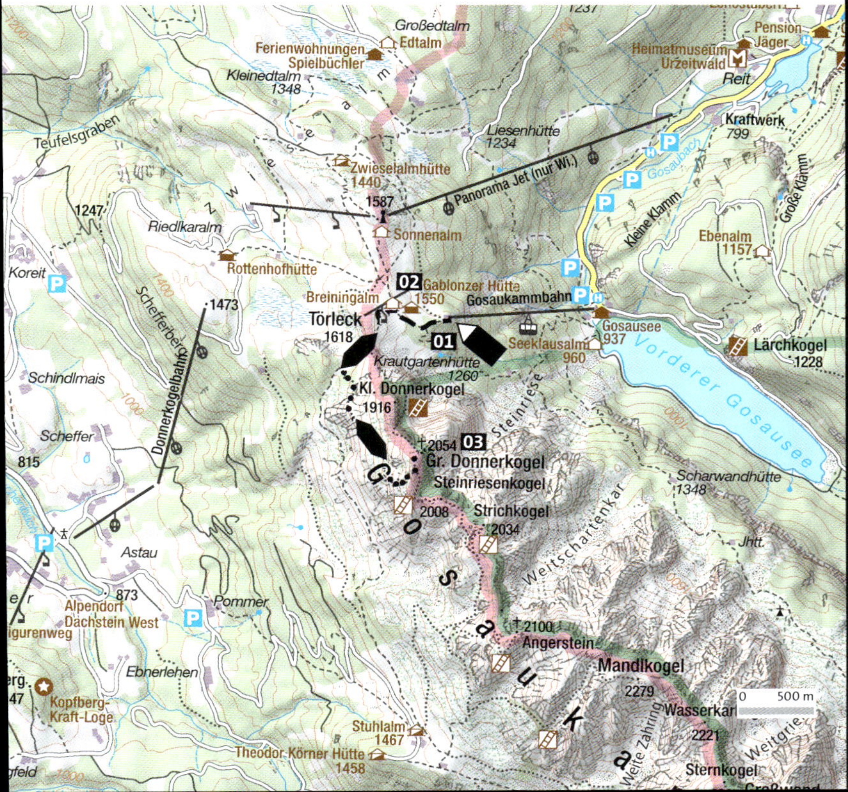

75

RUND UM DEN GOSAUKAMM

Dolomitenzauber im Salzkammergut

19,3 km | 8:00 h | 1800 hm | 1800 hm | 20

START | Talstation der Gosaukamm-Seilbahn am Vorderen Gosausee, 937 m; Auffahrt zur Bergstation, 1485 m (zu Fuß 1:30 h).
[GPS: UTM Zone 33 x: 385.897 m y: 5.265.442 m]
CHARAKTER | Landschaftlich einmalig schöne Zweitagestour um eine wild zerklüftete Gebirgsgruppe; gut angelegte, aber stellenweise felsige und ausgesetzte Pfade (einige kurze Passagen sind gesichert).
EINKEHR | Gablonzer Hütte, Stuhlalm, Theodor-Körner-Hütte, Hofpürglhütte.

Die Umrundung des wild zerklüfteten Gosaukammes ist ein „Klassiker" unter den alpinen Höhenwegen. Sanftes und Schroffes sind hier oft nur einen Steinwurf voneinander entfernt. Den schönsten Platz dieser Tour erreicht man auf dem Steiglpass, wo man der markant geformten Bischofsmütze schon recht nahe kommt. Seit 1993 ist der höchste Berg des Gosaukammes um große Teile seiner Süd- und Ostwand ärmer – die gelbe Abbruchfläche, die an diesen Jahrhundert-Bergsturz erinnert, schickt immer noch Steinschlagsalven in die Tiefe.

Wir wandern zunächst von der **Seilbahnstation** 01 zur nahen **Gablonzer Hütte** 02 und weiter zur Wegteilung im Unteren Törlecksattel. Auf dem nach rechts abwärts führenden Austriaweg durch felsdurchsetzte Grashänge und ein Waldstück zur **Stuhlalm** 03 (die nahe Theodor-Körner-Hütte ist im Wald versteckt). Über den Grasrücken oberhalb der Alm (Mooseben) ins latschenbewachsene Grubach unter dem Stuhlloch und durch eine schmale, mit Holzstufen und Stahlseil gangbar gemachte Schlucht (neu angelegter Weg) in eine **Scharte** 04 hinauf. Dahinter nach links und fast eben unter den felsigen Ausläufern der Bischofsmütze (Stahlseile) zum Mahdalmriegel, dort nach links und durch die weiten Gras- und Geröllhänge oberhalb der **Sulzkaralm** 05 zur schon weithin sichtbaren **Hofpürglhütte** 06. Weiter auf dem Linzer Weg (Nr. 612 bzw. 601) in den gewaltigen Schuttkessel unter der Bischofsmütze. Dort links abzweigen, durch den Hang zum Wandfuß und über ausgesetzte, aber mit Stahlseilen gesicherte Felsbänder in den **Steiglpass** 07. Auf der Nordseite führt der Steiglweg durch gestuftes Karstgelände ins felsige Hochtal zwischen der Großwand und der Kopfwand hinab. Durch die Eisgrube ins von Latschen bewachsene Ahornkar und – unter dem Weitgries vorbei – zur Hinteren Scharwandalm (Gedenkstätte). Über einen steileren Waldhang gelangen wir zu einer alten Jagdhütte und durch den Auslauf der schutterfüllten Gamsriese zur darunter gelegenen **Scharwandhütte** 08. Auf der geneigten Waldrampe über der Vorderen Scharwand abwärts, bei der folgenden Wegteilung nach rechts und durch das Schuttfeld unterhalb des Strichkogels zur Seeklausalm am **Vorderen Gosausee** 09. Rechts über die Staumauer zum Gasthof bzw. zur Talstation der Seilbahn.

Die Große Bischofsmütze.

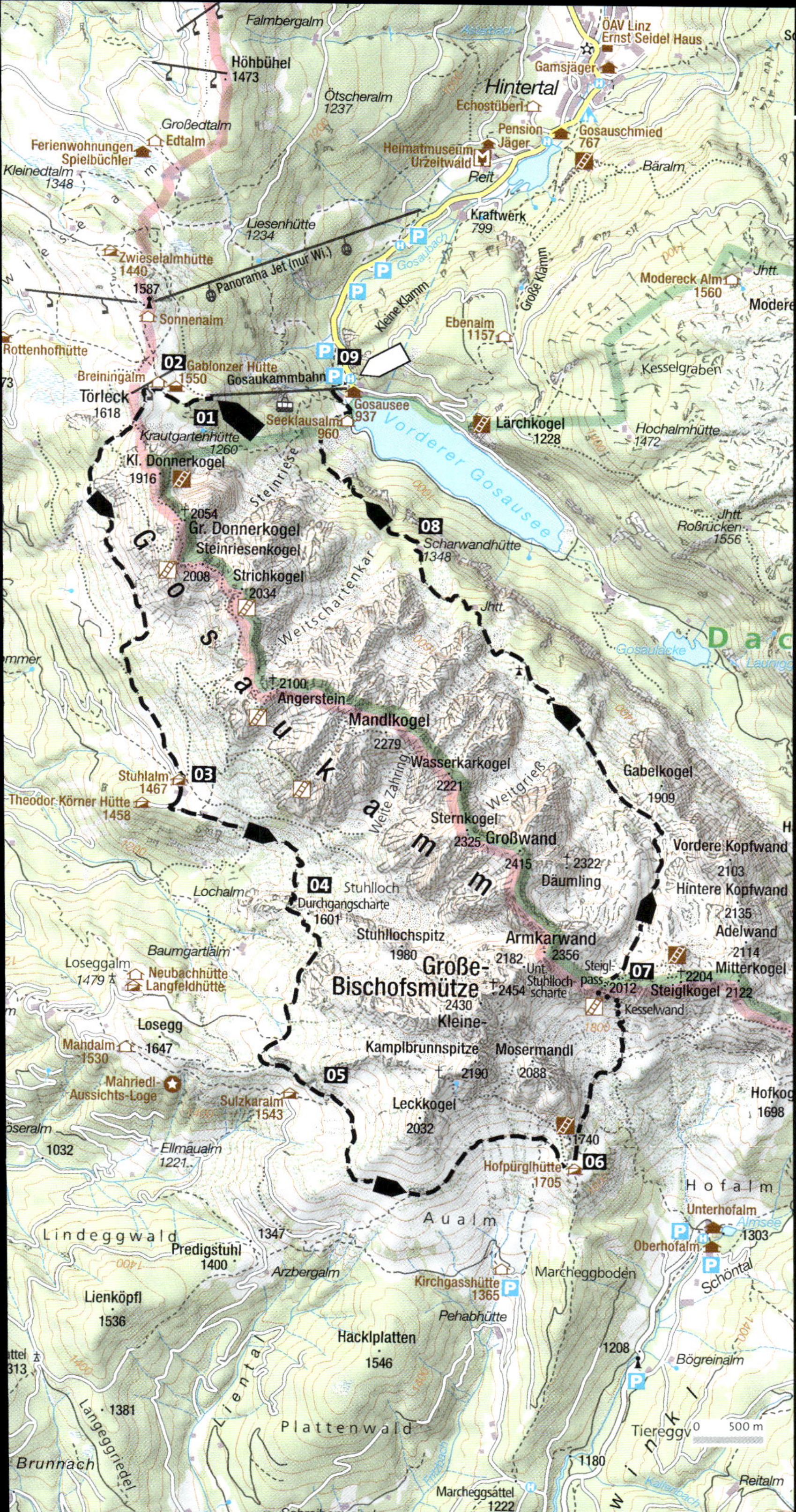
Falmbergalm
Höhbühel
1473
Ötscheralm
1237
OAV Linz
Ernst Seidel Haus
Gamsjäger
Hintertal
Echostüberl
Pension
Jäger
Gosauschmied
767
Heimatmuseum
Urzeitwald
Reit
Bäralm
Großedtalm
Edtalm
Ferienwohnungen
Spielbüchler
Kleinedtalm
1348
Liesenhütte
1234
Kraftwerk
799
Panorama Jet (nur Wi.)
Zwieselalmhütte
1440
1587
Sonnenalm
Moderecek Alm
1560
Jhtt.
Ebenalm
1157
Große Klamm
Kleine Klamm
Gosaubach
Rottenhofhütte
02
Gablonzer Hütte
1550
Breiningalm
Gosaukammbahn
09
Törleck
1618
01
Seeklausalm
960
Gosausee
937
Lärchkogel
1228
Kesselgraben
Hochalmhütte
1472
Krautgartenhütte
1260
Kl. Donnerkogel
1916
Steinriese
Vorderer Gosausee
2054
Gr. Donnerkogel
Steinriesenkogel
08
Scharwandhütte
1348
Jhtt.
Roßbrücken
1556
2008
Strichkogel
2034
Weitschartenkar
Gosaulacke
Dachstein
Gosaukamm
2100
Angerstein
Mandlkogel
2279
Wasserkarkogel
2221
Weitegrieß
Weite Zahring
Gabelkogel
1909
Stuhlalm
1467
03
Theodor-Körner Hütte
1458
Sternkogel
2325
Großwand
2415
2322
Däumling
Vordere Kopfwand
2103
Hintere Kopfwand
2135
Adelwand
2114
Lochalm
04
Stuhlloch
Durchgangscharte
1601
Stuhllochspitz
1980
Armkarwand
2356
Baumgartlalm
Loseggalm
1479
Neubachhütte
Langfeldhütte
2182
Große-
Bischofsmütze
2454
2430
Unt.
Stuhlloch-
scharte
Steigl-
pass
2012
07
2204
Mitterkogel
Steiglkogel
2122
Kesselwand
Losegg
1647
Mahdalm
1530
Kleine-
Kamplbrunnspitze
Mosermandl
2190
2088
05
Mahriedl-
Aussichts-Loge
Sulzkaralm
1543
Leckkogel
2032
1740
06
Hofpürglhütte
1705
Hofkogel
1698
Ellmaualm
1221
1032
Hofalm
Unterhofalm
Almsee
1303
Oberhofalm
Aualm
Lindeggwald
1347
Predigstuhl
1400
Arzbergalm
Kirchgasshütte
1365
Marcheggboden
Schöntal
Lienköpfl
1536
Pehabhütte
Hacklplatten
1546
1208
Bögreinalm
1381
Langeggriedel
Liental
Plattenwald
Tiereggv
0
500 m
Brunnach
1180
Reitalm
Marcheggsattel
1222

VON DEN GOSAUSEEN NACH HALLSTATT

Das Dachsteingebirge, wie es kaum jemand kennt

19,7 km | 9:00 h | 950 hm | 1350 hm | 20

START | Gasthof am Vorderen Gosausee, 937 m.
[GPS: UTM Zone 33 x: 386.870 m y: 5.265.568 m]
CHARAKTER | sehr lange und vollkommen einsame Tagestour durch einsames Wald- und Felsgebiet. Nach dem breiten Weg zum Hinteren Gosausee begeht man einen steilen und steinigen Steig, zuletzt führt eine asphaltierte Forststraße talwärts. Bei Nebel schwierige Orientierung!
EINKEHR | Gasthof am Vorderen Gosausee, Seeklausalm, Niedere Holzmeisteralm, Holzmeisteralm (Hintere Gosauseealm).

Urige Bäume säumen diesen langen Weg durchs Dachsteingebirge.

Stille liegt über den latschengrünen und kalkgrauen Felshöckern im Westen des Dachsteins, die so seltsame Namen wie „Wolkenfahrt" oder „Bärwurzkogel" tragen. Wer dem uralten Verbindungsweg zwischen dem Gosautal und dem Hallstätter See folgt, findet keine großen Gipfelziele, aber dafür ein sehr exklusives Stück Dachsteingebirge. Und folgt, ohne es zu ahnen, dem unterirdischen Weg des Wassers: Das kühle Nass, das aus der Riesenquelle des Waldbach-Ursprungs hervordrängt und bald darauf in die wilde Schlucht des Waldbachstrubs stürzt, versickert hoch oben als Schmelzwasser des Hallstätter Gletschers. Ein Teil davon stammt jedoch – unglaublich, aber mittels eingeschleuster Pollen und Farbstoffe nachgewiesen – direkt aus dem Hinteren Gosausee, der seinen vom Gletscherschluff getrübten Spiegel je nach der Jahreszeit hebt oder senkt.

▶ Vom **Gasthof Gosausee** 01 wandern wir wie bei Tour 72 über die **Holzmeisteralm** 02 und vorbei an der **Gosaula-**

Salzwelten Hallstatt

Wer noch genug Kondition für zusätzliche 300 m Anstieg hat, kann von der Waldbachbrücke auf der Forststraße über den Sattel beim Schloapfnmoos zum Hallstätter Salzberg hinüberwandern (1,5 h länger). Gemütlicher ist es jedoch, von Hallstatt-Lahn mit der Salzbergbahn (Schrägaufzug) hinaufzufahren – dann hat man auch genug Muße zur Besichtigung des Schaubergwerks. Das älteste Salzbergwerk der Welt kann im Zuge interessanter Führungen durchwandert werden; es bietet einen unterirdischen Salzsee und als besondere archäologische Sensation eine Holzstiege, die 1344 Jahre vor Christi Geburt gebaut wurde – sie ist die älteste Holzstiege der Welt.
Info: www.salzwelten.at

cke **03** zum **Hinteren Gosausee** **04**. Bei der Wegteilung am Südufer links zur Hohen Holzmeisteralm (Hintere Gosauseealm). Nun auf dem Steig Nr. 613 östlich um den See herum zu einem Steinwall, der schräg nach rechts zu einem Felsblock hinaufzieht. Nicht weit davon entfernt geht's scharf nach rechts in den Hinteren Gosausee-Wald hinauf (Quelle am Weg). Nach der kleinen Wiese der ehemaligen Kogelgassenalm über einen Schutthang in die Rinne der Kogelgasse. Unter überhängenden Felsen zu einem Sattel, bei dem der Steig Nr. 652 zur Adamekhütte abzweigt. Links in die Mulde **„Beim Kreuz"** **05** (den obersten Bereich der Nasstalalm) hinab, gleich darauf wieder nach rechts und durch das ebenfalls von zerklüfteten Felsen gesäumte Langtal zwischen dem Anger- und dem Bärwurzkogel zur breiten Senke des Bärwurzangers hinauf. Jenseits geht's – vorbei an einigen Dolinen – über Karrenfelsen durch einen engen Graben in eine Mulde und rechts durch den Waldhang zum Kessel der einstigen Radltalalm (Jagdhütte) hinab. Weiter durch das enge Radltal und eine felsige Klamm („Bärenenge"), dann durch den stetig abfallenden Dürrenbachwald unterhalb der Langwand zur Jagdhütte auf der **Landneralm** **06**. Kurz auf der Forststraße an einer Schottergrube vorbei, dann rechts auf dem gut angelegten Weg bergab zur Riesenquelle des Waldbach-Ursprungs. Ein Stück weiter unten quert man eine weitere Forststraße und erreicht den Weg Nr. 601, der von Hallstatt zur Simonyhütte führt.

Auf diesem nach links, die Straßenkehre bei der Klausalm abkürzend, zur Straßenkreuzung über dem Waldbachstrub. Die paar Schritte links auf die Brücke lohnen sich – Tiefblick in die **Waldbachstrub-Schlucht** **07**. Der Abstieg erfolgt jedoch rechts auf der asphaltierten Forststraße. Durch einen Tunnel, zur Materialseilbahn-Station bei der Brücke über den Dürrenbach hinab. Dann entweder auf der Straße ins **Echerntal** **08** weiter oder – weitaus schöner – links zum Gletschergarten abzweigen und auf dem gut angelegten Weg neben den ausgewaschenen Felsen steil zum Waldbach hinunter. Nach der Brücke rechts durch das Echerntal hinaus, über die Binderwiese und unter dem Schleierwasserfall vorbei. In jedem Fall gelangt man in den Hallstätter Ortsteil **Lahn** **09**. Vom Ufer des Hallstätter Sees (beim Tunnel-Südportal) links auf der Seestraße ins Ortszentrum von Hallstatt. Eine dritte Möglichkeit für den Abstieg ins Echerntal bietet der Gangsteig (siehe Tour 81).

Einer der kahlen Kalkhügel über dem Bärwurzanger.

916
Pass Gschütt
957
Auer
Ramsau
Grafner
Romantikstraße
166
719
867
Landhaus Hotel
Koller
Brandwirt
Vordertal
Jagerbauer
736
Gosau
780
Bibereck
1226
Kalvarienberg
Gugitzermoos
Kirchenwirt
Vitalhotel Gosau
786
Bibereckalm
Gosauerhof
Leitgebkogel
1220
Brielgraben
Moosklausalm
Torfstube
Mittertal
Sattelgraben
Sattelalm
Sommerhof
Ötscheranger
Neuwirt
Brielalm
945
Roßalmgraben
Hornspitz-EXPRESS I
(nur Winter)
1070
Gosaustubn
(nur Winter)
Hornspitz
Schäferalm
Strafneralm
1253
NSG
Kranabet
Leutgebalm
Schmiedsipplalm
Veitenalm
1109
Schüttmannalm
Schleifsteinhütten
1344
Jhtt.
Kaun
1380
ÖAV Linz
Ernst Seidel Haus
Schleifstein-
brüche
Badstubn Hütte
Katzhofalm
Löckenmoosberg
1410
Löckersee
Gamsjäger
Hintertal
NSG
Ötscheralm
1237
Echostüberl
Jhtt.
Hintere
1336
Triamerhütte
Vordere-
1348
Rastbankanger
Pension
Jäger
Gosauschmied
767
Grubenalm
Heimatmuseum
Urzeitwald
Bäralm
Reit
Schachenkogel
Kraftwerk
799
Zaglauerloch
Große Klamm
Kleine Klamm
Seekaralm
1541
Jhtt.
Modereck Alm
1560
Modereckhöhe
Ebenalm
1157
1752
Großer Schwarzkogel
1850
01
Kesselgraben
Hintere Seekarwand
1857
Gosausee
937
Seeklausalm
960
Lärchkogel
1228
Hochalmhütte
1472
Vorderer Gosausee
Kleiner-
Angerkogel
1911
Großer-
Beerwurzkogel
2006
Jhtt.
Roßrücken
1556
Scharwandhütte
1348
02
Jhtt.
Naßtalalm
Weitschartenkar
Gosaulacke
Laubing Fall
03
Brettkogel
1838
Beim Kreuz
05
2100
Angerstein
Mandlkogel
2279
Wasserkarkogel
2221
Gabelkogel
1909
Grünbergkogel
Sternkogel
2325
Großwand
2415
Halskogel
1390
1154
Brentenkogel
Vordere Kopfwand
2103
Hintere Kopfwand
2135
2322
Däumling
Hinterer Gosausee
Stuhlloch
Durchgangscharte
1601
Hintere Holzmeisteralm
1164
04
Jhtt.
Gschlößlkogel
1966
Stuhllochspitz
1980
Armkarwand
2182
2356
Adelwand
2114
Große-
Bischofsmütze
2454
2430
Unt.
Stuhlloch-
scharte
Steigl-
pass
2012
2204
Mitterkogel
Steiglkogel
2122
Kesselwand
Kleine-
Kramersattel
1944
Kreidenbach
Kamplbrunnspitze
2190
Mosermandl
2088
Sammetkogel
2058
Bockstein
Reißgang-
kessel
Leckgangsattel
Hochkesseleck
2218
Gosaustein
Hofkogel
1698
Reißgangscharte
1952
Leckkogel
2032
1740

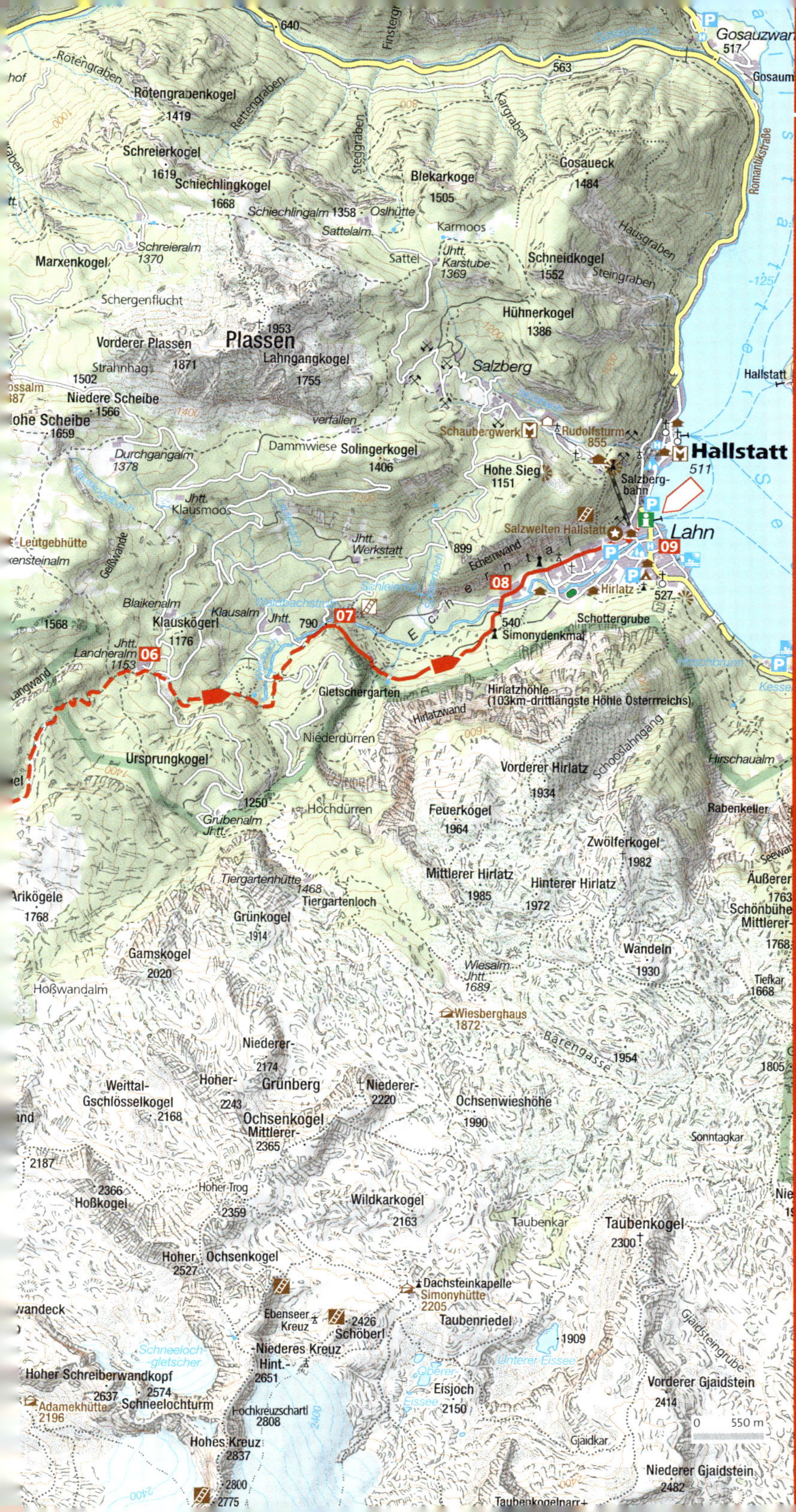
Gosauzwang
517
Gosaumühle
640
563
Rötengraben
Rötengrabenkogel
1419
Rettengraben
Finstergraben
Kargraben
Schreierkogel
1619
Schiechlingkogel
1668
Steggraben
Blekarkogel
1505
Gosaueck
1484
Romantikstraße
Schiechlingalm 1358
Oslhütte
Sattelalm
Karmoos
Schreieralm
1370
Marxenkogel
Sattel
Jhtt. Karstube 1369
Schneidkogel
1552
Steingraben
Hausgraben
Schergenflucht
Hühnerkogel
1386
1953
Vorderer Plassen
Plassen
Lahngangkogel
1755
Strähnhag
1871
1502
Salzberg
Hallstatt
Niedere Scheibe
1566
Hohe Scheibe
1659
verfallen
Schaubergwerk
Rudolfsturm
855
Hallstatt
511
Durchgangalm
1378
Dammwiese
Solingerkogel
1406
Hohe Sieg
1151
Salzberg-bahn
Jhtt. Klausmoos
Leutgebhütte
Geißwände
Salzwelten Hallstatt
Lahn
Jhtt. Werkstatt
899
Echernwand
09
08
Echerntal
Hirlatz
527
Blaikenalm
Klausalm
Jhtt.
790
07
540
Schottergrube
1568
Klauskögerl
1176
Simonydenkmal
Jhtt. Landneralm 1153
06
Gletschergarten
Hirlatzhöhle (103km-drittlängste Höhle Österreichs)
Hirlatzwand
Niederdürren
Schooslahngang
Hirschaualm
Ursprungkogel
Vorderer Hirlatz
1934
1250
Hochdürren
Feuerkogel
1964
Rabenkeller
Grubenalm Jhtt.
Zwölferkogel
1982
Tiergartenhütte
1468
Tiergartenloch
Mittlerer Hirlatz
1985
Hinterer Hirlatz
1972
Äußerer
1763
Schönbühel
Mittlerer
1768
Arikögele
1768
Grünkogel
1914
Wandeln
1930
Gamskogel
2020
Wiesalm Jhtt.
1689
Tiefkar
1668
Hoßwandalm
Wiesberghaus
1872
Bärengasse
1954
Niederer-
2174
Grünberg
Niederer-
2220
1805
Weittal-Gschlösselkogel
2168
Hoher-
2243
Ochsenwieshöhe
1990
Ochsenkogel
Mittlerer-
2365
Sonntagkar
2187
2366
Hoßkogel
Hoher Trog
2359
Wildkarkogel
2163
Taubenkar
Taubenkogel
2300
Hoher Ochsenkogel
2527
Dachsteinkapelle
Simonyhütte
2205
Ebenseer Kreuz
2426
Schöberl
Taubenriedel
1909
Niederes Kreuz
Hint.-
2651
Schneeloch-gletscher
Unterer Eissee
Oberer Eissee
Gjaidsteingrube
Hoher Schreiberwandkopf
2637
2574
Schneelochturm
Eisjoch
2150
Vorderer Gjaidstein
2414
Adamekhütte
2196
Hochkreuzschartl
2808
0 550 m
Hohes Kreuz
2837
Gjaidkar
Niederer Gjaidstein
2482
2800
2775
Taubenkogelnarr

VON DEN GOSAUSEEN ZUR ADAMEKHÜTTE

Der Dachstein als Kalendermotiv

22,2 km 9:00 h 1250 hm 1250 hm 20

START | Gasthof Gosausee am Vorderen Gosausee, 937 m.
[GPS: UTM Zone 33 x: 386.870 m y: 5.265.568 m]
CHARAKTER | Im ersten Abschnitt eine einfache Wanderung entlang der Gosauseen, dann folgt ein steilerer Hüttenanstieg bis ins Gletschervorfeld.
EINKEHR | Holzmeisteralm, Hohe Holzmeisteralm, Adamekhütte.

Die Adamekhütte steht an einem der schönsten Plätze im Dachsteingebirge. Gleich dahinter streckt der Große Gosaugletscher seine Zunge heraus, umrahmt vom Hohen Kreuz, dem Niederen und dem Hohen Dachstein, dem Mitterspitz und der Schneebergwand.

Vom Gasthof am **Vorderen Gosausee** 01 wandern wir rechts über die Staumauer, links zur Seeklausalm und oberhalb des Ufers zum hinteren Bereich des Sees. Traumhaft der Blick zum Hohen Dachstein! Weiter taleinwärts zur **Holzmeisteralm** 02 und zur nur periodisch gefüllten **Gosaulacke** 03. Unter dem Launigg-Wasserfall steigt der Forstweg zum Luegbichl an. Durch einen Waldgraben zum **Hinteren Gosausee** 04. Bei der Wegteilung an seinem Südufer rechts auf dem Steig Nr. 614 Richtung Adamekhütte zum Niederen Bärenstaffel hinauf.
Neben einem Graben zu einer Steilstufe, die der Pfad in vielen Serpentinen überwindet. Vorbei an der kleinen Ruine der Grobgesteinhütte, der ersten Schutzhütte in diesem Gebiet, und über einen Latschenhang erreicht man den „Hohen Riedel", wo sich der Weg teilt: Wir gehen geradeaus durch das Karstgelände auf die Schreiberwand zu und in Kehren zur **Adamekhütte** 05 hinauf. Von dort erreicht man den Eisrand des **Großen Gosaugletschers** 06 auf einem Pfad durch Moränenschutt.

Zurück geht's auf der gleichen Route, wobei man zuletzt auch rechts auf dem breiteren Weg am **Vorderen Gosausee** 01 entlanggehen kann.

Die Abendsonne verzaubert den Hohen Dachstein und den Mitterspitz.

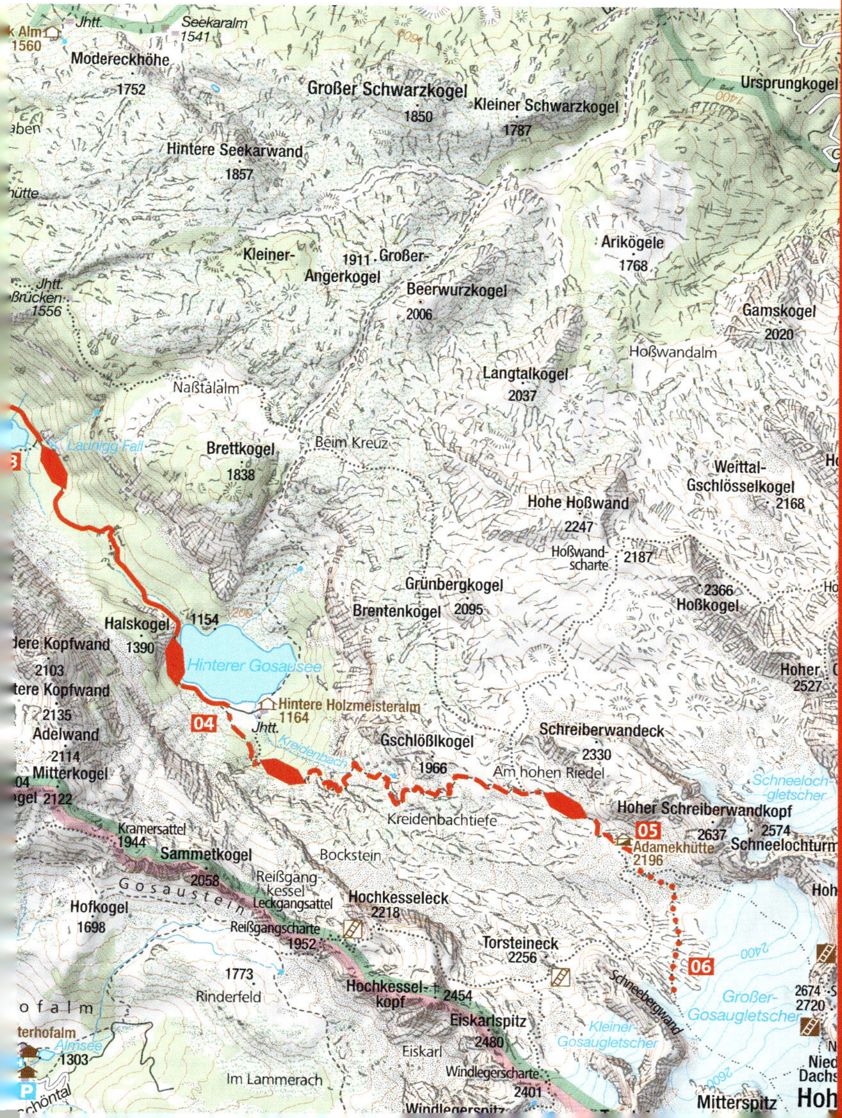

DER LINZER WEG

Die Gletscher über den Gosauseen

29 km | 8:00h | 700 hm | 1100 hm | 20

START | Gasthof am Vorderen Gosausee, 937 m.
[GPS: UTM Zone 33 x: 386.870 m y: 5.265.568 m]
CHARAKTER | hochalpine und landschaftlich grandiose Zwei- bis Dreitagetour. Der stellenweise ausgesetzte und gesicherte Steig (A) erfordert Trittsicherheit und Schwindelfreiheit, die höheren Bereiche liegen oft unter Schnee. Nebel und Vereisung, vor allem aber harter Altschnee (z. B. beim Abstieg vom Oberen Hochkesseleck) legen die Umkehr nahe.
EINKEHR | Hofpürglhütte, Adamekhütte, Seeklausalm, Holzmeisteralm, Hohe Holzmeisteralm (Hintere Gosauseealm).

Der Begriff „Weg" ist irreführend: Am Fuße des 2948 m hohen Torsteins findet man meist nur markierte Steigspuren im Schutt- und Felsgelände. Der mächtigste Gipfelstock im Dachsteinmassiv steht in der Chronik der alpinen Erschließung schon in der ersten Zeile vermerkt: Bereits im Jahre 1819, also 13 Jahre vor der ersten Dachstein-Ersteigung, stand der Jäger Jakob Buchensteiner vulgo Schladminger Jakl auf seiner Spitze. Unter den Nordwestabstürzen des Torsteins wölbt sich der Kleine Gosaugletscher auf und im Bereich der Windlegerscharte bestehen noch zwei weitere Mini-Eisfelder.

Eisenhilfe am Torsteineck..

Der Linzer Weg ist also kein Spazierpfad, sondern eine lange, stellenweise mit Eisenstiften und Stahlseilen gesicherte Hochgebirgsroute. Er beginnt in der Reißgangschlucht über dem Filzmooser Almland. Die lang gezogene Felsklippe des Torsteinecks gibt dann den nächsten Durchschlupf zum Großen Gosaugletscher frei. Die größte Überraschung ist aber der 2480 m hohe Eiskarlspitz: Gleich nach der Überschreitung des Oberen Hochkesselecks pfeift er wie eine schlanke Felsrakete aus dem Schuttboden und erst m Vorbeigehen entpuppt er sich als mehrgipfeliger Felskamm. Dahinter fußt die beeindruckendste Felsschneide des Torsteins: der mehr als 1000 m hohe, wild zerschartete Windlegergrat.

▶ 1. Abschnitt: Vom **Gasthof Gosausee** **01** auf dem Weg Nr. 612 über die Staumauer, links zur Seeklausalm und dann auf dem rechts abzweigenden Pfad über die Wiese Richtung Steiglpass hinauf (die Markierung beachten). Wie bei Tour 74, nur in umgekehrter Richtung, wandern wir durch die Steinriese, einen Waldstreifen und den Lawinenhang unter dem Strichkogel zu einem felsigen Absatz. Oberhalb davon durch den steilen Waldhang zu einer Wegtafel, dort links weiter und auf dem Steiglweg in steilen Kehren zur **Scharwandhütte** **02** empor. Weiter ins nächste Kar (Gamsriese), zu einem markanten Felsen hinauf und durch schütter be-

Ein steinernes Naturwunder nach einem Wettersturz im August: der Eiskarlspitz.

waldetes Gebiet und über den Auslauf der Wasserriese zur Gedenkstätte auf der ehemaligen Hinteren Scharwandalm (schöner Blick zum Dachstein). Am Fuße der mächtigen Gipfelzacken des Gosaukamms steigen wir schräg unter dem Weitgries an, erreichen den Auslauf des Unteren Armkars und gelangen über eine Geländeschwelle in die Eisgrube zwischen der Großwand mit dem Däumling und der Kopfwand mit dem Gabelkogel. Nach rechts zum **Steiglpass** 03 hinauf. Jenseits – im Angesicht der Bischofsmütze – auf dem stellenweise gesicherten Steig durch eine Felsflanke in den Schuttkessel hinab. Dort trifft man auf den Nordalpinen Weitwanderweg (Nr. 601), auf dem man rechts und unter dem Mosermandl zur nahen **Hofpürglhütte** 04 wandert.

2. Abschnitt: wieder zurück in den Schuttkessel unterhalb der Bischofsmütze. Von dort auf dem Nordalpenweg (Nr. 601) weiter und am Fuße des zerklüfteten Gosausteins über eine kleine Anhöhe nach Osten, auf den Torstein zu. Von der Wegteilung auf dem flachen, grünen Rinderfeld folgt man dem Nordalpenweg links in die schroffe Reißgangschlucht. Durch die rechte Felsflanke (Sicherungen) zum **Reißgangsattel** 05 hinauf. Rechts haltend in Kehren aufwärts, links um eine Kante herum (Stahlseil) und über Platten in die weite Scharte zwischen Reißgangkogel und Hochkesseleck. Bald darauf links auf ein luftiges Band (Stahlseil), das durch eine Felswand auf das Niedere Hochkesseleck führt. Kurz auf dem Grat weiter, dann auf dem stellenweise aufgeschichteten Pfad durch eine Wandstufe, über gesicherte Platten und in Kehren auf das Hohe Hochkesseleck. Jenseits schräg durch die Nordflanke des wuchtigen Hochkesselkopfs in das Kar unter dem Eiskarlspitz. Wir wandern nun ziemlich eben über Karrenfelder, Schneeflecken und Schutt zu einer Wandstufe, über die wir mit Hilfe von Eisenstiften und Stahlseilen absteigen. Durch das Kar weiter zur Abzweigung Richtung Windlegerscharte und etwas nach links unter dem Kleinen Gosaugletscher vorbei. Der Felsaufbau des Torsteinecks wird mittels Eisenstiften und Stahlseilen erklettert, dann wandert man durch das plattige Felsgelände um die Hohe Schneebergwand herum und zum Moränenrücken unterhalb des Großen Gosaugletschers. Links hinunter, über steil abgeschliffenes Gestein und durch den Schutt des Gletschervorfelds zur bereits sichtbaren **Adamekhütte** 06 hinüber.

Abstieg zum **Hinteren Gosausee** 07, über die **Gosaulacke** 08 und die **Holzmeisteralm** 09 zum Vorderen Gosausee 01 wie bei Tour 77.

Höhbühel
1473
Ötscheralm
1237
Hintertal
Gamsjäger
Echostüberl
Pension Jäger
Gosauschmied
767
Heimatmuseum
Urzeitwald
Reit
Bäralm
Großedtalm
Edtalm
Ferienwohnungen Spielbüchler
Kleinedtalm
1348
Liesenhütte
1234
Kraftwerk
799
Zwieselalmhütte
1440
Panorama Jet (nur Wi.)
Moderecke Alm
1587
Sonnenalm
Riedlkaralm
Kleine Klamm
Große Klamm
Ebenalm
1157
Rottenhofhütte
01
Kesselgraben
Breiningalm
Gablonzer Hütte
1550
Gosaukammbahn
1473
Törleck
1618
Gosausee
937
Seeklausalm
960
Lärchkogel
1228
Hochalmhütte
1472
Krautgartenhütte
1260
Vorderer Gosausee
Kl. Donnerkogel
1916
Steinriese
2054
Gr. Donnerkogel
Steinriesenkogel
02
Scharwandhütte
1348
Roßbrun
Donnerkogelbahn
09
2008
Strichkogel
2034
Weitschartenkar
Gosaukamm
Pommer
Gosaulacke
08
2100
Angerstein
Mandlkogel
2279
Wasserkarkogel
2221
Gabelkogel
1909
Stuhlalm
1467
Theodor Körner Hütte
1458
Weite Zahning
Weitgrieß
Sternkogel
2325
Großwand
2415
2322
Däumling
Jhtt.
1113
Lochalm
Stuhlloch
Durchgangscharte
1601
Stuhllochspitz
1980
Armkarwand
2356
Baumgartlalm
2182
Große-Bischofsmütze
2454
Unt. Stuhlloch-scharte
Steigl-pass
2012
03
Steiglkogel
Kesselwand
Loseggalm
1479
Neubachhütte
Langfeldhütte
2430
Kleine-
Lederingalm
Losegg
Kamplbrunnspitze
Mosermandl
Mahdalm
1530
1647
2190
2088
Mahriedl-Aussichts-Loge
Sulzkaralm
1543
Leckkogel
2032
Möseralm
1032
1740
Ellmaualm
1221
Hofpürglhütte
1705
04
Aualm
Lindeggwald
1347
Predigstuhl
1400
Oberhofalm
Arzbergalm
Kirchgasshütte
1365
Marcheggboden
Lienköpfl
1536
Pehabhütte
Hacklplatten
1546
1208
Langeggsattel
1313
1381
Lienta
Langeggriedel
Plattenwald
Tiereggwald
Brunnach
1126
1180
Marcheggsattel
1222
Kohlegg
Schreibermaisalm

Katzhofalm
Veitenhütte
Klausmoos
1410
Löckersee
NSG
Triamerhütte
Vordere-
1348
Hintere
1336
Grubenalm
Leutgebhütte
Plankensteinalm
1530
Geißwände
Rastbankanger
Blaikenalm
Klausalm
Jhtt.
790
Klausköger!
1176
Waldbachstrub
1568
Schachenkogel
Landneralm
Jhtt.
1153
Langwand
Zaglauerloch
Seekaralm
1541
Ursprungkogel
Großer Schwarzkogel
1850
Kleiner Schwarzkogel
1787
Hintere Seekarwand
1857
1250
Grubenalm
Jhtt.
Tiergartenhütte
1468
Arikögele
1768
Kleiner-
Angerkogel
1911
Großer-
Beerwurzkogel
2006
Grünkogel
1914
Gamskogel
2020
Hoßwandalm
Langtalkogel
2037
Naßtalalm
Niederer-
2174
Brettkogel
1838
Beim Kreuz
Weittal-
Gschlösselkogel
2168
Hoher-
2243
Grünberg
Hohe Hoßwand
2247
Ochsenkogel
Mittlerer-
2365
Hoßwand-
scharte
2187
Grünbergkogel
Brentenkogel
2095
2366
Hoßkogel
Hoher Trog
2359
1154
Hinterer Gosausee
Hoher
2527
Ochsenkogel
Hintere Holzmeisteralm
1164
07
Jhtt.
Kreidenbach
Gschlößlkogel
1966
Schreiberwandeck
2330
Am hohen Riedel
Ebenseer
Kreuz
Niederes Kreuz
Hint.
2651
Schneeloch-
-gletscher
Kreidenbachtiefe
Hoher Schreiberwandkopf
06
2637
2574
Schneelochturm
Adamekhütte
2196
Sammetkogel
Bockstein
Hochkreuzschartl
2808
2058
Reißgang-
kessel
Leckgangsattel
Hochkesseleck
2218
Hohes Kreuz
2837
Reißgangscharte
1952
05
Torsteineck
2256
2800
2775
1773
Rinderfeld
Hochkessel-
kopf
2454
Schneebergwand
Großer-
Gosaugletscher
2674
2720
Simonyschart'n
Steinerschart'n
Eiskarlspitz
2480
Kleiner-
Gosaugletscher
Eiskarl
Nd. Dachsteinschart'n
Niederer
Dachstein
2934
Im Lammerach
Windlegerscharte
2401
Windlegerspitz
2325
Torstein
2948
Mitterspitz
2925
Hoher Dachstein
2746
Ob.
2996
2665
Unt. Windluck'n
Windluck'n
Windlegerkar
Windlegergrat
Sulzenschneid
Sulzenalm
(Wallehenhütte)
1612
Krählehenhütte
1532
1990
Rauchkar
Tor
2033
Hühnerkogel
Mitterstein
2097
Südwandhöhle
Mandlinghofalm
Sulzenhals
1827
2139
2192
Raucheck
0
500 m
1861
Marstein
Auretskar
Gartl
Dachstein Südwandhütte

HALLSTÄTTER-SEE-OSTUFERWEG

125 m über dem Seegrund

11 km 2:45 h 100 hm 100 hm 20

START | entweder Au südlich von Bad Goisern, 500 m, oder die Bahnhaltestelle Obersee am Hallstätter See, 521 m (Zufahrt über St. Agatha, 8 km; im Sommer Schiffsanlegestelle).
[GPS: UTM Zone 33 x: 397.193 m y: 5.274.522 m]
CHARAKTER | einfache Wanderungen auf bequem begehbaren und stellenweise gut abgesicherten Wegen (Wintersperre).
EINKEHR | Wanderwegstüberl in Obersee, Gasthöfe in Obertraun.

Wie ein Fjord wird der Hallstätter See von den steilen Fels- und Waldflanken des Dachsteinmassivs und des Hohen Sarsteins bedrängt. An dessen Fuß verbirgt sich das seltsame „Märchenschloss" Grub. Einer seiner Besitzer, der Salinenverwalter Christoph Eyssl, verfügte vor seinem Tod im Jahre 1668 testamentarisch, dass sein Sarg fortan alle 50 Jahre über den See gerudert werden müsse – und bis zur Mitte des 19. Jahrhunderts ist diesem makaberen Wunsch auch Folge geleistet worden. Mittlerweile rattert auf dieser Seite des Sees – direkt gegenüber von Hallstatt – die Eisenbahn vorbei, und parallel dazu entstand 1985 der erste durchgehende Ostuferweg. Sein interessantester Abschnitt führt auf Stegen direkt übers Wasser, just dort, wo es am tiefsten ist. Weiter vorne laden im Hochsommer, wenn der See für kurze Zeit halbwegs annehmbare Temperaturen erreicht, versteckte Buchten zum Plantschen und Schwimmen ein.

Zum Baden lädt er ja nicht so oft ein, der Hallstätter See! Blick nach Norden zum Katergebirge.

1. Abschnitt: Der Hallstätter-See-Ostuferweg beginnt in der Ortschaft **Au** 01 zwischen Bad Goisern und Steeg. Der erste Abschnitt folgt der as-

Welterbe Hallstatt

„So sonderbar, wie Hallstatt gelegen ist, hatte ich bisher noch keinen Ort gesehen. Die Häuser schienen aufeinander zu sitzen, so wie sie an das schräge und schmale Ufer hingebaut sind, an welchem sie wie Schwalbennester kleben ..." So beschrieb der Reiseschriftsteller Franz Sartori den Salzort anno 1813, und genauso präsentiert sich Hallstatt – laut Alexander von Humboldt der schönste Seeort der Welt – noch heute. Das Museum Hallstatt und die Ausgrabungen unter dem Sportgeschäft Janu laden zum Staunen ein, und ein Themenweg führt vom Busterminal in Hallstatt-Lahn zu allen Highlights, die 1997 in der Liste des UNESCO-Weltkulturerbes aufgenommen wurden (Gehzeit ca. 1 h).
Info: www.oberoesterreich.at/hallstatt

phaltierten Straße nach **Obersee** 02 und dem anschließenden Weg neben dem Hallstätter See bis zur **Seeraunzn** 03 unterhalb der Bahnstation Obersee. Dann wird der Weg schmaler und interessanter: Zunächst führt er dem Ufer entlang und klettert für ein kurzes Stück zum Schienenstrang hinauf. Beim letzten Bahnwärterhaus passieren wir ein Drehkreuz; in der Folge „schaukelt" der Pfad in stetigem Auf und Ab über dem Ufer zum Beginn der Holzstege. Unterhalb der großen Eisenbahnbrücke führt eine solide Hängebrücke zur **Bahnstation Hallstatt** 04. Von dort kann man mit dem Schiff nach Hallstatt hinüberfahren.

2. Abschnitt: Zuletzt folgen wir dem breiteren, aber steiler bergauf, bergab führenden Fahrweg, der hinter dem Schloss Grub vorbeiführt, nach **Obertraun** 05. Vorbei am alten Hafen des Ortes erreicht man den Bahnhof.

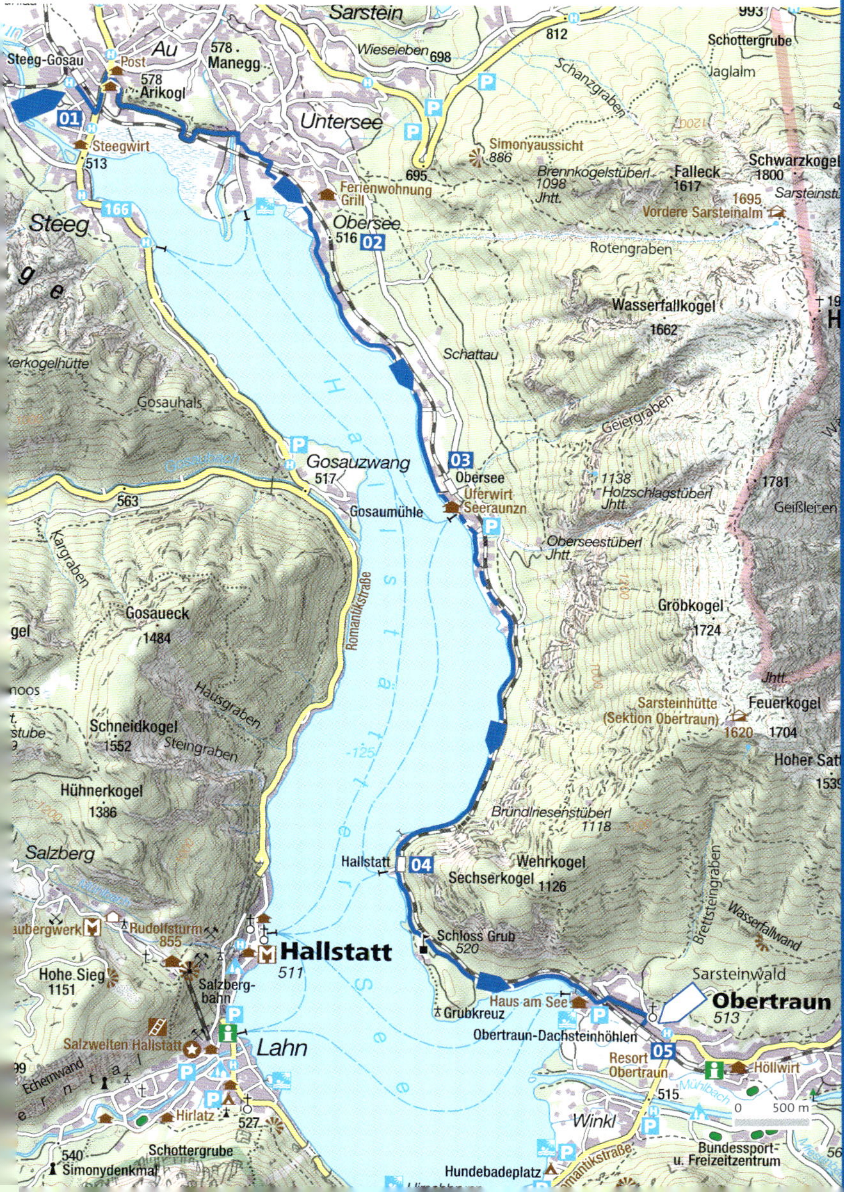

DER SOLELEITUNGSWEG

Eine Pipeline als Weltkulturerbe

7,8 km | 2:45 h | 30 hm | 350 hm | 20

START | Hallstatt-Lahn, 511 m, Parkplatz P2; kurz zur Talstation der Standseilbahn und Auffahrt auf den Hallstätter Salzberg, 855 m. [GPS: UTM Zone 33 x: 397.882 m y: 5.268.373 m]
CHARAKTER | Nicht besonders schwierige Bergab-Wanderung, kurze exponierte Stellen erfordern jedoch Trittsicherheit und Schwindelfreiheit. **Achtung: Sperre des Soleleitungsweges wegen Wartungsarbeiten und Steinschlag** – aktuelle Infos unter https://dachstein.salzkammergut.at.
EINKEHR | Restaurant Rudolfsturm, Salzbergwerk-Kiosk, Jausenstation Gosaumühle.

Ein Besuch der Hallstätter „Salzwelten" gehört zum Salzkammergut-Urlaub wie das Salz zur Suppe. Die spannende Expedition in die Welt der Bergknappen, garniert mit einer lustigen Rutschpartie zum beleuchteten Salzsee und der Ausfahrt mit dem Grubenhunt, bietet eine Zeitreise durch 7000 Jahre „Salzgeschichte".

▶ Da uns die Standseilbahn zum **Hallstätter Salzberg** **01** die Aufstiegsmühen weitgehend erspart, können wir dann dem Weg des Salzes folgen. Die Bergstation liegt am Beginn des Hallstätter Hochtals. Links führt ein Weg zum nahen Schaubergwerk, mit dem Panoramalift kommen wir zum Rudolfsturm (Welterbeblick auf Hallstatt).

Hoch über dem uralten Bergwerksort beginnt die „älteste Pipeline der Welt".

Rechts unterhalb des Rudolfsturms wandern wir dann auf dem Soleleitungsweg (Nr. 601) bergab. Er folgt jener anno 1595 angelegten „Pipeline", durch welche die Sole, die Salzlauge aus dem Bergwerk, bis zum heutigen Tag in die 40 km entfernte Ebenseer Saline fließt. Wer auf diesem „thematischen Weitwanderweg" hoch über dem Hallstätter See dahinwandert, kann das Rauschen in der Soleleitung sogar hören. Der Soleleitungsweg zieht über viele Stufen zum Mühlbach hinunter. Auf gut abgesicherten Treppen und Stegen steigt man durch die Höllschlucht in den steilen Hallstätter Bannwald hinab.

Sie führen dann auch über den **Gosauzwang** **02**, ein 43 m hohes Brückenbauwerk auf sieben Pfeilern (davor und danach kann man zur Straße in der Nähe des Gasthofs Gosaumühle absteigen).

Der folgende Abschnitt des Soleleitungswegs wurde stellenweise aus den Felsen herausgeschlagen und führt durch die steile Flanke des Ramsauer Gebirges dahin. Kurz vor dem Kraftwerk können wir rechts nach **Steeg** **03** absteigen. Unten auf der Straße gelangt man rechts zur Schiffsanlegestelle, links – über die Traunbrücke – geht's dagegen zum nahen **Bahnhof Steeg-Gosau** **04**.

INS ECHERNTAL

Wasserfälle & Gletschermühlen

7 km | 2:30 h | 280 hm | 280 hm | 20

START | Hallstatt-Lahn, 511 m (Parkplatz).
[GPS: UTM Zone 33 x: 398.206 m y: 5.267.994 m]
CHARAKTER | eindrucksvolle Talwanderung auf breiten Wegen und einem steilen und schmalen, aber gut mit Geländern abgesicherten Steig samt Holztreppe (bei Hochwasser mitunter überschwemmt).
EINKEHR | Gasthöfe in Hallstatt.

Das von seltsam verformten Riesenwänden begrenzte Echerntal bietet zwei besondere naturkundliche Sensationen: den Waldbachstrub, eine Schlucht, in der das Schmelzwasser vom Hallstätter Gletscher über einen Wasserfall donnert, und den Gletschergarten. Dabei handelt es sich um Vertiefungen im Gestein, die das Schmelzwasser des eiszeitlichen Gletschers vor rund 12.000 Jahren ausgewaschen hat.

Zugang: Wir gehen vom Seeufer in **Hallstatt-Lahn** 01 über die Hauptstraße und auf dem Echerntalweg zur Salinenverwaltung, wo die Salzbergstraße quert. Kurz darauf rechts nach der Markierung Nr. 641 auf dem Echerntalweg weiter, vorbei am Kreuzstein. Bei der folgenden Abzweigung geradeaus zum einstigen Gasthaus Zur Dachsteinwarte. Gerade in den Wald und über die Binderwiese unter dem **Schleierfall** 02. Etwas ansteigend zu einer weiteren Wegteilung: nach rechts ansteigen, an der Abzweigung zum Gangsteig vorbei und kurz zum Aussichtsplatz vor dem **Waldbachstrub** 03.

Rückweg: Wieder zurück bis zur Abzweigung des Malerweges, der rechts zum

Gruseliger Gangsteig

Bei der erwähnten Abzweigung kurz vor dem Waldbachstrub beginnt einer der ältesten Klettersteige im Salzkammergut: Mittels ausgesprengter Felsstufen und solider Sicherungen überwindet man die exponierte Felsflanke direkt über den Wasserfällen. Oben erreicht man eine Forststraße, der man rechts wie bei Tour 79 zum Salzberg folgt. Abstieg nach Hallstatt (Rundtour ab Hallstatt-Lahn ca. 3,5 h). Folgt man der Forststraße nach links, gelangt man zur schwindelnd hohen Brücke über den Waldbachstrub (toller Tiefblick in die Schlucht) und kann jenseits links auf der Asphaltstraße zum Gletschergarten bzw. ins Echerntal absteigen (2,5–3 h).

Echernwand-Klettersteig

Landschaftlich sehr attraktiver, südseitiger Sportklettersteig (B/C, an einer Passage D, 230 m) mit senkrechten bzw. überhängenden Leitern, unzähligen Trittstiften und tollen Tiefblicken, aber zu Beginn auch einigen erdigen Passagen mit losem Gestein. Zugang nur 10 Min. vom (gebührenpflichtigen) Parkplatz „Salzwelten", vorbei an der Talstation der Salzbergbahn.
Klettersteig 1,5 h; die Schlüsselstelle ist ein Überhang („Roli-Dach", D, Umhängpunkte in kurzen Abständen). Vom Ende des Klettersteigs geht's auf einem ausgetretenen, stellenweise ausgesetzte Pfad (A) zum Gasthaus Rudolfsturm (855 m, gute Einkehr). Abstieg nach Hallstatt 40 Min.

hWaldbach hinabzieht. Nach der Brücke wandern wir kurz aufwärts, bis rechts der gut angelegte und beschilderte Pfad zum **Gletschergarten** 04 abzweigt.

Er steigt durch den steilen Waldhang an und schlängelt sich dann zwischen imposanten, am Ende der letzten Eiszeit entstandenen Strudellöchern und Gletschertöpfen bis zur Dürrenbachbrücke der asphaltierten Echerntal-Forststraße hinauf. Auf dieser links hinab (und am abseits stehenden **Simony-Denkmal** 05 vorbei). Vom Parkplatz im Echerntal entweder auf der Straße zum einstigen Gasthof Hirlatz und nach **Hallstatt-Lahn** 01 hinaus – oder links über den Waldbach und rechts auf dem Echerntalweg zurück.

Wasser-Wunder im Echerntal.

HOHER PLASSEN • 1953 m

Der Hausberg der Hallstätter

9 km 4:30 h 1100 hm 1100 hm 20

START | Hallstatt, 532 m, Talstation der Salzberg-Standseilbahn. Auffahrt zur Bergstation am Salzberg, 855 m.
[GPS: UTM Zone 33 x: 397.875 m y: 5.268.362 m]
CHARAKTER | lange Bergtour auf steilen Wegen und guten, aber stellenweise felsigen Steigen. Trittsicherheit und Schwindelfreiheit sind notwendig.
EINKEHR | Gasthof Rudolfsturm, Kiosk beim Salzbergwerk.

Im Museum Hallstatt blickt man einer Nachbildung des 1734 gefundenen (und leider gleich wieder beerdigten) „Mannes im Salz" ins Auge. Der alte Herr lag etwa 3000 Jahre lang, vom Salz konserviert, in einem längst verschütteten Stollen des Hallstätter Salzbergwerks. Im 19. Jahrhundert begann man mit der Freilegung des keltischen Gräberfeldes auf dem Hallstätter Salzberg. Die Funde waren so reichhaltig, dass die Historiker eine ganze Kulturepoche nach dem Bergwerksort benannten: die „Hallstattperiode" (etwa 900 bis 400 v. Chr.). Der Wächter des Salzberg-Hochtals ist der Hohe Plassen (oder Plassenstein).

Aufstieg: Von der **Bergstation der Standseilbahn** **01** wandern wir auf dem steilen Weg zum **Schaubergwerk** **02** und weiter hinauf. Nach ca. 30 Min. erreicht man die schöne Wiese der Salzbergalm mit den Ruinen der „Gemauerten Stube". Weiter zum Hohen

Fast übermächtig schwingt sich der Hohe Plassen über Hallstatt und seinem Salzberg empor.

Die Steingrabenschneid

Ein Berg mit sprechendem Namen: Das Steingrabenkar ist die „Kinderstube“ wilder Lawinen, vor denen sich die Hallstätter Zufahrtsstraße unter eine Schutzgalerie duckt – die abgeschliffenen und abwärts geschichteten Felsplatten im Gipfelbereich sagen förmlich „Ho ruck!“ zum Schnee. Die 1552 m hohe Steingrabenschneid – auch Schneidkogel genannt – besitzt jedoch einen aussichtsreichen Gipfelkamm. Zugang auf dem Karrenweg mit der Markierung Nr. 642, der bei der „Gemauerten Stube“ rechts vom Weg zum Hohen Plassen abzweigt. An einem Baum findet man den Wegweiser zur Steingrabenschneid. Auf einem schmalen Steig durch Wald zu einem Sattel, dann rechts in Kehren auf den bewaldeten Grat und bis zum Gipfelzeichen auf dem höchsten Punkt (1,5 h, Abstieg 1 h).

Wasserstollen empor (auch Abkürzungssteig). Die Straße führt durch latschenbewachsenen Schutt – kurz danach zweigen wir links auf den schmalen Pfad Nr. 640 ab. Durch steilen Wald zu einer 30 m hohen Felsstufe (Stahlseil), dann zwischen Latschen und Schutt in einen kleinen Sattel.

Dahinter quer durch den Steilhang zu einer Höhle und rechts auf den Kamm (Wegteilung). Links in eine Mulde und über den Schrofenkamm zum Gipfelkreuz auf dem **Plassen 03**.

Abstieg: zur Wegteilung zurück, dort links auf dem Steig Nr. 643 über den Nordwestkamm hinab. Unter Felstürmen vorbei, dann in Kehren zwischen Latschen in einen Graben. Im Schiechlingsattel rechts auf den Steig Nr. 645 abzweigen. Am Rand der Schiechlingalm-Mulde unterhalb der rauen Plassen-Nordabstürze auf einen Waldkamm, der zum Sattel mit der Karstube hinunterführt. Hier rechts und auf der Forststraße zum **Salzberg 01** hinunter.

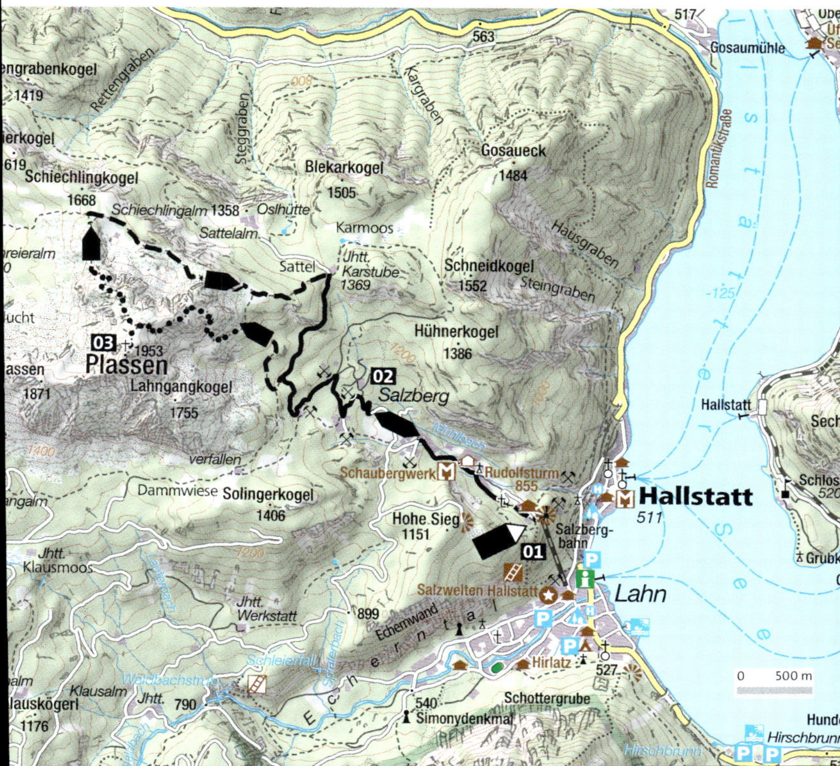

ZUM HALLSTÄTTER GLETSCHER

Wege in die Weltliteratur

27,5 km 12:30 h 1880 hm 1880 hm 20

START | Hallstatt-Lahn, 532 m.
[GPS: UTM Zone 33 x: 398.206 m y: 5.267.994 m]
CHARAKTER | Zwei- bis Dreitagetour in die hochalpine Karst- und Gletscherlandschaft auf der Nordseite des Dachsteingebirges. Die Wege und Steige sind gut angelegt, aber stellenweise steil und steinig. Im Gletschervorfeld muss man wegloses Fels- und Schuttgelände durchqeren. Bei Nebel oder Schnee schwierige Orientierung!
EINKEHR | Wiesberghaus, Simonyhütte.

Den „klassischen" Weg auf den Dachstein kann man nicht nur in Alpinführern nachlesen, sondern auch in der Weltliteratur. In der Novelle „Bergkristall" des österreichischen Dichters Adalbert Stifter (1805–68) bildet das Hallstätter Hochgebirge den Handlungsrahmen: Zwei Kinder verirren sich im Schneetreiben und übernachten in einer Gletscherkluft; das Krachen des Eises hält sie wach und damit am Leben. Ohne selbst jemals auf dem Dachstein gewesen zu sein, beschreibt Stifter die „Felsen, die wie Kirchen gerade aus dem Grasboden aufsteigen", die Karrenplatten, Karstgassen und sogar den Gletscher – detailliert wie ein Alpinliterat. Das Wissen darüber verdankte er jenem Mann, nach dem unser Hüttenziel benannt ist: Dr. Friedrich Simony (1813–96). Dieser „Abenteurer im Gelehrtenrock" erforschte und beschrieb das Dachsteingebirge bis zum letzten Winkel, verbrachte als Erster eine Nacht auf dem Gipfel und besuchte – was anno Biedermeier noch als lebensbedrohlich galt – das „ewige Eis" sogar mitten im Winter. Alpinmagazine gab es damals noch nicht, also publizierte er seine spannenden Erlebnisse u. a. in der „Wiener Zeitschrift für Kunst, Literatur, Theater und Mode" – sie werden in den städtischen Salons ähnliches Gruseln hervorgerufen haben wie heutzutage die Grenzerfahrungen von Extremalpinisten. Im Alter von 77 Jahren stand Simony zum letzten Mal auf seinem geliebten Dachsteingipfel. Im Entwicklungsroman „Der Nachsommer" hat ihm Adalbert Stifter ein literarisches Denkmal gesetzt. Der „Dachsteinprofessor" musste noch mit kargen Almlagern vorliebnehmen. 1843 ließ er eine Halbhöhle unter dem Taubenriedel notdürftig mit Steinen und Brettern schützen – das scherzhaft so benannte „Hotel Simony" ist somit die älteste Bergsteigerunterkunft am Dachstein. Der Urbau der weiter oben gelegenen Simonyhütte entstand erst 34 Jahre später; den Bauplatz hat der Forscher noch selbst ausgesucht.

Aufstieg: Der lange Weg auf den Dachstein beginnt beim Seeufer im **Hallstätter Ortsteil Lahn** 01 und führt wie bei Tour 81 auf dem Echerntalweg (Markierung Nr. 641) taleinwärts zum ehemaligen Gasthaus Zur Dachsteinwarte. Hier links über den **Waldbach** 02 zur Informationstafel „Wandergebiet Echerntal" (hierher gelangt man auch auf einer Straße, vorbei am Sportplatz). Nun nach der Markierung Nr. 601 Richtung Wiesberghaus/Simonyhütte auf der zunächst geschotterten, dann wieder asphaltierten Waldbachleiten-Forststraße am Simonydenkmal vorbei und zur Dürrenbachbrücke (Gletschergarten) hinauf. Vorbei an der Wiesberghaus-Materialseilbahn und durch einen Tunnel zur Wegteilung hoch über dem **Waldbachstrub** 03. Nach links und auf der Schotterstraße neben dem Waldbach aufwärts, dann links auf einem Karrenweg (Nr. 601) – die Straßenkehren abkürzend – zur Einmündung des Steiges Nr. 612 (kurzer, lohnender Abstecher zum Waldbach-Ursprung) und im Bogen zum „Alten Herd“.

Nun weiter auf dem stellenweise aufgemauerten Franz-Joseph-Reitweg zur Tropfwand und in vielen Kehren durch den Schlag neben der Martinswand zur (geschlossenen) **Tiergartenhütte** 04 empor. Durch den Hochwald auf der Tiergartenhöhe ins schütter bewaldete Hochtal der „Herrengasse“ und knapp vor der Wiesalm rechts in Kehren bis zum ein wenig abseits stehenden **Wiesberghaus** 05 hinauf.

Weiter auf dem breiten Reitweg (Nr. 601), der nun als Nature Trail mit interessanten Tafeln ausgestattet ist. Wir wandern nach Süden durch eine Karstgasse („Ochsentrögl“) zur Schmalzhöh’ hinauf und an der Ochsenwieshöhe vorbei. Durch das Karrengelände unterhalb des Wildkarkogels geht’s ins fast vegetationslose Wildkar und zur Talstation der Materialseilbahn hinüber. Zuletzt in Kehren durch gebankte Karrenfelsen und vorbei am „Hotel Simony“ (Notunterstand) zur **Simonyhütte** 06 hinauf. Man kann nun auf dem schmalen Steig Nr. 657 durch Moränenschutt in die weite Mulde mit den Oberen Eisseen hinabwandern. Von dort gelangt man weglos über schroffe Gesteinsstufen, vom Eis glatt geschliffene Felsplatten und Schutt unterhalb der Zunge des **Hallstätter Gletschers** 07 empor. Darunter quert der Steig Nr. 655, der rechts zur Hütte zurückführt.

Abstieg auf der gleichen Route (oder via Gjaidalm, siehe Tour 89).

Der Dachstein mit dem Hallstätter Gletscher, vom Taubenkogel gesehen.

Hoher Dachstein, 2995 m

Exakt 4,99 m fehlen ihm auf die magische 3000-m-Marke. Trotzdem ist der Hohe Dachstein ein Traumziel für alle Bergsteiger. 1832 erreichte ihn der Filzmooser Bauer Peter Gappmayer als Erster, und zwar über den Westgrat. Elf Jahre später ließ Friedrich Simony seinen Hallstätter Bergführer Johann Wallner in der äußerst steilen Nordflanke Eisenringe anbringen und Schiffstaue durchziehen. Später kamen weitere Sicherungen dazu: 1863 am Westgrat und 1878 auf der „Schulter" des Ostgrats bzw. am „Mecklenburgband", auf dem man die oft weit aufklaffende Randkluft des Gletschers umgehen kann. Auch die Steinerscharte zwischen dem Niederen Dachstein und dem Hohen Kreuz legte man in Eisen (B/C, aber auch freie Kletterstellen im II. Schwierigkeitsgrad).
Die Dachstein-Ersteigung ist auch heute noch ein ernstes Unternehmen und nur bei gutem Wetter ratsam. Pickel und Steigeisen, Seilsicherung (Spaltengefahr!) und ein Helm für den steinschlaggefährdeten Gipfelanstieg sind obligat – es passieren immer wieder Unfälle! Von der Simonyhütte führt der Steig Nr. 601 unter dem Schöberl zum westlichen Bereich des Hallstätter Gletschers. Über die mäßig ansteigenden Firnflächen geht's neben dem Hohen Kreuz, dann zwischen dem ausgeaperten Eisstein und dem Niederen Dachstein bis zur kleinen Seethalerhütte (Dachsteinwarte) hinauf. Bei Blankeis ist es oft besser, im östlichen Gletscherbereich – unter dem Gjaidstein – Richtung Hunerkogel (Bergstation der Ramsauer Dachstein-Seilbahn) anzusteigen und rechts unter den beiden Felstürmen der „Dirndln" zur Dachsteinwarte zu gehen.
Von dort erreicht man die Felseinstiege unter der „Schulter" bzw. bei der Randkluft. Oberhalb des Gletschers treffen beide Routen zusammen, dann klettert man neben einer markanten Rinne durch die schroffe, aber gut gestufte Nordflanke und erreicht den obersten Grat (Eisenstifte, aber keine durchgehenden Sicherungen). Rechts zum Gipfelkreuz (je nach den Verhältnissen 3,5–4 h, Abstieg ca. 2,5 h).
Will man die Überschreitung durchführen, klettert man über den fast durchgehend gesicherten Westgrat und dann rechts, etwas unterhalb der Schneide, auf Bändern zur Oberen Windlucke hinunter. Über einen Schnee- oder Schutthang auf den Großen Gosaugletscher, auf dem man nach rechts – unter dem Niederen Dachstein – bis unter die Steinerscharte abwärts geht. Hier über die Randkluft und entlang der Sicherungen (u. a. 15 m hohe Eisenleiter) in die Scharte empor. Jenseits über steilen Firn bzw. gesicherte Felsen zum Hallstätter Gletscher hinab und zur Simonyhütte zurück (3–4 h).

Einer der Eisseen unter dem Hohen Dachstein.

Plassen
1953
Lahngangkogel
1755
Sattel
Jhtt. Karstube
1369
Schneidkogel
1552
Steingraben
Hühnerkogel
1386
Salzberg
Dammwiese
Solingerkogel
1406
Schaubergwerk
Rudolfsturm
855
Hohe Sieg
1151
Hallstatt
511
Salzberg-bahn
Salzwelten Hallstatt
Lahn
Jhtt. Werkstatt
899
Echernwand
Echerntal
Hirlatz
527
540
Simonydenkmal
Schottergrube
Klausalm
Jhtt.
790
Gletschergarten
Hirlatzhöhle
(103km-drittlängste Höhle Österreichs)
Hirlatzwand
Niederdürren
Hochdürren
1250
Vorderer Hirlatz
1934
Schooslahngang
Feuerkogel
1964
Zwölferkogel
1982
Mittlerer Hirlatz
1985
Hinterer Hirlatz
1972
Tiergartenhütte
1468
Tiergartenloch
Grünkogel
1914
Wandeln
1930
Wiesalm
Jhtt.
1689
Wiesberghaus
1872
Bärengasse
1954
Niederer-
2174
Grünberg
Niederer-
2220
Ochsenwieshöhe
1990
Ochsenkogel
Mittlerer-
2365
Wildkarkogel
2163
Taubenkar
Taubenkogel
2300
Dachsteinkapelle
Simonyhütte
2205
Taubenriedel
Ebenseer Kreuz
2426
Schöberl
Niederes Kreuz
Hint.-
2651
Unterer Eissee
1909
Oberer Eissee
Eisjoch
2150
Hochkreuzschartl
2808
Gjaidsteingrube
Vorderer Gjaidstein
2414
Gjaidkar
Niederer Gjaidstein
2482
Taubenkogelnarr
Hoher Gjaidstein
2794
Hallstätter Gletscher
Dachsteinschart'n
Unterer-
Mitterstein
Hallstatt
Sechserkogel
Schloss Grub
520
Grubkreuz
Obertraun-D
Hundebadeplatz
Hirschbrunn
Kessel
514
Winkle
Hirschaualm
Rabenkeller
Seewand
Außerer-
1763
Schönbühel
Mittlerer-
1768
Krippenbrunn
Tiefkar
1668
Schwemmerk
1837
Gjaidalm
1738
1805
Sonntagkar
Krippeneck
ehem. Kas
Oberfeld
1832
Niederer Rumpler
1979
Rumplerbrunn
Hoher Rumpler
2022
Rumplersee
Moderstein
2197
Schneebergseelein
01
02
03
04
05
06
07
V
0
500 m

NIEDERER OCHSENKOGEL • 2220 m
NIEDERES KREUZ • 2651 m

Große Ziele rund um den Hohen Trog

12,7 km 6:00 h 850 hm 850 hm 20

START | Wiesberghaus, 1872 m. Zugang siehe Tour 83 oder 89.
[GPS: UTM Zone 33 x: 396.553 m y: 5.263.922 m]
CHARAKTER | hochalpine Bergtour auf steilen und felsigen Steigen bzw. im weglosen, ausgesetzten Felsgelände, das Trittsicherheit und Schwindelfreiheit erfordert. Nicht bei Nebel oder Schneelage gehen!
EINKEHR | Wiesberghaus, Simonyhütte.

Vom Hohen Dachstein zieht ein felsiger Höhenzug mit zwei weithin sichtbaren Gipfeln nach Norden: Der Niedere Dachstein ist die dritthöchste Spitze des Dachsteinmassivs, und das Hohe Kreuz bildet einen zentralen Punkt zwischen dem Gosau-, dem Hallstätter und dem kleinen Schneelochgletscher. Niedriger, aber ebenso aussichtsreich und einfacher erreichbar sind die Erhebungen, mit denen der klotzige Kamm nach Norden ausläuft. Besonders in-

Der Niedere Ochsenkogel gegen den Dachstein.

Durch die Wüste

Wer den „Wilden Westen“ des Dachsteingebirges erleben möchte, der fasse den hochalpinen und an kurzen Stellen mit Seilen und Trittstiften gesicherten Steig Nr. 650 zur Adamekhütte ins Auge (5–5,5 h). Er führt auf den Hohen Trog; dahinter steigt man in Kehren und über zwei Steilstufen ins Weittal ab. Links zu den Schuttfeldern unter der Hosswand, mühsam über die Karrenplatten unter dem Hosskogel und dann links zur Hosswandscharte hinauf. Dahinter öffnet sich das riesige Felskar unterhalb des kleinen Schneelochgletschers, das durch eine Mulde und über einen Rücken unter dem Schreiberwandeck überquert wird. Zwischen großen Felsblöcken zur Abzweigung der Route Nr. 652 (Verbindung zum Weg vom Hinteren Gosausee nach Hallstatt, siehe Tour 76). Zur Adamekhütte geht’s geradeaus weiter und an einigen Dolinen vorbei. Von der Einmündung des Weges Nr. 614 (siehe Tour 77) links zur Hütte hinauf (5–5,5 h) – oder rechts zu den Gosauseen hinunter. Achtung: unterwegs kein Wasser, im Frühsommer steile, gefährliche Schneefelder!

teressant zeigt sich die Aussicht vom Niederen Ochsenkogel – hinüber zum Dachstein und direkt in die Tiefe zum Wiesberghaus.

▶ Aufstieg: Vom **Wiesberghaus** **01** folgen wir wie bei Tour 83 dem Franz-Joseph-Reitstweg zur Schmalzhöh’ hinauf. Unterhalb der Ochsenwieshöhe zweigen wir rechts auf den schmalen, aber markierten Keferfeldsteig ab. Er führt erst sanft, dann immer steiler ansteigend über riesige Karrenplatten und Felsstufen, die wie versteinerte Meereswogen wirken. Im Kar unter dem Niederen Ochsenkogel erreicht man die Abzweigung eines Steiges, der links zum Reitweg führt. Wir steigen jedoch

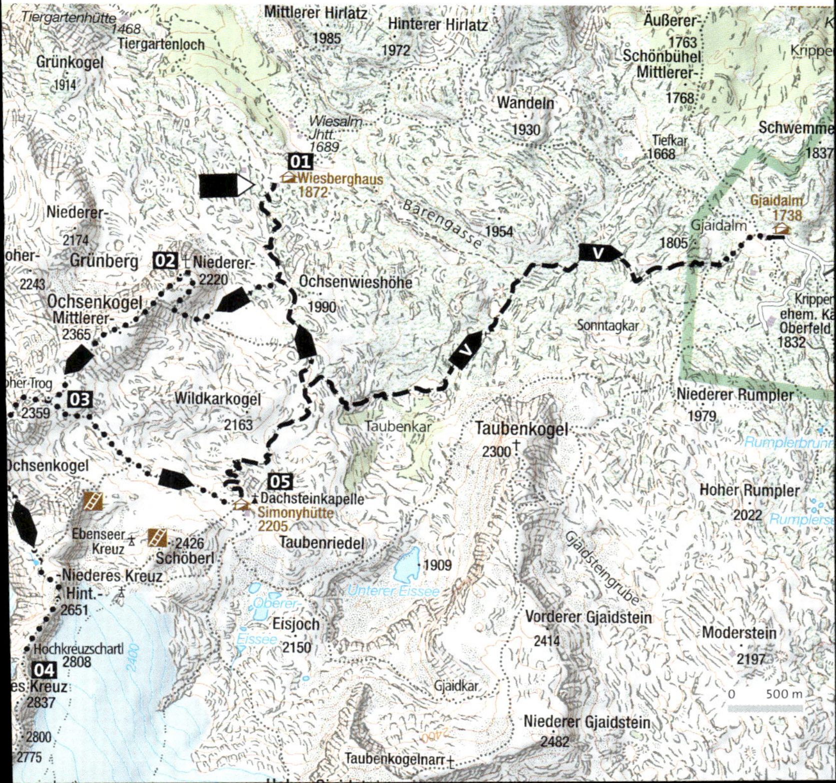

rechts an und gelangen durch steilen Schutt neben der Felswand (Steinschlaggefahr) zu einem Stahlseil, das über einen kurzen Kamin hinweghilft. Rechts haltend über eine steile Rampe im schrägen Anstieg durch die Felsflanke; eine kurze ausgesetzte Stelle ist mit einem Stahlseil gesichert. Schließlich gelangt man durch sanfteres Grasgelände auf den Kamm und zum Kreuz des **Niederen Ochsenkogels** **02**, das etwas unterhalb der höchsten Kuppe steht. Nun nach Südwesten über den breiten Kamm in eine kleine Senke, aus der die Farbzeichen über einen sehr steilen Gras- und Felsrücken zum Mittleren Ochsenkogel hinaufweisen. Auf dem breiten und flachen Schuttrücken über den Ochsenkogelsattel zum **Hohen Trog** **03** hinüber. Den Weg Nr. 650 überqueren und nach der Markierung Nr. 651 in die steile, felsige Nordostflanke des Hohen Ochsenkogels, durch die der Gipfel erstiegen wird. Dahinter über den flachen und breiten Kamm (Vorderes Niederes Kreuz) und auf dem schmaler werdenden Grat zum **Hinteren Niederen Kreuz** **04**.

Abstieg zum **Hohen Trog** **03**, dort jedoch rechts abzweigen und nach der Markierung Nr. 650 durch felsiges Gelände ins Wildkar hinab. Auf einem schmalen, abschüssigen Felssporn neben der Wand (Seil) und über kleine Gesteinsstufen gelangt man zum felsigen Karboden. Über zerklüftete Karrenplatten (Vorsicht, Dolinen!) zu den großen Felsblöcken unterhalb des Wildkarpfeilers (Abzweigung zum Klettersteig). Zuletzt quert man die glatten, steil abdachenden Karrenfelsen unter dem Felsdreikant des Schöberls (da und dort muss man „auf Reibung gehen“) und steigt kurz zur **Simonyhütte** **05** an. Weiter wie bei Tour 83 – oder wie bei Tour 89 zur Gjaidalm.

Gletscher-Hahnenfuß im Morgenlicht.

Der mittlere der drei Ochsenkogel, dahinter das Tote Gebirge zwischen dem Buckel des Großen Woisings, dem Großen Priel und dem Zentralmassiv. Das schattendunkle Massiv darunter ist der Ausseer Zinken.

Klettersteige rund um die Simonyhütte

Die Simonyhütte hat sich in den letzten Jahren zu einem perfekten Klettersteig-Zentrum gemausert. Zur Vorbereitung findet man hier einige kurze Übungsrouten wie den Anke-Steig und den Sherpa-Steig am Fuße des felsigen Schöberls. Der Rundum-Steig, der Kamin- und der Kumbajah-Steig sind sogar überdacht.
Drei Klettersteige bietet das 2426 m hohe Schöberl oberhalb der Hütte. Der Moni-Steig (B/C) führt entlang eines Kamins durch die Nordseite, der sehr ausgesetzte Steinbock-Steig (C/D) durch die Ostseite. Für den Abstieg empfiehlt sich der ebenfalls gesicherte Normalweg über den Südrücken (Mingma-Steig, A/B). Überschreitung jeweils 3–4 h.
Bei den großen Steinblöcken im Wildkar (am Weg zum Hohen Trog) weist eine Markierung links über gestuftes Felsgelände zum Ansatz des markanten Wildkarpfeilers (45 Min.). Dort beginnt der 150 m lange und sehr ausgesetzte Wildkar-Klettersteig (D), der über die fast senkrechte, an einer Stelle leicht überhängende Kante (Steinschlaggefahr) und den oberen, etwas weniger steilen Grat auf die Hochfläche beim Vorderen Niederen Kreuz emporzieht. Der schwierigste Abschnitt lässt sich auf dem markierten „Fluchtweg“ umgehen, der hinter der rechten Seite des Pfeilers durch eine steile Felsflanke („Beim alten Staffel“) zum oberen Grat hinaufleitet (1,5 h). Abstieg über den Hohen Ochsenkogel und den Hohen Trog (1,5 h).
Klettersteig-Ausrüstung kann man sich in der Simonyhütte ausleihen oder kaufen.

So sehen nur Frühaufsteher den Gosaukamm mit der Bischofsmütze, und zwar vom Niederen Kreuz. Im Hintergrund die Berchtesgadener Alpen mit dem Hochkönig.

DURCH DEN KOPPENWINKEL

Ein Themenweg durch Kalk und Karst

12,5 km | 3:45 h | 100 hm | 100 hm | 20

START | Obertraun, 517 m, Bahnhof.
[GPS: UTM Zone 33 x: 401.007 m y: 5.268.004 m]
CHARAKTER | einfache Talwanderung auf breiten Wegen und guten Steigen. Die Koppenbrüllerhöhle ist von 1. Mai bis 30. September geöffnet.
EINKEHR | Gasthaus Koppenrast, Koppenwinkelalm.

Karsterscheinungen gibt's nicht nur im Hochgebirge, sondern auch im Tal – z. B. im Koppenwinkel, dem romantischen Felskessel östlich von Obertraun. Dort findet man kleine Karstquellen und Bäche, die aus dem Waldboden hervorbrechen, und die Koppenwinkellacke, die zwar nur 50 cm tief, aber wegen des Wassers aus dem Bergesinneren stets eiskalt ist. Ein kurzer Abstecher führt zudem zur Koppenbrüllerhöhle: Wenn auf dem Dachstein der Schnee schmilzt oder Unwetter niedergehen, tost Wasser aus dem Schlund – eingeschlossene Luftblasen fangen dann in der Höhle tatsächlich zu „brüllen" an.

Vom **Bahnhof Obertraun** 01 wandern wir auf dem Ostufer-Wanderweg zum Hallstätter See. Bald zweigen wir rechts ab, gehen unter der Bahnlinie durch und steigen auf einem schma-

Es grünt so grün: die idyllische Koppenwinkellacke

len Pfad zum „Lichtstein" an. Von dort geht's rechts auf dem Höhenweg (Nr. 1) zum **Friedhof** **02**, kurz auf der Straße und wieder auf dem Wanderweg oberhalb des Ortes dahin. Durch den Sarsteinwald gelangen wir zur Koppenstraße, der wir bis zur Bahnstation Obertraun-Koppenbrüllerhöhle folgen. Rechts über die Traunbrücke zum **Gasthof Koppenrast** **03**. Von dort führt ein beschilderter Weg zur **Koppenbrüllerhöhle** **04**. Dahinter rechts abzweigen, am Feriendorf vorbei und nach der Markierung Nr. 2 zur **Koppenwinkellacke** **05**. Auf der Forststraße weiter zur Koppenwinkelalm, dort nach rechts und auf dem Wanderweg über den Hagen- und den Bühlerbach zu einer Abzweigung. Rechts (Nr. 2) zur Traun hinab und dem Fluss entlang bis zum Gasthof Dachsteinhof. Danach rechts über die Köhlerbrücke, auf dem „Höll-Karl-Weg" am **Sportplatz** **06** vorbei und über den Bahnübergang zur Koppenstraße. Links zum **Bahnhof Obertraun** **01**.

Obertraun-Klettersteig

Der Klettergarten von Obertraun, ca. 200 m von der Koppenbrücke entfernt, bietet einen kurzen Klettersteig-Rundkurs (B/C) mit Balancierbaum und Seilbrücke (kann beides umgangen werden). Die Seilbahn-Rutsche am Ende darf nur unter Aufsicht eines autorisierten Bergführers benützt werden (20–30 Min.). Auch für Kinder mit kompletter Sicherung geeignet.

Die Koppenbrüllerhöhle

Eigentlich ist die (geologisch) jüngste der drei allgemein zugänglichen Dachsteinhöhlen eine gewaltige Karstquelle. Wer an einer Führung durch die Koppenbrüllerhöhle teilnimmt, folgt dem unvermuteten Lauf des Wassers durch das Bergesinnere – vorbei an unterirdischen Schluchten, Wasserfällen und einem See in ewiger Finsternis. Info: www.dachsteinwelterbe.at

HOHER KRIPPENSTEIN • 2108 m DACHSTEINHÖHLEN

Fünf Finger und zwei Höhlen

11,9 km | 4:10 h | 150 hm | 1550 hm | 20

START | Obertraun, Talstation der Dachstein-Seilbahn, 616 m (zu Fuß vom Bahnhof ca. 45 Min.). Auffahrt über die Schönbergalm zur Station Krippenstein, 2074 m. Eventuell Seilbahn-Rückfahrt von der Schönbergalm.
[GPS: UTM Zone 33 x: 401.643 m y: 5.264.146 m]
CHARAKTER | Abstecher zu den 5 Fingers am Krippenstein auf einem bequem begehbaren Weg. Dann geht's auf einem breiten Weg zum Däumelsee und auf schmalen, stellenweise steilen Steigen zur Schönbergalm hinunter (auch auf den Däumelkogel führt ein alpiner Steig). Der weitere Abstieg zur Talstation der Dachstein-Seilbahn führt durch steile Fels- und Waldhänge.
EINKEHR | Dachstein Lodge am Krippenstein, Schönbergalm.

1500 m über dem Hallstätter See erwartet Sie die spektakulärste Attraktion der Welterbe-Wanderwelt Dachstein-Krippenstein: Direkt über der Krippenstein-Nordwand ragen die 5 Fingers 8 m weit in die Luft hinaus. Vier dieser Stahl-Plattformen sind begehbar. Der linke „Finger" überrascht mit einem barocken Bilderrahmen, der mit dem dahinter auftauchenden Hallstatt ein originelles Fotomotiv verspricht. Der zweite Aussichtssteg endet an einem Fernrohr, durch das man den Dachstein und seine gesamte Umgebung heranzoomen kann, der dritte entpuppt sich als Trampolin (nur für Base-Jumper) und der vierte hat ein Loch im Boden, das den Blick auf Krippenbrunn freigibt. Besonders spektakulär ist der fünfte Steg – eine Glasplatte, die wohl nur die Mutigsten betreten. Die Erschließung des Gebiets begann 1951 mit dem Bau der Seilbahn von Obertraun zu den Dachsteinhöhlen auf der Schönberg-

Manche Besucher der 5 Fingers werden wohl mehr zittern als ihre Erbauer.

Die Dachsteinhöhlen

Die Höhlenportale in den Felsen über der Schönbergalm nützten Hirten und Wilderer schon seit jeher als Keller. Doch erst 1910 begann die systematische Erforschung der Mammuthöhle. Mittlerweile sind mehr als 60 km ihrer Gänge bekannt. Gleichzeitig stieß man auch in die gegenüber aufklaffende Eishöhle vor. Man fand darin unvorstellbar schöne Eismonumente, die Forscher aus halb Europa anzogen. Die Dachsteinhöhlen wurden weltberühmt und sind es noch heute: Mehr als 9 Millionen Menschen haben sie schon bestaunt. Von der Schönbergalm führen zwei gut angelegte Wege in 15 Min. zur Mammut- und zur Dachstein-Rieseneishöhle. Führungen finden zwischen Mai und Oktober statt (Dauer jeweils 50 Min.). Kommen Sie bitte mit festem Schuhwerk und warmer Kleidung, denn die Temperatur im Bergesinneren liegt um 0 °C. Besonders empfehlenswert: die fantastischen Konzerte im Parzifaldom der Rieseneishöhle, aber auch die tollen Kinderprogramme und das abenteuerliche Höhlentrekking! Info: www.dachsteinwelterbe.at

alm. Bis 1961 fanden auch der Krippenstein und die Gjaidalm Anschluss an den technischen Fortschritt. Und bis heute werden hier alle Besucher nach ihrer Fasson glücklich: mit dem Krippenstein-Abstecher, auf dem benachbarten, aber einsam gebliebenen Däumelkogel oder beim Bergabwandern durch raues Grünkarst-Gelände zur Schönbergalm. Ein Fixpunkt des Programms ist natürlich der Besuch der Dachsteinhöhlen, die mit faszinierenden Licht- und Toneffekten von jungen Künstlern überraschen. Nur Konditionsbolzen werden dann noch per pedes nach Obertraun absteigen – und direkt unter der Seilbahn ein besonders wildes Steilkar des Dachsteingebirges erleben.

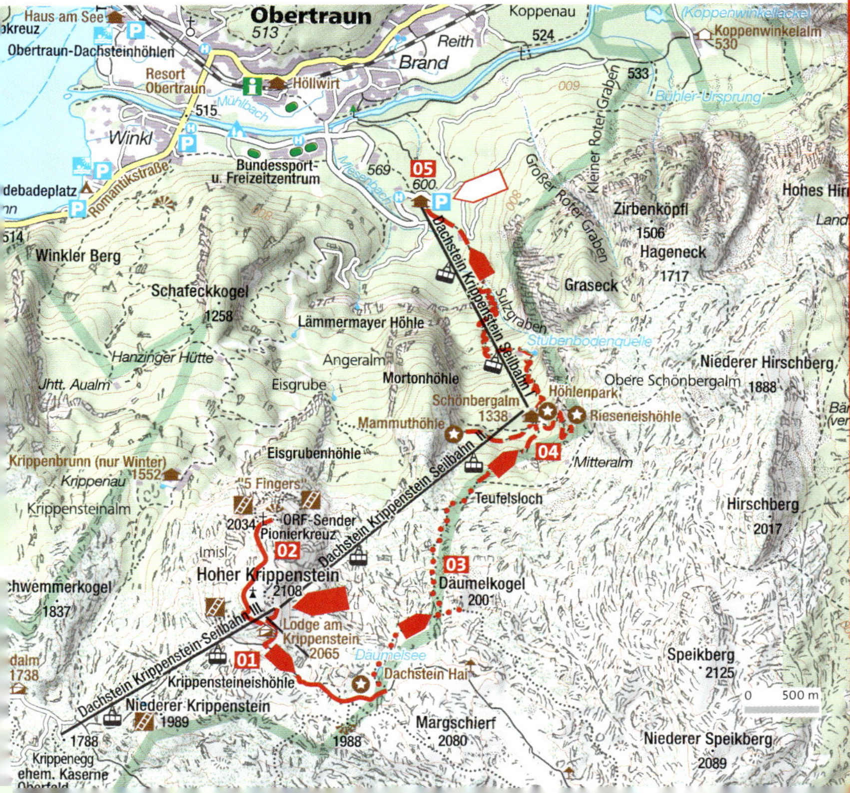

Von der **Seilbahnstation Krippenstein 01 führt** ein gut beschilderter und bequem begehbarer Themenweg zu den **5 Fingers 02**.

Wieder zurück zur **Seilbahnstation 01** und dann zunächst dem Weg Nr. 662 an der gastlichen Lodge vorbei. Auf der Skipiste in eine Senke (Liftstation) hinab. Dann wandern wir auf dem beschilderten Karstlehrpfad an der Höhle des Krippenstein-Eiskellers vorbei. Bei der folgenden Abzweigung geht's links auf dem breiten Weg weiter.
Kurz darauf links zum Däumelsee abzweigen und auf dem Steig Nr. 662 über die Däumelschneid (Unterstandshütte). Von der Abzweigung unter dem mar-

Glitzern und gleißen 500 m unter der Oberfläche: die Dachstein-Rieseneishöhle

kanten **Däumelkogel** 03 links hinab. Steiler zwischen Latschen und Kampfwald bergab, unter einer Konglomeratwand (Lawinenverbauung) vorbei und in den Kessel der **Schönbergalm** 04. Dort empfiehlt sich natürlich die Besichtigung der nahen Dachsteinhöhlen. Der weitere Abstieg führt den Bock-Weg (Nr. 16) durch den steilen Waldhang unter dem Hageneck hinunter, schwenkt bei der Stubenbodenquelle nach links und überwindet unter der Seilbahn eine Wandstufe. Dann geht's in vielen Kehren neben einem Wasserfall bergab und durch einen Tunnel an einem Felsvorsprung. Neben dem Miesenbach zur einstigen Oslalm und zur **Seilbahn-Talstation** 05.

birgt 30.000 m³ Eis, das z. T. aus vergangenen Jahrhunderten stammt.

MARGSCHIERF • 2080 m

Auf dem Karstlehrpfad durch die Wüste

8,5 km 3:00 h 100 hm 450 hm 20

START | Obertraun, Talstation der Dachstein-Seilbahn, 616 m; Auffahrt zum Krippenstein, 2074 m; Rückfahrt von der Gjaidalm ebenfalls mit der Seilbahn. [GPS: UTM Zone 33 x: 401.643 m y: 5.264.146 m]
CHARAKTER | Der breite Karstlehrpfad führt durch eine „Mondlandschaft“; die Pfade über den Margschierf-Rücken und zu den Hirzkarseen sind schmal und führen über zerklüftete Felsen – nur bei sicherem Wetter gehen.
EINKEHR | Restaurant Dachstein Krippenstein, Dachstein Lodge am Krippenstein, Gjaidalm.

Im Osten des Hohen Dachsteins breitet sich die 280 km² große, zerklüftete und unwegsame Karsthochfläche „Auf dem Stein“ aus. Mittendrin steht ein einsames Kreuz, das an die Katastrophe des Jahres 1954 erinnert. Damals fanden hier zehn Schüler und drei Lehrer aus dem württembergischen Heilbronn in einem Schneesturm den Tod. Heute führt ein breit ausgeschobener Lehrpfad zum Thema „Karst“ vom Krippenstein herüber – zwischen Felsbuckeln mit seltsamen Versteinerungen, messerscharfen Karren und geheimnisvollen „Karsttischen“, an denen die Auflösung des Kalks durch das Regenwasser besonders deutlich zu erkennen ist.

▶ Von der **Bergstation** 01 statten wir zunächst dem Pionierkreuz unter dem Krippenstein-Gipfel einen Besuch ab – der Blick von der spektakulären Aussichtsplattform **5 Fingers** 02 geht atemberaubende 1500 m in die Tiefe!
Wieder zurück, dann wandern wir zur Lodge und über die Skipiste in die Senke mit der Liftstation hinunter. Von dort führt der Karstlehrpfad zum Krippenstein-Eiskeller (Höhle) und zu jener Stelle, an der er sich nach links wendet, während rechts zwei Pfade abzweigen. Wir wählen den geradeaus führenden Steig Nr. 661, der über den felsigen **Margschierf-Rücken** 03 ansteigt (Blick zum Dachstein).

Abstieg zum weithin sichtbaren **Heilbronner Kreuz** 04. Kurz davor erreichen wir wieder den breiten Karstlehrpfad, dem wir nun nach rechts folgen. Er führt

Das Heilbronner Kreuz auf der einsamen Hochfläche.

Der Karstlehrpfad

Der Begriff „Karst“ umreißt einen chemischen Prozess: Kohlensäurehaltiges Regen- oder Schmelzwasser wandelt Kalkspat in leicht lösliches Kalziumkarbonat um. Durch diese Korrosion entstehen nicht nur die unzähligen Klüfte und die messerscharfen Karren auf den Kalkplatten, sondern auch Dolinen und Höhlen. Die Vielfalt dieser Erscheinungen entdeckt man bei einer Wanderung auf dem 8 km langen Karstlehrpfad, der auf dem Krippenstein beginnt. Die breite Wegtrasse führt im sanften Auf und Ab zum Heilbronner Kreuz und dann zur Gjaidalm hinab. Ein eigener Führer (bei der Seilbahn erhältlich) erläutert alles Sehens- und Wissenswerte. Bei gutem Wetter garantiert diese Route durch die „Mondlandschaft“ einen außergewöhnlichen Familienausflug – es ist sogar der Verleih von berggängigen Kinderwägen geplant.
Wer's unwegsamer liebt, gehe wie bei Tour 86 zur Abzweigung vor dem Däumelkogel, folge dem Steig Nr. 664 nach rechts und wandere im Auf und Ab mitten durch die steinerne Urnatur zum Heilbronner Kreuz (2,5 h).

an einer Hütte vorbei und dann steil in eine Mulde hinab. Vorbei an der Einmündung des Pfades Nr. 666 am Loskoppen. Weiter geht's zwischen Latschen und Felsen bergab. Nach der Abzweigung des Pfades zu den drei winzigen Hirzkarseelein (lohnender Abstecher) folgt ein kurzer Anstieg, dann wandern wir in Serpentinen zur verfallenen Hirzkaralm hinunter. Unter den Wänden des Niederen Gjaidsteins zur **Seilbahnstation Gjaidalm** 05 nahe der Schutzhütte auf der Gjaidalm.

Kürzere Variante: Von der Senke vor dem Aufstieg zum Margschierf rechts auf dem Steig Nr. 662 zu den Hirzkarseelein und zum Karstlehrpfad hinab.

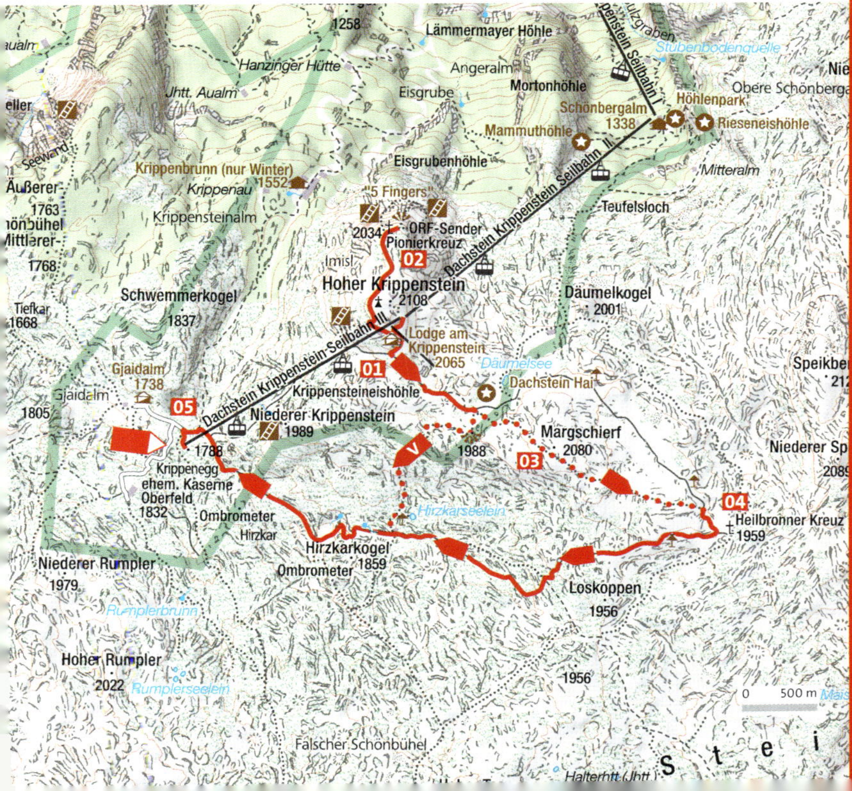

ZWÖLFERKOGEL • 1982 m

Ein Seeblick wie aus dem Flugzeug

6 km | 3:30 h | 300 hm | 300 hm | 20

START | Obertraun, Talstation der Dachstein-Seilbahn, 616 m (zu Fuß vom Bahnhof ca. 45 Min.). Auffahrt zur Endstation auf der Gjaidalm, 1788 m. Rückfahrt ebenfalls mit der Seilbahn.
[GPS: UTM Zone 33 x: 400.197 m y: 5.263.271 m]
CHARAKTER | hochalpine Bergwanderung auf schmalen, felsigen und anfangs unmarkierten Steigen; im oberen Bereich müssen scharfkantige Karrenfelsen durchquert werden (absolute Trittsicherheit erforderlich). Nicht bei Nebel oder Schnee gehen, man verirrt sich sehr leicht!
EINKEHR | Gjaidalm.

Die Gjaidalm ist die höchstgelegene Alm im Inneren Salzkammergut, auf der noch jeden Sommer Jungvieh weidet. Nördlich davon wölben sich latschengrüne Kuppen auf, die mit hohen Felsflanken zum Hallstätter See hin abbrechen. Das Panorama von dort ist einzigartig – es umfasst die Sicht zum vergletscherten Dachstein, aber auch einen atemberaubenden Tiefblick zum Hallstätter See. Man kannte schon im 19. Jahrhundert gangbare Routen von dort unten auf den Dachstein – nicht weit von der Seewand entfernt, die heute für ihren Klettersteig berühmt-berüchtigt ist.

Aufstieg: Wir gehen von der **Seilbahnstation Gjaidalm** 01 links zum 10 Min. entfernten Schilcherhaus hinunter und kurz Richtung Simonyhütte weiter. Hinter der Almhütte rechts auf einen schmalen Pfad mit roten Farbzeichen abzweigen (kleiner Wegweiser „Zwölferkogl, Dachsteinblick"). Bei der gleich darauf folgenden Wegteilung links auf den nicht markierten Steig einschwenken.

Über die Wiese und im sanften Auf und Ab zwischen Felsen und Latschen dahin. Nach ca. 15 Min. erreicht man die nächste Abzweigung. Geradeaus und

Kleiner Berg, große Aussicht: der Tiefblick vom Zwölferkogel auf Obertraun.

Seewand-Klettersteig

Durch die 800 m hohe Seewand führt einer der längsten und anspruchsvollsten Klettersteige Österreichs (E). Der wichtigste Tipp des Erbauers Heli Putz: Unbedingt auf den breiten Bändern im unteren Wandteil rasten. Nach 1,2 km Stahlseil gibt selbst der stärkste Bizeps einmal auf. Immer wieder müssen Erschöpfte geborgen werden. Zugang vom „Kessel“ zwischen Obertraun und Hallstatt, 40 Min. Der Einstiegsbereich stellt gleich die größten Anforderungen. Es folgen das leicht überhängende „Doppeldach“, die „Rampe“, „Seit 1887“ (bis hierher kamen die alten Kletterer) und das „Fledermaus-Biwak“, die Wandpassage „Am Igel“, das ausgesetzte „Putz-Band“ und der Kraft raubende „100-Meter-Pfeiler“. Ausstieg auf 1650 m (ca. 4 h). Ein markierter Waldpfad führt in 40 Min. über den „Dachsteinblick“ zum Schilcherhaus. Es empfiehlt sich, diese Route in Seilschaften begehen. Einige Passagen sind oft rutschig – am besten starten Sie an trockenen Herbsttagen. Für den oberen Bereich sind Leicht-Kletterschuhe ratsam. Führungen: www.outdoor-leadership.com

oberhalb von Felsabbrüchen ins Tiefenkar hinab – dort beginnen rote Farbzeichen. Über den Boden und im schrägen Anstieg zu großen Zirben empor, links in unübersichtliches Gelände und über eine steilere, felsige Passage zu einer großen Doline (Blick zum Dachstein). Von der wenig oberhalb gelegenen Wegteilung folgt man der Aufschrift „Zwölfer“ geradeaus über Felsstufen und neben Latschenfeldern zum **Gipfelkreuz** **02**. Wer auch Hallstatt betrachten möchte, muss noch ca. 300 m weglos neben den Latschen auf dem Nordkamm absteigen.

Abstieg: Wir kehren vom Gipfel zur obersten Wegteilung zurück. Dort rechts abzweigen, dann geht's im Auf und Ab über zerküftete Karrenplatten und Felsstufen dahin, bis die Steigspuren bei einer Stange links weiterführen. Unter dem Zwölferkogellahnbock in flacheres und besser gangbares Latschengelände. Links haltend durch einen kleinen Graben und über den ebenen Anger zum letzten Abstieg, nachdem wir die Abzweigung über dem Tiefkar wieder erreichen. Rechts auf dem unmarkierten Pfad zur Gjaidalm und der nahen **Seilbahnstation** **01** zurück.

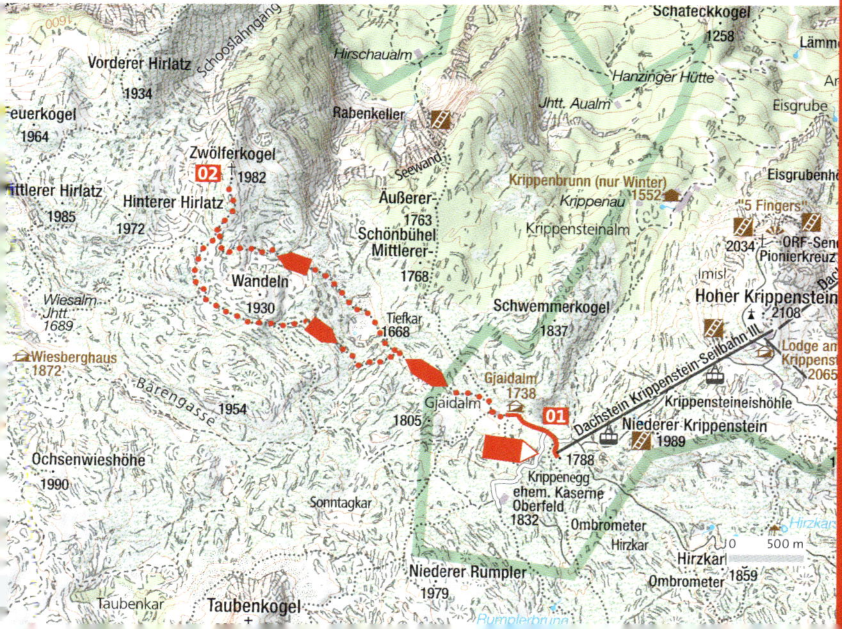

VON DER GJAIDALM ZUR SIMONYHÜTTE

Auf dem Nature Trail ins Gletschergebiet

15 km | 7:00 h | 650 hm | 650 hm | 20

START | Obertraun, Talstation der Dachstein-Seilbahn, 616 m (zu Fuß vom Bahnhof ca. 45 Min.). Auffahrt zur Endstation auf der Gjaidalm, 1788 m. Rückfahrt ebenfalls mit der Seilbahn (oder von Hallstatt per Schiff).
[GPS: UTM Zone 33 x: 400.197 m y: 5.263.271 m]
CHARAKTER | hochalpine Bergwanderung auf gut angelegten Wegen und steinigen Steigen; im Gletschervorfeld muss man wegloses Fels- und Schuttgelände durchqueren. Bei Nebel oder Schnee schwierige Orientierung!
EINKEHR | Gjaidalm, Wiesberghaus, Simonyhütte.

Die meisten Besucher der Simonyhütte starten auf der Gjaidalm und wählen die „schnellste" Zugangsroute durchs Taubenkar. Interessanter ist jedoch der gut 8 km lange Weg übers Wiesberghaus, der mit unzähligen Stufen und 18 Themen-Stationen zum Naturlehrweg „Nature Trail" ausgebaut wurde.

Zum Wiesberghaus: Wir gehen von der **Seilbahnstation Gjaidalm** **01** auf dem Fahrweg links zum Schilcherhaus

Unglaublich, was im Moränengeröll am Trägerweg alles blüht!

auf der Gjaidalm hinab. Weiter auf dem Weg Nr. 650, der hinter der hölzernen Almhütte links über den Wiesenboden führt und dann durch kuppiges, mit einzelnen Zirben bewachsenes Latschengelände zu einer Wegteilung ansteigt. Rechts über eine Anhöhe zum Nabelbrunn, wo ein Weg vom Oberfeld einmündet. Bald geht's über Stufen durch die felsige Soacherklamm (Seichenklamm) hinauf. Nach kurzem Abstieg über der Kreidgrube zweigt man rechts auf den Weg Nr. 654 ab.

Nach einem weiteren kurzen Anstieg durchmisst man die von Felsen be-

Der historische „Trägerweg“

„Es lagen Hügel da, die wie zusammengeschobener Schaum aussahen, (...) als wären Balken und Stangen von Edelsteinen durcheinander geworfen worden ... In einigen waren Höhlen eingefressen, durch die man mit einem Arme durchfahren konnte, mit einem Kopfe, mit einem Körper, mit einem ganzen großen Wagen voll Heu. (...) In der ganzen Höhlung aber war es blau, so blau, wie gar nichts auf der Welt ist, viel tiefer und viel schöner blau als das Firmament, gleichsam wie himmelblau gefärbtes Glas, durch welches lichter Schein hineinsinkt.“
So poetisch beschrieb Adalbert Stifter das „ewige Eis“, das im 19. Jahrhundert seine größte nacheiszeitliche Ausdehnung erreichte. Erzherzog Carl konnte den Hallstätter Gletscher anno 1812 schon auf 1950 m Seehöhe betrachten – damals war er noch 3,7 km lang und bedeckte jene Mulde, in der heute der Untere Eissee glitzert. Wie Friedrich Simonys exakten Zeichnungen, Aquarelle und Fotos dokumentieren, verlor er danach rapid an Substanz. 1894 war die Felsschwelle unter dem Eisjoch bereits aper und um 1950 spiegelte sich die schmal gewordene Gletscherzunge in einem neu gebildeten See, der sich dahinter bildete. Heute muss man vom Unteren Eissee schon 2 km bis zum Eisrand hinaufsteigen – und jedes Jahr wird der Weg ein bisschen länger. Die Klimaerwärmung hat dem Gletscher schon mehr als die Hälfte seiner Masse gekostet.
Wie so oft wiederholt sich die Geschichte auch in diesem Fall. Nicht einmal während der Eiszeit, die vor 2,5 Millionen Jahren begann, hielt das Eis für die Ewigkeit: Die Gletscher wuchsen zwar mindestens achtmal ins Maßlose, doch dazwischen war es weitaus wärmer als heute. Auch dem Rückzug der letzten Eiszeit-Gletscher vor etwa 10.000 Jahren folgten wärmere Perioden, in denen die Schneegrenze um 200 bis 400 m höher als heute verlief. Damals dürfte der Dachstein ohne Eis gewesen sein.
Die schönste Route auf den Spuren des Gletschers ist der historische Trägerweg, auf dem einst die Lasten zur Simonyhütte geschleppt wurden. Man geht von der Seilbahnstation Krippeneck wenige Schritte Richtung Gjaidalm und dann links auf dem Fahrweg zur Oberfeld-Kaserne hinauf. Dahinter beginnt der Steig Nr. 615 Richtung Taubenkogel/Gjaidstein, auf dem man durch die Latschenhänge des mit einem Kreuz geschmückten Niederen Rumplers ansteigt. Bald mündet ein Steig von der Gjaidalm ein. Weiter ins freie Gelände unter dem Taubenkogel, wo wir auf ca. 1900 m Seehöhe – bei einer Doline – rechts abzweigen (Wegweiser „Simonyhütte, Eissee, Trägerweg“). Nun wandern wir zu einer Kuppe mit zwei unübersehbaren Doppel-Eisenstangen hinauf. Das rostige „Praderseil“ erinnert daran, dass hier einmal eine Seilbahn geplant war. Durch Schutt abwärts, zwischen den großen Felsblöcken um den Taubenkogel herum (plötzlicher Blick zum Gletscher) und zur Anhöhe über dem Unteren Eissee (dort findet man die älteste Gletscher-Messmarke auf einem Stein). Rechts haltend durch die felsige, aber gut gestufte Ostflanke des Taubenriedels in die weite Schuttmulde der Oberen Eisseen. Nun entweder rechts zur Simonyhütte hinauf – oder wie bei Tour 83 weglos zur Gletscherzunge, vor der rechts ein Pfad zum Schutzhaus führt (2,5–3,5 h). Trittsicherheit nötig, nur bei sicherem Wetter ratsam!

grenzte Bärengasse. Bevor es steiler zur Wiesalm hinuntergeht, wandern wir links zur einstigen Ochsenwiesalm hinauf und zwischen Latschen zum **Wiesberghaus** 02.

Aufstieg zur **Simonyhütte** 03 und zum Hallstätter Gletscher 04 siehe Tour 83.

Abstieg wie bei Tour 83 zur Abzweigung vor der Ochsenwieshöhe. Von dort führt rechts der kürzeste Weg (Markierung Nr. 650) zur Gjaidalm, und zwar über einen steilen Hang in die Zirmgrube, den untersten Bereich des Taubenkars. Im Auf und Ab zwischen Latschenhügeln und einzelnen Zirben in die Kreidgrube und zu einer Wegteilung hinauf. Rechts auf dem bereits bekannten Weg durch die Soacherklamm zum Schilcherhaus auf der Gjaidalm und zur **Seilbahnstation** 01 zurück.

Variante: Abstieg nach Obertraun auf dem Wanderweg Nr. 615 über Krippenbrunn und im Nahbereich der Skipiste. Anschließend wandern wir lang und viel steiler in Kehren – stellenweise aber auch auf der sehr steinigen Skipiste – über die ehemalige Niedere Schafeckalm (Hanzingerhütte) zur Talstation der Dachstein-Seilbahn hinunter.

Der Gletscher-Lehrpfad

Ein interessant angelegter Lehrpfad zum Hallstätter Gletscher empfiehlt sich für einen erlebnisreichen Abstecher zum „ewigen Eis". Er zweigt im Taubenkar vom Verbindungsweg von der Gjaidalm zur Simonyhütte ab. Von dort führt die Route durch das Taubenkar ins kahle, schutterfüllte Gletschervorfeld rund um die Oberen Eisseen und weiter hinauf zur Gletscherzunge, die sich „dank" des Klimawandels Jahr für Jahr weiter zurückzieht. Im Rechtsbogen gelangt man schließlich zum Schutzhaus hinüber (ca. 2,5 h). Man kann den Gletscher-Lehrpfad natürlich auch beim Abstieg von der Simonyhütte als Zugang zum „Trägerweg" nutzen (2,5 – 3 h bis zur Gjaidalm).

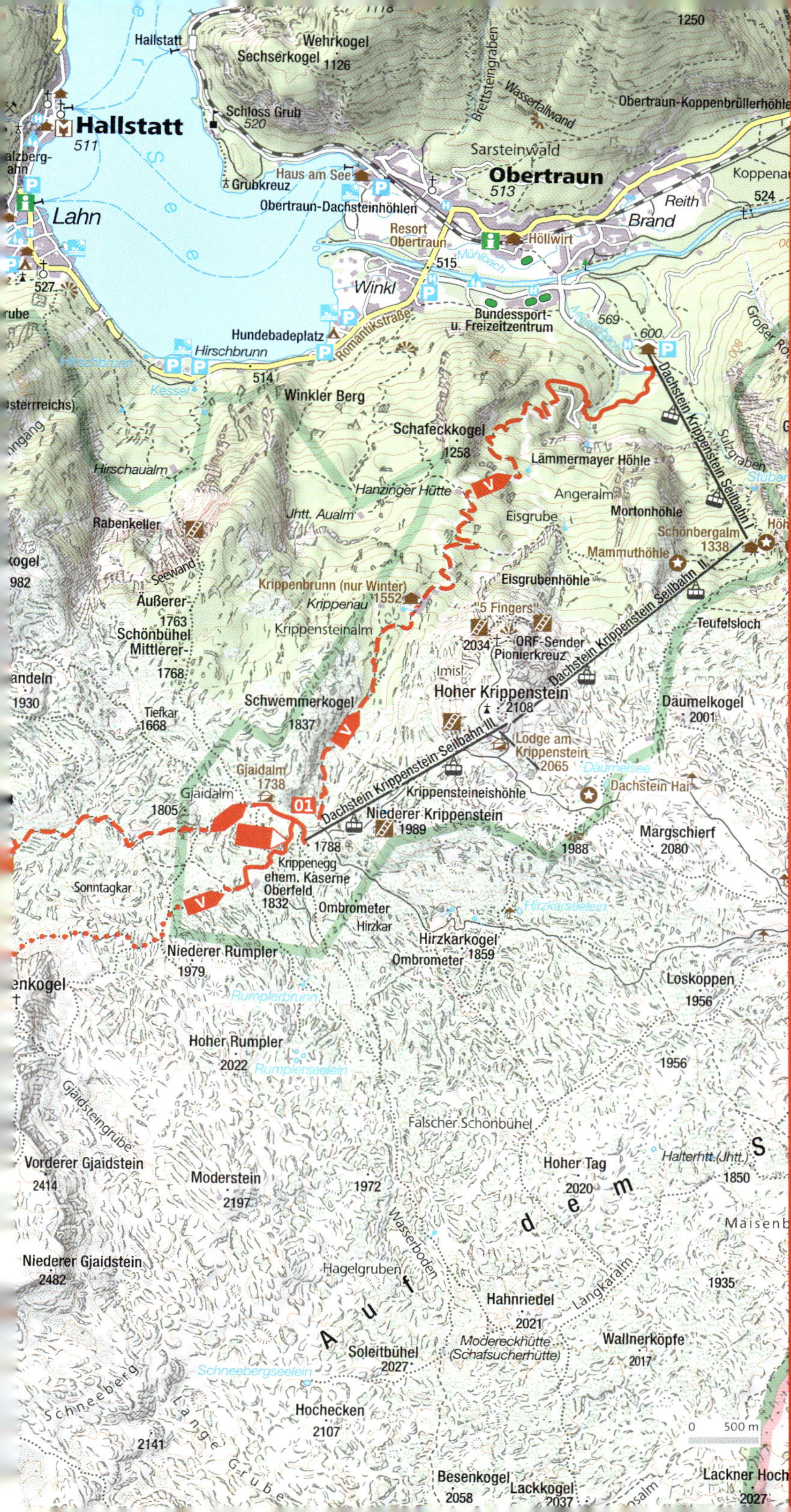

Hallstatt
Wehrkogel
Sechserkogel
1126
Hallstatt
511
Schloss Grub
520
Haus am See
Grubkreuz
Obertraun-Dachsteinhöhlen
Lahn
527
Brettsteingraben
Wasserfallwand
Obertraun-Koppenbrüllerhöhle
Sarsteinwald
Obertraun
513
Koppenau
524
Reith
Brand
Resort Obertraun
515
Mühlbach
Höllwirt
Winkl
Bundessport- u. Freizeitzentrum
569
600
Hundebadeplatz
Romantikstraße
Hirschbrunn
Hirschbrunn
514
Kessel
Winkler Berg
Schafeckkogel
1258
Dachstein Krippenstein Seilbahn I
Sulzgraben
Lämmermayer Höhle
Hirschaualm
Hanzinger Hütte
Angeralm
Eisgrube
Mortonhöhle
Jhtt. Aualm
Rabenkeller
Schönbergalm
1338
Mammuthöhle
Seewand
Eisgrubenhöhle
Krippenbrunn (nur Winter)
1552
Krippenau
Äußerer-
1763
Schönbühel
Mittlerer-
1768
Krippensteinalm
5 Fingers
2034
ORF-Sender
Pionierkreuz
Dachstein Krippenstein Seilbahn II
Teufelsloch
Imisl
Hoher Krippenstein
2108
Däumelkogel
2001
Schwemmerkogel
1837
Tiefkar
1668
1930
Lodge am Krippenstein
2065
Däumelsee
Dachstein Hai
Gjaidalm
1738
Gjaidalm
1805
Dachstein Krippenstein Seilbahn III
Krippensteineishöhle
Niederer Krippenstein
1989
01
1788
1988
Margschierf
2080
Krippenegg
ehem. Kaserne
Oberfeld
1832
Sonntagkar
Ombrometer
Hirzkar
Hirzkarseelein
Hirzkarkogel
1859
Ombrometer
Niederer Rumpler
1979
Loskoppen
1956
Rumplerbrunn
Hoher Rumpler
2022
Rumplerseelein
1956
Gjaidsteingrube
Falscher Schönbühel
Vorderer Gjaidstein
2414
Moderstein
2197
1972
Hoher Tag
2020
Halterhtt.(Jhtt.)
1850
Wasserboden
Niederer Gjaidstein
2482
Hagelgruben
1935
Langkaralm
Hahnriedel
2021
Moderreckhütte
(Schafsucherhütte)
Wallnerköpfe
2017
Auf dem S
Soleitbühel
2027
Schneebergseelein
Schneeberg
Lange Grube
Hochecken
2107
2141
0 500 m
Besenkogel
2058
Lackkogel
2037
Lackner Hoch
2027

TAUBENKOGEL • 2300 m
HOHER GJAIDSTEIN • 2794 m

Flüsse übers Gebirge?

12 km 7:00 h 1000 hm 1000 hm 20

START | Obertraun, Talstation der Dachstein-Seilbahn, 616 m (zu Fuß vom Bahnhof ca. 45 Min.). Auffahrt über den Krippenstein zur Gjaidalm, 1788 m. Rückfahrt ebenfalls mit der Seilbahn.
[GPS: UTM Zone 33 x: 400.197 m y: 5.263.271 m]
CHARAKTER | hochalpine Bergtour auf schmalen, stellenweise sehr steilen und felsigen Steigen. Die Abstiegsroute durch das Gjaidkar verläuft im weglosen Gelände und wird bei Nebel gefährlich (unterhalb Wandabbrüche). In jedem Fall sind Trittsicherheit und Schwindelfreiheit notwendig; besondere Vorsicht bei Altschneefeldern!
EINKEHR | Gjaidalm, Simonyhütte.

Der Taubenkogel bildet mit seinen imposant geschichteten Wänden den nördlichen Abschluss der Gjaidsteingruppe, der sich als Wall zwischen dem Hallstätter Gletscher und der Karsthochfläche „Auf dem Stein“ erhebt. Erst von dort oben ist die Dimension des Plateaus wirklich zu ermessen, aber auch der Tiefblick zu den Eisseen belohnt das Heraufschnaufen. Im Süden des Taubenkogels zeigt sich eine sanft ansteigende und erstaunlich große Hochfläche, die auf den steilen Gipfelhang des Hohen Gjaidsteins zusammenläuft. Hier hat Oskar Horky, ein bergbegeisterter Linzer, jahrelang die Steige instand gehalten, Dolinen mit Totenkopfschildern abgesichert und, nachdem zwei Wiener verunglückt waren, sogar eine Biwakstelle gebaut. Nachdem er an die 50 Traglasten heraufgeschleppt hatte, nächtigte er im Juli 1963 zum ersten Mal mit seinem Enkelkind in diesem Lager. Der „Taubenkogelnarr“, wie er liebevoll-ironisch genannt wurde, starb 1981 in Australien; seine Asche wurde, seinem letzten Wunsch gemäß, über seinen geliebten Bergen ausgestreut. Beim Kreuz auf dem Hohen Gjaidstein stehen Sie dann schon ganz nahe vor dem Dachstein. Ein Blick, der Friedrich Simony anno 1840, bei seiner ersten Dachsteintour, zu Herzen gegangen

Dirndln und Dachsteinwarte, Hoher und Niederer Dachstein – das Panorama vom Hohen Gjaidstein.

sein muss – hier beschloss er, sein Leben als Forscher diesem Gebirge zu widmen. Wer genau schaut, findet auf dem Boden der Hochfläche um den Niederen Gjaidstein vielleicht einen der so geheimnisvollen „Augensteine“: Bevor das Dachsteinmassiv im Tertiär in die Höhe gedrückt wurde, bildete es ein Mittelgebirge, über das sich die Flüsse aus den Tauern einen Weg nach Norden bahnten. Viele der mitgeschwemmten Kieselsteine aus ortsfremdem Kristallingestein sind dabei liegen geblieben und haben dort alle Umwälzungen überstanden.

Aufstieg: Wie bei Tour 89 im Kasten beschrieben, gehen wir von der **Seilbahnstation Gjaidalm** **01** zur Kaserne Oberfeld und Richtung Taubenkogel hinauf. Bei der Abzweigung des Trägerweges jedoch geradeaus weiter und in eine schutterfüllte Mulde am Fuße des Berges. Links unter den Ostabstürzen aufwärts und dann rechts durch einen sehr steilen Gras- und Schrofenhang auf den breiten Rücken des Gjaidstein-Massivs. Rechts über einen Schutthang zum Gipfelkreuz auf dem **Taubenkogel** **02**. Wieder zurück und nach Süden – erst am Rand der Ostabstürze, dann über eine Scharte und auf

So mystisch zeigt sich der Berg an einem Föhnmorgen (dahinter das Tote Gebirge).

dem immer breiter werdenden Rücken – gegen den Vorderen Gjaidstein hinauf. Unter dem Gipfel nach links und durch die obersten Schutthänge des Gjaidkares am Niederen Gjaidstein vorbei. Am südöstlichen Rand der Hochfläche gelangt man zu einem Kreuz; danach steigt man über eine kleine Felsstufe und durch den aufsteilenden Gipfelhang auf den **Großen Gjaidstein 03** hinauf.

Abstieg: Zurück zur Hochfläche im Bereich des Niederen Gjaidsteins. Dort links abzweigen und auf markierten Steigspuren ins Gjaidkar hinunter. Oberhalb der Wände, die zum Unteren Eissee abbrechen, wendet man sich nach links und erreicht durch die gestuften Felshänge unter dem östlichen Teil des Hallstätter Gletschers den Eisjoch-Rücken und das Schuttgelände unterhalb der Gletscherzunge. Zum markierten Gletscherweg und auf diesem zur **Simonyhütte 04** hinauf. Weiter wie bei Tour 83.

Variante zum Hunerkogel: Vom Hohen Gjaidstein kann man auch auf dem markierten, aber stellenweise ausgesetzten und gesicherten Grat über den Kleinen Gjaidstein (einige Sicherungen) zur Bergrettungshütte über dem Gjaidsteinsattel absteigen. Über den Gletscher (Skigebiet) zur Bergstation der Ramsauer Dachstein-Südwandseilbahn auf dem 2687 m hohen Hunerkogel.

Der Taubenkogel über dem Taubenkar.

Das Gjaidkar eröffnet eine Route im Nahbereich des stetig zurückschmelzenden Hallstätter Gletschers bis zur Simonyhütte.

„AUF DEM STEIN“

4000 Jahre Almkultur

25 km | 8:30 h | 900 hm | 900 hm | 20

START | Obertraun, Talstation der Dachstein-Seilbahn, 616 m (zu Fuß vom Bahnhof ca. 45 Min.). Auffahrt über den Krippenstein zur Gjaidalm, 1788 m. Rückfahrt ebenfalls mit der Seilbahn.
[GPS: UTM Zone 33 x: 400.197 m y: 5.263.271 m]
CHARAKTER | anspruchsvolle, zwei- oder mehrtägige Hochflächen-Überquerung auf schmalen, stellenweise steilen und steinigen Pfaden (eine ausgesetzte Passage), da und dort auch nur auf Steigspuren oder entlang der Markierung im weglosen Felsgelände. Bei Nebel oder Schneelage verirrt man sich hier sehr leicht!
EINKEHR | Gjaidalm, Guttenberghaus.

Die östliche Dachsteinhochfläche „Auf dem Stein“ wird, wie interdisziplinäre Forschungen des Vereins ANISA belegen, schon seit der Bronzezeit vom Menschen besucht und genützt. Ausgegrabene Knochenreste zeigen, dass man damals Rinder, Schweine, Ziegen, Schafe und auch Hunde als Haustiere hielt; der Fund von Lanzenspitzen weist auf die Jagd hin. Die uns bekannte Art der Almwirtschaft entstand im Hochmittelalter. Ihre Blütezeit endete mit der deutlichen Klimaverschlechterung, die um das Jahr 1580 einsetzte (und auch das Anwachsen der Gletscher einleitete). Immerhin bestanden noch 1792 im oberösterreichischen Teil des Dachsteingebirges 95 Almen, auf die 3733 Rinder aufgetrieben wurden, und dazu kamen noch die sechs „Schladminger Almen“ auf dem „Stein“. Heute werden hier nur noch die Gjaid- und die Grafenbergalm bewirtschaftet; dazwischen weiden Schafe. Wandert man auf den seit Urzeiten begangenen Pfaden zwischen einförmigen Latschenhügeln, kantigen Karrenbänken und zähen Wetterbäumen übers Plateau, taucht man in eine fremdartige Welt ein. Die Entfernungen scheinen oft nur gering, ziehen sich dann aber bei so manchem Umweg durch Mulden und um schroffe Kuppen herum gewaltig in die Länge. Über den Wiesenflecken der Modereckalm, auf der eine kleine Halterhütte steht, tut sich die eigenartige Kulisse zwischen dem Klotz des Landfriedsteins, dem finsteren Koppenkarstein und dem Gjaidstein-Massiv auf – Berge, die hier als Wegweiser und Messmarke für die zurückgelegte Strecke dienen. Weiter im Osten marschiert man auf dem Steig Nr. 666 durch zauberhafte Zirbenwälder. Der Schriftsteller Bodo Hell, der seit vielen Jahren jeden Sommer als Senner auf der Grafenbergalm arbeitet, hat den vielen Details an diesem langen, aber schönen Weg sogar ein literarisches Denkmal gesetzt.

Das Rumplerseelein muss man erst finden!

Der „Stein", gesehen vom Lackner Miesberg, dahinter Landfried-, Koppenkar- und Gjaidstein.

▶ 1. Abschnitt: Von der **Seilbahnstation Gjaidalm** 01 geht man einige Schritte Richtung Gjaidalm, biegt dann jedoch links auf den Steig Nr. 616 ab und wandert in südwestlicher Richtung durch kuppiges Latschengelände zur einstigen Schönbühelalm. Hier mündet der Steig Nr. 656 von der Kaserne Oberfeld ein. Weiter über einen Latschenrücken und ein kleines Törl in eine lang gezogene Mulde (Quelle). Nach dem Anstieg ins Gebiet der **Modereckalm** 02 erreicht man die 2000-m-Grenze und – im ständigen Auf und Ab – eine weitere Mulde (rechts ist ein Abstecher zum weltentlegenen Schneebergseelein möglich). Zwischen den höchstgelegenen Latschenflecken steigt man kurz zur Wegteilung „Bei der Hand" (kleine Militärhütte) an. Weiter auf dem rechten Steig Nr. 616 und durch die Handgruben auf eine Felsanhöhe unter dem kaum auffallenden Felsbuckel des Hundsofens. Dahinter geht's im Bogen hoch über dem obersten Hölltal herum, durch den felsigen Hang am „Kratzer" und über das öde Karrengelände am Fuße des Eselsteins zur 2198 m hoch gelegenen Feisterscharte hinauf. Hier lohnt sich der kurze Abstecher auf den Sinabell (2349 m, herrliche Aussicht über den „Stein" und zu den Niederen Tauern). Von der Scharte wandert man zum nahen **Guttenberghaus** 03 hinab.

2. Abschnitt: auf dem Steig Nr. 616 wieder zur Feistererscharte hinauf. Kurz über das Karrengelände Richtung Gjaidalm abwärts, dann aber rechts auf den Steig Nr. 618 abzweigen und durch den Schutt am Fuße der Sinabell-Nordflanke bzw. der Wasenspitze, dann durch den Hang oberhalb des tief eingesenkten Hölltalsees (Silberkarsee) in eine mit Latschen bewachsene Mulde („Grubach") hinab. Geradeaus über die dortige Wegkreuzung (links kann man zum mehr als 100 m tiefer gelegenen See hinuntergehen). Bei der bald darauf folgenden Abzweigung unter dem Lackner Miesberg nach rechts (Wegweiser „Brünnerhütte"). Rechts um einen Felsvorsprung herum ins felsige Kar der Luserpfanne und – vorbei an einer Dolinenmulde – in die flache Scharte zwischen dem Großen und dem Lackner Miesberg hinauf. Jenseits durch die Nordhänge des Großen Miesbergs und durch eine felsige Gasse zur stellenweise mit Zirben bewachsenen Hochfläche um die 1783 m hoch gelegene **Grafenbergalm** 04 hinunter. Bei den beiden Hütten nach links und auf dem Steig Nr. 666 über die Weidefläche. Über den bewaldeten Rücken beim Klammeck auf ein welliges, schütter bewaldetes Plateau, das nach Nordwesten überquert wird. Über eine weitere Anhöhe erreicht man das mit

Latschen bewachsene Gelände um die ehemalige Maisenbergalm. Gemächlich ansteigend erreicht man die Wegteilung südlich des Loskoppens. Hier auf dem linken Steig Nr. 664 durch die Latschenhänge und ein kleines Tal zum breiten **Karstlehrpfad 05**, der vom Heilbronner Kreuz zur Gjaidalm führt. Auf diesem links und durch die Mulde der einstigen Hirzkaralm (lohnender Abstecher zu den kleinen Hirzkarseelein, siehe Tour 87). Weiter zur **Seilbahnstation Gjaidalm 01**.

Variante: Vom Guttenberghaus kann man auf dem Weg Nr. 616 durch das Feisterkar nach Ramsau am Dachstein absteigen.

Die Lackenmoosalm

Bei der knapp 2000 m hoch gelegenen, aber längst verfallenen Lackenmoosalm im Herzen der Hochfläche „Auf dem Stein" kreuzen sich zwei lange und stellenweise nur schwer zu findende Steige. Einer führt von der Militärhütte „Bei der Hand" ins Gebiet der einstigen Maisenbergalm, der andere von der Abzweigung unter dem Lackner Miesberg zur Modereckalm. Unter dem Lackenofen entdeckten Forscher das Steinfundament einer Hütte. Möglicherweise handelte es sich dabei um ein Hospiz für die Säumer, die ihre Waren zwischen Hallstatt und dem Ennstal transportierten – die ältesten Funde aus diesem Bereich stammen aus dem 12. Jahrhundert.
Info: www.anisa.at

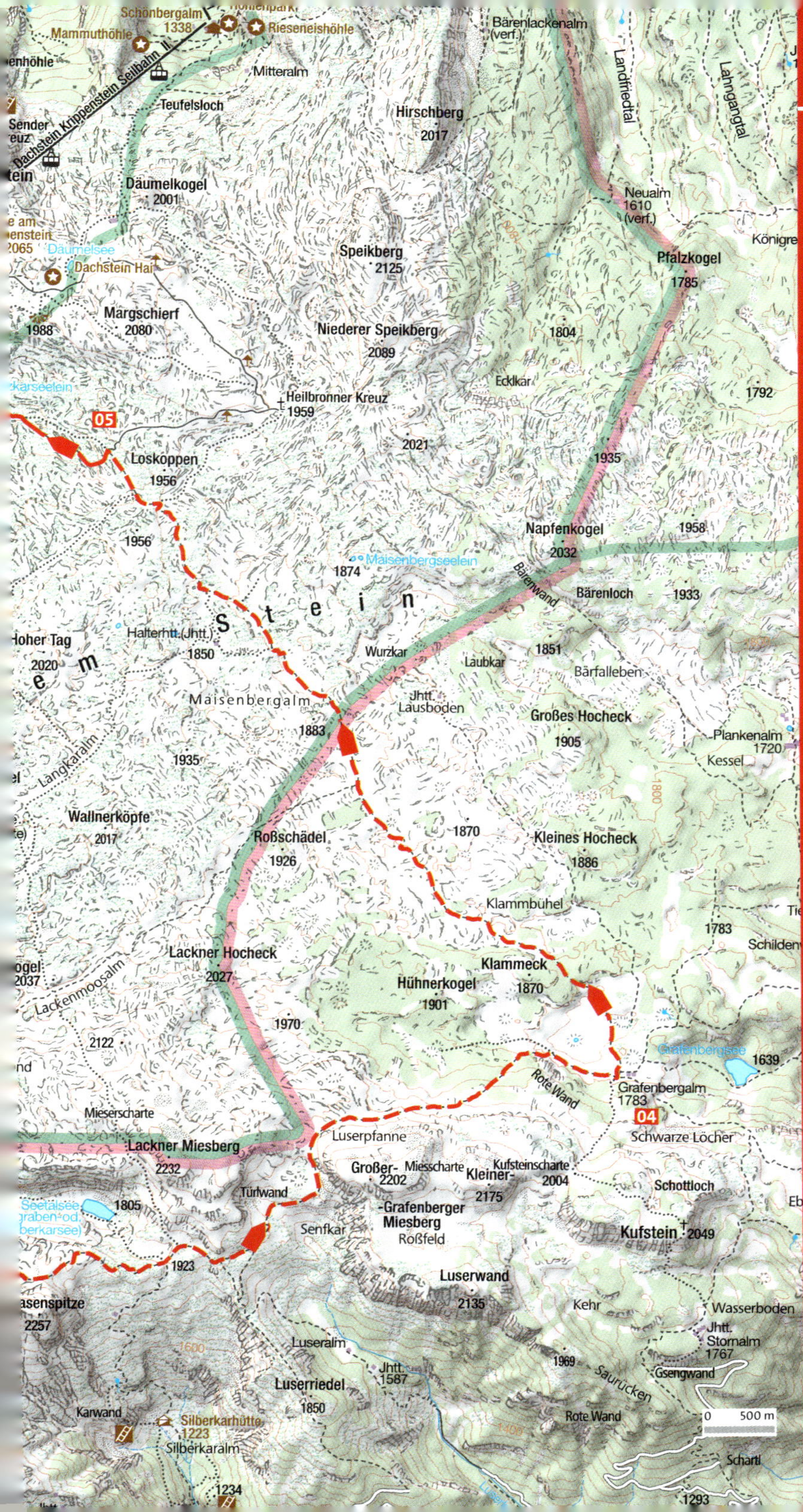
Schönbergalm
1338
Mammuthöhle
Rieseneishöhle
Dachstein Krippenstein Seilbahn II
Mitteralm
Teufelsloch
Bärenlackenalm
(verf.)
Landfriedtal
Lahngangtal
Hirschberg
2017
Sender
Däumelkogel
2001
Däumelsee
Dachstein Hai
Speikberg
2125
Neualm
1610
(verf.)
Pfalzkogel
1785
Königre
Margschierf
2080
1988
Niederer Speikberg
2089
1804
Ecklkar
1792
Heilbronner Kreuz
1959
05
Loskoppen
1956
2021
1935
1956
Napfenkogel
2032
1958
Maisenbergseelein
1874
Bärenwand
Bärenloch
1933
Hoher Tag
2020
Halterhtt.(Jhtt.)
1850
Wurzkar
Laubkar
1851
Bärfalleben
Maisenbergalm
Jhtt.
Lausboden
Großes Hocheck
1905
Plankenalm
1720
Kessel
1883
1935
Langkaralm
Wallnerköpfe
2017
Roßschädel
1926
1870
Kleines Hocheck
1886
Klammbühel
1783
Schilden
Lackner Hocheck
2027
Klammeck
1870
Hühnerkogel
1901
Lackenmoosalm
2122
1970
Grafenbergsee
1639
Rote Wand
Grafenbergalm
1783
04
Mieserscharte
Luserpfanne
Schwarze Löcher
Lackner Miesberg
2232
Großer-
2202
Miesscharte
Kufsteinscharte
Kleiner-
2004
2175
Schottloch
Türlwand
Seetalsee
1805
-Grafenberger
Miesberg
Roßfeld
Senfkar
Kufstein
2049
1923
Luserwand
2135
Kehr
Wasserboden
2257
Jhtt.
Stornalm
1767
Luseralm
1969
Gsengwand
Saurucken
Jhtt.
1587
Luserriedel
1850
Karwand
Silberkarhütte
1223
Silberkaralm
Rote Wand
0
500 m
Schartl
1234
1293

DER WEG DURCH DIE WILDNIS

Aha-Erlebnisse im Koppental

9 km | 3:00 h | 150 hm | 50 hm | 20

START | Bahnhof Bad Aussee, 639 m. Rückfahrt von der Bahnstation Obertraun-Koppenbrüllerhöhle – Achtung, hier halten nicht alle Züge!
[GPS: UTM Zone 33 x: 408.009 m y: 5.272.522 m]
CHARAKTER | einfache und landschaftlich eindrucksvolle Talwanderung auf guten Wegen; zwei Anstiege. Wintersperre wegen großer Lawinengefahr! Die Koppenbrüllerhöhle ist von 1. Mai bis 30. September geöffnet.
EINKEHR | Gasthof Koppenrast, Jausenstation in Sarstein, Schutzhütte Koppental, Restaurant im Bahnhof in Bad Aussee.

Im Tal der Koppentraun haben schon die Kelten ihre Spuren hinterlassen. Es folgten Römer, Baiern und die Salzhändler des Mittelalters; viel später entstanden die Bahnlinie und die Koppenstraße. Stets jedoch drohten die gewaltigen Lawinen vom Zinken- und vom Sarstein-Massiv, Steinschlagsalven und Hochwasser – Letzteres erzwang die Verlegung der Schienen, womit ein ganzer Tunnel nutzlos geworden ist. Er bildet heute eine Station der neu angelegten Koppental-Wanderroute, für die auch eine faszinierende Hängebrücke errichtet worden ist.

Der Weg durch die Wildnis beginnt am **Bahnhof Bad Aussee** 01 und folgt der Koppenstraße kurz talauswärts zum nahen Bahnübergang. Davor rechts abzweigen, auf dem asphaltierten Fahrweg neben der Koppentraun zum Kraftwerk und zur Kläranlage. Geradeaus weiter, auf einem Pfad über die Wiese und rechts auf dem Austeg über den Fluss. Es folgt der Anstieg durch den Wald in die Ortschaft **Sarstein** 02. Dort links und auf der anfangs noch asphaltierten Straße in den bewaldeten Abhang des Sarstein-Massivs. Bei einer Jagdhütte links abbiegen und in Kehren wieder zur Traun hinunter. Über die Hängebrücke, nach rechts und auf dem Wanderweg durch das wilde Koppental, vorbei an der **Schutzhütte Koppental** 03. Wir durchschreiten einen alten Tunnel, danach steigt die Route kurz an und führt unterhalb einer Felswand zur **Koppenbrüllerhöhle** 04. Auf dem breiten Weg zur Koppenstraße (Gasthof Koppenrast). Rechts über die Traunbrücke zur **Bahnstation Obertraun-Koppenbrüllerhöhle** 05.

Geheimnisvolle Unterwelt in der Wildnis an der Koppentraun: die Koppenbrüllerhöhle

AUSSEER ZINKEN • 1854 m

Der Ausseer liebste Aussicht

10,9 km | 6:30 h | 1250 hm | 1250 hm | 20

START | Bad Aussee, 659 m, Bahnhof.
[GPS: UTM Zone 33 x: 408.009 m y: 5.272.522 m]
CHARAKTER | Bergwanderung auf stellenweise steilen und felsigen Steigen. Bei Nebel oder Schneelage verirrt man sich im Gipfelbereich leicht.
EINKEHR | unterwegs keine.

1200 m Luft liegen zwischen dem Gipfelkreuz auf dem Zinken und den Schornsteinen von Bad Aussee: Die wohlgeformte und grün verbrämte Steinpyramide über dem alten Salinenort, die diesen sehenswerten Tiefblick verheißt, entpuppt sich südseitig als sanft abdachendes Hochplateau. Mit dem Ausseer Zinken – auch Zinkenkogel genannt – schiebt sich das Dachsteingebirge weit nach Norden vor. Der Alpinführer „Der Hochtourist in den Ostalpen" bezeichnete den Berg Ende des 19. Jahrhunderts ein wenig umständlich als eine „nach Norden steil abbrechende Anschwellung am Nordrand der Hochfläche des Steins". Um diese Erkenntnis nachvollziehen zu können, muss man ein ordentliches Stück gehen: im Zickzack neben dem wild aufgeackerten Planergraben bergauf und über die aus dem Fels gehauene „Hahnlerstiege" genauso schnittig bergab. Auf der Hahnleralm balzen Auer- und Birkhähne, würdig verwitterte Lärchen und Zirben zaubern eine parkartige Atmosphäre in das kuppige Hochland und Alpenblumen bringen Farbtupfer ins würzig duftende Grasgrün. Dazu schauen die eisgrauen Dachsteingipfel aus einer ganz eigenwilligen Perspektive über den Krippenstein herüber und im Norden bildet das Tote Gebirge einen weißen Streifen am Horizont.

▶ Aufstieg: Vom **Bahnhof Bad Aussee** 01 wandert man auf der Koppenstraße Richtung Obertraun über

Fast schon oben: Almrauschpracht am Weg zum Ausseer Zinken.

den Bahnübergang und kurz bergauf, bis links der Forstweg mit der Markierung Nr. 695 in den Wald abzweigt. Dann geht's auf einem steilen Steig in unzähligen Kehren neben dem tiefen Planergraben zu einem großen Schlag. An seinem oberen Ende rechts in die nächste felsige Rinne (Quelle). Oberhalb davon auf breiten Bändern nach rechts durch den Felsabbruch zwischen dem Eisloch- und dem Feuerkogel in ein weites Hochtal. Kurz ab- und dann wieder sanft ansteigend wandert man im weiten Linksbogen durch die Latschenhänge (vom tiefsten Punkt des Weges ist ein kurzer Abstecher zur Planeralm lohnend) bis zur Abzweigung unter dem **Zinken** 02. Links über den Rasenhang zum 8 m hohen Gipfelkreuz hinauf. Im Abstieg gehen wir ab der Wegteilung den Steig Nr. 696 (Hahnlerweg), der nach Südosten, zuerst neben einem Felsabsturz und dann über gestuftes Alm- und Waldgelände, zur Hahnleralm (oder **Handleralm** 05) hinabführt. Links in einen grasigen Sattel hinauf, kurz nach rechts dem Hochflächenrand entlang und dann links in das weite und felsige Kar hinunter (Quelle). Wo sich die erlenbestandene Grube zum Graben verengt, links in die Felsen und über die oft rutschige „Hahnlerstiege" zu einem steilen und steinigen Waldrücken, auf dem man abwärts marschiert. Auf etwa 840 m Seehöhe scharf nach links in den Wintergraben, daneben in Serpentinen abwärts und nach links zu einer Forststraße, der man kurz folgt. Schließlich marschieren wir rechts ins Tal hinunter, ein Stück den Schienen entlang zur Bahnmeisterei und zum **Bahnhof Bad Aussee** 01.

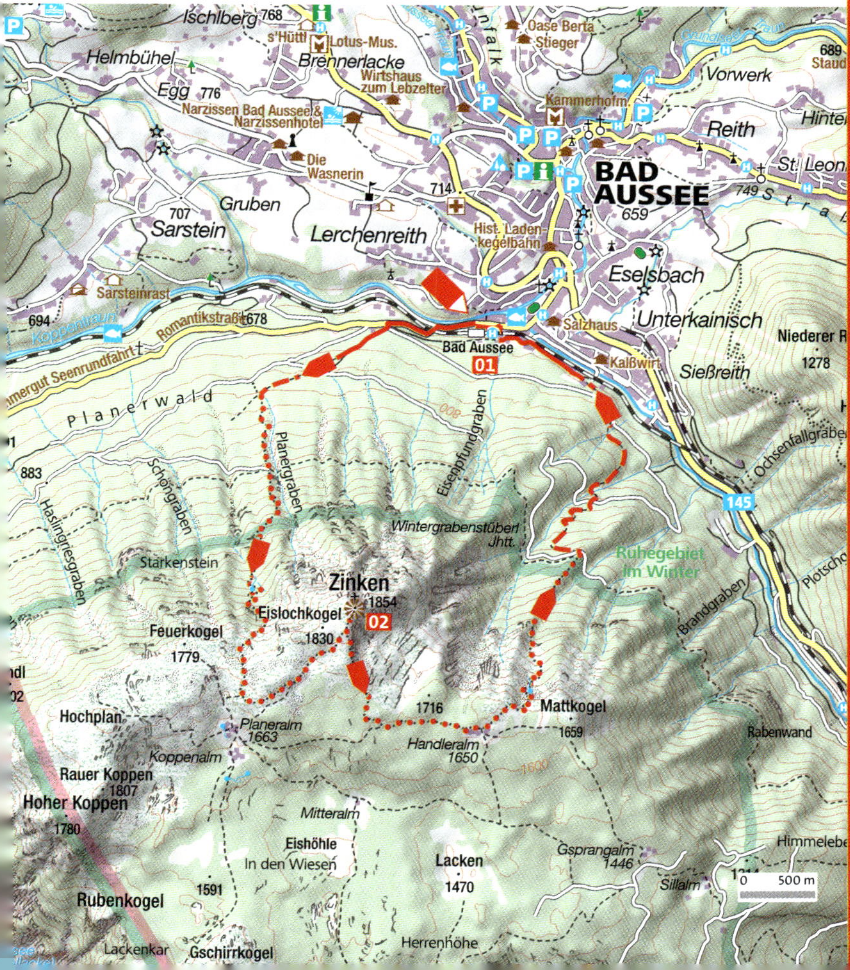

HOHER SARSTEIN • 1975 m

Im Reich der Mitte

10,5 km 5:30 h 1000 hm 1000 hm 20

START | Pötschenpass, 993 m.
[GPS: UTM Zone 33 x: 402.018 m y: 5.275.109 m]
CHARAKTER | anspruchsvolle Bergtour mit einer kurzen gesicherten Passage (A). Ansonsten sind die Steige zwar stellenweise steil, aber einfach begehbar. Die Überschreitung ist nur bei gutem Wetter ratsam.
EINKEHR | Untere Sarsteinalm, eventuell Sarsteinhütte.

Das Ausseerland gilt als die geographische Mitte Österreichs. Der Sarstein im Westen des Ortes steht wiederum in der Mitte zwischen dem Inneren und dem Steirischen Salzkammergut. Von Mittelmäßigkeit jedoch keine Spur: Seine Ersteigung zählt zu den Top Ten der Salzkammergut-Touren, denn von oben sieht man nicht nur den gletscherweißen Dachstein, sondern auch den Hallstätter See zu seinen Füßen. Geologisch gesehen gehört der Sarstein zum Dachsteingebirge – die Täler, die ihn davon trennen, haben erst die Eiszeitgletscher so tief ausgehobelt. Sein Name kommt aus dem Mittelhochdeutschen (schor = schroffer Fels).

▶ Aufstieg: Von der großen Schottergrube am **Pötschenpass** 01 geht man auf dem Weg Nr. 693 ein Stück oberhalb der Straße eben Richtung Bad Aussee. Bald geht's auf einem Karrenweg durch die Waldhänge unter dem schluchtartigen Kar, das zwischen den felsigen Vorgipfeln des Hohen Sarsteins klafft. Bald erreichen wir den Weg Nr. 691, der von Bad Aussee bzw. vom Sommersbergsee heraufzieht. Auf diesem nach rechts und durch den Wald auf ein bewachsenes Schuttfeld, auf dem man nach rechts zu einer Felsstufe quert. Auf ausgehauenen Stufen und mit Hilfe von Stahlseilen klettert man in das steile Kar, in dem sich der Steig geschickt zwischen Schutt und großen Steinblöcken aufwärts schlängelt. Schließlich erreicht man ein Hochtal, durch das man auf einen Wiesensattel und zur dahinter gelegenen **Vorderen Sarsteinalm** 02 kommt. Im

Der Panoramablick vom Hohen Sarstein zu den Dachsteingletschern.

Sattel zweigt der Steig Nr. 620 links ab. Er führt zuerst im Zickzack durch eine felsige Flanke (Gatter) und Rasenhänge zum Kreuz auf dem **Hohen Sarstein** **03**. Abstieg: Wieder zurück bis zur Vorderen Sarsteinalm, dort links auf den Steig Nr. 690 einschwenken und steil neben dem wild eingerissenen Rotengraben hinunter. Auf etwa 1000 m Seehöhe quert man nach rechts zur Simony-Aussicht (Unterstandshütte) und gelangt auf einem Forstweg zur **Pötschenstraße** **04** hinab. Nun entweder per Autostopp zum Ausgangspunkt zurück – oder man wandert auf der alten, geschotterten Pötschenstraße, die 1 km weiter oben abzweigt, neben der Hochspannungsleitung zur Passhöhe hinauf.

Variante: vom Gipfel auf dem 2 km langen, stetig abfallenden Rücken nach Süden (Nr. 692). Im Bereich des Grubkogels durch Almwiesen zur **Sarsteinhütte** hinab. Von dort folgt der Steig einem steilen Waldrücken, bis er sich nach links wendet und in unzähligen Kehren neben dem Brettsteingraben und durch den flacheren Sarsteinwald zum Friedhof, zur darunter gelegenen Kirche und zum Bahnhof in **Obertraun** führt.

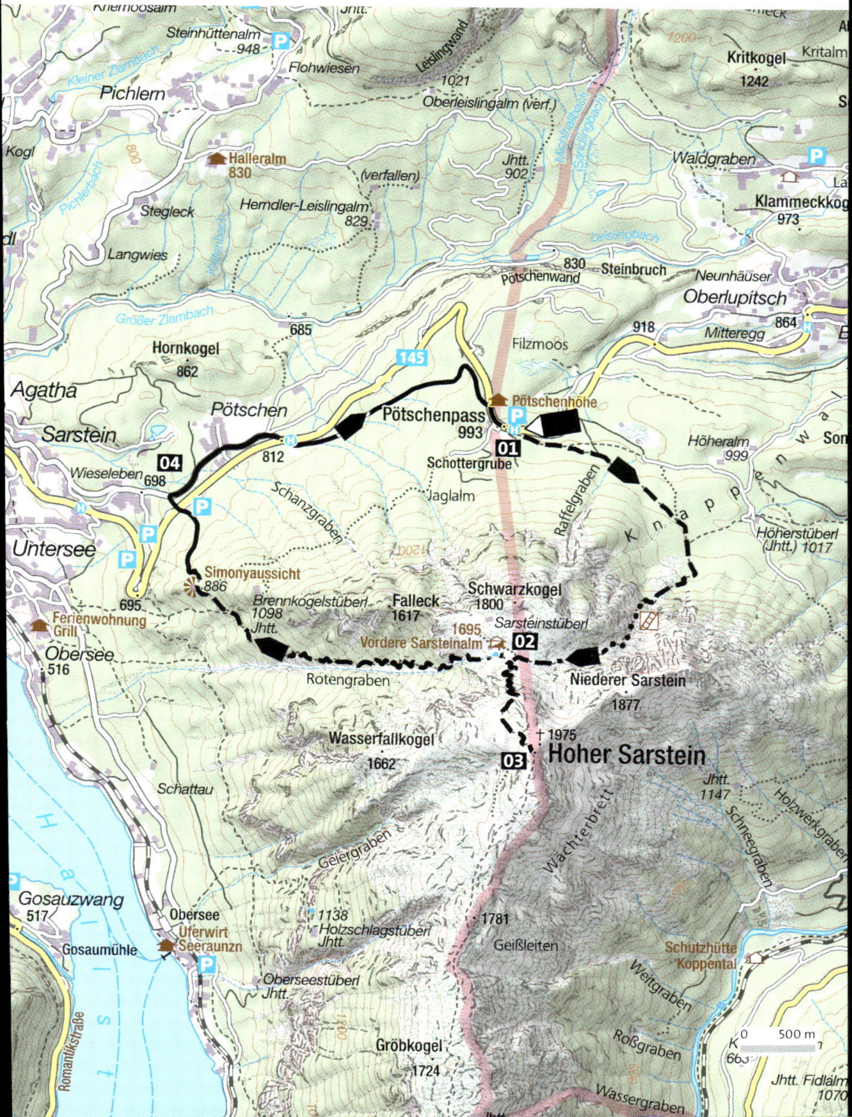

TRESSENSTEIN • 1201 m

Das Ausseer „Bergwahrzeichen“

12,7 km · 4:30 h · 550 hm · 550 hm · 20

START | Bad Aussee, 659 m (oder das Gasthaus Trisselwand, 963 m, das mit dem Auto über Obertressen bzw. Grundlsee erreichbar ist).
[GPS: UTM Zone 33 x: 408.557 m y: 5.273.559 m]
CHARAKTER | Einfache Bergwanderung auf Güterwegen und Wanderpfaden, eine etwas ausgesetzte Stelle mit Stufen (gut mit Geländern abgesichert).
EINKEHR | Gasthaus Trisselwand.

Er ist bis heute das „klassische“ Ausseer Wanderziel. Seine zu Beginn des 20. Jahrhunderts errichtete Aussichtswarte, die eine großartige Panoramasicht gewährte, musste allerdings Sendeanlagen weichen. Immerhin gibt es dort oben heute einen Aussichtsturm und eine Panorama-Plattform.

▶ Vom Kurhaus in **Bad Aussee** 01 gehen wir auf der Straße in Richtung Grundlsee und über die Grundlseer Traun, an der Pfarrkirche vorbei und auch über die Traunbrücke im Vorwerk. Nach gut 1 km – bei der Bushaltestelle Untertressen kurz vor der nächsten Brücke – biegen wir links auf den Sattelweg (Nr. 20) ab, der steil durch Siedlungsgebiet und Wald emporführt. Nach 30 Min. überqueren wir die Straße von Altaussee zum Grundlsee. Weiter geht's zum Bauernhof Gratschner und durch den Wald zu den Häusern von Lamersberg. Von der Zufahrtsstraße links auf einem Wiesenweg und am Waldrand zu den oberen Gebäuden (Weiler Sattel). Von dort kommt man rechts zum nahen **Gasthof Trisselwand** 02 (derzeit nur Getränke). Auf den Tressenstein geht's dagegen links weiter. Am Waldrand beginnt eine Forststraße, von der wir gleich links auf den Steig Nr. 258 abzweigen. Er schlängelt sich durch den Waldhang auf den Gipfel des **Tressensteins** 03, auf dem ein Sender und eine 14 m hohe Aussichtswarte stehen. Von dort zieht ein Weg

Die Bad Ausseer Bergumrahmung: Losergruppe und Trisselwand, dazwischen der Tressenstein.

schräg nach rechts zu einer Panoramaterrasse, die einen prachtvollen Tiefblick auf Bad Aussee bietet.
Abstieg: wieder hinab zur Forststraße, der man nach links zum Tressensattel folgt (dorthin führt auch ein Weg vom **Gasthof Trisselwand** 02). Die Beschilderung zeigt die Richtung nach Altaussee. Wir steigen auf dem Sattelsteig durch einen steilen Waldhang hinunter – auf Stufen und neben Geländern unter einer Felswand. Wo es flacher wird, erreicht man einen breiten Weg. Auf diesem nach links zum Bartlhof. Kurz auf der Zufahrtsstraße abwärts, dann auf einem Weg zum **Strandcafé** 04 am Ufer des Altausseer Sees. Links auf dem breiten Uferweg zur Seeklause bei der Seevilla und neben der Altausseer Traun weiter zu einer Kreuzung.
Man kann nun mit dem Bus nach Bad Aussee fahren – viel schöner ist es aber, über die Traunbrücke zu gehen und dann links auf die Klaus-Maria-Brandauer-Promenade einzuschwenken. Dieser schattige Weg begleitet die Altausseer Traun zur Reiterer Brücke und zum Kurhaus in **Bad Aussee** 01 hinab.

Variante: Man kann vom Bartlhof auch auf der Asphaltstraße über die Wiesen der Platten und dann – zweimal links abbiegend – auf der Sigmund-Freud-Straße zum Gasthaus Stieger gehen. Dort rechts hinab und über den steilen „Blutschwitz" nach Bad Aussee.

RUND UM DEN ALTAUSSEER SEE

Träumen am „Tintenfass"

7 km | 2:00 h | 50 hm | 50 hm | 20

START | Altaussee, 719 m.
[GPS: UTM Zone 33 x: 407.700 m y: 5.277.201 m]
CHARAKTER | Fast ebener und landschaftlich ganz besonders schöner Rundweg für Groß und Klein, außer bei Schneelage immer begehbar.
EINKEHR | Gasthöfe in Altaussee, Strandcafé, Jausenstationen Kalßneck und Seewiese.

Den Altausseer See haben zahlreiche Dichter und Denker, Musiker und Schauspieler ins Herz geschlossen. Daher nannte man das dunkle Wasserauge am Fuße des Toten Gebirges einst ein „Tintenfass". Der liebevoll gepflegte Weg rund um den See zählt zu den schönsten Wanderrouten Österreichs; im Gehen ändern sich ständig die Blickperspektiven zur Trisselwand und zum Loser, während eine Kiesbucht nach der anderen zum Baden oder Füßeabküh-

Bezauberndes Ausseerland

Der Bergbau- und Kurort Altaussee bezaubert durch seine idyllische Lage am Fuße des Losers und der Trisselwand. Sehr sehenswert sind die Pfarrkirche, die barocke Dreifaltigkeitssäule vor dem Kur- und Amtshaus und die Gradieranlage; das Schaubergwerk oberhalb des Ortes sowie das Heimat- und Literaturmuseum ziehen viele Besucher an.
Bad Aussee, der traditionsreiche Kurort am Zusammenfluss der Altausseer und Grundlseer Traun, gilt – geografisch gesehen – als die Mitte Österreichs. Im Zentrum des Ortes stehen die romanisch-gotische Pfarrkirche, die eine „schöne Madonna" birgt, die gotische Spitalskirche und das Kammerhofmuseum. Etwas außerhalb des Ortes, im Nahbereich der Pötschenpass-Straße, freuen sich das Hugo-Cordignano-Museum in einer Lebzelterei und der berühmte Alpengarten auf Ihren Besuch.
Der ebenfalls vielbesuchte Kurort Bad Mitterndorf liegt auf 809 m Seehöhe am Schnittpunkt zwischen dem Dachstein, dem Toten Gebirge und dem Grimming. In Bad Heilbrunn am fjordartigen Salzastausee genießt man 29 Grad warmes Heilwasser in einem Thermalbad. Sehenswert: Pfarrkirche aus dem 14. Jahrhundert, Heimatmuseum der Familie Strick, barocke Wallfahrtskirche Maria Kumitz bei Obersdorf.
Der 6 km lange, 1 km breite und bis zu 63 m tiefe Grundlsee liegt inmitten der gleichnamigen Gemeinde, etwa 4 km nordöstlich von Bad Aussee am Fuße des Toten Gebirges. Zur Gemeinde gehört auch der Ort Gößl am Ostufer des Grundlsees. Im ehemaligen kaiserlichen Stall in Grundlsee ist heute eine Galerie untergebracht; im Gemeindeamt ist die größte Seeforelle Europas zu sehen. In Gößl sollten Sie sich die Schachner- und die Ranftlmühle ansehen.

Info: Tel. +43(0)3622/54040-0, www.ausseerland.at
Schifffahrt: Altausseer See, Tel. +43(0)664/525811 oder +43(0)664/1006868, www.altausseeschifffahrt.at
Grundlsee und Toplitzsee, Tel. +43(0)3622/8613, www.3-seen-tour.at

len lockt. Doch Vorsicht: Der 2,14 km^2 große See wird gleich tief – bis zu 53 m; ein Marterl erinnert an eine ertrunkene Sennerin. Besonders schön ist's auf der Seewiese am Südufer, wo man vor einer Jausenstation (mit Museum) regionale Köstlichkeiten verkosten und den Dachstein betrachten kann.

▶ Von der Pfarrkirche im **Ortszentrum** **01** (Fischerndorf) wandern wir auf der Andrian-Werburg-Promenade am Friedhof vorbei und auf dem Kerryweg oberhalb des Ufers zur Jausenstation Kahlsenneck. Bei der folgenden Wegeinmündung geradeaus und zur Fischerhütte am Kaltenbrunn. Nun geht's auf dem schmaleren Wanderweg unterhalb von Felswänden zur **Seewiese** **02**. Rechts zur Jausenstation im ehemaligen Jagdhaus, nahe am kleinen, nur periodisch mit Wasser gefüllten Astersee vorbei und nach kurzem Anstieg zur Einmündung des Verbindungsweges von der Forststraße unterhalb der Trisselwand. Rechts weiter und im Auf und Ab durch den bewaldeten Uferhang.

Ab der Breitriese wird der Pfad breiter. Wir erreichen das Restaurant **Strandcafé** **03**. Auf dem Fahrweg zum Abfluss der Altausseer Traun und rechts ins **Ortszentrum** **01**.

Variante: Die mit originellen Staffeleien ausgestattete Via Artis beginnt beim Kur- und Amtshaus in Altaussee; Gehzeit für den Rundweg zu den Häusern und Wirkungsstätten interessanter Persönlichkeiten ca. 2 h.

Der Sommersbergsee

Der stille Moorsee südwestlich von Altaussee gehört zu den wärmsten Gewässern im Salzkammergut: In den Sommermonaten werden Temperaturen bis zu 28 °C erreicht. Der 856 m hoch gelegene See ist rund 150 m breit und bis zu 24 m tief – die Sichtweite ist allerdings mit 2 m sehr gering. In diesem Biotop gedeihen Seerosen, diverse Moorpflanzen und der Sonnentau; im Wasser selbst tummeln sich Groppen, Elritzen, Weißfische, Barsche, Karpfen und Hechte. Während der Badesaison ist der Zutritt gebührenpflichtig.

DIE VIA SALIS

Dem Salz auf der Spur

9,5 km | 3:00 h | 250 hm ↗ | 250 hm ↘ | 20

START | Altaussee, 719 m, Kur- und Amtshaus.
[GPS: UTM Zone 33 x: 407.700 m y: 5.277.201 m]
CHARAKTER | Landschaftlich sehr reizvolle Bergwanderung auf Forststraßen und guten Wegen; beim Abstieg stellenweise steil.
EINKEHR | Gasthöfe in Altaussee, beim Schaubergwerk.

„Salz ist Leben" – so das Motto dieses Themenweges, der durch das Gebiet des Ausseer Salzbergs führt. Wie kommt das Salz in den Berg, auf welche Weise holt es der Mensch heraus? Wann begann der Salzabbau, wohin ging das „weiße Gold" in all den Jahrhunderten – und welche Perspektiven gibt es für die Zukunft? Diese und viele andere Fragen beantworten große Tafeln, während man auf den Spuren der Bergknappen von Stollen zu Stollen wandert, vorbei an einer verfallenen Burg (die heute einen kleinen Aussichtsturm trägt) und zu einem prächtigen Panoramapunkt, an dem Ihnen auch die Gipfel der Umgebung vorgestellt werden.

Aufstieg: Zunächst gehen wir von der Informationstafel beim **Kur- und Amtshaus im Ortszentrum** 01 quer durch den Kurpark zur Straße Richtung Blaa Alm, der wir kurz nach rechts folgen. Beim Pfannhauswiesel (Infotafel) links über die Brücke und ein Stück die Straße Richtung Salzbergwerk aufwärts, bis wir links abbiegen und in den Ortsteil Reith wandern. Dann nach rechts, auf dem

Die hl. Barbara im Ausseer Bergwerk

Weg Nr. 11 a durch den Waldgraben hinauf und von der Einmündung der Forststraße kurz zur Schlosswiese. Von dort lohnt sich der kurze Abstecher zur nahen **Ruine Pflindsberg** **02** (man kann auch schon vorher links auf einem schmalen Pfad dorthin hinaufsteigen). Weiter auf der flachen Forststraße durch das Langmoos (Richtung Waldgraben), bis rechts ein Weg abzweigt. Auf diesem steigen wir zum Moosberg an (Blick zum Loser, Abstecher zum Ahornberg-Stollen möglich) und wandern auf der Forststraße zu einem Sattel unter dem Sandling-Massiv hinauf.

Abstieg: Wir wandern links auf der flachen Schotterstraße zum Aussichtspunkt beim Breunerberg-Stollen und noch ein Stück weiter, bis wir rechts auf einem schmalen Weg zum Kriechbaumberg-Stollen absteigen. Auf der steilen Asphaltstraße geht's zum vielbesuchten **Schaubergwerk** **03** (SaltWelten, Steinberg) hinunter. Von dort links auf einem Weg zum Ablasswerk, zur Soleleitung und zu einer Forststraße abzusteigen. Links hinab zum Wiesenweg, auf dem wir rechts – vorbei an den Anwesen Scheiben und Thörl – nach **Altaussee** **01** zurückkehren.

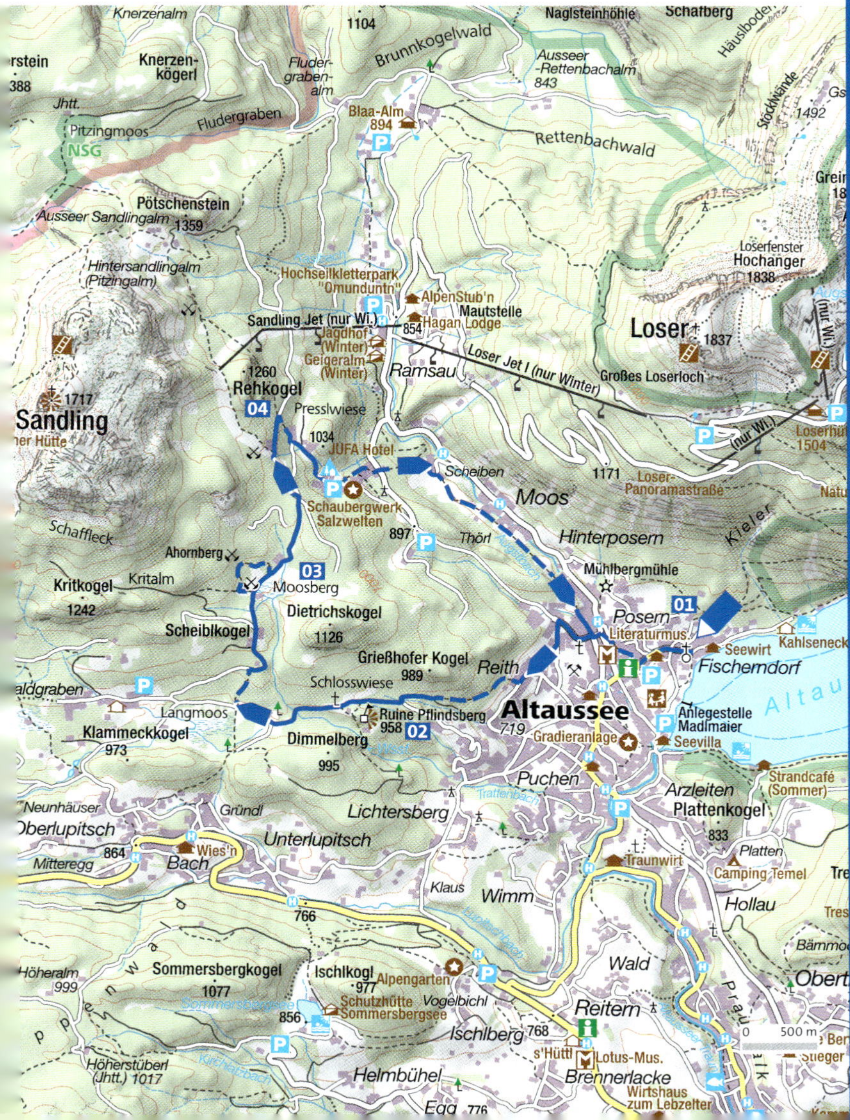

ZU DEN SANDLINGALMEN

Unter dem Wächter des Ausseer Salzreviers

13,5 km | 5:30 h | 700 hm | 700 hm | 20

START | Blaa Alm, 894 m. Zufahrt von Altaussee (5 km).
[GPS: UTM Zone 33 x: 405.651 m y: 5.280.569 m]
CHARAKTER | einfache Almwanderung zu schönen Aussichtspunkten – auf Forststraßen, breiten Wegen und schmalen Pfaden. Die Ersteigung des Sandlinggipfels ist eine „schwarze" Tour – steil, ausgesetzt und gesichert (A/B).
EINKEHR | unterwegs keine.

Rund um den 1717 m hohen Sandling breitet sich eine stille Wald- und Almlandschaft aus.

Aufstieg: Wir wandern von der **Blaa Alm** 01 auf der Forststraße nach Norden, Richtung Rettenbachalm. Am vorderen Rand der Wiese links abbiegen und durch den Waldhang zur **Fludergrabenalm** 02 hinauf. Dort gehen wir an der ersten Forststraßen-Abzweigung geradeaus vorbei, bei der zweiten – gleich danach – wenden wir uns jedoch nach rechts (Nr. 241). Der Fahrweg zieht in den Fludergraben hinein, steigt im Wald an und quert eine steilere Passage. Danach erreichen wir den Bereich der einstigen Knerzenalm, wo wir der links abzweigenden Forststraße folgen. Nach gut 500 m biegt der Weg Nr. 241 rechts ab und leitet uns – teils auf einem „Prügelweg", also auf Holzklötzen – durch das Pitzingmoos, ein unberührtes Latschenhochmoor (Jagdhütte). Dann geht's auf dem Steig in den Sandlinggraben hinunter. Unterhalb der Hinteren Sand-

Der Sandling hütet den Ausseer Salzschatz. Blick von der Loserstraße.

lingalm (Pitzingalm) mündet der breite Weg Nr. 240 ein – auf diesem geht's links zum Wiesenboden der Vorderen Sandlingalm hinauf. Etwas weiter vorn laden ihre Hütten zur Rast am Fuße der imposanten Sandling-Westwand ein, während der Nordalpen-Weitwanderweg Nr. 201 rechts zur gut 100 m höher gelegenen **Lambacher Hütte** **03** hinaufführt. Anschließend folgen wir dem Weitwanderweg Nr. 201 in die entgegengesetzte Richtung, also nach Norden. Er steigt sanft durch den Wald unter den Sandling-Abstürzen an, führt rechts durch eine steile Mulde zu einem Sattel und erreicht dahinter die prachtvoll gelegene **Ausseer Sandlingalm** **04**.

Rückweg: Knapp unterhalb der Hütten teilt sich der Weg. Wir bleiben weiterhin auf dem Weitwanderweg Nr. 201, der links in den Wald unter dem Pötschenstein hinabführt und die Fludergrabenalm anpeilt. Von dort auf der Forststraße zur **Blaa Alm** **01** zurück.

Variante: Die Sandling-Ersteigung ist bei Tour 67 beschrieben.

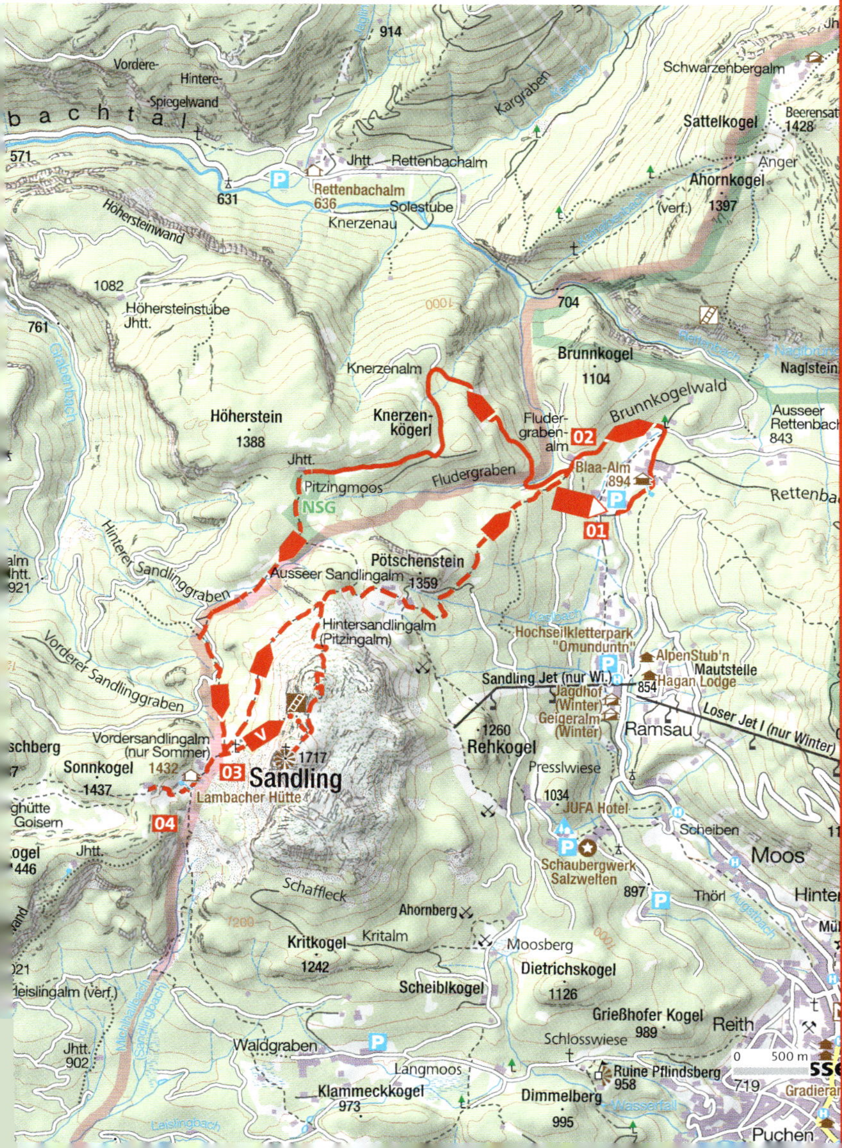

AUF DEN LOSER

Die Altausseer „Dolomitenburg“

5,7 km | 2:30 h | 350 hm | 350 hm | 20

START | Die Loserhütte, 1504 m; Zufahrt von Altaussee auf der Loser-Mautstraße (10 km).
[GPS: UTM Zone 33 x: 408.652 m y: 5.278.824 m]
CHARAKTER | Aussichtsreiche Bergtour auf schmalen, stellenweise abschüssigen und mit Stahlseilen gesicherten Pfaden.
EINKEHR | Loserhütte, Loseralm am Ende der Loserstraße.

Am Loser, dem kantigen Gipfelwahrzeichen von Altaussee, geht kein Blick vorbei. Wie ein Dolomitenkastell markiert er den südwestlichen Eckpunkt des Toten Gebirges. Der Name des Berges bedeutet im örtlichen Dialekt soviel wie „Ohr“. Er war jedenfalls schon im 19. Jahrhundert ein beliebter Aussichtsgipfel – Betuchte wurden von vier Burschen im Tragsessel hinaufgehievt. Heute kommen alle bequem auf der Loser-Panoramastraße ins ca. 1600 m hoch gelegene Almparadies rund um den 270 m langen, 100 m breiten und 7 bis 8 m tiefen Augstsee, das nasse Kleinod dieser beliebten Bergregion. Schon dort liegt Ihnen die ganze Geografie des Ausseerlandes zu Füßen, und wer die kurzen Kraxelpassagen der beiden Loser-Zustiege meistert, darf sich über eine weitere Steigerung des Panoramagenusses freuen.

Aufstieg: Von der **Loserhütte** 01 wandern wir auf dem breiten Weg oberhalb der Loser-Mautstraße bis zum obersten Parkplatz (Loseralm) hinauf. Der Weg Nr. 256 weist uns die Richtung links zum **Augstsee** 02 empor. Dort gehen wir links in die Karmulde unter dem markanten Atterkogel, überwinden einige

Der Loser-Blick zum Greimuth und zum Schönberg.

Felsstufen und kraxeln durch eine Rinne nahe der Sessellift-Station zum unübersehbaren **Loserfenster** 03 hinauf. Auf dem mit Latschen bewachsenen Kamm zum Sender auf dem Hochanger. Abstieg über den jenseitigen Hang in einen Latschensattel. Zuletzt geradeaus auf dem sanft ansteigenden Pfad Nr. 255 zum großen Kreuz auf dem **Losergipfel** 04.

Im Abstieg kehren wir in den Sattel zurück und schlendern dann rechts durch das Hochtal des Loserbodens zwischen Loser und Hochanger, in dem sich zahlreiche Dolinen öffnen. Schließlich durchqueren wir die sehr steile, felsige Südflanke des Hochangers auf schmalen Gesteinsabsätzen (Vorsicht!) zur **Loserhütte** 01 hinunter.

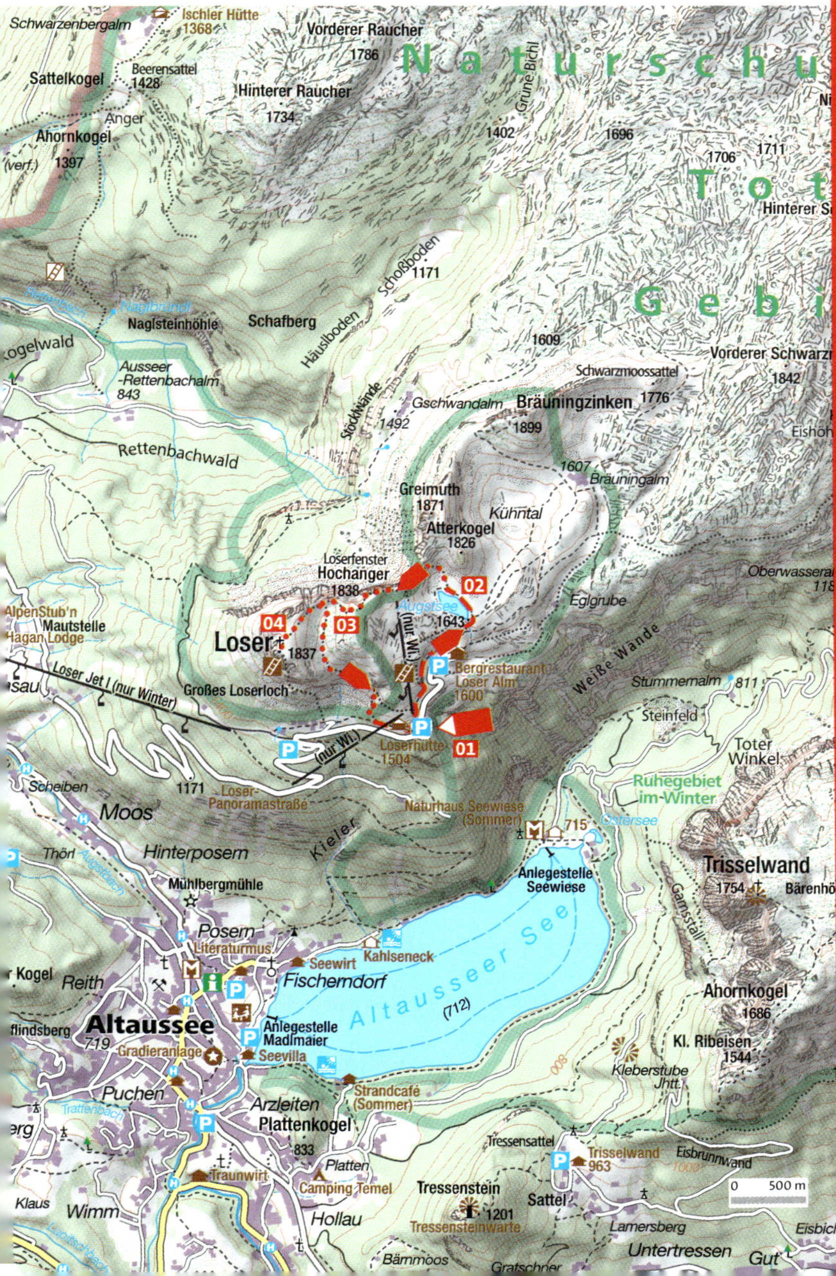

ZUM ALBERT-APPEL-HAUS

Durch den Plateauwald des Toten Gebirges

23,8 km | 9:00 h | 1250 hm | 1250 hm | 20

START | Altaussee, 719 m. Mit dem Bus zur Loseralm (Bergrestaurant) am Ende der Loser-Mautstraße, 1600 m.
[GPS: UTM Zone 33 x: 408.881 m y: 5.279.347 m]
CHARAKTER | zwei- bis dreitägige Hochflächenüberquerung auf schmalen und stellenweise felsigen Steigen. Der Übergang von der Loserhütte erfordert Trittsicherheit und Schwindelfreiheit, bei Nebel kann die Orientierung überall schwierig werden.
EINKEHR | Loserhütte, Loseralm, Wildenseehütte, Albert-Appel-Haus, Henaralmhütte.

Die alten Griechen waren überzeugt, nach ihrem Tod über den Fluß Styx ins Reich der Toten zu kommen. Ein ähnliches Gefühl schleicht sich ein, wenn man vom Losergebiet in die grüngraue Unendlichkeit des Toten Gebirges hineinwandert: „Jeder Gedanke an die große Welt, jeder Kummer schwindet hier. Seinem Schöpfer näher erfüllt uns die Anschauung der Natur im Großen mit himmlischer Empfindung ...“ Diese Worte findet man in den Tagebüchern des Erzherzogs Johann (1782–1859), der das Tote Gebirge mehrmals überschritten und dabei auch irdischen Reizen nicht abhold war: „Überall auf den Alpen fahren Mädchen auf. In der Gegend von Aussee fand ich, dass sie am besten singen...“. Mitten auf der Karsthochfläche durchquert man hier den Henarwald, einen duftigen Hain mit ehrwürdig verwitterten Lärchen und Zirben. Dazwischen nickt das Wollgras im Katzenmoos im Wind, der auch die dunklen Oberflächen des Wildensees, des kleinen Henarsees und des winzigen Augstwiesensees kräuselt. Wer mehr Wasser sehen will, muss auf den mächtigen Woising steigen und zum Almsee hinunterschauen.

▶ Übergang zum Appelhaus: Vom **Parkplatz** 01 bei der Loseralm wandern wir nach der Markierung des Nordal-

Die Wildenseealm, ein sehr einsames Wanderziel am Rand des riesigen Henarwaldes im Toten Gebirge.

Abends auf dem Bräuningzinken: Links hinten ist der Große Woising zu sehen, rechts davon das Zentralplateau um den Großen Priel.

pen-Weitwanderweges Nr. 201 gegen den Augstsee hinauf, biegen davor rechts ins Skiliftgebiet ab und wählen bei der folgenden Wegteilung nochmals den rechten Weg (Beschilderung „Wildenseehütte, Appelhaus"). Auf dem Karl-Stöger-Steig geht's durch die Felsflanke des Vorderen Schwarzmooskogels zum **Hochklapfsattel** 02 hinüber. Dort erreicht man den Steig Nr. 212, der von Altaussee heraufzieht. Wir folgen ihm nach links und gelangen oberhalb des winzigen Augstwiesensees zum Beginn der weiten Mulde, über der die Augstwiesenalm liegt (Quelle). Der direkte Steig zum Appelhaus führt nun nach rechts mit der Markierung Nr. 201 zu den Hütten und durch den Henarwald aufwärts. Schöner ist der Umweg über die **Wildenseealm** 03, die man auf dem links abzweigenden und ebenfalls bald ansteigenden Steig Nr. 212 erreicht. Beim Jagdhaus „Füchsleins Not" führt links ein kurzer Abstecher zu einer Quelle. Wer noch Zeit hat, sollte von der Wildenseealm über einen kleinen Waldrücken und die Hufnagelwiese zum 1535 m hoch gelegenen **Wildensee** 04 weiterwandern (siehe auch Tour 43). Der Verbindungssteig zum **Appelhaus** 05 führt dagegen rechts (Nr. 235) durch den sanft ansteigenden Wald. Das Schutzhaus ist von echtem Schrot und Korn und im davor aufgebauten Almgartl wachsen die Vitamine!

Variante zum Großen Woising: auf dem Weg Nr. 201 Richtung Pühringerhütte ins Hütten- und Katzenmoos. Bald danach zweigt links der markierte Obere Seeweg zum Henarsee ab. Links über einen Rücken zum Steig 232 (Unterer Seeweg), der direkt vom Appelhaus herüberführt. Rechts ins felsige Latschengelände um das Gellerwiesl, dann rechts des Südwestrückens etwas mühsam zur steilen Woisingleiten empor. Über diese auf den Gipfel. Abstieg auf der gleichen Route.

Abstieg nach Altaussee: vom **Appelhaus** 05 auf dem Steig Nr. 201 zurück zur **Augstwiesenalm** 06, zum **Hochklapfsattel** 02 hinauf und rechts zum **Parkplatz** 01 bei der Loseralm zurück.

Vaiante: Wer links abzweigt, gelangt auf dem Steig Nr. 212 zur einstigen Oberwasseralm und zur Stummernalm hinab. Auf der Forststraße durch das Bergsturzgelände des Steinfeldes, dann rechts auf einem Steig zur Seewiese. Auf dem Kerryweg neben dem Altausseer See nach Altaussee (Fischerndorf).

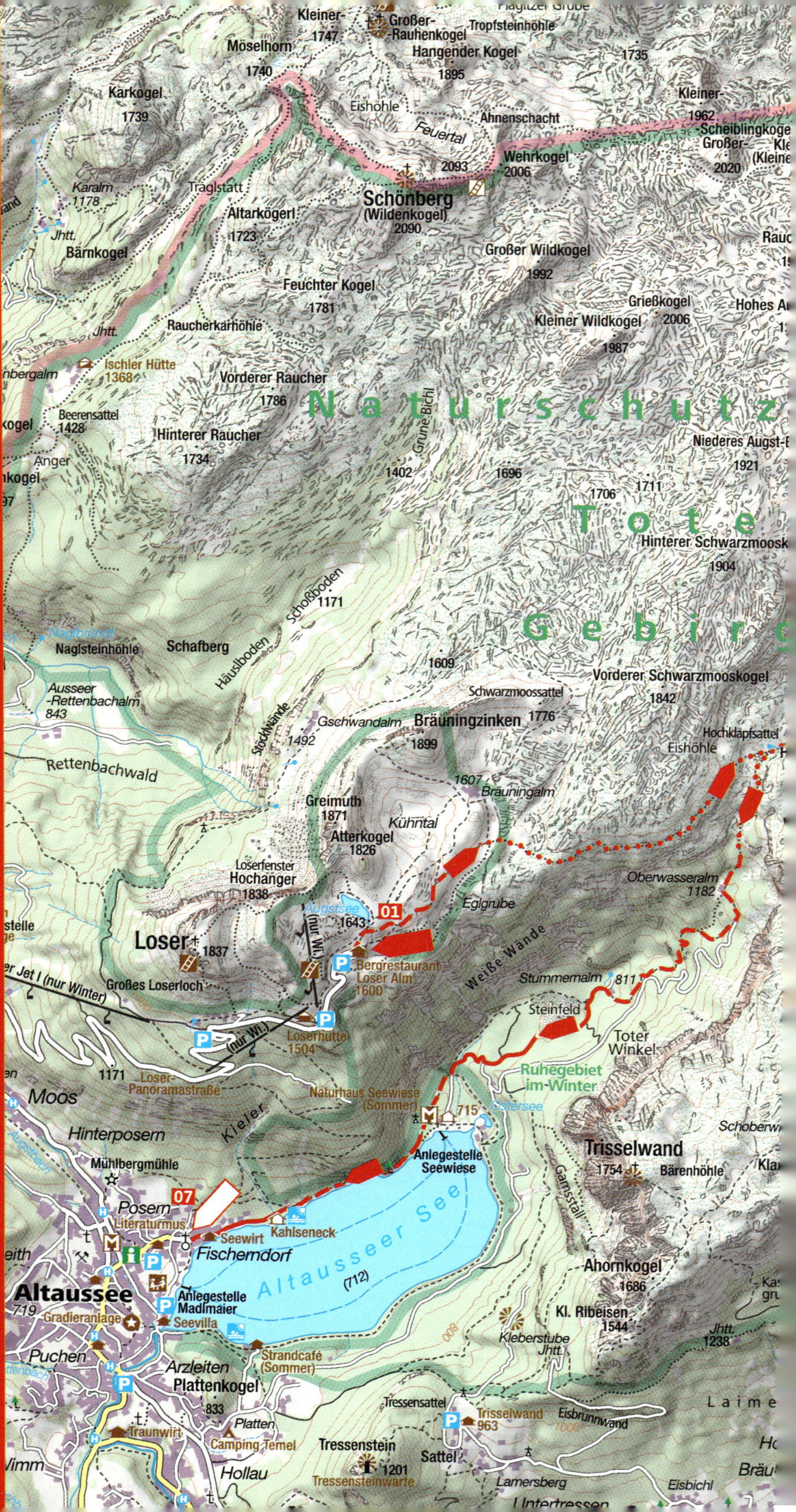
Kleiner-
1747
Großer-
Rauhenkogel
Tropfsteinhöhle
Möselhorn
1740
Hangender Kogel
1895
1735
Karkogel
1739
Eishöhle
Ahnenschacht
Kleiner-
1962
-Scheiblingkoge
Großer-
2020
Feuertal
2093
Wehrkogel
2006
Karalm
1178
Traglstatt
Schönberg
(Wildenkogel)
2090
Altarkogel
1723
Jhtt.
Bärnkogel
Großer Wildkogel
1992
Feuchter Kogel
1781
Grießkogel
2006
Hohes A
Raucherkarhöhle
Kleiner Wildkogel
1987
Jhtt.
Ischler Hütte
1368
Vorderer Raucher
1786
Naturschutz
Beerensattel
1428
Hinterer Raucher
1734
Anger
Grüne Bichl
Niederes Augst-
1921
1402
1696
1706
1711
Tote
Hinterer Schwarzmoosk
1904
Schoßboden
1171
Gebirg
Naglsteinhöhle
Schafberg
Häuslboden
1609
Vorderer Schwarzmooskogel
1842
Ausseer
-Rettenbachalm
843
Schwarzmoossattel
1776
Gschwandalm
Bräuningzinken
1899
Stockwände
1492
Hochklapfsattel
Eishöhle
Rettenbachwald
1607
Bräuningalm
Greimuth
1871
Kühntal
Atterkogel
1826
Loserfenster
Hochanger
1838
Oberwasseralm
1182
Augstsee
1643
01
Eglgrube
Loser
1837
Bergrestaurant
Loser Alm
1600
Weiße Wände
Jet I (nur Winter)
Großes Loserloch
Stummernalm
811
Steinfeld
Toter
Winkel
Loserhütte
1504
(nur Wi.)
1171
Loser-
Panoramastraße
Ruhegebiet
im Winter
Moos
Naturhaus Seewiese
(Sommer)
715
Ostersee
Hinterposern
Kieler
Schoberw
Mühlbergmühle
Trisselwand
1754
Bärenhöhle
Anlegestelle
Seewiese
Posern
07
Literaturmus.
Gamsstall
Seewirt
Kahlseneck
Fischerndorf
Altausseer See
(712)
Ahornkogel
1686
Altaussee
719
Anlegestelle
Madlmaier
Gradieranlage
Seevilla
Kl. Ribeisen
1544
Jhtt.
1238
Kleberstube
Jhtt.
Puchen
Strandcafé
(Sommer)
Arzleiten
Plattenkogel
833
Tressensattel
Trisselwand
963
Eisbrunnwand
Laime
Platten
Traunwirt
Camping Temel
Tressenstein
1201
Tressensteinwarte
Sattel
Lamersberg
Eisbichl
Untertressen

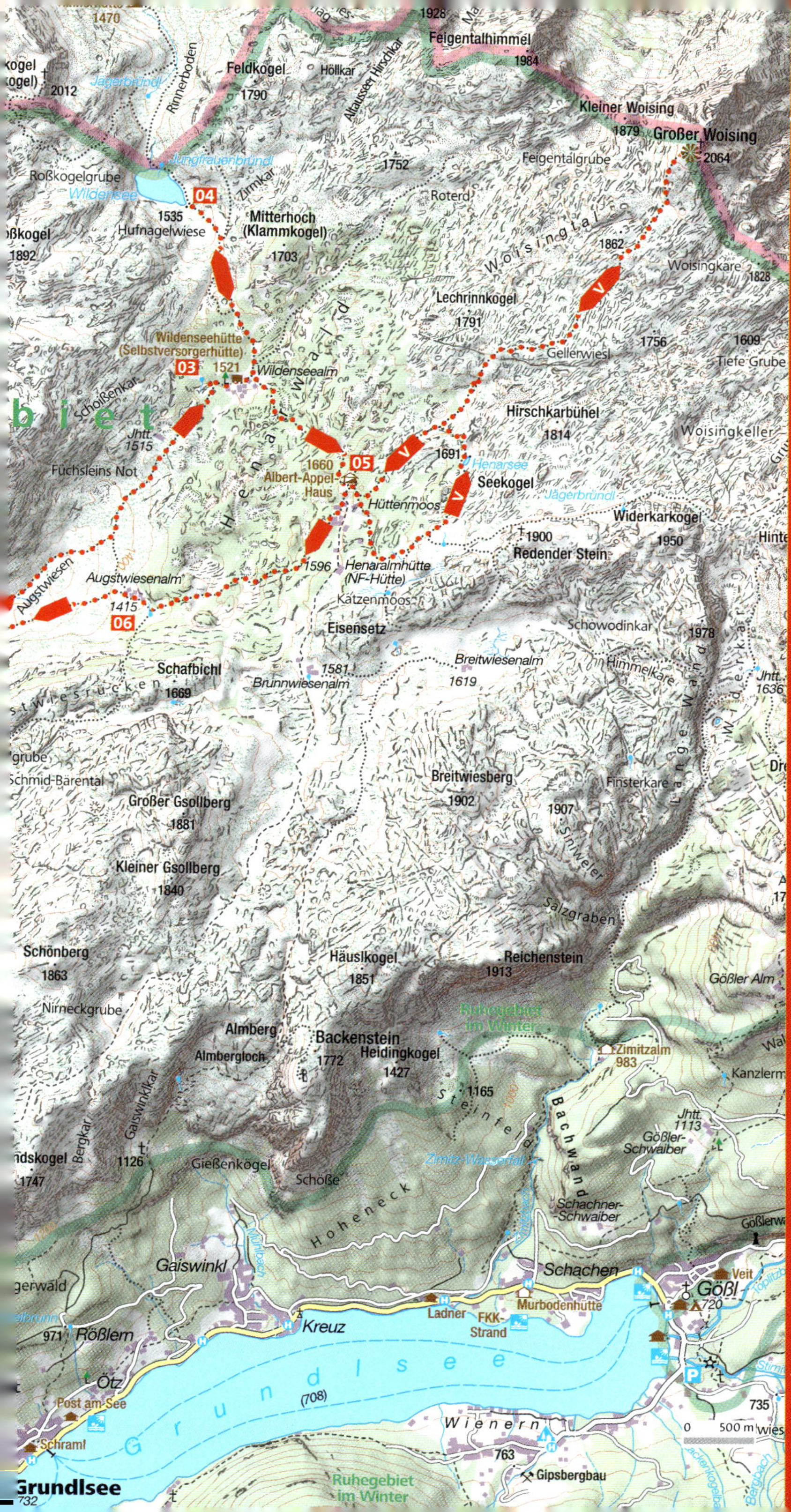

Feigentalhimmel
1928
1984
Feldkogel
1790
Höllkar
Altausseer Hirschkar
Rinnerboden
Jägerbründl
2012
Jungfrauenbründl
Roßkogelgrube
Wildensee
1535
Hufnagelwiese
04
Zirmkar
1752
Mitterhoch
(Klammkogel)
1703
Roterd
Kleiner Woising
1879
Großer Woising
2064
Feigentalgrube
Woisingtal
1862
Woisingkare
1828
1892
Lechrinnkogel
1791
1756
1609
Tiefe Grube
Gellerwiesl
Wildenseehütte
(Selbstversorgerhütte)
03
1521
Wildenseealm
Henarwald
Schoißenkar
Jhtt.
1515
Füchsleins Not
Hirschkarbühel
1814
Woisingkeller
1691
Henarsee
1660
05
Albert-Appel-
Haus
Seekogel
Jägerbründl
Hüttenmoos
Widerkarkogel
1950
1900
Redender Stein
Augstwiesen
Augstwiesenalm
1415
06
1596
Henaralmhütte
(NF-Hütte)
Katzenmoos
Eisensetz
Schowodinkar
1978
Schafbichl
1669
1581
Brunnwiesenalm
Breitwiesenalm
1619
Himmelkare
Jhtt.
1636
Schmid-Bärental
Großer Gsollberg
1881
Breitwiesberg
1902
Finsterkare
1907
Kleiner Gsollberg
1840
Schneider
Salzgraben
Lange Wand
Schönberg
1863
Häuslkogel
1851
Reichenstein
1913
Gößler Alm
Nirneckgrube
Ruhegebiet
im Winter
Almberg
Almbergloch
Backenstein
1772
Heidingkogel
1427
Zimitzalm
983
Kanzlerm
1165
Steinfeld
Bachwand
Jhtt.
1113
Gößler-
Schwaiber
Gaiswinklkar
Bergkar
1126
1747
Gießenkogel
Schößl
Zimitz-Wasserfall
Hoheneck
Schachner-
Schwaiber
Gaiswinkl
Schachen
Veit
Gößl
720
Ladner
FKK-
Strand
Murbodenhütte
971
Rößlern
Kreuz
Ötz
Post am See
Grundlsee
(708)
735
Schraml
Wienern
763
Gipsbergbau
Grundlsee
732
Ruhegebiet
im Winter
0
500 m

TRISSELBERG (TRISSELWAND) • 1754 m

Sagenhaft schön, sagenhaft steil

7,6 km | 3:30 h | 800 hm | 800 hm | 20

START | Gasthaus Trisselwand zwischen Grundlsee und Altausseer See, 963 m. Zufahrt von Grundlsee (3 km).
[GPS: UTM Zone 33 x: 409.626 m y: 5.275.819 m]
CHARAKTER | herrliche Bergtour, die Trittsicherheit und für den finalen Tiefblick auch Schwindelfreiheit erfordert.
EINKEHR | Unterwegs keine.

Sagenberg, Kletterwand, Aussichtsgipfel: Die mächtige Trisselwand, die den Altausseer See im Osten um 1000 m überragt, zählt zu den populärsten Alpin-Zielen im Salzkammergut. Kaum jemand denkt da daran, dass ihr Gipfel, der Trisselberg, eigentlich eine Alm ist: Die exponierte Felspassage am „Kleinen Ribeisen" wurde nicht für Wanderer, sondern als Viehtriebweg zur Schoberwiesalm mit massiven Geländern gesichert. Wir nützen diese alte Route aber dankbar, freuen uns über den abwechselnden Tiefblick auf den Altausseer See und den Grundlsee – und genießen schließlich die Rast unter dem Gipfelkreuz, direkt an der Kante, mit der die gewaltige Westwand abbricht.

▶ Neben dem **Gasthaus Trisselwand** 01 beginnt ein Pfad, auf dem wir rechts (nach Osten) über die Wiese zum steilen Waldhang und dann zwischen zerklüfteten Felsen („Loitzkluft") ansteigen. Kurz darauf erreichen wir den markierten Zustiegsweg, der von Altaussee heraufzieht (Nr. 233, siehe Tour 103), dem wir weiter aufwärts folgen. Bald schlängelt sich der Steig durch den Wald und dann zwischen Latschen zum „Rib-

eisen“ hinauf. Diese felsige Passage ist mit Geländern abgesichert. Über einen Latschenrücken auf den Ahornkogel zu (kurzer Abstecher), nach einem Sattel links durch den latschenbewachsenen Felsabhang und auf die Hochfläche. Bei der folgenden Wegteilung nach links und zwischen grünen Hügeln zum weithin sichtbaren Gipfelkreuz auf der **Trisselwand** 02.

Abstieg auf der gleichen Route.

Das Gipfelkreuz – 1000 m über dem Altausseer See.

GRUNDLSEE & TOPLITZSEE

Der „Dreiseenweg“ als Geo-Trail

12,8 km | 4:30 h | 150 hm | 150 hm | 19

START | Seeklause am Grundlsee, 720 m; Rückkehr von Gößl per Schiff oder Bus. [GPS: UTM Zone 33 x: 411.975 m y: 5.274.935 m]
CHARAKTER | Lange Wanderung auf breiten Wegen und schmalen Pfaden mit einer gesicherten Passage.
EINKEHR | Gasthöfe in Grundlsee und Gößl, Fischerhütte am Toplitzsee.

Preisfrage: Wo entspringt die Traun? Der Hauptfluss des Salzkammerguts besitzt gleich drei Quellen: den Ödensee, den Altausseer See und einen Wasserfall über dem Kammersee, der das kühle Nass durch den Toplitzsee zum Grundlsee schickt. An dessen Südufer verläuft ein herrlicher Wanderweg, der zum Geo-Trail ausgestaltet wurde. Sein zweiter Abschnitt führt durch die verwunschene Welt am Stimitz-Ursprung zum geheimnisvollen Toplitzsee.

1. Wegabschnitt: Wir überschreiten den Abfluss der Grundlseer Traun bei der **Seeklause** 01, folgen der Markierung Nr. 1 nach links und gehen nach einigen Häusern links auf dem asphaltierten Weg in den Wald hinauf. Eine Schotterstraße quert, dann geht's hoch über dem Ufer Richtung Krongraben. Auf einem Fahrweg zur Asphaltstraße, auf der wir links durch die Mitterau in die Ortschaft Auf der Au wandern. Danach geht's auf einem Weg, der bald schmaler wird, im sanften Auf und Ab neben dem Südufer weiter; einige Felspassagen sind gut abgesichert. In **Wienern** 02 beginnt schließlich die Asphaltstraße nach **Gößl** 03.
Der 2. Wegabschnitt des Geo-Trails am Grundlsee beginnt bei der Station 20. Auf der Forststraße, die vor der Brücke über den Stimitzbach abzweigt, über die Gößlerwiesen und zum **Stimitz-Ursprung** 04. Jenseits des Baches geht's auf einem Wanderweg und der einmündenden Forststraße zur Ranftlmühle. Rechts zum breiten Alexander-Baumann-Weg (Nr. 4), der rechts zum Erzherzog-Johann-Gedenkstein am **Toplitzsee** 05 führt. Links zum Gasthaus Fischerhütte, von dem links ein Fahrweg nach **Gößl** 06 führt.

Abstecher: Von der Fischerhütte fahren Plätten (Holzboote) zum Ostufer des Toplitzsees. Von dort leitet ein kurzer Weg über 71 Stufen – vorbei an einem Kanal, der vor 400 Jahren für die Holztrift angelegt wurde – zum Kammersee.

Dunkles Wasser, helle Gischt: am Toplitzsee.

Der verborgene Kammersee.

Bräuningalm
1607
Kühntal
Atterkogel
1826
1871
1643
Eglgrube
Bergrestaurant
Loser Alm
1600
Weiße Wände
Stummernalm
811
Steinfeld
Toter Winkel
Oberwasseralm
1182
1600
Bärental
Schmid-Bärental
Großer Gso
1881
Kleiner Gsoll
1840
Schönberg
1863
Höllwieser
1861
Nirneckgrube
Naturhaus Seewiese (Sommer)
Ruhegebiet im Winter
715
Ostersee
Anlegestelle Seewiese
Trisselwand
1754
Bärenhöhle
Garnsstall
Schoberwiesalm
1704
Klammkogel
1794
Hundskogel
1747
Bergkar
Gaiswinkelkar
1126
(712)
Ahornkogel
1686
Kl. Ribeisen
1544
Kleberstube
Jhtt.
Kas-grube
Hoher Angerwald
Jhtt.
1238
971
Rößlern
Ötz
Jhtt.
Laimerberg
Post am See
Schraml
Tressensattel
Trisselwand
963
Eisbrunnwand
Tressenstein
1201
Tressensteinwarte
Sattel
Lamersberg
Hopfgarten
Bräuhof
Eisbichl
Stöckl
Grundlsee
732
Untertressen
Gut
Gratschner
Seehotel
772
Mosern
784
Hanischbühel
01
Fischkalter
Krongraben
Ressenstüberl
Mondi Holiday
Mitterau
Aschau
Waldruhe
746
Au
689
Staud'nwirt
Zlaimwiesn
779
Archkogel
Nachtskilauf
Vorwerk
Zlaim
Gallhof
Steirer
Hintenkogl
Gallhofkogel
958
Reith
Zlaimkogel
1308
BAD AUSSEE
659
St. Leonhard
749
Straßen
Anger
Gruben
Rauherkogel
990
916
Weißenbach
Eselsbach
Unterkainisch
Salzhaus
Niederer Radling
1278
Hochleitenwald
Kalßwirt
Sießreith
Hoher Radling
1398
Gschlößl
1614
Rötelstein
Ochsenfallgraben
145
853
Radlingstüberl (Jhtt.)
1148
Ruhegebiet im Winter
Plotschgraben
Obere Radling
Radling
Brandgraben
Radlingpass
853
Kleine Radling
Lenzbaueralm
Garnitz
729

Breitwiesberg
1902
1907
Finsterkare
Dreibruderkogel
1923
Längtal
Graswand
Lahngang
1494
Neustein
1870
Vorderer Lahngangsee
Hölzb
Siniweler
Salzgraben
Aibl
1746
Schafbühel
Häuslkogel
1851
Reichenstein
1913
Gößler Alm
Draußengatterl
1380
Vorderbachalm
1129
Ruhegebiet im Winter
Backenstein
1772
Heidingkogel
1427
Zimitzalm
983
Walzen
Kanzlermoos
1165
Steinfeld
Bachwand
Jhtt.
1113
Gößler-Schwaiber
1194
Beerenkogel
Zimitz-Wasserfall
Schöße
Hoheneck
Schachner-Schwaiber
Gößlerwand
Toplitzsee
(718)
05
Fischerhütte
Schachen
Veit
Gößl
720
Toplitzbach
Erzherzog-Johann-Denkmal
Ladner
Murbodenhütte
FKK-Strand
Kreuz
06
Ruhegebiet im Winter
Schwarzwaldw
1080
Jhtt.
Stimitzbach
04
Stimitz-Ursprung
(708)
03
735
Gößlwiesen
Wienern
02
763
Gipsbergbau
Ruhegebiet im Winter
Tendlkogel
1162
Zwicker
1353
Ressen
1303
1156
Arzbergbach
Lackenkogelbach
Bergbach
Grasbergbach
Bergwald
1045
Bergwiesen
Talwiesen
Eibelstube
Grasberg
1626
Schüttgraben
Grasbergalm
Auf dem Berg
Schneckenalm
1152
Weißenbachkogel
1580
Schlaipfenalm
1409
Türkenkogel
1756
Schneckengraben
Mitterwand
1326
Am Jager
Schottergrube
Schusterin
Eisengraben
Zlaimalm
Ruhegebiet im Winter
Hößenbichl
Schnöderitzkogel
1545
1317
Ruhegebiet im Winter
Salza
Teltschenalm
Kochalmbauer
902
1216
Jhtt.
Zlaimgraben
Teltschengraben
Singerhalt
1039
Kampl
1685
Pichlmaierhalt
Schusterbauernhalt
Ruhegebiet im Winter
Mischenirwiese
Singerhauserhütte
868
Riesena
Bergwald
1116
Hallschachen
0
500 m
922
Steinwand
Rooschitzbach
Reithartlkogel
1051
Krautmoos
Mooshalt

103

BACKENSTEIN • 1772 m

Eine Seilbahn als Wegweiser

11,2 km | 5:00 h | 1050 hm | 1050 hm | 20

START | Grundlsee, 732 m.
[GPS: UTM Zone 33 x: 412.837 m y: 5.275.641 m]
CHARAKTER | Bergwanderung auf breiten Wegen und schmalen, stellenweise steinigen Steigen. Vorsicht bei Nebel oder Schnee!
EINKEHR | unterwegs keine.

Auf der Wanderkarte schaut das Braun oder Grau der Felswände gar nicht so eindrucksvoll aus – in der Natur schon: Der Backenstein reißt seine 300 m hohe Felsstirn herrisch über den Grundlsee, um sich dann doch nur ein neckisch grünes Rundhäubchen aufzusetzen. So sind sie eben, die Randgipfel, die das Südwestplateau des Toten Gebirges abstützen: vorne ein Adrenalinschub für Vertikal-Akrobaten und hinten ein Grund zum Fluchen für die Wanderer, die in den Latschen steckenbleiben. Auch die Nachbarn des Backensteins, der gewaltige Reichenstein und der rundköpfige Siniweler, machen da keine Ausnahme. Wichtig waren den Bauern früher ohnehin nur die schönen Weideplätze auf dem Plateau, etwa hinter dem Almberg oder auf der Brunnwiese.

Aufstieg: Neben dem Gasthof Max Schraml in **Grundlsee** 01 gehen wir zur oberen Straße durch den Ort und auf dieser nach rechts. Vor den letzten Häusern links abzweigen und auf dem Almbergweg (Nr. 235) durch den Waldhang zum Kesselbrunn. Nun auf einem Fahrweg zur Weißen Wand hinauf (Marterl). Im Anschluss führt der breit angelegte Saumweg zu den hohen Wandabstürzen des Gaiswinkelkars. Dann geht's in vielen Kehren durch die Busch- und Schutthänge des Almbergkars (Quelle, Unterstandshöhle), unter der Material-

Weit ist's vom Grundlsee auf den Backenstein – doch der Blick aufs Wasser zahlt sich aus!

seilbahn des Appelhauses durch und in den engen, felsbegrenzten Larchengraben hinauf. Beim 1610 m hoch gelegenen **Backensteinsattel** 02 zweigt der Gipfelweg rechts ab. Er führt in Kehren auf die mit Latschen bewachsene Kuppe des **Backensteins** 03. Das Gipfelkreuz steht, wie erwähnt, 92 Höhenmeter weiter unten – auf dem nach Süden verlaufenden Kamm.

Abstieg auf der gleichen Route.

Steirerkas am Brot – Herz, was willst du mehr?

Zum Zimitz-Wasserfall

Im Osten des Backensteins verbirgt sich ein kleines Wasser-Wunder, das man vom Gasthof Ladner am Nordufer des Grundlsees einfach erreicht. Wir folgen der Straße 150 m Richtung Gößl, biegen vor der Brücke über den Zimitzbach links auf eine Forststraße ab. Ca. 200 m nach einer Schottergrube geht's links zu ihrem oberen Rand empor und auf einem Waldweg (Nr. 5) durch das Tal hinauf, bis rechts ein kurzer Stichweg zum Zimnitz-Wasserfall führt (30 Min., Rückweg 20 Min.).

Der alte Almweg zieht durch das Waldtal am Fuße der mächtigen Reichenstein-Wände zu einer kleinen Brücke und zur unbewirtschafteten, aber herrlich auf einer Waldwiese gelegenen Zimitzalm hinauf (hin und retour 1 h mehr).

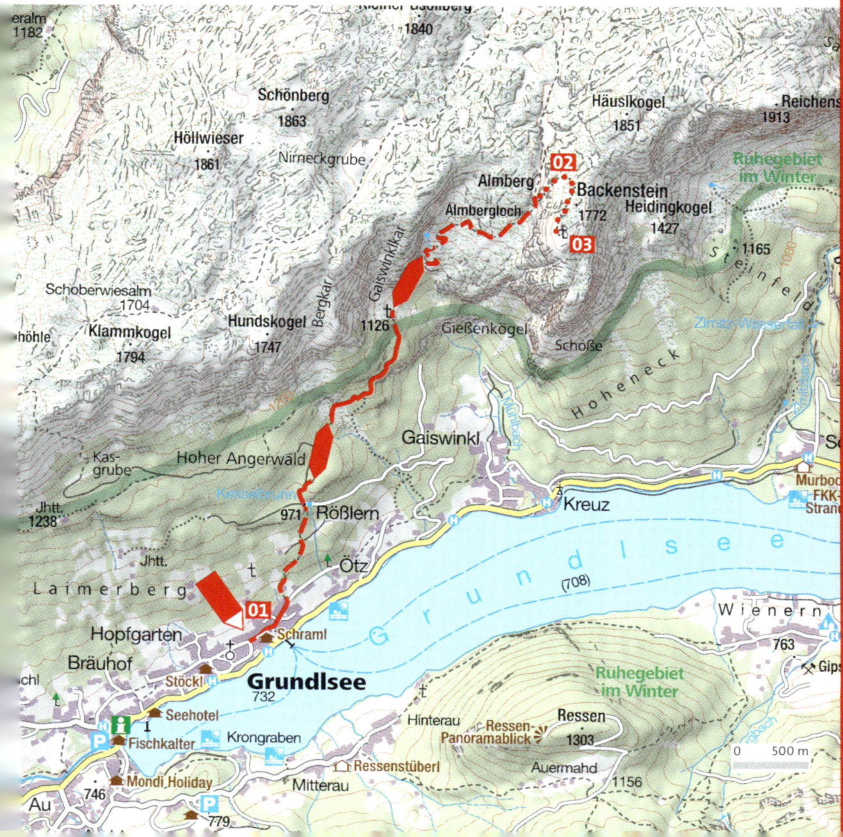

ZUR PÜHRINGERHÜTTE

Das Herz des Toten Gebirges

18,2 km 6:00 h 950 hm 950 hm 20

START | Gößl am Ostufer des Grundlsees, 720 m.
[GPS: UTM Zone 33 x: 417.539 m y: 5.276.758 m]
CHARAKTER | Hochalpine Zwei- bis Dreitagetour. Zur Pühringerhütte führt ein gut angelegter Weg durch alpines Wald-, Alm- und Karstgebiet („rote" Tour). Der felsige, ausgesetzte und stellenweise gesicherte Steig aufs Rotgschirr erfordert jedoch absolute Schwindelfreiheit und Trittsicherheit.
Nur bei gutem Wetter ratsam!
EINKEHR | Pühringerhütte.

Die Pühringerhütte am kleinen Elmsee, 1638 m hoch am Rand der Karstöde des Toten Gebirges gelegen, ist auf dem Ausseer Weg verhältnismäßig einfach zu erwandern. Dieser weit gehend noch erhaltene Reitsteig entstand im 19. Jahrhundert, um hohen Herrschaften die Jagd zu Pferde zu erleichtern. Wer ihn unter die Bergschuhe nimmt, wird mit landschaftlicher Schönheit geradezu verwöhnt – etwa am Ufer des Vorderen Lahngangsees, der sich zwischen dem mächtigen Salzofen und dem raufelsigen Neustein verbirgt. Schenken Sie Ihre Aufmerksamkeit aber auch den alten kaiserlichen Jagdhütten in der Elmgrube und den beiden Windlöchern, die die „Bewetterung" von Karsthöhlen recht anschaulich demonstrieren: Kalter Hauch, der hier aus der Unterwelt dringt, weht hineingeworfene Blätter sogleich wieder heraus. Den absoluten Blickfang über dem gemütlichen, einst vom Welser Apotheker Emil Pühringer gestifteten Schutzhaus bildet jedoch die breite und zerfurchte Riesenmauer des Rotgschirrs, die zu den eindrucksvollsten Berggestalten des Toten Gebirges zählt.

Frühmorgens bei der Pühringerhütte.

▶ Vom **Grundlsee 01** kommend, biegen wir vor dem Gasthof Veit in Gößl links ab und wandern auf dem Weg Nr. 214 Richtung Pühringerhütte. Der Breuer-Franzl-Weg führt durch den „Hagl", den steilen Waldhang vor der Gößler Wand empor und trifft auf eine Forststraße, auf der man auch von Schachen heraufwandern kann. Nach ihrer Überquerung kurz weiter aufwärts und dann auf dem einmündenden Wanderweg nach rechts. Unterhalb der Schwaiberalm nochmals rechts abbiegen, dann gelangen wir – zwei weitere Forststraßen querend – ins Kanzlermoos. Steiler ansteigend zum **Drausengatterl 02** an einer Felskante.
Nach kurzem Abstieg queren wir die Schuttflanke der Graswand bis zum Schafbühel hinauf und gelangen zum **Vorderen Lahngangsee 03**. Entlang des Westufers und hoch über dem (im Wald versteckten) Hinteren Lahngangsee vorbei kommen wir zu den Hütten in der **Elmgrube 04**.
Hier mündet der Nordalpine Weitwanderweg 01 ein, dem wir rechts Richtung Pühringerhütte folgen. Auf dem sanft ansteigenden Reitsteig gelangen wir in eine Mulde – dort öffnet sich links das Kleine und weiter vorne rechts das Große Windloch. Bald werden die Bäume weniger und von „Emils Tränenhügel" sehen

Ein Paradegipfel des Toten Gebirges im Herbst: das Rotgschirr, gesehen vom Salzofen-Aufstieg.

wir bereits die nahe **Pühringerhütte 05**, zu der wir rechts neben dem Elmsee wandern.

Abstieg auf der gleichen Route.

Variante Rotgschirr: Wir folgen dem Nordalpenweg 02 Richtung Prielschutzhaus, vorbei an der Geiernestquelle, hinter der wir die Einmündung des Sepp-Huber-Steiges erreichen. Rechts weiter und in eine Mulde, in der wir links auf den Steig Nr. 266 abzweigen. Vorbei an den „Zageln", zwischen Karren und Latschen und über zwei schroffe Felsrippen zum Schutthang unter dem Gipfelaufbau des Rotgschirrs. Die Route führt mitten durch diese sehr steile, aber gestufte Felsflanke empor; die schwierigsten Passagen sind mit Stahlseilen gesichert. Schließlich erreichen wir eine kleine Scharte, von der man links über den Schutthang zum großen Gipfelkreuz ansteigt. Das Panorama umfasst nicht nur die wilde Karsthochfläche, den Schermberg und den Großen Priel, sondern auch die Sicht zur Pühringerhütte und den atemberaubenden Tiefblick zum mehr als 1,5 km tiefer glitzernden Almsee. Abstieg auf der gleichen Route.

Variante Elm: Der zweite, 2128 m hohe „Hausberg" der Pühringerhütte ist einfacher zu ersteigen, verlangt aber Orientierungssinn. Sein ebenfalls markierter Zustiegspfad führt vom Schutzhaus durch den niedrigen Felsabsturz des Rauen Elms auf einen unübersichtlichen Wald- und Latschenrücken. Oben verlieren sich die Steigspuren; die Markierung leitet nach rechts (Südwesten) und schlängelt sich zwischen Karrenfeldern, Dolinen und Latschenflecken zur Wiese unter dem steilen Gipfelaufbau, der schräg durchstiegen wird. Der kurze, unschwierige Gipfelgrat leitet uns zum Kreuz weiter.

Zurück auf der gleichen Route.

Elm-Blick zum Rotgschirr.

Ziel: Großer Priel

Von der Pühringerhütte führt der Ausseer Weg weiter ins Tote Gebirge hinauf. Schon Erzherzog Johann folgte ihm in seinen entlegensten und wildesten Bereich, über dem sich auch sein höchster Gipfel erhebt: der Große Priel (2515 m). Dorthin brauchen auch gute Geher an die 5 h und zurück weitere 3–4 h. Bei schlechtem Wetter oder Schneelage darf man niemals starten, denn dann ist die Orientierung fast unmöglich!

Die Route zieht mit der Markierung Nr. 201 über den Rotkogelsattel im Süden des Rotgschirrs zu den Hohen Kögeln, hinter denen sie sich teilt. Rechts geht's direkt zum Prielschutzhaus; wir folgen jedoch links der Markierung Nr. 215 Richtung Welser Hütte. Am Rand der zerklüfteten Felshochfläche, unter dem Schermberg (2396 m) und mit Blick auf den spitzen Temlberg (2331m), kommt man zur Kreuzung mit dem Steig Nr. 263 (auf dem man links den Schermberg ersteigen könnte) und zum Fleischbanksattel (von dem man links in 1 h zur Welser Hütte hinabkommt). Rechts mit der Markierung Nr. 262 über den Schutthang empor und dann links auf einem luftigen Grat zum großen Priel-Gipfelkreuz.

Der Schermberg über dem Karstplateau.

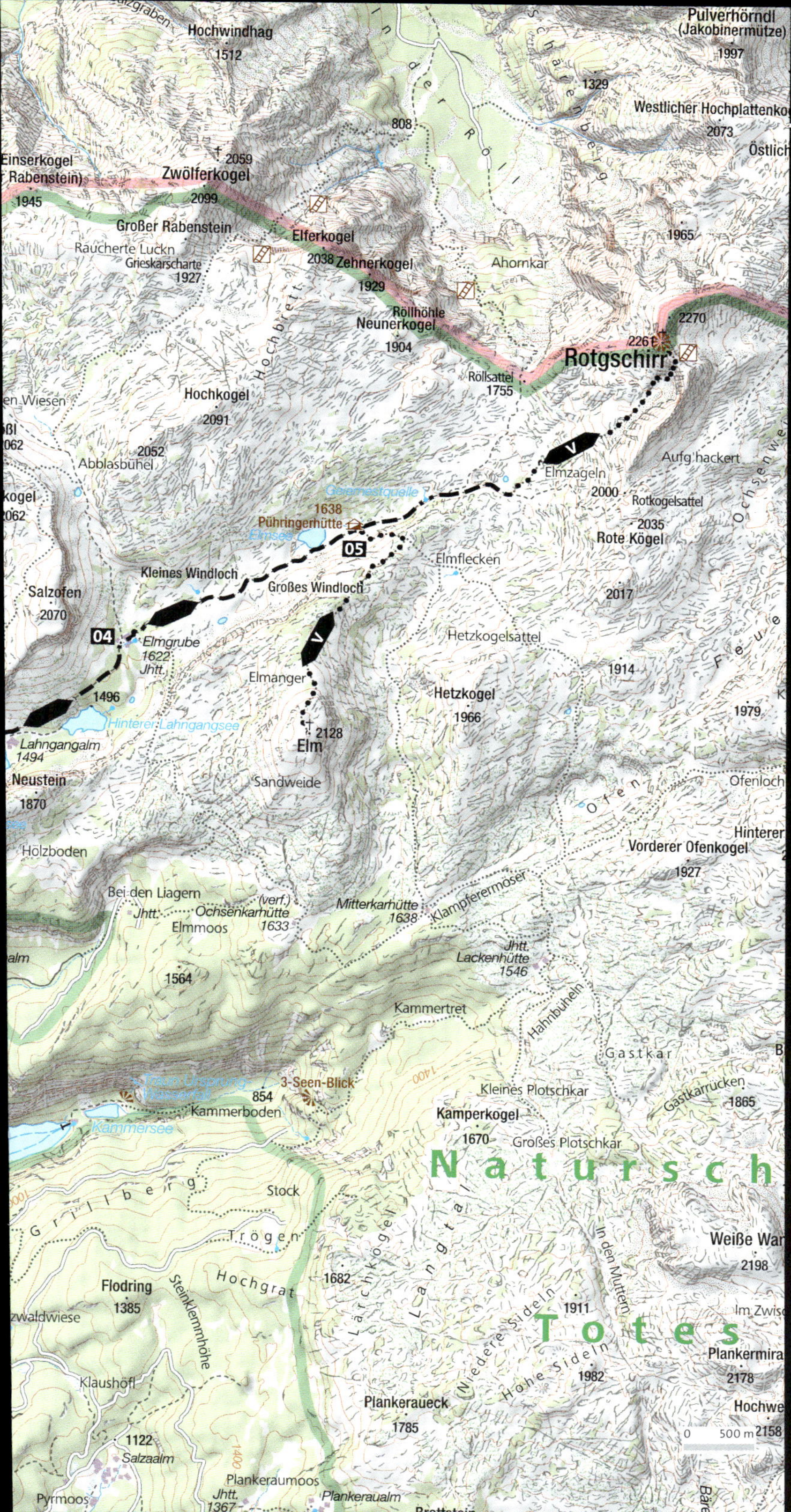
Hochwindhag
1512
Pulverhörndl
(Jakobinermütze)
1997
1329
Westlicher Hochplattenko
2073
Östlich
Einserkogel
Rabenstein)
1945
Zwölferkogel
2059
2099
808
Großer Rabenstein
Raucherte Luckn
Grieskarscharte
1927
Elferkogel
2038
Zehnerkogel
1929
Ahornkar
1965
Röllhöhle
Neunerkogel
1904
2270
2261
Rotgschirr
Röllsattel
1755
Hochbrett
Hochkogel
2091
2052
Abblasbühel
Aufg'hackert
Elmzageln
2000
Rotkogelsattel
2035
Rote Kögel
Geiernestquelle
1638
Pühringerhütte
Elmsee
05
Elmflecken
Kleines Windloch
Großes Windloch
Salzofen
2070
2017
04
Elmgrube
1622
Jhtt.
Hetzkogelsattel
Elmanger
1914
1496
Hetzkogel
1966
1979
Hinterer Lahngangsee
2128
Elm
Lahngangalm
1494
Neustein
1870
Sandweide
Ofenloch
Hölzboden
Hinterer
Vorderer Ofenkogel
1927
Bei den Liagern
Jhtt.
(verf.)
Ochsenkarhütte
1633
Elmmoos
Mitterkarhütte
1638
Klampferermöser
Jhtt.
Lackenhütte
1546
1564
Kammertret
Hahnbüheln
Gastkar
3-Seen-Blick
854
Kammerboden
Kammersee
Kleines Plotschkar
Gastkarrucken
1865
Kamperkogel
1670
Großes Plotschkar
Natursch
Grillberg
Stock
Trögen
Lärchkogel
Langtal
In den Muttern
Weiße Wa
2198
Hochgrat
1682
Flodring
1385
Steinklemmhöhe
1911
Niedere Sideln
Totes
Im Zwis
Plankermira
2178
Klaushöfl
Hohe Sideln
1982
Plankerauck
1785
Hochwe
2158
0
500 m
1122
Salzaalm
Plankeraumoos
Jhtt.
1367
Plankeraualm
Pyrmoos

SALZOFEN – WILDGÖSSL • 2062 m

Drei Berge, drei Seen, drei Brüder

21 km | 10:00 h | 1500 hm | 1500 hm | 20

START | Gößl am Ostufer des Grundlsees, 720 m.
[GPS: UTM Zone 33 x: 417.539 m y: 5.276.758 m]
CHARAKTER | Anstrengende Bergtour, besser mit einer Nächtigung in der Pühringerhütte auf zwei Tage aufteilen. Die Steige sind zwar bei trockenen Verhältnissen gut begehbar, erfordern aber stellenweise Trittsicherheit. Bei Nebel oder Schneelage nicht ratsam!
EINKEHR | unterwegs keine, eventuell Pühringerhütte.

Schon die ältesten bekannten Ausseer gingen im Toten Gebirge auf die Jagd. 1924 fand man in einer Höhle im Salzofen-Massiv, hoch über den Lahngangseen, 30.000 Jahre alte Gebeine von Bären – Relikte aus einer warmen Phase der letzten Eiszeit. Später kamen dort auch eine Herdstelle, bearbeitete Knochen und Steinwerkzeug zutage. Einiges davon ist im Kammerhofmuseum von Bad Aussee zu besichtigen. Und man kann ins Gebiet um den Fundort hinaufsteigen – in eine hochalpine Wildnis zwischen zerklüfteten Felszacken, kleinen Karsthochflächen und dem einsamsten See des Toten Gebirges.

Aufstieg: Vom Grundlsee kommend, biegen wir vor dem Gasthof Veit in **Gößl** **01** links ab und wandern auf dem Weg Nr. 214 Richtung Pühringerhütte aufwärts. Bei der Wegteilung unterhalb der Schwaiberalm links auf dem Steig Nr. 213 weiter, an einem Jagdhaus vorbei und nach der Überquerung einer Forststraße zur felsigen Steilstufe neben der „Walzen“ (schöner Blick zum Reichenstein). Am oberen Rand der Felsabstürze führt der stellenweise aufgemauerte Steig zur **Gößler Alm** **02**. Links in ein Schuttkar und rechts neben einer glatten Wand zum Aibl hinauf (kleine Hütte). Rechts auf den Aiblsattel unter dem Dreibrüderkogel und dahinter ins **Längtal** **03** hinab. Über Felsplatten, an einer Jagdhütte vorbei und auf den Rücken der Graswand (Tiefblick zum Vorderen Lahngangsee). Bald verlassen wir den markierten Steig nach rechts, um durch den sehr steilen Schutt- und Grashang des Salzofens zum weithin sichtbaren, aber durch ein Gitter verschlossenen Portal der Salzofenhöhle

Die Gößler Alm über dem Grundlsee.

anzusteigen. Rechts davon über den Rücken auf den Gipfel des Salzofens. Neben den Wandabstürzen nach Norden in eine flache Senke, in der man den markierten Pfad wieder erreicht. Auf diesem geht's rechts am Scheiblingkogel vorbei und über eine kuppige Hochfläche auf den **Wildgößl** **04**.

Unter dem Scheiblingkogel zweigt links ein markierter Pfad ab, der über den steilen Schutthang zum **Abblasbühel** **05** hinunterzieht. Von dort rechts auf dem Nordalpen-Weitwanderweg (Nr. 201) durch das Schuttkar zu den Hütten in der **Elmgrube** **06**. Rechts zu den **Lahngangseen** **07** und über das **Draußengatterl** **08** zur **Gößler Alm** **02** zurück.

Variante: Von der Elmgrube in ca. 30 Minuten zur gastlichen Pühringerhütte.

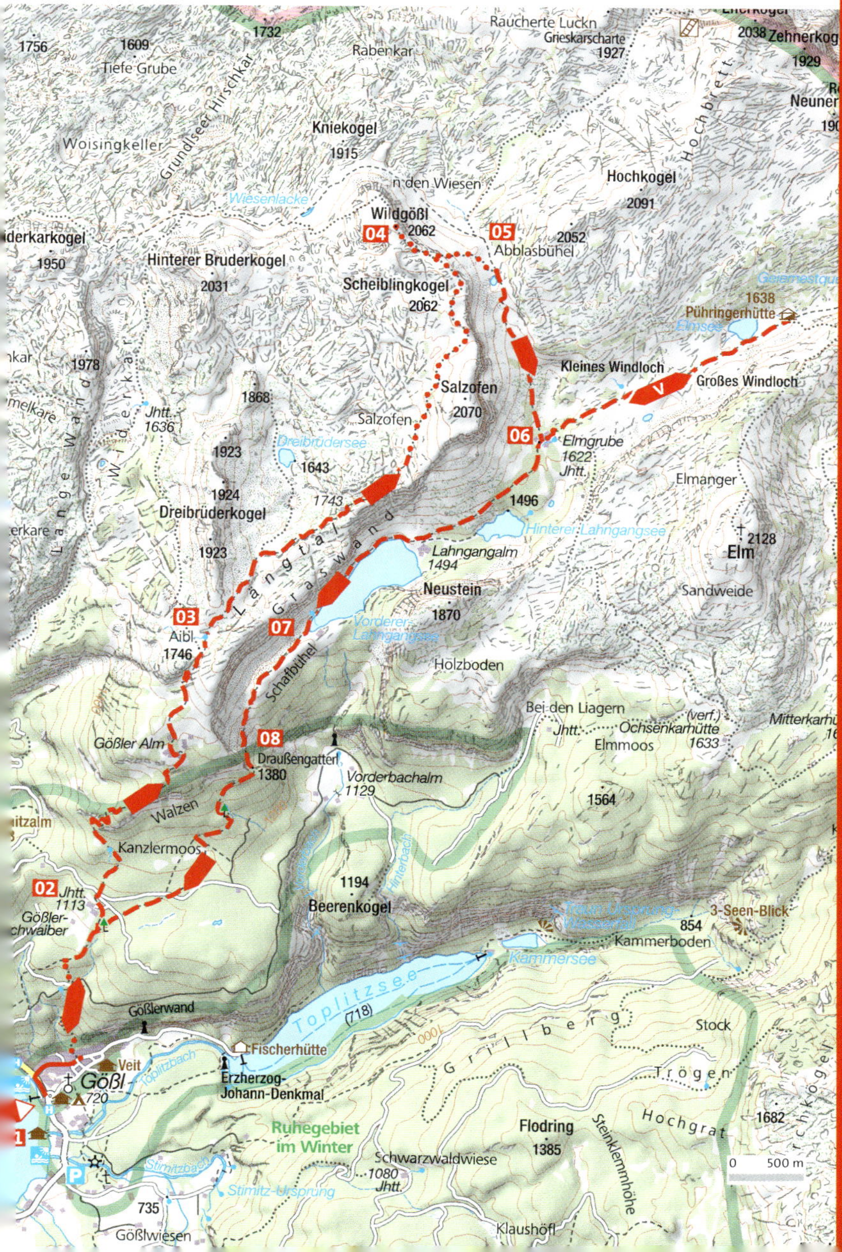

TÜRKENKOGEL • 1756 m

Der Toplitzsee von oben

17,2 km | 7:00 h | 1050 hm | 1050 hm | 20

START | bei der Weißenbachbrücke in Au knapp westlich vor dem Grundlsee-Westufer, 732 m.
[GPS: UTM Zone 33 x: 411.585 m y: 5.274.641 m]
CHARAKTER | Bergwanderung auf Forststraßen und schmalen, stellenweise steinigen Steigen.
EINKEHR | Weißenbachalm (zeitweise).

Türkenkogel – bitte wo? Dieser Berg im Süden des Grundlsees wird vielleicht nicht allen Bergfans geläufig sein, obwohl sein lang gezogener Kamm durchaus felsig ist (und sogar um 2 m höher als der Trisselberg). Außerdem erweist sich der Türkenkogel als einer der raren Plätze, die einen Tiefblick auf den Toplitzsee gewähren. Der größte wirtschaftliche Wert des Berges liegt hingegen in seinem Sockel, wo Gips abgebaut und mittels einer 8 km langen Seilbahn nach Bad Aussee transportiert wird. Einen zweiten Seilstrang – eine Hochspannungsleitung – spannte die E-Wirtschaft direkt über seinen Höhenzug.
Ansonsten aber zeigt sich die Landschaft rund um den Türkenkogel noch recht unberührt. Den Sattel der Zlaimalm, der zum benachbarten Kampl-Massiv aufschließt, bedecken die drei ausgedehnten, mit ihren dichten Latschenbeständen fast urweltlich anmutenden Zlaimmöser, die Hangquellen mit dem notwendigen Wasser nähren.

▶ Aufstieg: Von der **Bushaltestelle Weißenbachbrücke** 01 in der Ortschaft Au bei Grundlsee (Zugang auch von der Seeklause beim Abfluss der Grundlseer Traun auf dem Franz-Hofbauer-Weg parallel zur Straße) gehen wir auf der Asphaltstraße Richtung Kainisch – beim Sägewerk nach rechts in den Wald, bei der folgenden Kreuzung nach links. Nach ca. 1 km zweigt links eine Forststraße ab (Markierung Nr. 6). Sie führt unter der Gips-Materialseilbahn durch und dann

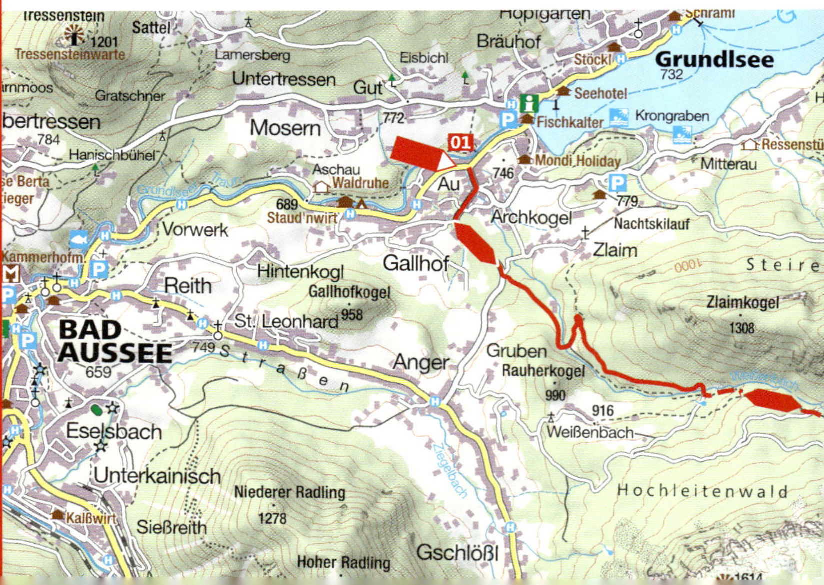

Ein herrliches Wanderziel – hier der Gipfelblick zum Backenstein.

in weiten Kehren über dem Weißenbach aufwärts (der alte Almweg ist im oberen Teil zerstört). Zwischen dem Hasenkogel und dem Weißenbachkogel erreicht man die **Weißenbachalm** 02, die etwas oberhalb des Tals liegt. Neben der höchstgelegenen Hütte beginnt ein Waldsteig mit der Markierung Nr. 259. Er führt durch den steilen und tw. felsigen Hang – unter der Stromleitung durch – auf den bewaldeten Kamm, der sich bald darauf zur kleinen, bewaldeten Hochfläche der Grasbergalm verbreitert. An ihrem östlichen Ende beginnt der gestufte, latschenbewachsene Gipfelkamm, auf dem man über einen Vorgipfel zum hölzernen Gipfelkreuz auf dem **Türkenkogel** 03 ansteigt.

Abstieg auf der gleichen Route.

Variante: Vom Gipfel führen rot markierte, aber stellenweise nur schwer zu findende Steigspuren durch den steilen Südhang des östlichen Kammes hinab. Bei der Zleimalm nach rechts, dem großen, von einem Zaun geteilten Latschenhochmoor entlang und auf der Forststraße – neben der Stromleitung – zur Weißenbachalm zurück.

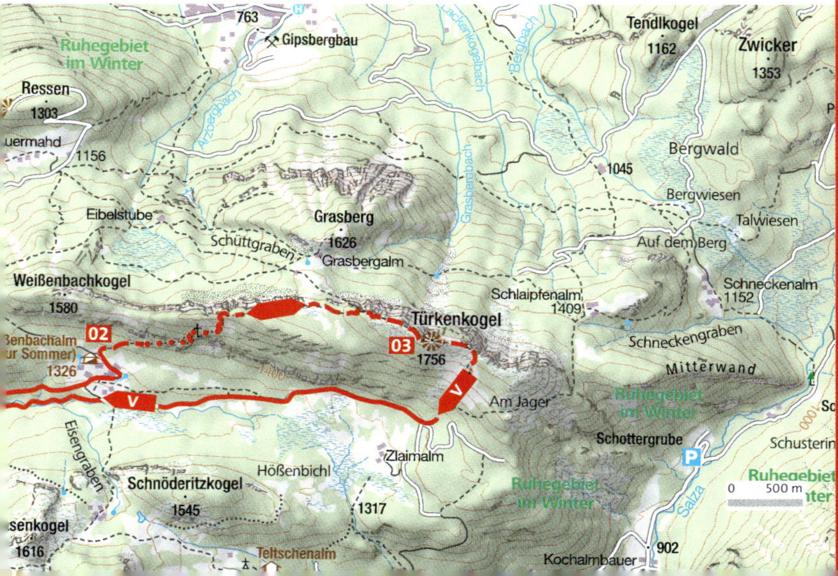

NATURERLEBNIS ÖDENSEE

Am Fuße des Kammergebirges

10,5 km | 3:00 h | 100 hm | 100 hm | 20

START | Kainisch, 770 m, Bahnhof (kurze Zufahrt vom Ort).
[GPS: UTM Zone 33 x: 412.943 m y: 5.269.110 m]
CHARAKTER | Stille Wanderung auf gut beschilderten Forststraßen und Waldwegen, auf denen man viel über die naturkundlichen Besonderheiten der Region erfährt.
EINKEHR | Gasthaus Kohlröserlhütte am Ödensee.

Wo sich das Tal der Kainischtraun Richtung Bad Mitterndorf erweitert, versteckt sich der Ödensee unter den Waldhängen des östlichen Dachsteinmassivs. Die naturkundlichen Besonderheiten dieses 500 m langen und 250 m breiten Gewässers wurden auf behutsame Weise einem breiten Besucherkreis erschlossen. So erfährt man beispielsweise, was so alles in den 19 m tiefen Fluten lebt – aber auch, welche Kapriolen das seltsame Karstwasser in diesem Gebiet treibt. Aber natürlich ist es auch von Interesse, dass die Wassertemperatur des Ödensees im Sommer bis zu 22°C ansteigt...

1. Wegabschnitt: Wir marschieren vom Bahnhof **Kainisch** 01 zum nahen Bahnübergang und links über die Schienen zur ersten Infotafel, die bei der Brücke über die Kainischtraun steht. Sodann folgt man der guten Beschilderung zum Gasthof Kohlröserlhütte am **Ödensee** 02, der natürlich zu einer Umrundung einlädt.

2. Wegabschnitt: Von seinem Ostufer wandern wir auf der Forststraße durch den Wald weiter, biegen dann rechts ab und gehen einer Wiese entlang, bis uns links ein beschilderter Weg oberhalb des Hochmoors zu einer Asphaltstra-

Der Ödensee aus der Vogelperspektive.

ße führt. Auf dieser rechts in den Wald (Schranken) und auf der sanft ansteigenden Schotterfahrbahn zur nächsten Abzweigung: links aufwärts und nach ca. 300 m nochmals nach links zu einer versteckten Lichtung.

Hier beginnt links ein schmaler Steig, der im kurzen Abstieg zur zeitweise aktiven Karstquelle der **Strumern** 03 führt. Über eine kleine Anhöhe kommen wir zur zweiten Quelle, dann führt der gut beschilderte Pfad durch unübersichtliches Waldgelände zum Fahrweg am Riedlbach. Auf diesem kommen wir links – neben der Bahnlinie – zum 1,5 km entfernten Ausgangspunkt (geradeaus und die Schienen überschreitend gelangt man nach Pichl).

Varianten: Im „Naturerlebnis Ödensee" sind viele weitere Routen interessant. Immer wieder finden Sie Übersichtstafeln mit den Wegen zu Informations- und Themenpunkten. Lohnende Ziele wären z. B. das Fischereizentrum Kainisch der Österreichischen Bundesforste oder die Themenpunkte zum Hochmoor und Torfabbau. Die Jausenstation Stieger lädt mit einer historischen Brunnstube und einem Streichelzoo mit Haustierrassen zum Verweilen ein.

RÖTELSTEIN • 1614 m – KAMPL • 1685 m

Almfrieden auf dem Erzberg

15,6 km · 6:00 h · 850 hm · 850 hm · 20

START | Bahnhof Kainisch, 780 m.
[GPS: UTM Zone 33 x: 412.984 m y: 5.269.206 m]
CHARAKTER | Bergwanderung auf guten, aber stellenweise steilen und nicht überall markierten Wegen und Steigen; eine kurze Felspassage. Nicht bei Nebel gehen!
EINKEHR | Seidenhofalm.

Zwischen dem Radlingpass und Bad Mitterndorf erhebt sich ein eher unscheinbares Mittelgebirge, das herrliche Aussichtswarten bietet. Die Hallstätter Kalke, aus denen es besteht, sind reich an Versteinerungen und Erzen. Alte Stollen und Abraumhalden stammen von einem Bergwerk, das bis 1906 in Betrieb war.

▶ Aufstieg: Vom **Bahnhof Kainisch** 01 spazieren wir unter der Umfahrungsstraße durch zur alten Ortsstraße und auf dieser links (Richtung Bad Aussee) zum (geschlossenen) **Kainischwirt** 02. Auf dem asphaltierten Güterweg, der davor nach rechts abzweigt, zwischen einzelnen Häusern (Kranaweter) aufwärts und rechts auf einer Forststraße in den Wald. Bald biegen wir links auf einen markierten Ziehweg ab, der zu einer Forststraße und zur Einmündung des Steiges Nr. 253 hinaufleitet. Gleich darauf scharf nach rechts und zu einer Wegteilung (Bank), wo wir links Richtung Rötelstein abzweigen. Auf einem schmalen Steig zum Kalten Bründl (Quelle) und zur Langmoosalm hinauf. Am Waldrand vor der Alm zweigt links der Steig zum **Rötelstein** 03 ab.
Er führt über eine felsige Steilstufe und ein schütter bewaldetes Plateau, unter dem höchsten Punkt (Steinmännchen) vorbei und im Linksbogen zum Gipfelkreuz, das ein paar Meter weiter unten auf einer vorgeschobenen Felskanzel steht. Zurück zur Langmoosalm und

Vom Gipfelkreuz auf dem Rötelstein schweift der Blick übers Hinterberger Tal ins Dachsteingebirge.

dort links über die Wiese auf einen Sattel mit einigen Moorlacken. Nun ohne Markierung (Pfadspuren) rechts um den bewaldeten Feuerkogel herum zu einem weiteren Sattel mit dem Marterl „Zum Heiligen Nam" (Almbuch). Dann wieder auf einem markierten Steig über das kleine, stellenweise bewaldete Almplateau zum Kreuz auf dem **Kampl** 04.

Abstieg: Zurück zum „Heiligen Nam". Dort nach links, durch den schütter bewaldeten Wiesenhang zu einer Quelle und über einen Waldrücken zur **Seidenhofalm** 05 hinunter. Nun folgt man der unmarkierten Forststraße durch einen Waldgraben zur Talalm und noch über eine Kehre weiter hinab. Bei der folgenden Linkskehre (auf ca. 1360 m) zweigt rechts ein Karrenweg ab, der zur Abzweigung Richtung Langmoosalm hinüberführt (es gibt auch einen versteckten, unmarkierten Abkürzungssteig vom unteren Rand der Talalm zum genannten Karrenweg). Zuletzt auf dem Anstiegsweg nach **Kainisch** 02 hinunter.

Zur „Teltschenmutter"

Geht man vom Kampl nach Norden, über das kuppige Plateau und rechts am Feuerkogel vorbei, erreicht man einen Waldgraben. Unter dem Hasenkogel rechts abbiegen, vorbei an einem Erzstollen und oberhalb der Ausseer Teltschenalm wieder nach rechts (Nr. 270). Sanft absteigend zur Hinterberger Teltschenalm, auf der 1889 die Gottesmutter erschienen sein soll – der kleine Holzschrein mit der geschnitzten „Teltschenmutter" erinnert daran. Auf der Forststraße soweit hinunter, bis links der Steig Nr. 270 abzweigt. Vorbei am Jagdhaus Mühlstein zum Rödschitzbach nahe der Singerhauserhütte. Auf der Forststraße rechts durch das Tal und links über Reith nach Bad Mitterndorf (3 h). Rückkehr per Bahn oder Bus.

HOCHMÜHLECK • 1731 m

Und ewig rauschen die Wälder

17,7 km | 6:00 h | 950 hm | 950 hm | 20

START | Bad Mitterndorf, Bahnstation Bad Mitterndorf-Heilbrunn, 809 m. Mit dem Auto Zufahrtsmöglichkeit bis zum Parkplatz am Ausgang des Almgrabens. [GPS: UTM Zone 33 x: 419.049 m y: 5.267.029 m]
CHARAKTER | Bergwanderung auf Forststraßen und guten, teils jedoch steilen Steigen.
EINKEHR | Knödlalm, Steinitzenalm.

Das östliche Dachsteingebirge liegt unter einem dichten Waldmantel. Kemetgebirge oder Kammergebirge heißt diese Berglandschaft, die gegen das Hinterberger Tal absinkt. Hier gibt es nur wenige Unterkünfte und kaum markierte Wege. Wer dieses stille Gebiet durchstreifen möchte, muss über Pfadfindersinn und Adleraugen verfügen, denn nur Steinmännchen begleiten die uralten Pfade zwischen längst verlassenen Almen und Lichtungen, auf denen einst die Holzkohlenmeiler schwelten. Auch die winzigen Seen, die sich in seinen nördlichen Waldhängen verbergen, lassen sich nur mit gutem Orientierungssinn aufspüren. Einen ersten Eindruck vermittelt jedoch der ungefährliche Weg auf das Hochmühleck. Genießen Sie den Blick zwischen seinen „Gipfelbäumen" über dieses seltsame Stück Dachsteingebirge.

Auf der Steinitzenalm.

▶ Von der **Bahnstation** **01** gehen wir rechts über die Schienen und auf der Straße 300 m nach Süden, Richtung Thermalbad. Im Ortsteil Neuhofen rechts auf die Seitenstraße Richtung Kraglhütte abzweigen. Beim **Forsthaus** **02** (Parkplatz) rechts auf die Forststraße (Markierung Nr. 20) einschwenken und durch den Almgraben zur großen Weidefläche der **Steinitzenalm** **03** hinauf.
Noch oberhalb der Hütten zweigt links der markierte Karrenweg ab, der über einem Felsabbruch zu einer Straßenquerung hinaufzieht (Marterl) und dann – die Kehren der Forststraße noch zweimal berührend – durch den Waldhang ansteigt. In zunehmender Steilheit erreicht man einen Schlag und bald darauf die Goseritzalm. Nun auf einem Steig, der bald noch steiler wird, in ein bewaldetes Kar empor. In Serpentinen steigt man über Karrenstufen zu einem felsigen Einschnitt an. Dahinter gelangt man auf die Anhöhe vor dem **Hochmühleck** **04** und auf den Gipfelaufbau mit dem Kreuz, das ein Stück nördlich unterhalb des höchsten Punktes steht.
Abstieg auf der gleichen Route.

Obersdorfer Rundweg

Zwischen Bad Mitterdorf und Obersdorf zeigt sich das Hinterberger Tal, der breite Boden zwischen dem Toten Gebirge und dem östlichen Dachsteingebirge, in voller Schönheit. Ein 10 km langer und fast ebener Themenweg führt – ausgehend vom Tourismusbüro in Bad Mitterndorf – über Reith, die Sonnenalm, Obersdorf und Laasen durch dieses Gebiet. Unterwegs erfährt man an etlichen beschilderten Stationen, wie die Gesteine dieser Region entstanden sind, was es mit verschiedenen Karsterscheinungen auf sich hat oder wie das Wasser das Obersdorfer Moos prägt. Auch kulturhistorische Sehenswürdigkeiten verdienen Aufmerksamkeit. So bildet etwa die alte Wallfahrtskirche auf dem Kumitzberg oberhalb von Obersdorf die „Halbzeit" dieser Wanderung, die insgesamt ca. 3 h in Anspruch nimmt.

DER TAUPLITZER RUNDWANDERWEG

Wandervergnügen unter der Tauplitzalm

8,3 km | 3:00 h | 150 hm | 150 hm | 19

START | Tauplitz, 896 m.
[GPS: UTM Zone 33 x: 425.721 m y: 5.268.069 m]
CHARAKTER | einfache Talwanderung auf Güterwegen, Forststraßen und Bergpfaden – eine Wanderung für die ganze Familie.
EINKEHR | Sölknerhof.

Der östlichste Ort des Salzkammerguts lädt nicht nur zu Bergtouren, sondern auch zu einer gemütlichen Rundwanderung ein.

1. Abschnitt: Von der Pfarrkirche in **Tauplitz** 01 folgen wir der Markierung Nr. 6 am Friedhof vorbei, überqueren die Umfahrungsstraße und wandern auf der abzweigenden Nebenstraße zu einer eingezäunten Kapelle. Weiter bis knapp vor die Schottergrube, rechts auf einem Waldsteig zum Grimmingbach hinunter und über den Leinsteg. Gleich danach links abbiegen und zur Kehre einer Forststraße. Auf dieser rechts zum Sölknerhof, wo man in der Ferienzeit von Donnerstag bis Sonntag ab 13 Uhr gemütlich einkehren kann (herrlicher Blick auf Tauplitz und zum fernen Dachstein). Nun ca. 1 km auf der Straße taleinwärts. Bei zwei Abzweigungen geradeaus, an der **Draxlmühle** 02 vorbei und nochmals über den Grimmingbach. Zu einer Straßenteilung empor, links weiter

Das Liegloch

Oberhalb der Ortschaft Hollam nördlich von Tauplitz klafft ein geheimnisvoller Spalt in der Felswand: das Liegloch. Im Bereich seines großen Portals findet man Ritzzeichnungen; im Grund der nur 100 m langen Vertiefung entdeckten Forscher Knochen von Höhlenbären und Reste von steinzeitlichem Gerät. Der Weg dorthin beginnt bei der Sessellift-Talstation; er folgt der anfangs noch asphaltierten Straße neben der Lifttrasse. Vom Waldrand oberhalb der Siedlung führt der steile und steinige Steig Nr. 15 zum Liegloch hinauf (1 h, Abstieg 45 Min.). Geht man dagegen zur Mittelstation weiter, gelangt man von dort auf dem Waldweg Nr. 276 zur Tauplitzalm hinauf (2 h).

Auf der Suche nach Stein-Spuren.

Der Kulm

Südlich von Tauplitz, am 1123 m hohen Kulmkogel und direkt über dem Latschenhochmoor der Auen, zieht die größte Naturflugschanze der Welt alle Blicke auf sich. Die gewaltige Anlage ist nicht nur im Winter ein Erlebnis. Aus dem neuen Starthaus oder dem angeschlossenen Buffet genießt man eine herrliche Aussicht – von der Panoramaterrasse überblickt man das gesamte Hinterbergertal und seine Bergumrahmung. Die Geschichte des Skiflugs am Kulm präsentiert das Kulmmuseum, das im VIP-Raum des Kampfrichterturms untergebracht ist. Den höchsten Punkt der gewaltigen Anlage erreicht man bequem mit einem Doppelsessellift. Auf einer Schotterstraße gelangt man in Kehren neben der Schanze auch per pedes talwärts.

Mit der Narzissenkönigin auf den Kulm.

und bei den beiden folgenden Abzweigungen geradeaus. Dann lohnt sich links der Abstecher zu einem **Wasserfall** **03**, über den das Karstwasser aus dem Sagtümpel in den Grimmingbach stürzt (steil bergab, 20 Min. hin und retour). Schließlich wandern wir auf der Schotterstraße weiter, zweigen aber bald rechts auf den Weg Nr. 17 ab und passieren den Freiberg (Blick zum Grimming und zum Sturzhahn über der Tauplitzalm). Über Wiesen zwischen den Siedlungen Greith und Hollam kommen wir wieder zum Ausgangspunkt in **Tauplitz** **01**.

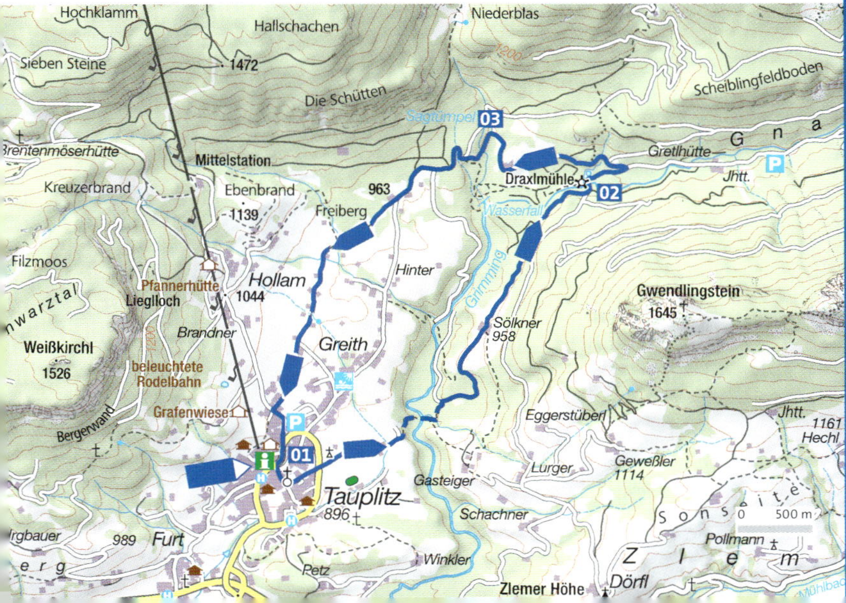

GRIMMING • 2351 m

„Mons altissimus Styriae"

14,2 km 9:30 h 1520 hm 1520 hm 20

START | Tauplitz, Bahnhof, 833 m. Autozufahrt bis Kulm, 962 m. [GPS: UTM Zone 33 x: 425.597 m y: 5.266.984 m]
CHARAKTER | hochalpine Bergtour auf steilen, felsigen und stellenweise ausgesetzten Steigen. Es sind gesicherte Stellen (A/B) und ungesicherte Felsen im 1. Schwierigkeitsgrad zu überwinden. Vorsicht bei harten Schneefeldern! Nicht bei Schlechtwetter oder Schneelage starten! Mit einer Nächtigung auf dem Gipfel (die Biwakschachtel ist oft „ausgebucht!) kann man die Tour auf zwei Tage aufteilen.
EINKEHR | Jausenstation Stangl in Kulm.

Der Grimming ist kein einzelner Gipfel, sondern ein 9 km langer Felskamm mit mehreren eigenständigen Erhebungen. Eigentlich gehört er zum Dachsteingebirge, von dem ihn jedoch das Salzatal trennt. Unsere Vorfahren empfanden ihn als „grimmelich", also als schrecklich, und erzählten sich Sagen um das „Grimmingtor". Georg Matthäus Vischer zeichnete ihn noch im 17. Jahrhundert als „mons altissimus Styriae", also als den Höchsten im Land.

Aufstieg: Vom **Bahnhof Tauplitz** 01 geht's auf der alten Klachauer Straße nach rechts, unter der Bahn durch nach **Klachau** 02 und danach rechts ins Tal des Kulmbachls. Auf der Straße (Markierung Nr. 11) zur Jausenstation Stangl in **Kulm** 03. Hier nach links und auf einem Karrenweg (Nr. 683) – an einem Wilderer-Marterl vorbei – in den bewaldeten Stribinggraben. Nach der Querung einer Forststraße auf einem steilen Steig ins latschenbewachsene Kar unter dem Lärchkogel empor. Die unterste, 60 m hohe Wandzone wird mit Hilfe von Eisenstiften und Stahlseilen überwunden, dann gelangt man über eine nicht ganz so steile, gebankte Felsstufe ins große Schuttkar am Fuße der Schartenspitze (kurzer Abstecher zu einer Quelle). Am oberen Rand des Kars links zur Mündung einer Schlucht. Über grasige Felsstufen,

Vom Grimming-Hauptgipfel schweift der Blick über die Schartenspitze zum Dachstein hinüber.

steile Schrofen und Geröllrinnen durch die rund 400 m hohe Westflanke auf das kleine Gipfelplateau. Zuletzt zur Biwakschachtel und zum Gipfelkreuz auf dem **Grimming 04**.

Abstieg auf der gleichen Route.

Abstieg nach Süden: Auf dem Steig Nr. 681 über den Nordostrücken zum Multereck (Tiefblick auf Pürgg), im Zickzack durch die „Steinige Grasleiten" und über eine Felsrampe ins Obere Kastenkar hinab. Wo der Schuttkessel mit einer Wand abbricht, links in die Schneegrube (Sicherungen), links über eine Rampe (Leiter) und zur Grimminghütte. Zum Bauernhof Leitner in Reit und links auf dem Weg Nr. 21 nach Untergrimming (Bushaltestelle, Bahnstation Richtung Pürgg).

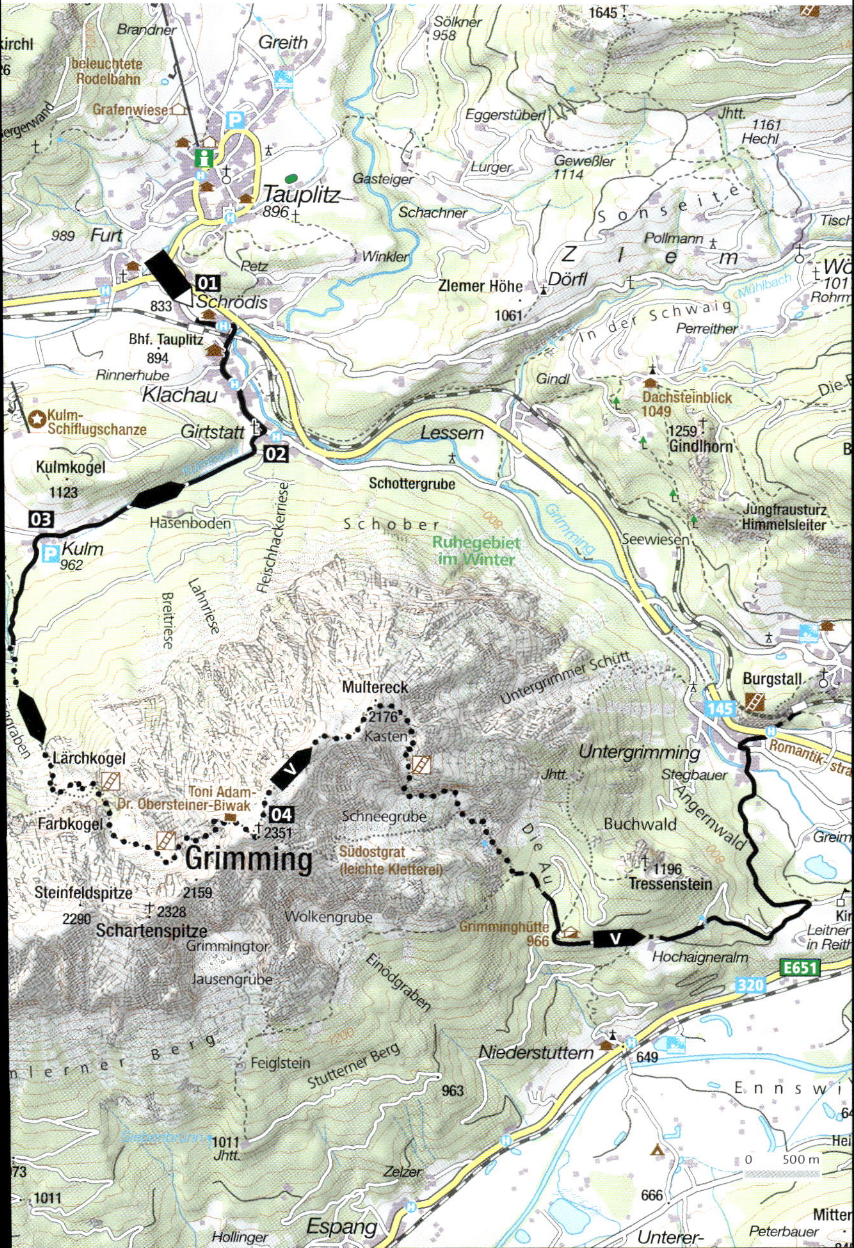

ÜBER DIE TAUPLITZALM

Eine Sechs-Seen-Wanderung

11 km | 3:30 h | 200 hm | 200 hm | 19

START | Tauplitzalm, 1620 m; Auffahrt von Tauplitz mit dem Sessellift oder mit dem Auto auf der Mautstraße von Bad Mitterndorf (10 km).
[GPS: UTM Zone 33 x: 423.505 m y: 5.271.621 m]
CHARAKTER | Gemütliche Almwanderung auf gut markierten Wegen und Pfaden.
EINKEHR | Gasthöfe, Hotels und Hütten auf der Tauplitzalm, u. a. Hollhaus, Naturfreundehaus, Linzer Tauplitzhaus.

An seinem südöstlichen Rand spielt das Salzkammergut noch einmal alle seine Landschaftsreize aus: Gegenüber der Riesenmauer des 2351 m hohen Grimming-Massivs schiebt sich die Tauplitzalm wie ein grüner Balkon vor das Tote Gebirge.

Der Wegverlauf: Vom obersten **Parkplatz der Tauplitzalm-Mautstraße** **01** folgen wir kurz der abgeschrankten Asphaltzufahrt Richtung Hollhaus. In der ersten Linkskurve zweigen wir rechts auf einen unmarkierten Seitenweg ab, wenden uns kurz darauf wieder nach links und wandern an der Schermerhütte vorbei.

Von dort ist der Weg markiert und führt im sanften Anstieg durch lichten Wald und unter dem Sessellift durch. Auf einem Fahrweg und an einigen Hütten vorbei und wieder zur Asphaltstraße, die vom Hollhaus über das „Hoteldorf" bei der Sessellift-Bergstation herüberführt: Auf dieser rechts weiter, vorbei an der Losenbauerhütte und an der Abzweigung zum Linzerhaus, bis zur Wegteilung unterhalb der **Marburger Hütte** **02**. Nun geht's weiter zur **Steirerseealm** **03**, die hoch über dem gleichnamigen See liegt und in 15 Minuten Abstieg erreichbar ist (links ein steiler Abkürzungsweg). Den allerschönsten Tiefblick genießt man, wenn man dem mit Nr. 218/209 A markierten Weg durch die Mulde unter dem markanten Sturzhahn folgt und kurz zur **Jagdhütte** **04** bei der Abzweigung des Tragl-Zustiegs hinaufgeht.

Variante zur Leistalm: Von der Abzweigung zum Tragl führt der historische Salzsteig (Pfad Nr. 218/ 209 a) durch die steilen und schütter bewaldeten Hänge hoch über dem Steirersee durch die schütter bewaldete Steirerseeleiten zu einem weiteren Sattel (dorthin gelangt man auch, wenn man zum See absteigt, dem Südufer entlanggeht und einen zusätzlichen 100-m-Aufstieg in Kauf nimmt). Hinter dem Sattel glitzert der Schwarzensee, den man auf seiner Südseite umgehen kann. Wer will, kann noch weiter zur Leistalmhütte ansteigen. Zurück zur Steirerseealm und auf der Almstraße (bzw. dem Abkürzungspfad) zur Abzweigung bei der Marburger

Traweng – Gamsblick-Klettersteig

Über der Tauplitzalm erheben sich felsige Aussichtsberge, etwa der Loweana ganz im Westen (1965 m, in den Karten „Lawinenstein“ genannt), der mit Skiliften überzogen wurde. Unberührt blieb dagegen die 1981 m hohe Traweng. Der mittelhochdeutsche Begriff „Weng“ bedeutet so viel wie Wiese – der Berg zeigt allerdings so raue Felsflanken, dass man sich die Pflanzen- und Blütenpracht auf seinem eingedellten Gipfeldach kaum vorstellen kann. Unter seinem Gipfelkreuz blickt man zur Hochfläche des Toten Gebirges und zu den Tragln, die jenseits des Langkars wie bleiche Urwelttiere aufragen. Eine „schwarze“ Route führt von der Marburger Hütte auf seinen Gipfel (1,5 h, Abstieg 1 h) – und ein neuer Klettersteig (C und B/C, selten leichter als B). Wer ein Problem damit hat, „auf Reibung“ zu klettern, könnte hier – wo nur wenige Trittklammern in den Fels geschlagen wurden, Probleme bekommen. Einstieg ca. 500 m hinter der Grazer Hütte beim „Wernerbankerl“ Richtung Steirertor. Gesamt 3 h.

Der Sturzhahn.

Hütte, dann aber nicht links zum Linzer Haus hinauf, sondern rechts zur Grazer Hütte und zum kleinen Tauplitzsee (Quendlingsee) vorbei. Rechts auf dem markierten Wanderweg durch ein kleines Tal zum **Großsee** 05. Von der dortigen Abzweigung rechts hinüber zum winzigen Kawassersee (Märchensee) und im kurzen Anstieg zum **Öderntörl** 06: Nach wenigen Schritten auf dem Salzsteig (Nr. 272) Richtung Ödernalm tut sich ein interessanter Blick zu den einsamen Felsbergen des zentralen Toten Gebirges auf. Vom Törl wandern wir nach der Markierung 272 oberhalb des Großsees zum Ausgangspunkt zurück. Im Sattel quert eine Straße, auf der man rechts zu den Hotels Hierzegger und Zand kommt, hinter denen der **Krallersee** 07 liegt. Vom Hotel Zand führt ein Pfad Richtung Holhaus hinauf. Auf der Straße rechts zum **Parkplatz** 01.

ALMKOGEL • 2116 m

Auf den Spuren der „lutherischen Salzpascher“

21,3 km | 7:00 h | 600 hm (Aufstieg) | 600 hm (Abstieg) | 19

START | Tauplitz, 896 m, Parkplatz der Mautstraße oder Bergstation der Tauplitzalmbahn, 1640 m.
[GPS: UTM Zone 33 x: 423.505 m y: 5.271.621 m]
CHARAKTER | landschaftlich sehr abwechslungsreiche Bergwanderung auf guten Wegen und Steigen. Nicht bei Nebel und Schneelage gehen!
EINKEHR | Gasthöfe, Hotels und Hütten auf der Tauplitzalm, u. a. Hollhaus, Naturfreundehaus, Linzer Tauplitzhaus, Leistalmhütte.

Zur Zeit der Gegenreformation hatte die Obrigkeit den evangelischen Stoderern, drüben im Oberösterreichischen, den Salzhandel gesperrt, um sie so vom katholischen Glauben zu „überzeugen“. Doch die besorgten sich das begehrte Würzmittel eben illegal: „Salzpascher“ sollen es heimlich geschmuggelt haben – auf dem Salzsteig übers 1733 m hohe Salzsteigjoch.

Wir folgen ihrem Weg wie bei Tour 112 vom **Parkplatz** 01 vor dem Hollhaus zur **Bergstation der Tauplitzbahn** 02 und weiter über den Sattel bei der **Trawenghütte** 03 hinunter bis zum **Schwarzensee** 04, der südlich umgangen wird. Nach einem längeren Anstieg durch schütter bewaldetes Gelände erreichen wir durch ein Hochtal die zeitweise bewirtschaftete **Leistalmhütte** 05.

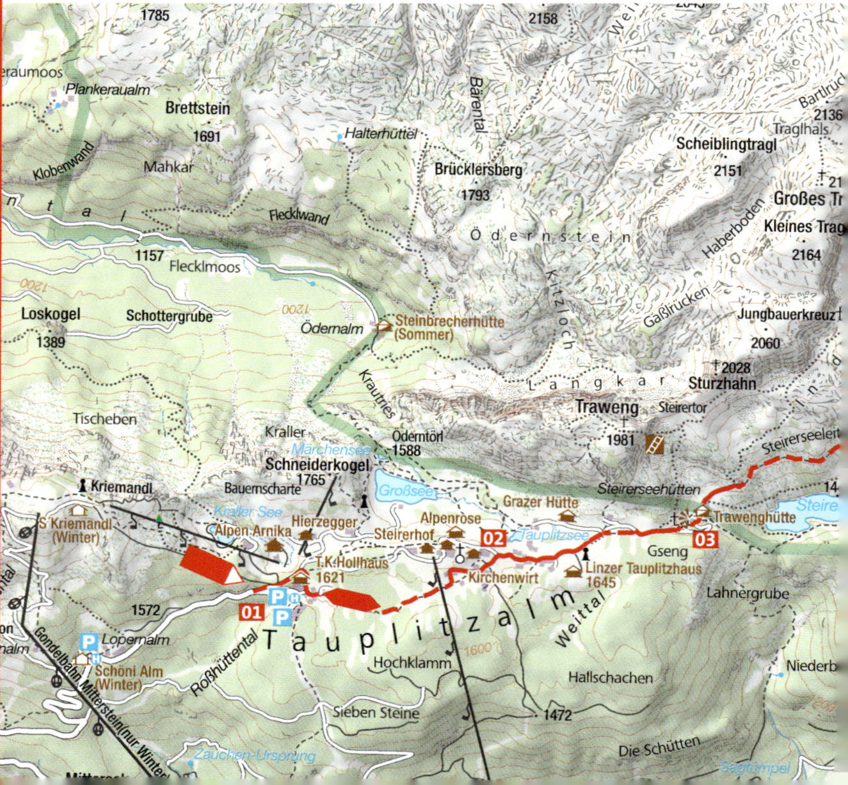

Wer dort links abzweigt, gelangt durch das Steigtal zum geschichtsträchtigen Salzsteigjoch, dem alten Übergang nach Hinterstoder. Der Weg zum Almkogel führt jedoch rechts über einen Hang zum Boden der Kampalm und zu einem Wasserlauf. Dort zweigt der Gipfelsteig Nr. 277 links ab. Er führt in eine Scharte, von dort rechts und über den steinigen Rücken zum **Gipfelkreuz** **06** hinauf.

Abstieg auf dem gleichen Weg.

Der Almkogel über dem Schwarzensee.

Durch die Gnanitz

Es gibt mehrere Möglichkeiten, vom Tauplitzer Almbalkon zu Fuß ins Tal zu kommen. Die kürzeste Route beginnt auf einer Anhöhe südlich über dem Steirersee, von der man auf dem Steig Nr. 275 in vielen Serpentinen ins Tal des Grimmingbachs und nach Tauplitz geht (1,5 h). Von der Rieshöhe südlich des Schwarzensees führt der Steig Nr. 216 durch das steile Kar der „Riesen" zum Sagtümpel und ebenfalls nach Tauplitz hinab (ca. 2 h). Der längste „Talweg" folgt von der Kampalm am Fuße des Almkogels dem Salzsteig-Weitwanderweg Nr. 209 A zu den benachbarten Interhütten, von denen er sich zum Grimmingbach hinabschlängelt. Rechts gelangt man durch das Tal zur Gnanitzalm (2 h). Für den fast 10 km langen Marsch durch das Gnanitztal stehen Forststraßen zur Wahl. Weiter westwärts und schließlich wie bei Tour 110 nach Tauplitz hinaus (2,5 h).

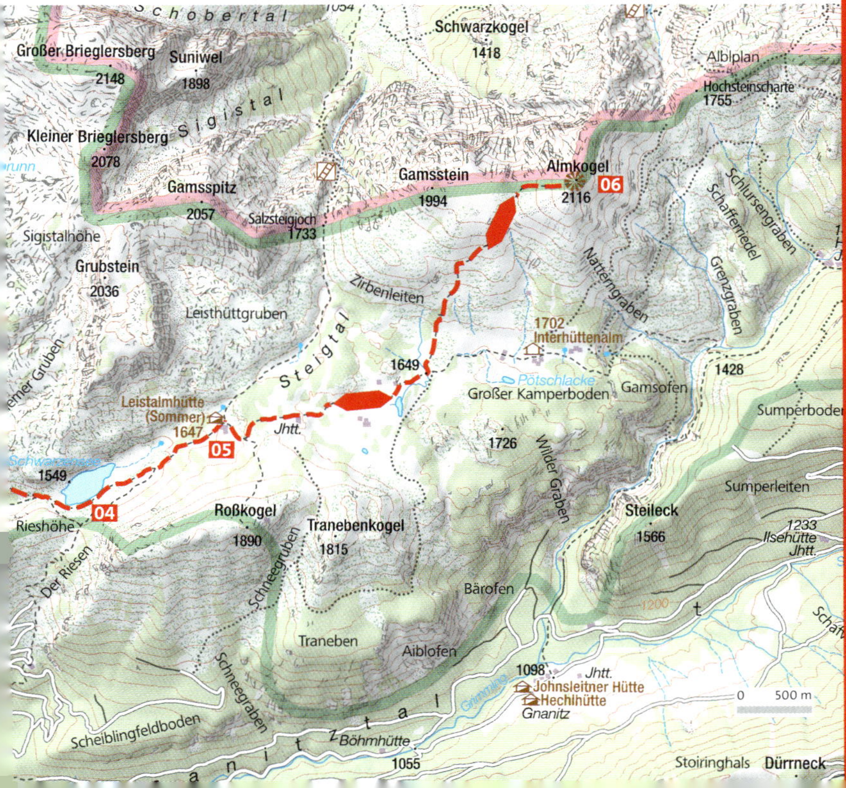

GROSSES TRAGL • 2179 m

Löcher in der Mondlandschaft

14,9 km 6:00 h 660 hm 660 hm 19

START | Tauplitz, 896 m, Talstation der Tauplitzalmbahn, oder Bad Mitterndorf, 809 m. Mit dem Sessellift oder mit dem Auto auf die Tauplitzalm, 1640 m. [GPS: UTM Zone 33 x: 423.505 m y: 5.271.621 m]
CHARAKTER | anspruchsvolle, aber landschaftlich sehr eindrucksvolle Bergtour in eine hochalpine Karstwüste. Der Steig ist zwar nicht schwierig, erfordert aber absolute Trittsicherheit und wird bei Nebel und Schneelage äußerst gefährlich.
EINKEHR | Gasthöfe, Hotels und Hütten auf der Tauplitzalm, u. a. Hollhaus, Naturfreundehaus, Linzer Tauplitzhaus, Leistalmhütte.

Wenn man über die grünen Wiesen oder an den Seeufern der Tauplitzalm herumflaniert, kann man sich nicht vorstellen, dass sich nur ein „Stockwerk" weiter oben die größte Wüste Mitteleuropas ausbreitet: das Zentralplateau des Toten Gebirges, eine 1800 bis 2300 m hoch gelegene und fast 100 km² große Karsthochfläche, die sich an die 10 km weit bis zum Großen Priel hinzieht. Den ersten Abschnitt der Tour aufs Tragl beherrscht der Kletterzacken des Sturzhahns. Doch von einem Moment auf den anderen ändert sich das Bild: Hart tritt der Schuh auf hellgraue Felsplatten voller versteinerter „Kuhtrittmuscheln". Vor uns liegt das berüchtigte Dolinenfeld unter dem Kleinen und dem Großen Tragl, eine sanft geneigte Steinfläche, in der dutzende von Löchern klaffen. Manchmal sind die Schlünde, die bis zu 500 m tief in die Unterwelt führen, mit einer trügerischen Schneedecke bedeckt – das (schon etwas ramponierte) Jungbauer-Kreuz erinnert an einen Linzer Skibergsteiger, der hier spurlos verschwunden ist. Der Gipfelblick über den kahlen Fels fasziniert aber auch: Keine Wege, nicht einmal Steigspuren führen durch das erstarrte Auf und Ab nach Norden.

▶ Aufstieg: Von der **Tauplitzalm** **01** wandern wir wie bei Tour 112 zur **Steirer-**

Ein Blick aus der Karstwüste zum Gletscherglanz – vom Großen Tragl zum Hohen Dachstein.

seealm 03 und zur Jagdhütte über dem Steierersee. Dort links auf den Steig Nr. 276 abzweigen und durch steile Latschenhänge zu einem Karrenfeld hinauf. Stetig ansteigend kommen wir über mehrere Felsstufen zum Jungbauerkreuz, das unter einem seltsam gebankten Felszirkus inmitten des zerklüfteten Dolinenfeldes „In den Karen" steht. Der Steig schlängelt sich an den Schächten vorbei. Selbst bei gutem Wetter ist das Verlassen der Markierung hier gefährlich! Über eine weitere Geländestufe geht's schließlich ins oberste Kar hinauf. Beim Schwaigbrunn unter den kahlen Tragl-Abhängen nach links, über Schutt in den breiten **Traglhals 04** und links über die Nordflanke auf den **Gipfel 05**.

Abstieg auf der gleichen Route.

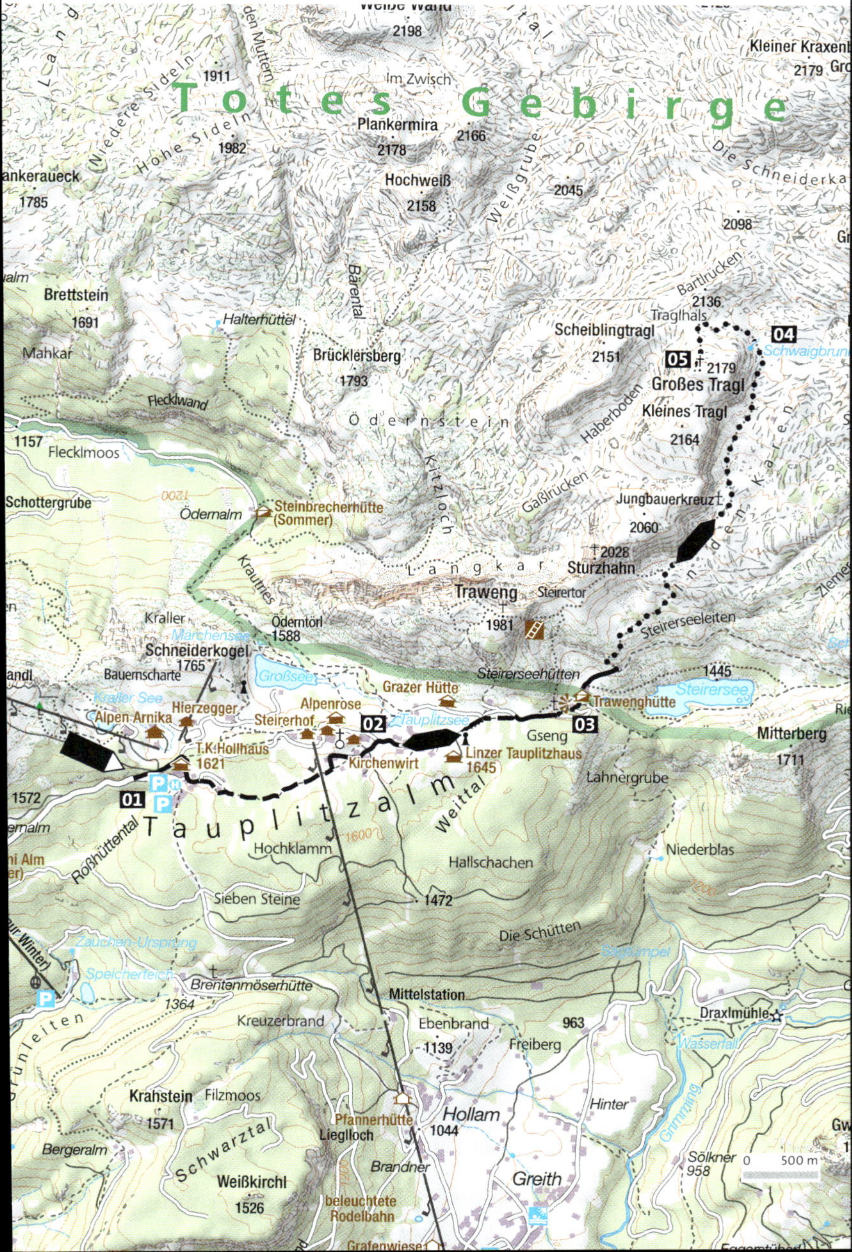

HECHLSTEIN • 1814 m

Wandern über dem Wörschachwald

19,9 km | 5:30 h | 950 hm ↗ | 950 hm ↘ | 19

START | Tauplitz, 896 m.
[GPS: UTM Zone 33 x: 425.721 m y: 5.268.069 m]
CHARAKTER | Bergtour auf Güter- und Forstwegen, Wald- und Felssteigen; im Gipfelbereich ist Trittsicherheit notwendig.
EINKEHR | unterwegs keine.

Wie der Almkogel gehört auch der Felskamm des Hechelsteins schon zur Warscheneckgruppe, dem östlichen Teil des Toten Gebirges. Unübersehbar baut er sich – zusammen mit seinem ebenso felsigen Nachbarn, dem Gwendlstein – über dem Hochtal des Wörschachwaldes auf. Sein Name ist vom Bauernhof Hechl „heraufgewandert".

▶ Aufstieg: Wir wandern wie bei Tour 110 von **Tauplitz** 01 zum Leinsteg. Gleich danach rechts abbiegen und in Kehren zum Gehöft Gasteiger hinauf. Auf Güter-

Vom Freiberg bei Tauplitz aus erscheint der Hechlstein als rauer Felskopf.

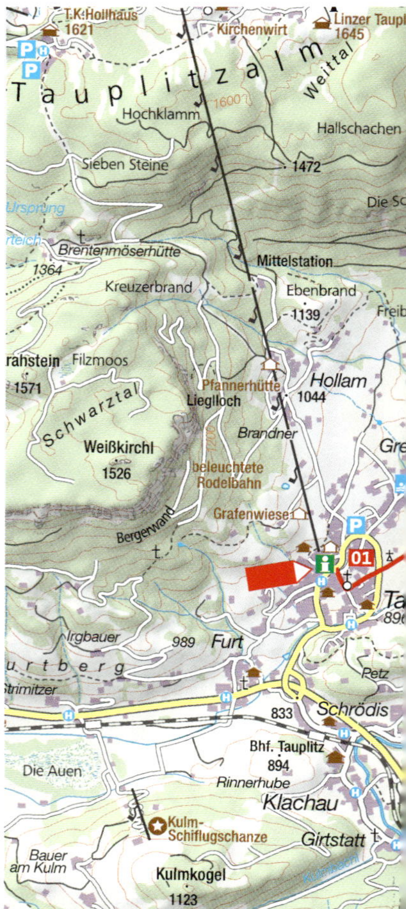

wegen zu den Bauernhöfen Lurger und Geweßler, dann auf dem bezeichneten Karrenweg durch einen Waldgraben und über die „Sonnseite" zum Gehöft **Hechl** 02. Dahinter auf der linken (oberen) Forststraße (Nr. 278) zum Treunlehen und in den Wald hinauf. Bald zweigt links ein Pfad ab, der die Straßenkehre abkürzt und durch einen steilen Waldhang zu einer weiteren Forststraße hinaufquert. Bei der dortigen Wegteilung nach links und durch eine Mulde – die Straße noch zweimal querend – ins Schneckental. Nun auf einem schmalen Steig links durch einen steilen Gras- und Schrofenhang auf den schütter bewaldeten Rücken, der nach Westen zum felsigen Gipfel zieht. Nach kurzem Abstieg links über latschenbewachsene Felsstufen unter der Gratschneide zum **Gipfelkreuz** 03 hinauf.

Abstieg auf der gleichen Route.

Der Spechtensee

Das moordunkle, 4 ha große und bis zu 10 m tiefe Gewässer im Wörschachwald am Fuße des Hechlsteins gilt als der östlichste aller Salzkammergutseen. Erreichbar ist er von Tauplitz auf einer 8 km langen Asphaltstraße. Über seinem Nordufer steht eine Alpenvereinshütte mit vielversprechender Speisekarte.

RUND UM DEN ATTERSEE

„Familien-Trekking“ mit Höllengebirgs-Blick

60 km | 20:00 h | 1900 hm | 1900 hm | 18

START | Seewalchen am Attersee, 470 m. Man kann aber auch in allen anderen Orten am See starten.
[GPS: UTM Zone 33 x: 394.480 m y: 5.311.906 m]
CHARAKTER | 60 km lange Rundroute auf Güter- und Forstwegen, breiten Pfaden und schmalen Steigen. Eine kurze ausgesetzte Passage ist gut gesichert („rot“). Mit dem Schiff lassen sich einzelne Etappen beliebig abkürzen bzw. kombinieren.
EINKEHR | in allen Orten am Weg.

Der Attersee ist das größte Gewässer, das ganz innerhalb Österreichs liegt. Gefüllt ist sein 171 m tiefes Becken mit 4 Millionen Kubikmeter Wasser, und da vorgelagerte Seen Geschiebematerial abfangen, wird er auch am längsten von allen Salzkammergutseen bestehen: 500.000 Jahre. Am besten lernt man ihn kennen, wenn man ihn zu Fuß umrundet: auf dem Attersee-Westweg dem Gebirge entgegen und auf dem Ostweg zurück.

1. Etappe: Von der Schiffsanlegestelle Seewalchen geht man über die Promenade am Strandbad und an der Kirche vorbei zum Beginn des Attersee-Westwanderweges. Dieser führt über Litzlberg – Buchberg – Haining bis zur Anhöhe in Berg im Attergau. Links am Buchberg vorbei nach Attersee (2,5 h).

2. Etappe: Zum Bahnhof Attersee, entlang der Lokalbahn und auf dem Westwanderweg durchs Reinthalermoos nach Abtsdorf. Auf dem Ackerlingweg nach Breitenröth und nach Nussdorf (2 h).

3. Etappe: Von der Schiffsanlegestelle auf der See-, Dorf- und Limbergstraße wieder zum Westwanderweg, der oberhalb der Ortschaften Zell, Dexelbach und Parschallen bis zur Gemeindestraße Aichereben führt. Kurz auf der Gemeindestraße aufwärts und links auf dem Wanderweg zur Reiserbauern-Mühle. Auf der Gemeindestraße Aichereben und neben der Attersee-Bundesstraße zur Schiffsanlegestelle Stockwinkel (2,5 h).

4. Etappe: Weiter geht's wie bei Tour 10 in umgekehrter Richtung, vorbei am Egelsee nach Unterach (2,5 h). Der Weiterweg zur Mündung der Burggrabenklamm ist bei Tour 9 beschrieben (ca. 1,5 h).

5. Etappe: Da das Gebirge am Südufer keinen Platz für einen Wanderweg lässt, fahren wir nun mit dem Schiff nach Weißenbach. Von der Schiffsanlegestelle geht man zum Hotel Post und kurz neben der Straße Richtung Steinbach, bis nach einem Brunnen rechts Stufen zum Nikoloweg hinaufführen.
Wir folgen diesem mit Infotafeln ausgestatteten Wald- und Höhenweg am Fuße des Höllengebirges nach links. Er bildet den ersten Abschnitt des Attersee-Ostwanderweges – und mit einer kurzen felsigen, aber gesicherten Passage samt Metalltreppe die „Schlüsselstelle“ der Attersee-Umrundung (siehe Tour 16 in umgekehrter Richtung, 1,5 h).

6. Etappe: Von der Schiffsanlegestelle in Steinbach am Attersee gehen wir auf dem Gehsteig neben der Bundesstraße in den 1 km entfernten Ortsteil Seefeld. Vor dem Gasthaus Föttinger führt links ein Güterweg in die Ortschaft Blümigen hinauf. Auf der Forststraße und dem Weg Nr. 1 erwandern wir den 960 m hohen Bramhosen-Berg. Hier stehen wir auf dem höchsten Punkt der ganzen Route. Abstieg auf dem Weg Nr. 10 (grün-rote Markierung). Auf einem Forstweg beim Seeleitenstüberl vorbei zum Weiler Alexenau (3 h).

Morgenstimmung über Weyregg am Attersee (im Hintergrund lugt der Traunstein über den Richtberg).

7. Etappe: Wir gehen rechts ins Tal des Alexenauer Baches, zweigen jedoch schon nach wenigen Schritten links auf den Dr.-Heinrich-Gleißner-Weg ab. Diese bequem begehbare Route nach Weyregg wurde als Naturlehrpfad gestaltet. Ca. 200 m vor der Pfarrkirche Weyregg geht man links zur Volksschule und zum See, wo man die Schiffsanlegestelle findet (1–1,5 h).

8. Etappe: Von dort folgt man dem Gehsteig neben der Bundesstraße nach Norden, über die Brücke des Weyregger Baches. Rechts auf den Plötzingerweg abbiegen und wie bei Tour 14 auf dem Brandsteig zum 864 m hohen Gahberg hinauf. Beim Bauernhof Häuslmann links abzweigen, in den bewaldeten Nordhang hinab und über einen Sattel – vorbei am Stefflhäusl (Steinwand) – auf den benachbarten Häfelberg (Kreuz und Rastplatz).

Links auf dem gelb markierten Weg zum Attersee hinab. Oberhalb der Straße rechts auf dem „Höhenweg" weiter, oberhalb der Tennisplätze zur Waldvilla und links auf der Karl-Hausjell-Allee (Wegbrücke über die Umfahrungsstraße) zu einem Reitstall am Rand von Schörfling. Links auf der Weyregger Straße zur Hauptstraße, zum Bahnhof und zur Schiffsanlegestelle in Kammer (etwa 2,5–3 h). Hinter dem Schloss Kammer gelangt man zur Brücke über die Ager, die nach Seewalchen überleitet.

DER SOLELEITUNGSWEG

Der „Salz-Marathon“ durchs Tal der Traun

20 km | 5:00 h | 50 hm | 150 hm | 18

START | Hallstatt, Ortsteil Lahn, 511 m, Parkplatz. Kurz zu Fuß zur Talstation der Salzbergbahn, Auffahrt auf den Hallstätter Salzberg, 855 m.
[GPS: UTM Zone 33 x: 397.882 m y: 5.268.373 m]
CHARAKTER | ca. 42 km lange Wanderstrecke auf Straßen und guten Wegen; kurze ausgesetzte Passagen sind mit Geländern abgesichert.
EINKEHR | Gasthöfe in allen Orten am Weg.

Tour 80 präsentiert den ersten, anspruchsvolleren und daher „roten“ Abschnitt des historischen Soleleitungsweges vom Hallstätter Salzberg bis Steeg am Nordufer des Hallstätter Sees. Es lohnt sich sehr, dieser Route weiter durch das Trauntal zu folgen – nicht nur wegen der vielfältigen landschaftlichen Eindrücke, sondern auch, weil man dabei viel Interessantes über das Salzwesen erfährt. So steht jede ihrer vier Etappen unter einem Motto: Zwischen Hallstatt und Bad Goisern werden „Berge, Wald und Seen“ präsentiert, auf dem Weg nach Bad Ischl „die Menschen im Salzkammergut“, weiter bis Langwies „der Verkehr“ und auf dem letzten Stück bis zum Traunseeufer „die Wirtschaft“. Alle 500 m erinnert ein blauer Markierungswürfel an Salzkristalle und blaue Seen.

1. Etappe: „rote“ Tour, siehe Tour 79. Von Steeg führt der Soleleitungsweg am linken Traunufer durch die Ortschaft Gschwand und weiter nach Bad Goisern (2–2,5 h vom Salzberg).

Der „Wilde Lauffen“ war ein gefürchtetes Hindernis beim Salztransport auf der Traun.

2. Etappe: Auf Fahr- und Wanderwegen geht's links der Traun in die Ortschaft Weißenbach (gegenüber dem Bahnhof Bad Goisern-Jodschwefelbad – von dort lohnt sich der Abstecher durch das Weißenbachtal zur Chrorinskyklause, etwa 3 h hin und retour). Weiter nach Lauffen und auf schmaler Asphaltstraße – vorbei an einem Garten mit dem Modell des Dachsteins, dem Schloss Engleithen und dem Jagdstandbild Kaiser Franz Josephs. Durch die Siedlung Kaltenbach ins Stadtzentrum von Bad Ischl (2,5 h).

Die **3. Etappe** ist noch nicht ausgebaut – man fährt am besten mit der Bahn nach Langwies.

4. Etappe: Wieder auf die linke Talseite, wo der Soleleitungsweg oberhalb der Bundesstraße dahinführt. In Steinkogl steht die moderne Saline.
Nach ungefähr 2 h Gehzeit erreicht man das Rathaus von Ebensee und die Bahnstation Ebensee-Landungssteg (Schiffsanlegestelle jenseits der Umfahrungsstraße).

Die Chorinskyklause westlich von Bad Goisern gewährleistete die Holzzufuhr für die Saline.

DER SALZKAMMERWEG

Dem Welterbe auf der Spur

45,5 km 13:00 h 500 hm 500 hm 20

START | Gasthaus Koppenrast östlich von Obertraun, 531 m. Man kann aber auch in Obertraun, Bad Aussee, Altaussee, St. Agatha bei Bad Goisern oder Obertraun starten.
[GPS: UTM Zone 33 x: 403.890 m y: 5.268.713 m]
CHARAKTER | 45,5 km langer, abwechslungsreicher Rundweg für die ganze Familie, den man genussvoll in etwa drei Tagen erwandern kann (mit Hilfe von Eisenbahn, Bus und Schiff ist er natürlich auch in einzelnen Etappen „zu machen"). Die Route verläuft meist auf schattigen Forstwegen und guten Wanderpfaden; einige Passagen am Ostufer des Hallstätter Sees sind mit soliden Geländern abgesichert.
EINKEHR | in allen Orten am Weg, Gasthof Sarsteinblick, Halleralm, Gasthaus Koppenrast, Jausenstationen am Hallstätter See und im Koppental.

Diese Rundtour um den Hohen Sarstein ist als durchgehender Erlebnisweg ausgestattet. Seine fünf Themenbereiche: der „Weg durch die Wildnis", der „historische Salzweg" bis Waldgraben, der „Römerweg" bis Kriemoos, der „Goiserer Almweg" bis Au, das „Welterbe" über Obertraun bis zum Gasthaus Koppenrast.

1. Etappe: Wie bei Tour 92 in umgekehrter Richtung durch das Tal der Koppentraun in die Ortschaft Sarstein. Auf der Asphaltstraße kurz Richtung Bad Aussee. Von der nächsten Wegteilung links (MTB-Beschilderung „Dachsteinrunde") in den Wald, über einen Bach und auf der Straße links zum Sommersbergsee (4 h).

2. Etappe: Vorbei am Alpengarten zum Gasthaus Tannenwirt an der Pötschenpass-Straße. Nach links und auf einem Waldweg weiter und rechts zur Straße hinab. Jenseits kurz zum Lupitschbach hinab und über Klaus nach Lichtersberg hinauf. Links zum Wasserfall und zur Schlosswiese unter der Ruine Pflindsberg. Links weiter und wie bei Tour 97 ins Langmoos. Geradeaus zu einer Kreuzung, rechts und gleich wieder links in die Siedlung Waldgraben. Dort zweigt rechts ein Waldweg ab, auf dem wir zu einem Pfad und über einen Steg zur Forststraße kommen. Auf dieser links zu einer scharfen Linkskurve abwärts. Rechts über den Michelhallbach und zu einer Forststraße. Weiter wie bei Tour 67 zur Flohwiesen. Auf der Asphaltstraße kurz rechts hinauf, dann links zur Steinhüttenalm und – unterhalb des Schwarzenbachlochs (Abstecher auf dem „Toleranzweg") – weiter zum Weg, der vom Hütteneck herunterführt. Auf diesem links ins Kriemoos.

Der oö. Toleranzweg

Dieser Themenweg erzählt die Geschichte des Christentums im Salzkammergut. Er führt vom Parkplatz Panorama Nova über die Steinhüttenalm ins Loipengebiet oberhalb der „Beriga Golden Gate" und zum Schwarzenbachloch empor. In der Zeit der Gegenreformation, als viele Evangelische zur Auswanderung nach Siebenbürgen gezwungen wurden, war diese Höhle ein Versammlungsplatz der „Geheimprotestanten". Nach dem Erlass des Toleranzpatents durch Kaiser Joseph II. (1781) lebten die evangelischen Gemeinden rasch auf; das Zusammenleben der Konfessionen blieb vorbildlich. Von der Höhle geht's zur Forststraße hinauf und rechts zum Ausgangspunkt zurück (etwa 1–1,5 h).

Nun folgen wir dem Goiserer Almweg, und zwar auf der Straße in den Weiler Rehkogl und dort geradeaus über die Kreuzung. Im weiteren Abstieg erreichen wir die Siedlungen Kogl und Herndl, wo wir links abbiegen, um nach St. Agatha bei Bad Goisern hinunterzuwandern. Von der Kirche durch die Ortschaft Reitern zur Hauptstraße in Au nahe der Bahnstation Steeg-Gosau (4–5 h).

3. Etappe: Der letzte Abschnitt des Salzkammerweges folgt dem Ostuferweg neben dem Hallstätter See zum Bahnhof Hallstatt und weiter bis Obertraun (Tour 78). Vorbei am Bahnhof Obertraun gelangt man zum Gemeindeplatz.
Ab hier folgen wir dem Themenweg Obertraun (Tour 85 in umgekehrter Richtung) durch den Koppenwinkel bis zum Ausgangspunkt (4 h).

Spielglein, Spieglein ... der Sommersbergsee in voller Herbstpracht.

DURCH DAS TOTE GEBIRGE

Hoch hinaus und tief hinab

20 km | 22:00 h | 1600 hm | 2200 hm | 19

START | Tauplitz, 896 m, Talstation der Tauplitzalmbahn, oder Bad Mitterndorf, 809 m. Entweder mit dem Sessellift oder per Bus auf die Tauplitzalm, 1640 m. Rückkehr von Altaussee mit Bus und Bahn.
[GPS: UTM Zone 33 x: 425.721 m y: 5.268.069 m]
CHARAKTER | mehrtägige, in weiten Bereichen hochalpine Bergwanderung auf breiten Wegen und schmalen Steigen.
EINKEHR | Gasthöfe, Hotels und Hütten auf der Tauplitzalm, in Gößl am Grundlsee, Albert-Appel-Haus, in Altaussee.

Das gesamte Tote Gebirge zu überqueren, ist gar nicht so einfach. Da sich zwischen der Warscheneckgruppe im Osten und der westlichen Hochfläche um Priel und Loser das völlig weglose Zentralplateau befindet, muss man in jedem Fall längere Auf- und Abstiege in Kauf nehmen. Macht nichts, denn so erlebt man den Kontrast zwischen den üppig grünen und den wirklich „toten" Bereichen dieses Berglands besonders intensiv. Dies gilt auch für diese mindestens dreitägige „Weitwanderung", die einen Großteil des steirischen Gebirgsbereichs durchmisst. Sie lässt sich mit etlichen Abstechern „garnieren" – etwa mit einer Seenwanderung auf der Tauplitzalm oder dem Umweg zur Pühringerhütte.

1. Etappe: Wir starten beim Parkplatz unterhalb des Hollhauses oder bei der Bergstation der Tauplitzalm. Von der Asphaltstraße zwischen den beiden Ausgangspunkten führt uns der beschilderte Weg Nr. 272 zum Großsee hinab. Nach kurzem Wiederaufstieg erreichen wir das Öderntörl, von dem wir durch einen steilen Latschen- und Waldhang zur Ödernalm im gleichnamigen Tal hinunterwandern. Auf der Forststraße links etwa 4 km talaus zum Rechenplatz und zur folgenden Abzweigung. Rechts der Nr. 272 Richtung Grundlsee folgend bergauf, bis rechts ein Pfad zur Schneckenalm führt. Weiter geht's durch den Bergwald und über den Sattel „Auf dem Berg" nach Gößl am Grundlsee hinüber.

Zauberhafter Zielpunkt: der Altausseer See unter der mächtigen Trisselwand.

2. Etappe: Wie bei Tour 105 über den „Hagl" (Franz-Breuer-Weg) zur Schwaiberalm und am Salzofen vorbei auf den Wildgößl. Wir steigen nun jedoch direkt vom Gipfel nach Norden bzw. Westen zur Mulde mit der Wiesenlacke ab. Von dort links auf dem Nordalpinen Weitwanderweg 201 am Rand des verkarsteten, mit Latschen bewachsenen Hochplateaus unter dem Hinteren Bruderkogel und dem Wildkarkogel vorbei zum Jägerbründl – Vorsicht, neben dem Weg klaffen einige tiefe Dolinenschächte! Nun befinden wir uns bereits am Fuße des „Redenden Steins", der von einem großen Kreuz gekrönt ist. Nach einem kurzen Abstieg erreichen wir das Albert-Appel-Haus (7 h).

3. Etappe: Wie bei Tour 100 zum Hochklapfsattel und auf dem Weg Nr. 212 zur Seewiese am Altausseer See hinunter. Zuletzt zu Fuß auf dem Uferweg oder mit dem Schiff nach Altaussee (3,5 h).

Verlängerung: Man kann vom Appelhaus auch den Umweg über die benachbarte Wildenseealm überlegen – oder von dort aus die Rinnerhütte ansteuern, und zwar auf dem Wanderweg Nr. 235 via Wildensee (1,5 h, siehe Tour 100). Ein lohnendes Tourenfinale versprechen die Ersteigung des 2012 m hohen Rinnerkogels (Tour 43) und die Durchquerung des Karstplateaus auf dem Steig Nr. 230 zum Schönberg (Wildenkogel).

Das einsame Gelände zeigt die ganze Palette bizarrer Karsterscheinungen. Von dort (oder schon von der zuvor erreichten Scharte beim Wehrkogel) steigt man nordwärts zum Ebenseer Hochkogelhaus ab (4–5 h) und wandert ins Schwarzenbachtal hinunter (siehe Tour 42). Wer an der Offenseestraße kein Glück als Autostopper hat, muss zuletzt auf Asphalt nach Lahnstein hinausmarschieren – kurz davor zweigt links eine Schotterstraße zur Bahnstation Steinkogel bei Ebensee ab (2,5–3 h).

Und noch ein möglicher Abstecher: über den Toplitz- zum Kammersee.

DER DACHSTEIN-RUNDWANDERWEG

Weitwandern im Weltkulturerbe

120 km · 40:00 h · 2500 hm · 2500 hm · 20

START | Gasthaus am Vorderen Gosausee, 937 m. Man kann aber auch in Filzmoos, Ramsau am Dachstein, Gröbming, Bad Mitterndorf, Kainisch, Bad Aussee, Obertraun, Hallstatt oder Bad Goisern starten.
[GPS: UTM Zone 33 x: 385.897 m y: 5.265.442 m]
CHARAKTER | mehrtägige, stellenweise hochalpine Bergwanderung auf alpinen Wegen und Steigen. Kurze ausgesetzte und gesicherte Stellen, aber auch die Überquerung von zerklüftetem Karstgelände und eine kurze Gletscherbegehung erfordern Schwindelfreiheit, Trittsicherheit und alpine Erfahrung. In den hochalpinen Bereichen, aber auch im Waldgebiet verirrt man sich bei Nebel oder Schnee sehr leicht!
Hinweis: Ein ausführlicher Wanderführer ist in den Tourismusbüros erhältlich.
EINKEHR | Hütten am Ende jeder Etappe.

Die Umrundung des gesamten Dachsteingebirges gehört sicher zu den schönsten Trekkingtouren Europas. Was die Nördlichen Kalkalpen an landschaftlicher Vielfalt und naturkundlichen Besonderheiten bieten – hier, am Schnittpunkt der Bundesländer Oberösterreich, Salzburg und Steiermark, findet man es: Riesenwände und Gletscher, die zerklüfteten Zacken versteinerter Korallenriffe und die Weite einsamer Hochplateaus, Wildwasser und Karstöde, Almen und urweltliche Wälder, Rummel und Einsamkeit. Mit etwas Glück erlebt man unterwegs sogar einen Sonnenaufgang auf fast 2700 m Seehöhe. Ganz sicher aber entdeckt man vielfältige Spuren der Vergangenheit – vom keltischen Salzbergbau bis zu den Bibelschmugglern der Gegenreformationszeit, von traditionellen Almen bis zu den Alpinpionieren des 19. Jahrhunderts. Mit einem Wort: ein würdiger Abschluss im Großen KOMPASS Wanderbuch Salzkammergut!

Die Dachstein-Spiegelung im Vorderen Gosausee.

Die Bischofsmütze, der höchste Gipfel des Gosaukammes, über der Stuhlalm.

1. Etappe: Wir starten am Vorderen Gosausee und fahren mit der Seilbahn dem Gosaukamm entgegen. Anschließend wandern wir wie bei Tour 75 zur Gablonzer Hütte und auf der Westseite des zerklüfteten Gosaukamms über die Stuhlam zur Hofpürglhütte (4–5 h).

2. Etappe: Weiter geht's auf dem Weitwanderweg Nr. 601 (Nordalpenweg) ins Kar am Fuße der Bischofsmütze und wie bei Tour 78 unter den Wänden des Gosausteins zum Rinderfeld. Von der Abzweigung des Linzer Steiges rechts auf dem Pfad Nr. 617 unter den Schuttfeldern des Hochkesselkopfs weiter. Nach dem kräftigen Anstieg zur 1990 m hoch gelegenen Sulzenschneid, einem Sattel unter dem Torstein, steigen wir gegen den Sulzenhals ab. Der Steig Nr. 617 zweigt schon oberhalb des Sattels links ab und führt uns unter dem Namen „Pernerweg"

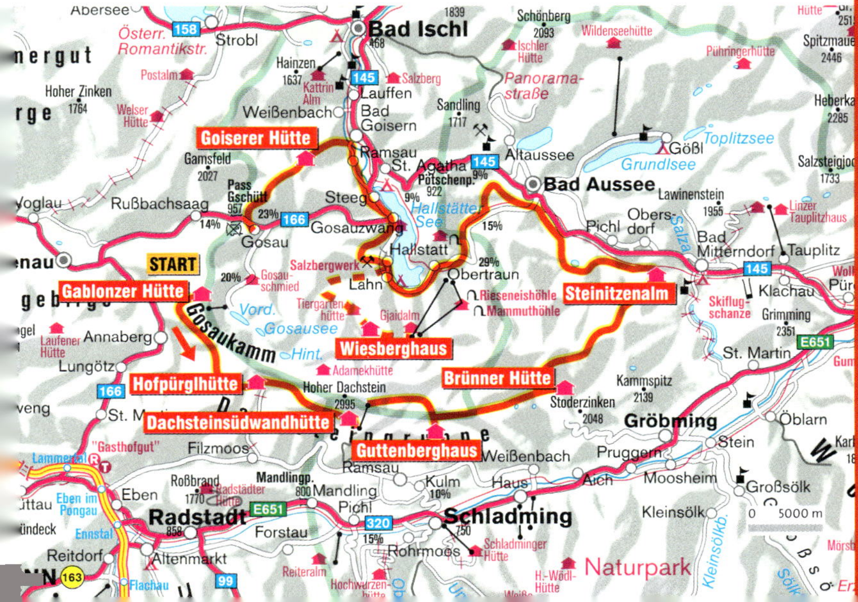

ins weite Windlegerkar hinab. Mit dem nächsten Aufstieg gelangen wir ins 2033 m hoch gelegene „Tor“. Dieser Übergang zwischen den Dachstein-Südabstürzen und dem Raucheck ist eine fantastische Rast- und Schauloge. Dahinter wandern wir auf dem steilen Serpentinenpfad durch Schutt zum blockübersäten Torboden abwärts. Dann geht's im sanften Auf und Ab direkt unter den gewaltigen, bis zu 900 m hohen Südwänden von Torstein, Mitterspitz und Dachstein weiter, an der Kuppe des Marsteins vorbei ins Auretskar und kurz zur Dachsteinsüdwandhütte hinauf (4–5 h). Man kann auch in einem der drei Hotels nahe der Talstation der Dachsteinsüdwandbahn übernachten – auf dem Weg Nr. 615 wandert man in etwa 40 Min. durch das Kar unterhalb der Hunerscharte dorthin.

3. Etappe: Die Seilbahn bringt uns in etwa 7 Min. auf den 2687 m hohen Hunerkogel und damit zum Rand des Gletschereises. Frühaufsteher nehmen am Donnerstag die „Sonnenaufgangsgondel“ um 5 Uhr morgens (inklusive Frühstück im Panoramarestaurant), für die man sich unter Tel. ++43(0)3687/22042-800 anmelden muss; sonst fährt die Seilbahn ab 8 Uhr. Man kommt von der Dachsteinsüdwandhütte auch zu Fuß herauf; der Steig zur Hunerscharte ist ausgesetzt, aber gesichert (2,5 h). Der Blick zum Hohen Dachstein, zu den Tauern im Süden und zum Toten Gebirge im Norden ist zu jeder Tageszeit herrlich – und den etwas magenkribbelnden „Skywalk“ auf der Aussichtsplattform über den Felsabstürzen lässt sich natürlich auch niemand entgehen. Dann heißt es wieder marschieren: Es geht links des Skilifts über den Schladminger Gletscher hinab – Vorsicht, manchmal ist der Schnee noch hart gefroren. Vom Eisrand – auch hier aufpassen, man bricht leicht ein! – wandern wir auf dem markierten Pfad Nr. 674 neben dem Sessellift zu dessen Talstation in einem Schuttkar unter dem Mitterstein. Im stetigen Auf und Ab durch öde Karrenfelder nördlich um den mächtigen, von einer Militär-Radarstation gekrönten Koppenkarstein herum. Dann queren wir zwischen dem felsigen Koppenkar und der riesigen Hochfläche „Auf dem Stein“ zum markanten Landfriedstein hinüber, steigen an seinem Fuße wieder an und erreichen das Landfriedtal, wo wir an der Abzweigung zur Scheichenspitze weiter nach der Beschilderung „Guttenberghaus“ gehen. Unser nächster Orientierungspunkt ist der Eselstein; wir marschieren östlich um ihn herum in die Feistererscharte. Rechts unten sieht man schon unser Tagesziel, das Guttenberghaus (3,5–4 h).

4. Etappe: Wie bei Tour 91 in die Feistererscharte hinauf und rechts auf dem Weg Nr. 618 – hoch über dem Hölltalsee – zur Grafenbergalm. Weiter auf dem Weg Nr.

Die Bachlalm zwischen dem Filzmooser und dem Ramsauer „Almbalkon“ ist für ihre Murmeltiere bekannt.

Das Glanzstück im Verlauf des Dachstein Rundwanderweges: die 900 m hohe Dachstein-Südwand.

618, der nördlich über dem Grafenberg- und dem Ahornsee durch kuppiges Alm-, Latschen- und Waldgelände Richtung Brünnerhütte dahinzieht. Vom Kleinen Kümpfling wandern wir in vielen Kehren abwärts und über eine kleine Anhöhe zu einer Abzweigung. Unser Weg Nr. 618 führt rechts weiter und im sanften, aber langen und „wurzelreichen" Anstieg durch urige Waldhänge zur Brünnerhütte (6–7 h). Übernachtungsmöglichkeit bietet auch der 100 m höher gelegene Gasthof Steiner am Ende der Stoderzinken-Mautstraße, die sich von Gröbming heraufschlängelt. Für die kurze Rundtour über den 2048 m hohen Stoderzinken und sein exponiert in den Felsen „klebendes" Friedenskirchlein sollte man sich unbedingt noch Zeit nehmen (eine gesicherte Passage, 2 h).

5. Etappe: Auf dem Weg Nr. 618 wieder zurück zur beschilderten Abzweigung unter dem Kleinen Kümpfling. Nun rechts abbiegen und auf dem neu beschilderten Weg in ca. 30 Min. durch Wald und einzelne Lichtungen (Hochwiesmahd) zum Großen Wiesmahd, wo man eine Forststraße überquert und an einem in Stein gemeißelten Wegweiser vorbeikommt. Sich rechts haltend betritt man nun die Notgasse, eine trockene, stellenweise sehr schmale Felsklamm, in der zahlreiche alte Felsritzzeichnungen zu sehen sind. Obwohl sie unter Denkmalschutz stehen, sind die meisten schon zerstört – also bitte nichts nach- oder gar überzeichnen! Vom Klammausgang wandert man durch den Wald zu einer Forststraße, die links zur Brandalm führt. Weiter auf dem Fahrweg bis zur nächsten Abzweigung, dort links abbiegen und zum Almdorf der Viehbergalm hinauf. Dort kann man nicht nur bodenständig schmausen, sondern auch nächtigen. Von dort führt der neu beschilderte Dachstein-Rundwanderweg nach Norden, auf einem alten Weg, den jedes Jahr Wallfahrer aus Gröbming nach Maria Kumitz bei Bad Mitterndorf begehen. Er führt mitten durch das kuppige, dicht bewaldete Kemetgebirge auf das 1738 m hohe Hochmühleck. Abstieg wie bei Tour 109 zur Steinitzenalm (6–7 h). Oder man geht zuvor rechts durch den Almgraben hinab und links nach Bad Mitterndorf (plus 1 h).

6. Etappe: Es folgt der Abstieg über die Gschwend-Wiese zur Jausenstation Stieger. Weiter in die nahe Ortschaft Mühlreith, von der man links – wie bei Tour 107, aber in umgekehrter Richtung – zum Ödensee wandert. Von der Kohlröserlhütte Richtung Kainisch, dann aber links auf eine Schotterstraße einschwenken, an einer Abzweigung vorbei und Richtung Bad Aussee der Kainischtraun entlang (Radweg). Schließlich geht's neben der Bahnlinie zum Bahnhof Bad Aussee (den man ab Bad Mitterndorf oder Kainisch auch mit dem Zug ansteuern kann). Dort beginnt der gut beschilderte „Weg durch die Wildnis", dem wir wie bei Tour 85 in umgekehrter Richtung zur Koppenbrüllerhöhle und zum Gasthaus Koppenrast folgen. Anschließend auf dem Obertrauner Themenweg „Durch Kalk und Karst" – durch den Koppenwinkel – nach Obertraun (siehe Tour 85, insgesamt 7 h). Genießer erweitern die Dachstein-Rundwanderung hier mit einer hochalpinen „Extratour": mit der Dachsteinbahn von Obertraun über den Krippenstein zur Gjaidalm und zu Fuß auf dem Nature Trail zum Wiesberghaus. Von dort empfiehlt sich der Aufstieg zur Simonyhütte samt Besuch des Hallstätter Gletschers (ca. 4 h hin und zurück) – oder man wandert gleich nach Hallstatt hinab (ca. 4–5 h, Tour 89).

7. Etappe: Mit dem Schiff nach Hallstatt-Lahn und per Schrägaufzug oder zu Fuß (1 h) auf den Hallstätter Salzberg. Hier

Die uralten Felsritzzeichnungen.

empfiehlt sich natürlich die Besichtigung des Schaubergwerks. Dann folgt die Wanderung auf dem Soleleitungsweg (Tour 80) nach Steeg und weiter bis Bad Goisern (2 h).

8. Etappe: Zuletzt überwinden wir wie bei Tour 68 einen Höhenunterschied von ca. 1000 m bis zur Goiserer Hütte, schieben dort am besten auch den Abstecher auf den Hochkalmberg ein und steigen wie bei Tour 69 nach Gosau ab – stets der vielgezackten „Skyline" des Gosaukamms entgegen (4–5 h, mit Gipfelersteigung 2 h mehr).

Der Hölltalsee.

Der Dachstein-Rundweg führt auch aufs Eis.

BERGGASTHÖFE, ALMEN, SCHUTZHÜTTEN

Adamekhütte
ÖAV, Dachstein, 4824 Gosau 695, Anfang Juni – Anfang Oktober, Nächtigungsmöglichkeit, Tel. +43 (0)664/5473481, www.adamek.at

Albert-Appel-Haus
Österreichischer Touristenverein, Gössl 81, 8993 Grundlsee, Anfang Mai – Anfang Oktober, Nächtigungsmöglichkeit, Tel. +43(0)676/3336668, www.albert-appelhaus.at

Almstadl
am Schwarzensee, Schwarzenbach 36, 5360 St. Wolfgang, Ende April – Allerheiligen, Tel. +43(0)664/ 2664498, www.almstadl-schwarzensee.at

Almtaler Haus
ÖAV, Totes Gebirge, Hetzau 7, 4645 Grünau im Almtal, Mai – 15. September, Nächtigungsmöglichkeit, Tel. +43 (0)664/4109665, www.almtalerhaus.at

Alpenrose, Gasthof
Postalm, Postfach 12, 5350 Strobl, Nächtigungsmöglichkeit, Tel. +43 (0)6137/21710, www.youhey.at/info/gasthof-alpenrose

Alpenrose Tauplitz, Hotel
Tauplitzalm Nr. 59, 8982 Tauplitz, ganzjährig geöffnet, Tel. +43 (0)3688/2120, www.alpenrose-egger.at

Badstub'nhütte
Löckernmoos, 4824 Gosau, Ende Juni – Oktober, Tel. +43(0)6136/8379, gosau@dachstein-salzkammergut.at

Bleckwandhütte
Bleckwand, 5350 Strobl, Mai – Oktober, November – April auf Anfrage geöffnet, Nächtigungsmöglichkeit, Tel. +43(0)676/7455293, www.naturfreunde-badischl.at

Blonde Hütte
Postalm, Seidegg 81, 5441 Abtenau, ganzjährig geöffnet, Nächtigungsmöglichkeit, Tel. +43(0)664/4635797, www.blonde-huette.at

Breininghütte
4824 Gosau 48, Mitte Mai – Ende Oktober und Dezember – Anfang April, Tel. +43(0)664/9071833, gosau@dachstein-salzkammergut.at

Buchberghütte
Eisenauer Alm, Oberburgau 24, 5340 St. Gilgen, Mai – Oktober, Mo Ruhetag, Tel. +43(0)664/2105333, www.buchberghuette.at

Christophorushütte, Berggasthof
Feuerkogel 12, 4802 Ebensee, Mitte Mai – Ende Oktober und Mitte Dezember – Ostern, Nächtigungsmöglichkeit, Tel. +43 (0)6133/5495, www.christophorushuette.com

Deutsches Haus, Gasthof
Almsee 3, 4645 Grünau im Almtal, Mai – September, Nächtigungsmöglichkeit, Tel. +43(0)7616/8332, www.deutsches-haus.jimdo.com

Druckerhof, Panoramagasthof
Druckerstraße 15, 4866 Unterach am Attersee, Ostern – Oktober und 26. Dezember – 6. Jänner, Nächtigungsmöglichkeit, Tel. +43(0)7665/8295, www.druckerhof.com

Edelweiss, Berggasthof
Feuerkogel 13, 4802 Ebensee, Mitte Mai – Ende Oktober und Mitte Dezember – Ostern, Nächtigungsmöglichkeit, Tel. +43(0)6133/5490, www.feuerkogel.at

Feuerkogelhaus
Naturfreunde-Partner, Feuerkogel 3, 4802 Ebensee, Mitte Mai – Ende Oktober und Mitte Dezember – Ostern, Nächtigungsmöglichkeit, Tel. +43(0)6133/5494, www.feuerkogel.com

Forsthaus Wartenfels
Vordereggstraße 32, 5303 Thalgau, Mai – September Di – So 12 – 23 Uhr, Mo Ruhetag, Oktober – April Mi – Fr 17 – 23 Uhr, Sa, So 12 – 23 Uhr, Mo, Di Ruhetag, Fei ab 12 Uhr geöffnet, Tel. +43(0)800/400171212, www.forsthauswartenfels.at

Gablonzer Hütte
ÖAV, Gosaukamm, Gosau 445, 4825 Gosau, Mai – Oktober, Nächtigungsmöglichkeit, Tel. +43(0)6136/8465, www.gablonzerhuette.at

Gjaid Alm
Dachstein, Winkl 31, 4831 Obertraun, Mai – Oktober, Dezember – April, Nächtigungsmöglichkeit, Tel. +43 (0)680/ 3253138, +43(0)680/1245919, www.gjaid.at

Goiserer Hütte
ÖAV, Kirchengasse 2, 4822 Bad Goisern, Anfang Mai – Ende Oktober Nächtigungsmöglichkeit, Tel. +43(0)664/75023017, www.goisererhuette.at

Grazer Hütte
Tauplitzalm 34, 8982 Bad Mitterndorf, im Sommer und im Winter bewirtschaftet, Nächtigungsmöglichkeit, Tel. +43(0)688/60864348. +43(0)3688/29397, www.grazerhuette.at

Grünberg Alm
Grünberg, Traunstein 56, 4810 Gmunden, ganzjährig geöffnet, Nächtigungsmöglichkeit, Tel. +43(0)699/ 11998551, +43(0)7612/77798, www.gruenbergalm.at

Hofpürglhütte
ÖAV, Gosaukamm, 5532 Filzmoos 53, Ende Mai – Mitte Oktober (je nach Schneelage), Nächtigungsmöglichkeit, Tel. +43(0)6453/8304, +43(0)676/3718566, www.alpenverein.at/hofpuerglhuette

Hochberghaus, Gasthof
Kasberg 1, 4645 Grünau im Almtal, Mai – Oktober und Dezember – März, Nächtigungsmöglichkeit, Tel. +43 (0)7616/8477, www.hochberghaus.at

Hochkogelhaus
Naturfreunde, Totes Gebirge, 4802 Ebensee, Mai – Oktober, Nächtigungsmöglichkeit, Tel. +43(0)676/83940493, www.hochkogelhaus-ebensee.at

Hochleckenhaus
ÖAV, Höllengebirge, Hochlecken 1, 4853 Steinbach am Attersee, Ende März – Ende Oktober, Nächtigungsmöglichkeit, Tel. +43(0)7666/7588, +43(0)664/5793287, www.hochleckenhaus.at

Hochsteinalm
4801 Traunkirchen, Dezember – Ende Oktober ab 10 Uhr geöffnet, Mo, Di Ruhetag, Nächtigungsmöglichkeit, Tel. +43(0)664/9875221, www.hochsteinalm.at

Hollaus, Berggasthof
Tauplitzalm 1, 8982 Tauplitz, im Sommer und im Winter geöffnet, Nächtigungsmöglichkeit, Tel. +43(0)3688/ 2302, www.hollhaus.at

Holzmeisteralm, Hintere (Hohe Holzmeisteralm)
am Hinteren Gosausee, 4824 Gosau, bei Schönwetter Ende Mai – Anfang Oktober durchgehend geöffnet, Tel. +43(0)664/1145113, holzmeister.gosau@aon.at

Huberhütte
Postalm, Seidegg 70, 5441 Abtenau, ganzjährig geöffnet, Nächtigungsmöglichkeit, Tel. +43(0)664/9314465, www.huberhuette-postalm.at

Ischler Hütte
ÖAV, Totes Gebirge, Lichtersberg 125, 8992 Altaussee, Juni – September, Nächtigungsmöglichkeit, Tel. +43 (0)3622/71148, +43(0)699/11772661, silbermayr.herbert@gmx.at

BERGGASTHÖFE, ALMEN, SCHUTZHÜTTEN

Katrin Almhütte
Katrinstraße 3/2, 4820 Bad Ischl, Ende April – Anfang November, Mo Ruhetag, Tel. +43(0)664/1523312, www.katrinalmhuette.at

Katrin Berggasthof
Kaltenbachstraße 62, 4820 Bad Ischl, Ende April – Anfang November 9.30 – 17 Uhr, 23. Dezember – Ende März Fr, Sa, So 10 – 16 Uhr, Tel. +43(0)650/71185368536, www.katrin-berggasthof.at

Kienberger Hütte
Eisenauer Alm, 5340 St. Gilgen, Mai – Oktober Sa, So, Fei, Nächtigungsmöglichkeit, Tel. +43(0)664/1435737

Kirchenwirt, Wander- und Sporthotel
Tauplitzalm 26, 8982 Bad Mitterndorf, ganzjährig geöffnet, Tel. +43 (0)3688/2306, www.sporthotel-kirchenwirt.at

Kohlröserlhütte, Genuss Gasthaus
Ödenseestraße 1, 8990 Bad Aussee, Mai – Oktober, Tel. +43(0)3624/213, www.genussamsee.com

Koppental, Schutzhütte
Juni – September durchgehend geöffnet, Mai und Oktober Do – So, Tel. +43 (0)664/49244 61, www.koppental.at

Kranabethhütte
Feuerkogel 9, 4802 Ebensee, Mitte Mai – Ende Oktober und Mitte Dezember – Ostern, Nächtigungsmöglichkeit, Tel. +43(0)6133/40519, www.kranabethhuette-feuerkogel.at

Kreuzingalm
Kreuzing 3 , 4852 Weyregg am Attersee, Oktober – April Mo, Di Ruhetag, Mai – September Mo Ruhetag, Nächtigungsmöglichkeit, Tel. +43 (0)7664/20777, +43(0)650/7618400, reinhold.quatember@hotmail.com

Langbathsee Stüberl
Langbathsee 3, 4802 Ebensee, ganzjährig geöffnet, Tel. +43(0)6133/40181, www.lb-stueberl.at

Leutgebhütte
Plankensteinalm, 4824 Gosau, Mitte Juni – Ende September, Tel. +43(0)699/11585898, www.plankensteinalm.at

Lienbachhof
Postalm, Seidegg 75, 5441 Abtenau, Mitte Mai – Mitte Oktober und Mitte Dezember – Ostern 9 – 18 Uhr, Tel. +43(0)6137/6061, www.lienbachhof.at

Linzer Haus – Tauplitzalm
ÖAV, 8982 Tauplitzalm 36, im Sommer und im Winter geöffnet, Nächtigungsmöglichkeit, Tel. +43(0)4688/29397, +43(0)688/60864348, www.linzerhaus.info

Naturfreundehaus Tauplitzalm
Tauplitzalm, 8982 Tauplitz, Mai – Oktober, Nächtigungsmöglichkeit, Tel. +43 (0)3688/2722, www.naturfreundehaus-tauplitzalm.at

Posch'n Hütte
Genneralm, Lämmerbach 17, 5324 Hintersee, Juni – Oktober, Nächtigungsmöglichkeit, Tel. +43 (0)6224/302, +43(0)664/9166341, www.genneralm.at

Postalmhütte
Postalm, 5350 Strobl, Mitte Mai – Mitte Oktober täglich ca. 10 – 18 Uhr, Mi Ruhetag, Tel. +43(0)664/3225026, www.postalmhuette.at

Pühringerhütte
ÖAV, Totes Gebirge, 8993 Grundlsee, Juni – Oktober, Nächtigungsmöglichkeit, Tel. +43(0)720/920442, +43(0)664/9833241, donza@a1.net

Ramsaualm
Laudachsee, Traunstein 53, 4810 Gmunden, April und Oktober 9 – 17 Uhr, Mai und September 9 – 19 Uhr, Juni, Juli, August 9 – 20 Uhr, Tel. +43 (0)720/316847, www.laudachsee.com

Reithütte
Genneralm, 5324 Hintersee, Anfang Juni – 26. Oktober, Di Ruhetag, Nächtigungsmöglichkeit, Tel. +43 (0)664/5947909, www.reithütte.at

Rettenbachalm
Rettenbach 74, 4820 Bad Ischl, im Sommer 11 – 20 Uhr, im Winter 10 – 18 Uhr, im November nur Sa, So geöffnet, Tel. +43(0)720/205184, www.rettenbachalm.info

Rettenegghütte
Postalm, Weißenbach 53, 5350 Strobl, Ende Mai – Anfang Oktober, Tel. +43(0)664/5882498, www.retteneggheutte.at

Rieder Hütte
ÖAV, Höllengebirge, Feuerkogel 10, 4802 Ebensee, Februar – Ostern und Mitte Mai – Ende Oktober, Nächtigungsmöglichkeit, Tel. +43(0)676/7360535, www.riederhütte.eu

Rinnerhütte
Bergsteigerbund Ebensee, 4802 Ebensee, Anfang Juni – Mitte September, Nächtigungsmöglichkeit, Tel. +43(0)680/5569635, +43(0)664/2405181, www.wander-bar.at

Rudolfsturm, Restaurant
Salzbergstraße 1, 4830 Hallstatt, ganzjährig geöffnet, Tel. +43 (0)61368/8110, www.rudolfsturmhallstatt.at

Sarsteinrast, Mostschänke
Sarsteinstr. 64, 8990 Bad Aussee, Do – Fr 17 – 23 Uhr, Sa, So, Fei 12 – 23 Uhr, Tel. +43(0)3622/55368, www.mostschenke.webnode.com

Schafbergblickhütte
Postalm, Weißenbach, 5441 Abtenau, April – November Mo – Fr 10 – 17 Uhr, Sa, So, Fei 10 – 17 Uhr, Tel. +43 (0)6137/6107, www.schafbergblick.at

Schnitzhofalm
Postalm, Möselberg 10, 5441 Abtenau, ab Juni geöffnet, Di – Do 9 – 18 Uhr, Fr – So 9 – 20 Uhr, Mo Ruhetag, Nächtigungsmöglichkeit, Tel. +43 (0)624/325180, www.schnitzhof.eu

Schwarz, Almgasthaus
Kasten 32, 4861 Aurach am Hongar, ganzjährig geöffnet, Mo, Di (außer Fei) Ruhetag, Nächtigungsmöglichkeit, Tel. +43(0)7662/2012, +43(0)680/1245604, www.hongar.at

Seeau, Jausenstation
Offensee, 4802 Ebensee, Mitte April – Mitte Oktober bei Schönwetter durchgehend geöffnet, Tel. +43 (0)664/1122970, gabihainzl@aon.at

Seehaus, Gasthof
Almsee 6, 4645 Grünau im Almtal, Mitte März – Anfang November, Mo Ruhetag, Tel. +43(0)7616/8366, www.gasthof-seehaus.at

Simonyhütte
ÖAV, Dachstein, Lahn 48, 4830 Hallstatt, Ende Mai – Anfang Oktober und Anfang Februar – Mitte April (jeweils nach Wetterlage), Nächtigungsmöglichkeit, Tel. +43(0)680/2196374, www.simonyhuette.at

Steinbrecherhütte
Ödernalm, 8983 Bad Mitterndorf, Anfang Juni – Anfang Oktober, Tel. +43(0)664/5195516, info.badmitterndorf@ausseerland.at

Steirerhof, Alpengasthof
Tauplitzalm, 8982 Tauplitz, im Sommer und im Winter geöffnet, Nächtigungsmöglichkeit, Tel. +43(0)650/2125942, www.steirerhof.net

BERGGASTHÖFE, ALMEN, SCHUTZHÜTTEN

Steinitzenalm
Mühlreith 11, 8984 Pichl-Kainisch, ganzjährig geöffnet, im Sommer Nächtigungsmöglichkeit, Tel. +43 (0)664/5014389, pauladler@gmx.at

Stieger, Jausenstation
Mühlreith 30, 8984 Pichl/Kainisch, Anfang Mai – Oktober, Tel. +43(0)3624/393, www.jausenstation-stieger.at

Stroblerhütte
Postalm, Seydegg 69, 5441 Abtenau, Ende April – Mitte Juli 10 – 18 Uhr, Mitte Juli – Ende September 10 – 20 Uhr, ab Oktober 10 – 18 Uhr, Tel. +43 (0)6137/6161, www.stroblerhuette.at

Stuhlalm
Gosaukamm, 5524 Annaberg, Mai – Oktober, Nächtigungsmöglichkeit, Tel. +43(0)664/1131152, http://stuhlalm.at

Theodor-Körner-Hütte
ÖAV, Gosaukamm, Steuer 31, 5224 Annaberg, Juni – Oktober, Nächtigungsmöglichkeit, Tel. +43(0)680/2216024, http://koerner-huette.at

Welser Hütte
Postalm, Postfach 12, 5350 Strobl, ganzjährig geöffnet (1 Woche im April und im November geschlossen), Nächtigungsmöglichkeit, Tel. +43 (0)6137/ 21710, http://sommer.postalm.at/welser-huette

Welser Hütte
ÖAV, Totes Gebirge, Hetzau 10, 4645 Grünau im Almtal, Juni – 15. September, Nächtigungsmöglichkeit, Tel. 43 (0)7616/8088, +43(0)664/1765608, www.welserhuette-gruenau.com

Wiesberghaus
ÖAV, Dachstein, Lahn 59, 4830 Hallstatt, 1. Jänner – Ostermontag und Christi Himmelfahrt – Ende Oktober, Nächtigungsmöglichkeit, Tel. +43 (0)664/1211370, +43(0)664/3517567, www.wiesberghaus.at

Wildenseealm
ÖAV, Totes Gebirge, Ischlbergstraße 49, 8990 Bad Aussee, Selbstversorgerhütte, Anfang Mai – Anfang Oktober, Tel. +43(0)664/ 5764453, www.alpenverein.at/wildenseehuette

Windlegern, Almgasthof
Kollmannsberg 122, 4814 Neukirchen, Nächtigungsmöglichkeit, Tel. +43(0)7617/2844, www.windlegern.at

Zur Lore
am Schwarzensee, Schwarzenbach 29, 5360 St. Wolfgang, Ende April – Ende Oktober, Tel. +43(0)664/8762515, https://lore.rest

Zwieselamhütte
Gosau 55, 4824 Gosau, Mitte Juni – Ende September ,Tel. +43(0)6136/ 8389, pensionjaaeger@aon.at

ALPINER NOTRUF

Euro-Notruf
Tel. 112, eine besondere Notrufnummer für den Fall, dass es über den eigenen Netzbetreiber keinen Empfang gibt. Das Handy muss ausgeschaltet werden. Nach dem Wiedereinschalten wird statt dem PIN-Code 112 gewählt.

Bergrettungsdienst Österreich
Notruf Tel. 140 (in Vorarlberg Tel. 144), www.bergrettung.at

WETTER

Zentralanstalt für Meteorologie und Geodynamik
Satellitenbild, Europa – alle 2 Stunden.
Tel. +43 1 360 26
Fax +43 1 369 12 33
www.zamg.ac.at

Alpenverein-Wetterdienst
www.alpenverein.at/portal/Wetter

ORF-Wetterdienst
http://wetter.orf.at/oes

Webcams aus Österreich
www.touristcam.at/webcams

Blue Sky-Wetter
www.blueskywetter.at

Wetter Online – Europa-Wetter
www.wetteronline.de

ALPINE VEREINE

Verband Alpiner Vereine Österreichs
Bäckerstraße 16, 1010 Wien
Tel. 01/5125488, 01/5137975
vavoe@aon.at
www.vavoe.at
Sehr praktische Website, in der alle Informationen der Alpinclubs und Auskunftsstellen übersichtlich gesammelt sind.

Österreichischer Alpenverein (OeAV)
Olympiastraße 37
6020 Innsbruck
Tel. +43-(0)512-59547,
www.alpenverein.at
Umfassende Information über Bergrettung, Alpine Auskunftsstellen, Alpinen Wetterbericht und Lawinenlagebericht.

OeAV-Hüttenverzeichnis
www.alpenverein.at/portal/Huetten/huetten

Naturfreunde Österreich (NFÖ)
Viktoriagasse 6, 1150 Wien
Tel. 01/8923534-0, Fax 01/8923534-48
info@naturfreunde.at
www.naturfreunde.at
Übersichtliche Information über Häuser der Naturfreunde in ganz Europa. Neben Adresse, Preisen und Öffnungszeiten gibt es Hinweise zur Ausstattung und nahegelegenen Freizeitmöglichkeiten.

Österreichischer Touristenklub (ÖTK)
Bäckerstraße 16, 1010 Wien
Tel. 01/5123844, Fax 01/5121657-74
zentrale@touristenklub.at
www.touristenklub.at

TOURISMUSINFORMATION

Bahn & Bus

ÖBB Österreichische Bundesbahnen
http://fahrplan.oebb.at

Postbus
www.postbus.at/Fahrplanauskunft

Lokalbahnen Stern & Hafferl
Attergaubahn Attersee – St. Georgen im Attergau – Vöcklamarkt, Tel. +43(0)7666/7805; Traunseebahn Gmunden – Vorchdorf, Tel. +43(0)7612/795-2000, www.stern-verkehr.at

Schafbergbahn
Tel. +43(0)6138/2232-0, www.schafbergbahn.at

Schifffahrt

Altaussee Schifffahrt
Tel. +43(0)3622/20501, www.altausseeschifffahrt.at

Attersee Schifffahrt
Tel. +43(0)7666/7806, www.atterseeschifffahrt.at

Attersee Wassertaxi
Tel. +43(0)676/844202800, www.atterseelife.at

Fuschlsee Schifffahrt („Fuschlerin")
Tel. +43(0)6226/8264, www.ebners-waldhof.at

Grundlsee Schifffahrt
Tel. +43(0)3622/86044333, www.schifffahrt-grundlsee.at

Hallstättersee Schifffahrt
Tel. +43(0)6134/8228, www.hallstattschifffahrt.at

Navia
Zillenschifffahrt am Hallstätter See
www.navia.at

Mondsee Schifffahrt Hemetsberger
Tel. +43(0)664/4934684, www.mondsee-schifffahrt.at

Mondsee Schifffahrt Meindl
Tel. +43(0)6232/7412, +43(0)676/ 6047644, www.schifffahrt-mondsee.at

Traunsee Schifffahrt
Tel. +43(0)7612/66700, www.traunseeschifffahrt.at

Wolfgangsee Schifffahrt
Tel. +43(0)6138/2232, www.wolfgangseeschifffahrt.at

Seilbahnen

St. Gilgen
Zwölferhorn-Seilbahn, Tel. ++43 (0)6227/2350, www.12erhorn.at

Rußbach am Paß Gschütt
Hornbahn, Tel. ++43(0)6242/440, www.dachstein.at

Dachstein Krippenstein – Seilbahn, Obertraun
aus Österreich Tel. 050140, aus dem Ausland Tel. +43/50/140, Wetterhotline +43(0)6131/5311838, www.dachstein-salzkammergut.com

Feuerkogel-Seilbahn, Ebensee
Tel. +43/50/140, Wetterinformation +43(0)6133/8893, www.feuerkogel.net

Gosaukammbahn, Gosau
Tel. +43/50/140, www.dachstein.at

Grünberg-Seilbahn, Gmunden
Tel. +43/50/140, www.gruenberg.info

Katrin-Seilbahn, Bad Ischl
Tel. +43(0)6132/23788, www.katrinseilbahn.com

Salzbergbahn Hallstatt (Salzwelten)
Tel. +43(0)6132/200-2400, www.salzwelten.at

Bergbahnen Tauplitz
Tel. +43(0)3688/2252 ,
www.dietauplitz.com

Mautstraßen

St. Gilgen am Wolfgangsee
Illingerbergalm-Straße, 7 km (tw. Schotter),
Tel. +43(0)664/2312015

Strobl am Wolfgangsee
Postalmstraße, 12 km,
Tel. +43 (0)664/3510128;
Niedergadenalm-Straße, 7 km,
Tel. +43(0)6137/7193

Grünau im Almtal
Bergstraße Farrenau, 5 km,
Tel. +43(0)7616/8477,
www.hochberghaus.at

Altaussee
Loser-Panoramastraße, 9 km,
Tel. +43(0)3622/71490, www.loser.at

Bad Mitterndorf
Tauplitzalm-Straße, 11 km,
Tel. +43(0)3634/2264,
www.alpenstrasse.at

Tourismusregionen

Salzkammergut Tourismus
Salinenplatz 1, 4820 Bad Ischl,
Tel. +43(0)6132/26909,
info@salzkammergut.at,
www.salzkammergut.at

Tourismusverband Almtal
Im Dorf 17, 4645 Grünau im Almtal,
Tel. +43(0)7616/8268,
info@almtal.at,
www.almtal.at

Tourismusverband Ferienregion Attergau
Attergauerstraße 31,
4880 St. Georgen im Attergau,
Tel. +43(0)7667/6386,
info@attergau.at,
www.attergau.at

Tourismusverband Attersee-Salzkammergut
Nussdorferstraße 15,
4864 Attersee am Attersee,
Tel. +43(0)7666/7719,
info@attersee.at
www.attersee.at

Tourismusverband Ausseerland-Salzkammergut
Bahnhofstraße 132,
8990 Bad Aussee,
Tel. +43(0)3622/54040-0,
info@ausseerland.at,
www.ausseerland.at

Tourismusverband Bad Ischl
Auböckplatz 5 – Trinkhalle,
4820 Bad Ischl,
Tel. +43(0)6132/277 570,
office@badischl.at,
www.badischl.at

Ferienregion Dachstein-Salzkammergut
Kirchengasse 4,
4822 Bad Goisern am Hallstättersee,
Tel. +43(0)6135/8329,
info@dachstein-salzkammergut.at,
www.dachstein-salzkammergut.at

Urlaubsregion Fuschlsee
Dorfplatz 1, 5330 Fuschl am See,
Tel. +43(0)6226/8384,
incoming@fuschlseeregion.com,
www.fuschlseeregion.at

Tourismusverband MondSeeLand
Dr. Franz Müller Straße 3,
5310 Mondsee, Tel. +43(0)6232/2270,
info@mondsee.at,
www.mondsee.at

Tourismusverband Ferienregion Traunsee
Toscanapark 1, 4810 Gmunden,
Tel. +43(0)7612/74451,
info@traunsee.at,
www.traunsee.at

Wolfgangsee Tourismus
Au 140, 5360 St. Wolfgang,
Tel. +43(0)6138/ 8003,
info@wolfgangsee.at,
www.wolfgangsee.at

479

DE-124
AUT 203

IMPRESSUM

1. Auflage 2021 Verlagsnummer 1631 ISBN 978-3-99044-985-1

Text: Wolfgang Heitzmann

Titelbild: Der Blick auf den Wolfgangsee (© Thomas Kargl)

Bildnachweis:
Seiten 13, 17, 28 (li), 44, 66, 100, 101, 120, 140, 167, 208, 210/211, 300: OÖ Tourismus
Seite 16: Katrin-Seilbahn, Bad Ischl
Seiten 234, 238, 271: Tourismusverband Ausseerland Salzkammergut
Alle anderen Fotos: Wolfgang Heitzmann und Renate Gabriel.

Kartenausschnitte: © KOMPASS-Karten GmbH

Alle Angaben und Routenbeschreibungen wurden nach bestem Wissen gemäß unserer derzeitigen Informationslage gemacht. Die Wanderungen wurden sehr sorgfältig ausgewählt und beschrieben, Schwierigkeiten werden im Text kurz angegeben. Es können jedoch Änderungen an Wegen und im aktuellen Naturzustand eintreten. Wanderer und alle Kartenbenützer müssen darauf achten, dass aufgrund ständiger Veränderungen die Wegzustände bezüglich Begehbarkeit sich nicht mit den Angaben in der Karte decken müssen. Bei der großen Fülle des bearbeiteten Materials sind daher vereinzelte Fehler und Unstimmigkeiten nicht vermeidbar. Die Verwendung dieses Führers erfolgt ausschließlich auf eigenes Risiko und auf eigene Gefahr, somit eigenverantwortlich. Eine Haftung für etwaige Unfälle oder Schäden jeder Art wird daher nicht übernommen. Für Berichtigungen und Verbesserungsvorschläge ist die Redaktion stets dankbar. Korrekturhinweise bitte an folgende Anschrift:

KOMPASS-Karten GmbH
Karl-Kapferer-Straße 5, A-6020 Innsbruck
www.kompass.de/service/kontakt

MIX
Papier aus verantwortungsvollen Quellen
FSC® C015829
FSC
www.fsc.org